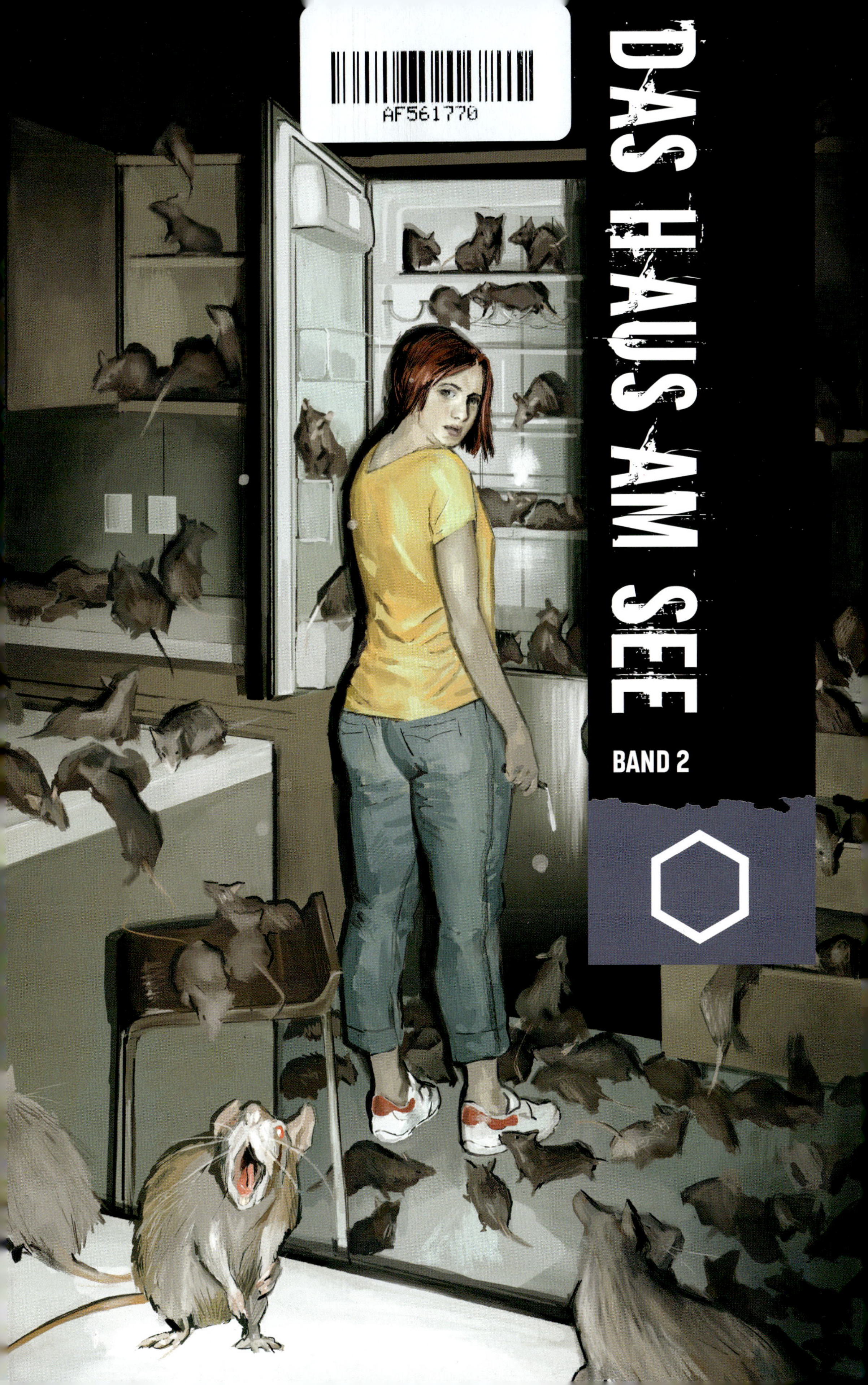
DAS HAUS AM SEE
BAND 2
AF561770

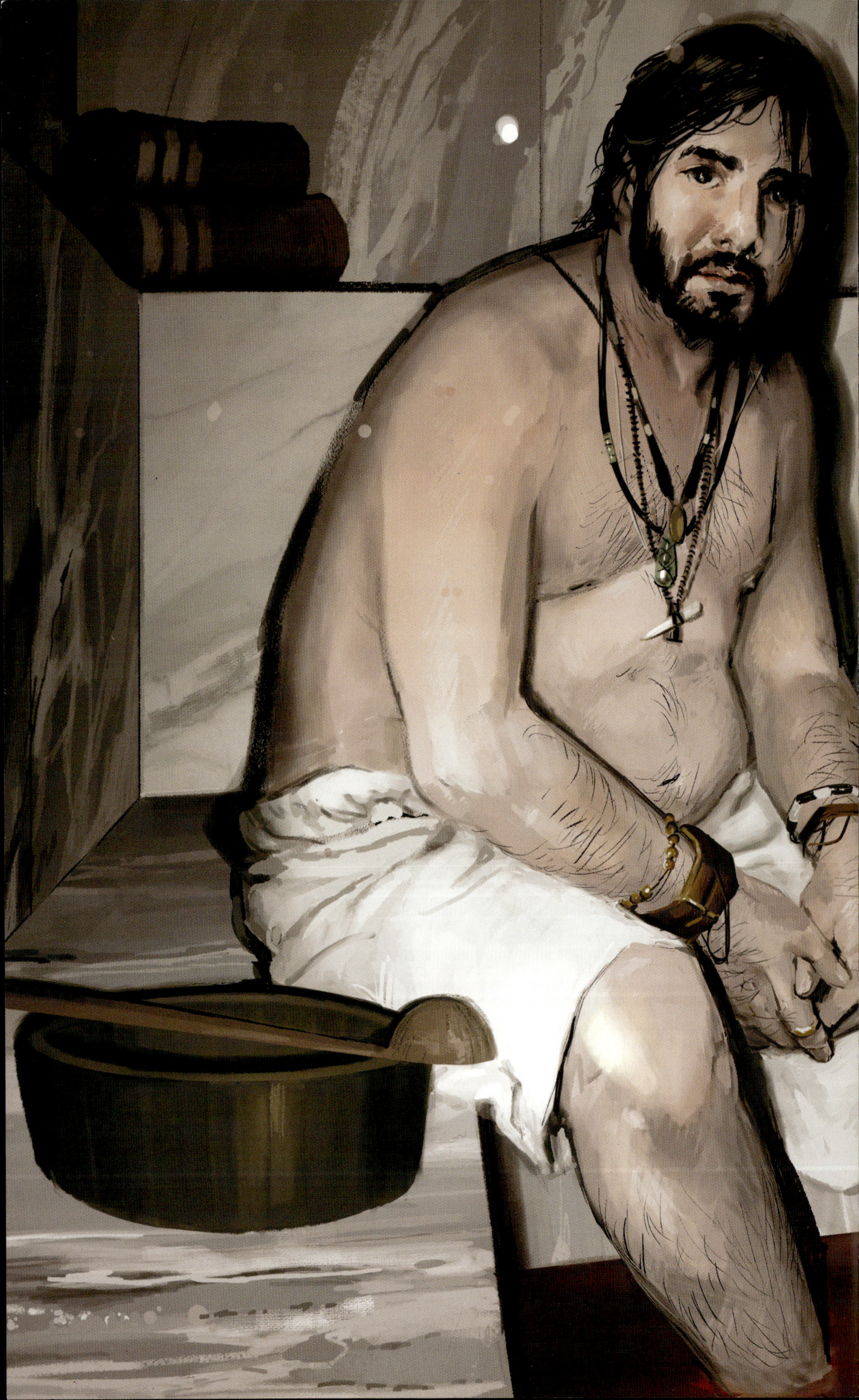

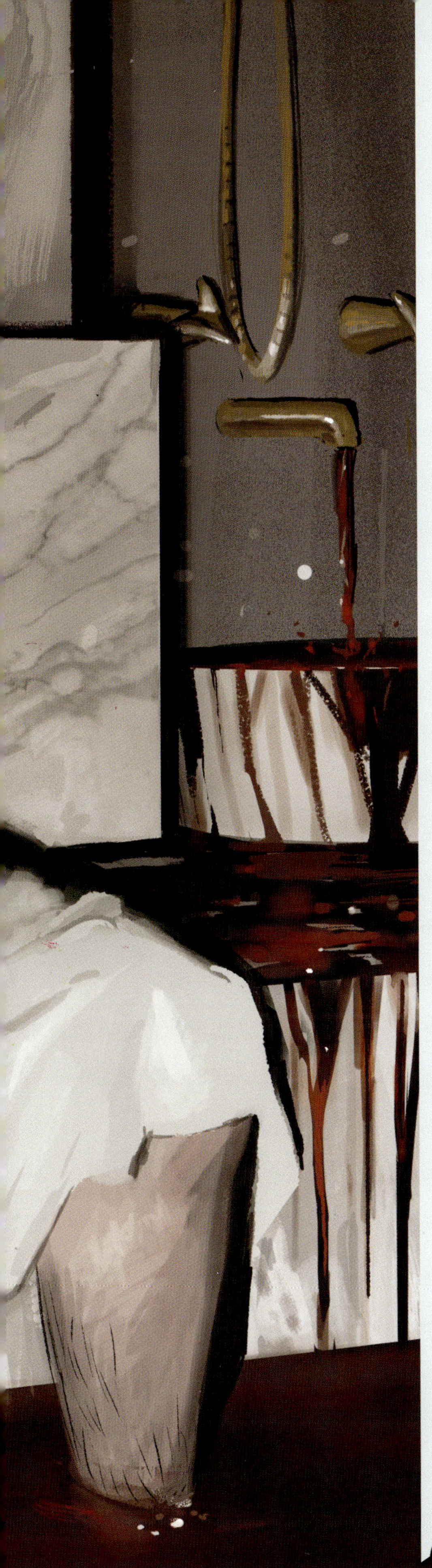

URLAUB FÜR IMMER!

Walter hat seine alten Freunde aus der Schul- und Collegezeit zu einem kurzen Sommertrip in ein malerisch am See gelegenes, luxuriöses Haus in Wisconsin eingeladen. Sie alle haben Walter als netten, aufmerksamen und intelligenten Menschen kennengelernt, dem seine Bekannten stets am Herzen lagen.

Aber Walter ist kein Mensch.

Denn kaum ist die zehnköpfige Truppe am See eingetroffen, hat sich dort eingerichtet und das beeindruckende Gelände etwas näher inspiziert, da trifft sie ein Schock. Ihre Handys werden mit Nachrichten geflutet, die vom Ende der Welt berichten. Überall auf der Erde gehen Menschen in Flammen auf und verbrennen qualvoll bei lebendigem Leib. Der Gruppe wird rasch klar, dass Walter sie auserwählt hat, um das Ende der Welt zu überleben. Denn Walter ist ein Außerirdischer, dessen „Kollegen" die Erde in Schutt und Asche gelegt haben.

Er empfiehlt ihnen, sich damit abzufinden und ihr neues Leben in der luxuriösen Abgeschiedenheit zu genießen. Es soll ihnen an nichts mangeln. Sie können alles bestellen, was ihr Herz begehrt, und am nächsten Tag steht ein Paket mit dem Gewünschten vor der Tür.

Wie gelähmt dämmern die „Geretteten" in den nächsten Tagen und Wochen vor sich hin, doch allmählich wird ihr Widerstandsgeist geweckt und sie erforschen das Haus und die nähere Umgebung. Dabei machen sie ein paar bestürzende Entdeckungen – auch an sich selbst. Denn ihre Verletzungen heilen wie von Zauberhand. Und es gibt – neben vielen seltsamen Skulpturen – ein weiteres rätselhaftes Gebäude im Wald. Und darin befindet sich ein elfter Mensch; ein weiterer alter Bekannter aus ihrem Freundeskreis, der ihnen offenbart, dass es doch noch Hoffnung für die Erde gibt …

Bernd Kronsbein

JAMES TYNION IV
Story

ÁLVARO MARTÍNEZ BUENO
Zeichnungen & Tusche

JORDIE BELLAIRE
Farben

BERND KRONSBEIN
Übersetzung

ÁLVARO MARTÍNEZ BUENO
Original-Cover

ASTARTE DESIGN
Lettering

CHRIS CONROY
MARQUIS DRAPER
Redaktion USA

The Nice House on the Lake geschaffen von **James Tynion IV** und **Álvaro Martínez Bueno.**

DC-SCHOCKER: DAS HAUS AM SEE erscheint bei **PANINI COMICS**, Schloßstraße 76, D-70176 Stuttgart. Druck: Tecnostampa srl – Pigini Group – Loreto – Trevi. Pressevertrieb: Stella Distribution GmbH, D-22297 Hamburg. Direkt-Abos auf **www.paninicomics.de**. Anzeigenverkauf: BLAUFEUER VERLAGSVERTRETUNGEN GmbH, info@blaufeuer.com. Es gelten die Anzeigenpreise gemäß der Mediadaten 2023. Geschäftsführer **Hermann Paul**, Publishing Director Europe **Marco M. Lupoi**, Finanzen/Logistik **Felix Bauer**, Marketing Director **Holger Wiest**, Marketing **Thorsten Kleinheinz**, Vertrieb **Alexander Bubenheimer**, PR/Presse **Steffen Volkmer**, Publishing Manager **Lisa Pancaldi**, Redaktion **Tommaso Caretti**, **Christian Grass**, **Bernd Kronsbein**, **Alexander Rösch**, **Ilaria Tavoni**, **Monika Trost**, **Daniela Uhlmann**, Übersetzung **Bernd Kronsbein**, Proofreading **Aline Reinelt**, Lettering **Astarte Design**, grafische Gestaltung **Marco Paroli** (coordinator), **Cinzia Morando**, **Alessio Trippetta**, Art Director **Alessandro Gucciardo**, Redaktion Panini Comics **Annalisa Califano**, **Beatrice Doti**, Prepress **Cristina Bedini**, **Daniela Guidetti**, **Andrea Lusoli**, Repro/Packager **Alessandro Nalli**, (coordinator), **Anna Boselli**, **Mario Da Rin Zanco**, **Valentina Esposito**, **Luca Ficarelli**, **Linda Leporati**. Cover von **Álvaro Martínez Bueno**, *The Nice House on the Lake* 12. Variant-Cover von **Álvaro Martínez Bueno**, *The Nice House on the Lake* 2.

Digitale Ausgaben:
ISBN 978-3-7367-9106-0 (.pdf) / ISBN 978-3-7367-9104-6 (.epub) / ISBN 978-3-7367-9105-3 (.mobi)

Bibliografische Information der Deutschen Nationalbibliothek
Die Deutsche Nationalbibliothek verzeichnet diese Publikation in der Deutschen Nationalbibliografie; detaillierte bibliografische Daten sind im Internet über dnb.d-nb.de abrufbar.

FSC®
www.fsc.org
MIX
Paper | Supporting responsible forestry
FSC® C115044

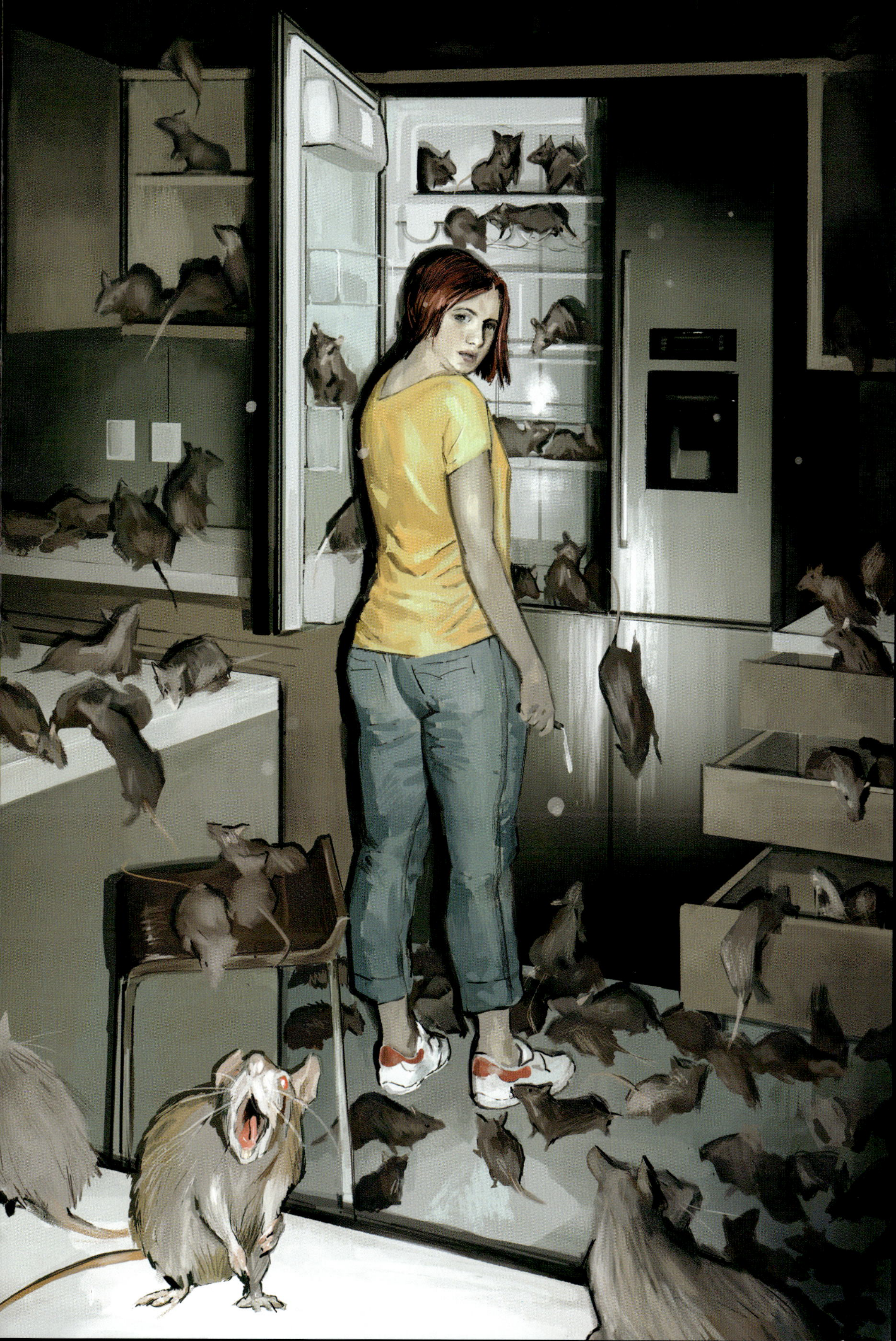

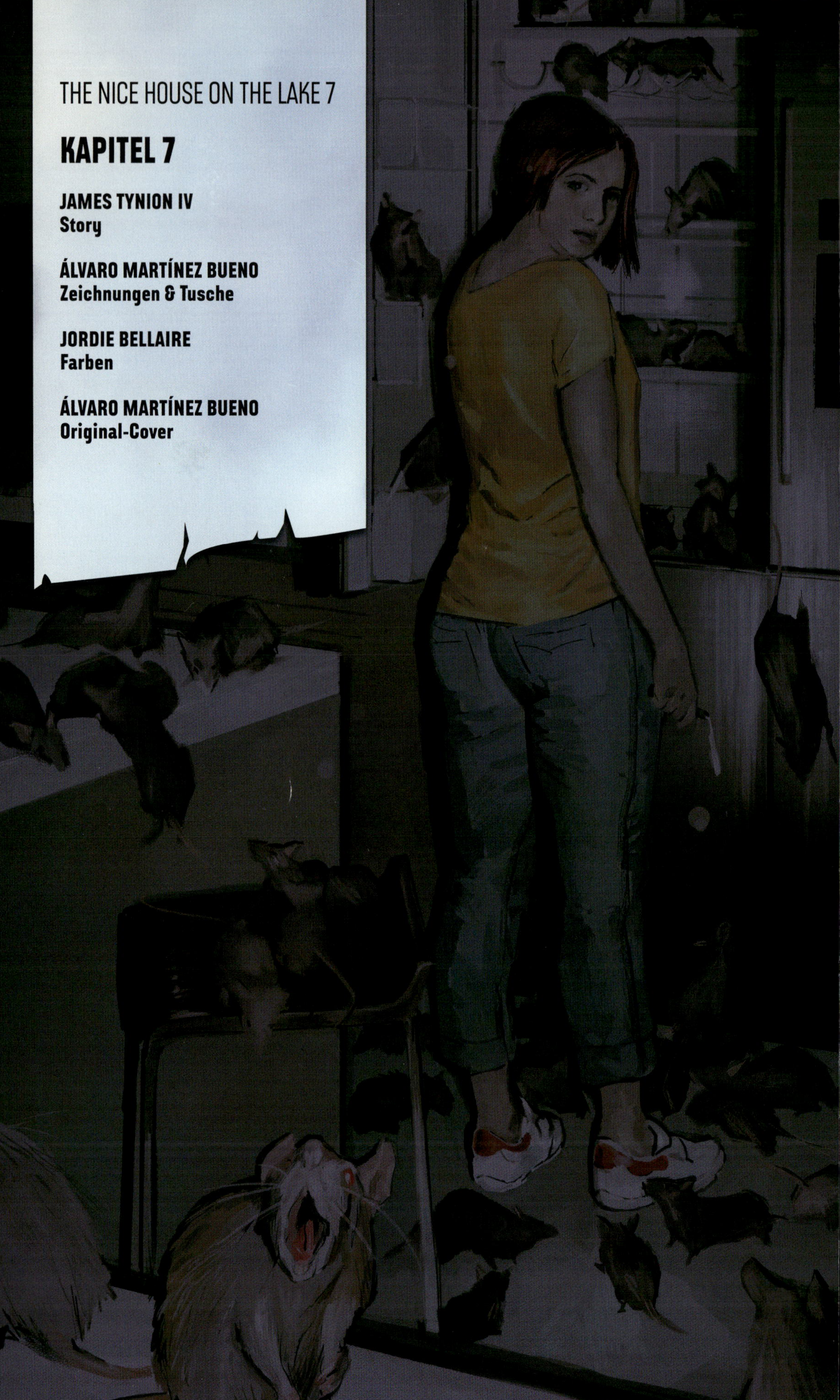
THE NICE HOUSE ON THE LAKE 7
KAPITEL 7
JAMES TYNION IV
Story
ÁLVARO MARTÍNEZ BUENO
Zeichnungen & Tusche
JORDIE BELLAIRE
Farben
ÁLVARO MARTÍNEZ BUENO
Original-Cover

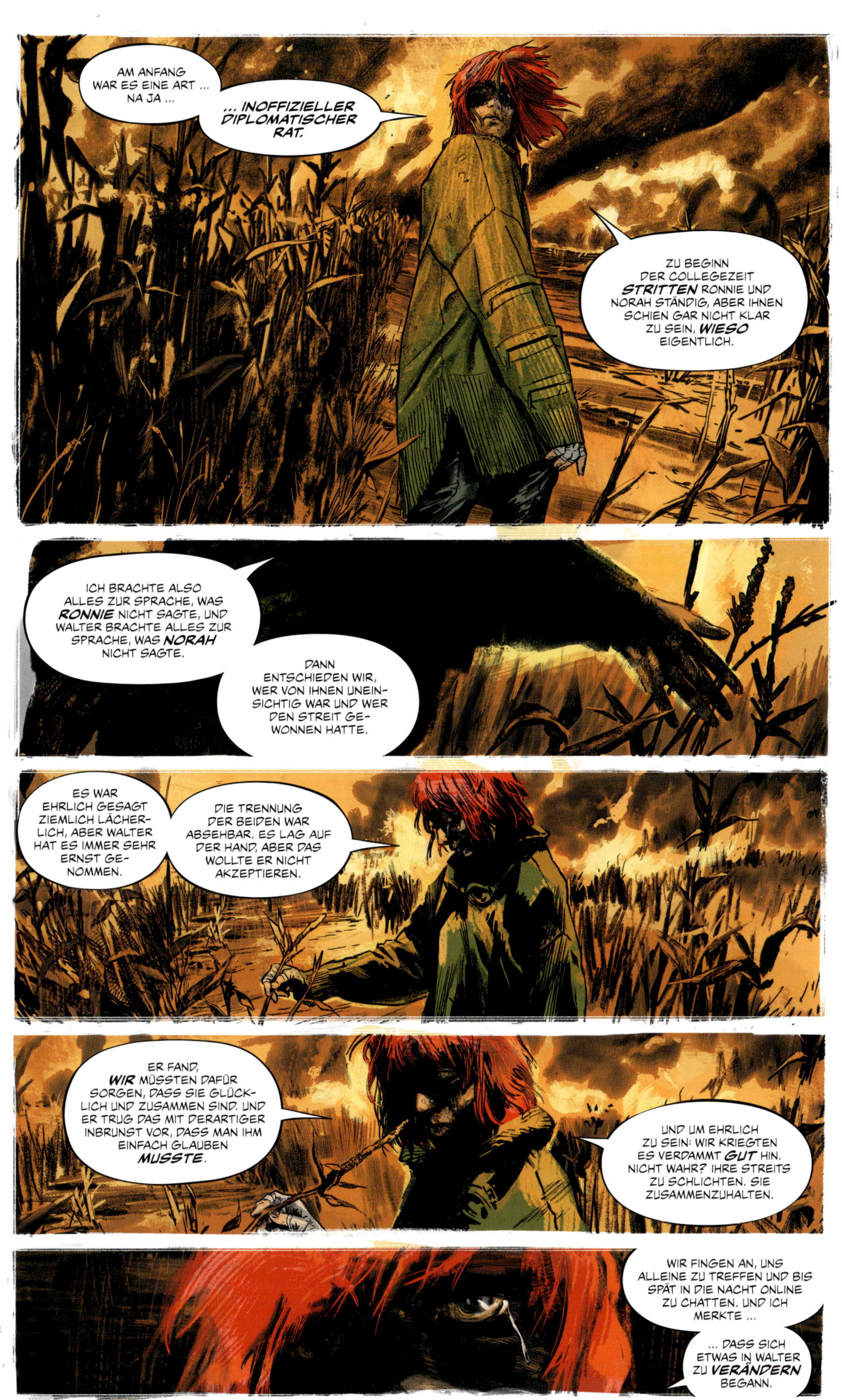
AM ANFANG WAR ES EINE ART ... NA JA ...
... INOFFIZIELLER DIPLOMATISCHER RAT.
ZU BEGINN DER COLLEGEZEIT STRITTEN RONNIE UND NORAH STÄNDIG, ABER IHNEN SCHIEN GAR NICHT KLAR ZU SEIN, WIESO EIGENTLICH.
ICH BRACHTE ALSO ALLES ZUR SPRACHE, WAS RONNIE NICHT SAGTE, UND WALTER BRACHTE ALLES ZUR SPRACHE, WAS NORAH NICHT SAGTE.
DANN ENTSCHIEDEN WIR, WER VON IHNEN UNEIN-SICHTIG WAR UND WER DEN STREIT GE-WONNEN HATTE.
ES WAR EHRLICH GESAGT ZIEMLICH LÄCHER-LICH, ABER WALTER HAT ES IMMER SEHR ERNST GE-NOMMEN.
DIE TRENNUNG DER BEIDEN WAR ABSEHBAR. ES LAG AUF DER HAND, ABER DAS WOLLTE ER NICHT AKZEPTIEREN.
ER FAND, WIR MÜSSTEN DAFÜR SORGEN, DASS SIE GLÜCK-LICH UND ZUSAMMEN SIND. UND ER TRUG DAS MIT DERARTIGER INBRUNST VOR, DASS MAN IHM EINFACH GLAUBEN MUSSTE.
UND UM EHRLICH ZU SEIN: WIR KRIEGTEN ES VERDAMMT GUT HIN. NICHT WAHR? IHRE STREITS ZU SCHLICHTEN. SIE ZUSAMMENZUHALTEN.
WIR FINGEN AN, UNS ALLEINE ZU TREFFEN UND BIS SPÄT IN DIE NACHT ONLINE ZU CHATTEN. UND ICH MERKTE ...
... DASS SICH ETWAS IN WALTER ZU VERÄNDERN BEGANN.

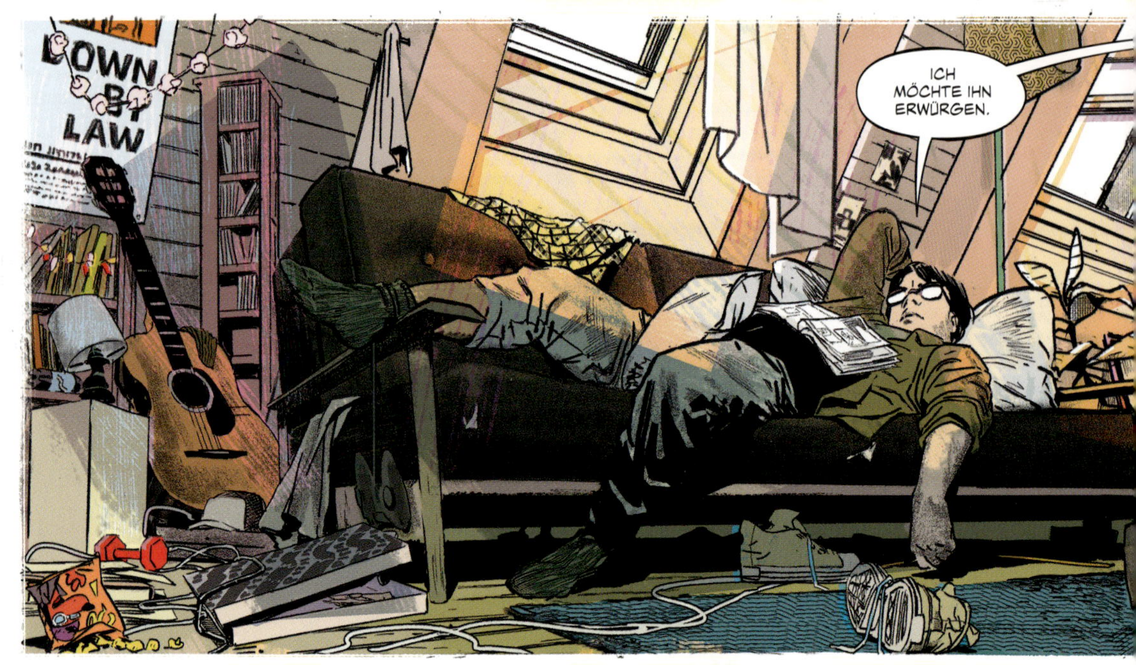
DOWN BY LAW
ICH MÖCHTE IHN ERWÜRGEN.

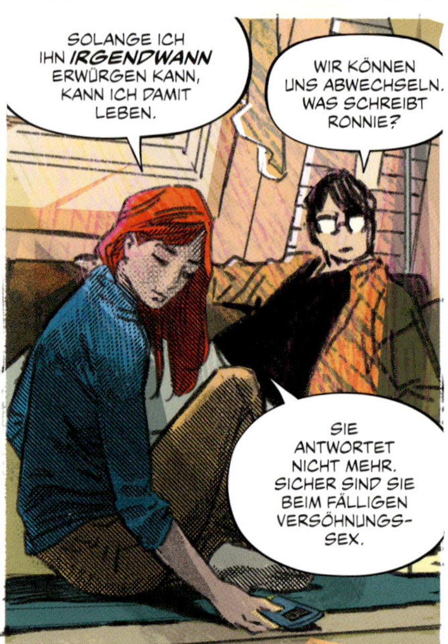
SOLANGE ICH IHN *IRGENDWANN* ERWÜRGEN KANN, KANN ICH DAMIT LEBEN.
WIR KÖNNEN UNS ABWECHSELN. WAS SCHREIBT RONNIE?
SIE ANTWORTET NICHT MEHR. SICHER SIND SIE BEIM FÄLLIGEN VERSÖHNUNGS-SEX.

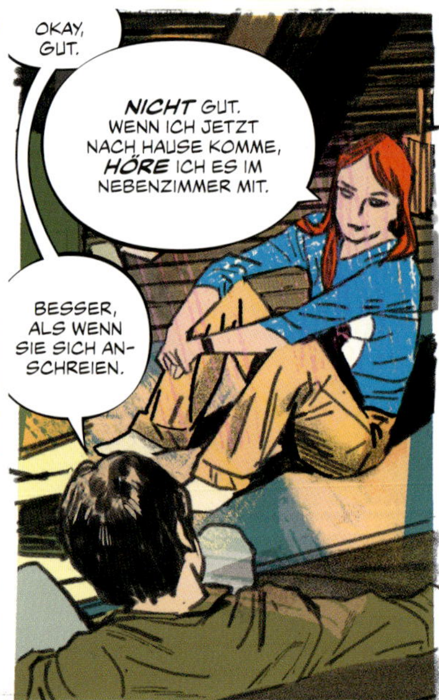
OKAY, GUT.
NICHT GUT. WENN ICH JETZT NACH HAUSE KOMME, *HÖRE* ICH ES IM NEBENZIMMER MIT.
BESSER, ALS WENN SIE SICH AN-SCHREIEN.

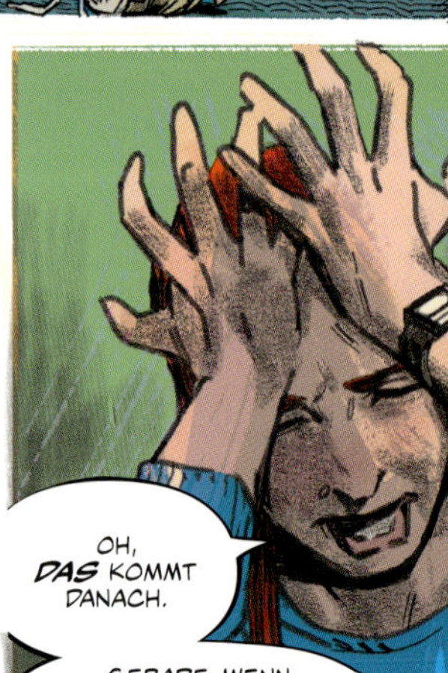
OH, *DAS* KOMMT DANACH.
GERADE, WENN ICH BEIM iPOD 'NE GUTE LAUTSTÄRKE GEFUNDEN HABE, DIE IHR STÖHNEN ÜBERTÖNT.
UND WENN ICH DIE PASSENDE LAUTSTÄRKE HABE, UM DEN NÄCHSTEN STREIT ZU ÜBERTÖNEN, GEHT DAS *STÖHNEN* VON VORN LOS.

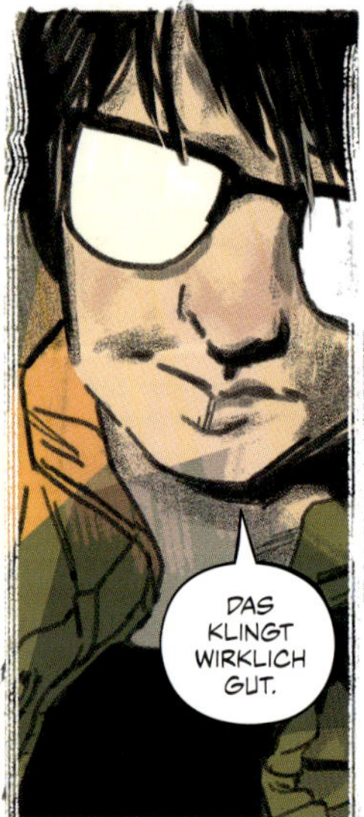
DAS KLINGT WIRKLICH GUT.

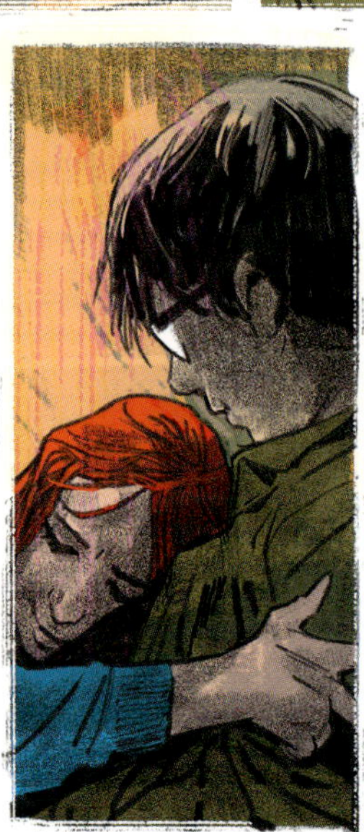

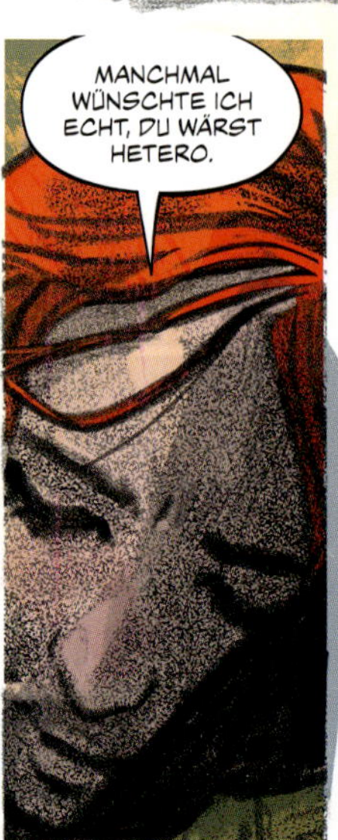
MANCHMAL WÜNSCHTE ICH ECHT, DU WÄRST HETERO.

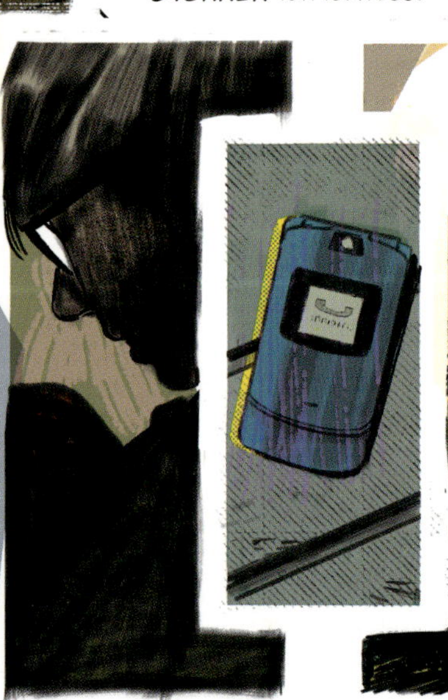

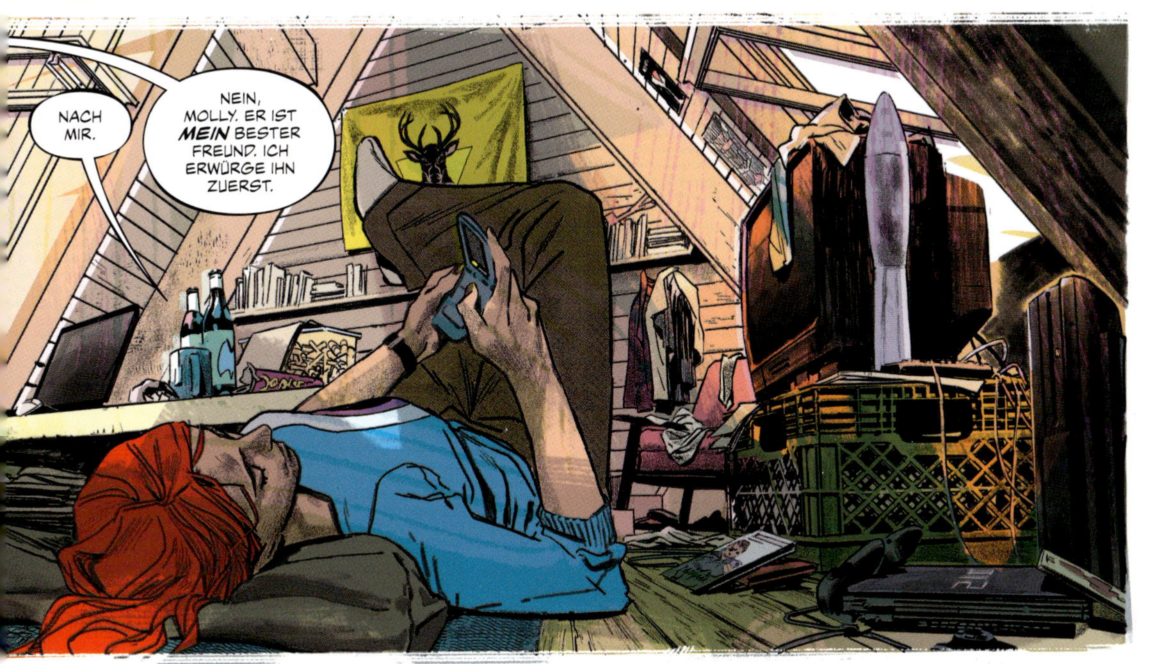

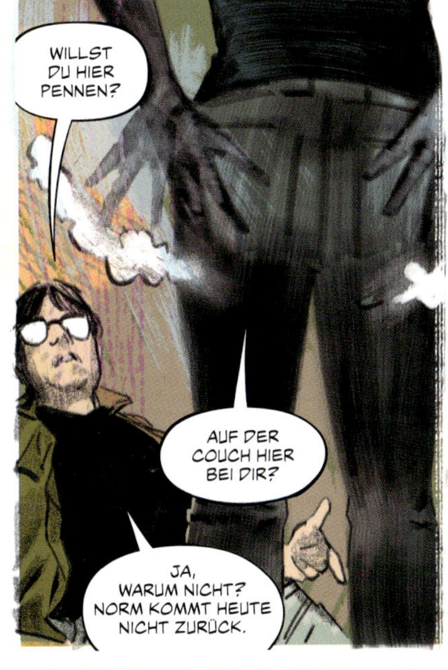

ODER WIR FAHREN ZUM FLUGHAFEN, FLIEGEN NACH JAPAN UND LASSEN ALLES HINTER UNS. SOLLEN SIE STREITEN UND FICKEN, BIS SIE TOT UMFALLEN.

DIREKT-FLÜGE VON MADISON NACH TOKIO SOLLEN TATSÄCHLICH ZIEMLICH GÜNSTIG SEIN.

WIR KÖNNTEN UNSERE NAMEN ÄNDERN, UND ICH KÖNNTE DIR JAPANISCH BEIBRINGEN.

UND WIR KÖNNTEN HEIRATEN, UNS DIE WELT ANSEHEN UND EIN AUSSERGEWÖHNLICHES LEBEN FÜHREN ... OHNE DIE ANDEREN.

WIR MÜSSTEN UNS KEINEN KOPF MEHR UM UNSERE BLÖDEN FAMILIEN ODER FREUNDE MACHEN.

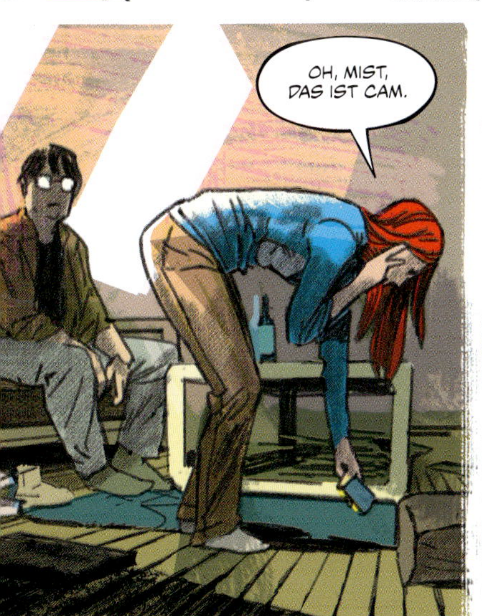

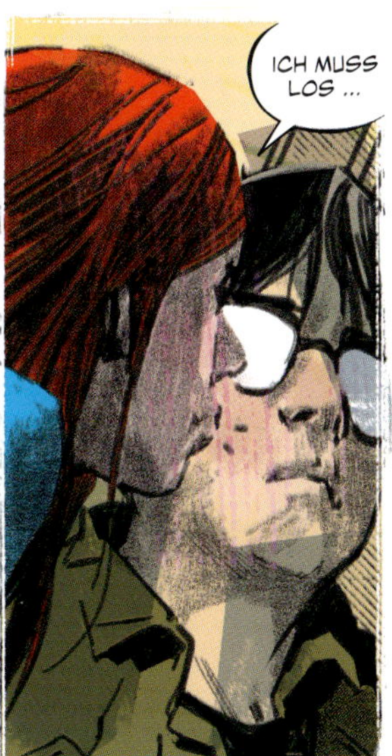

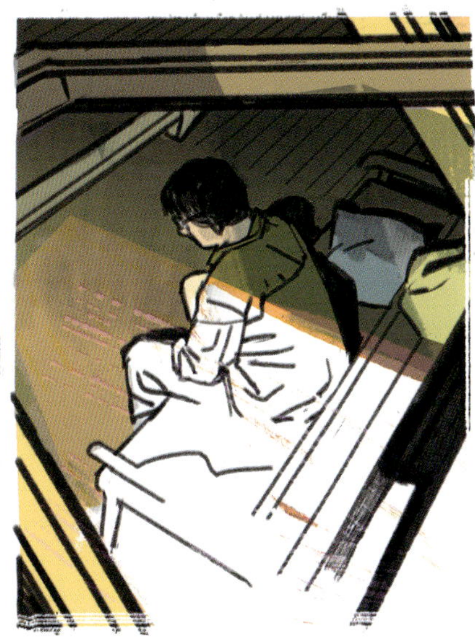

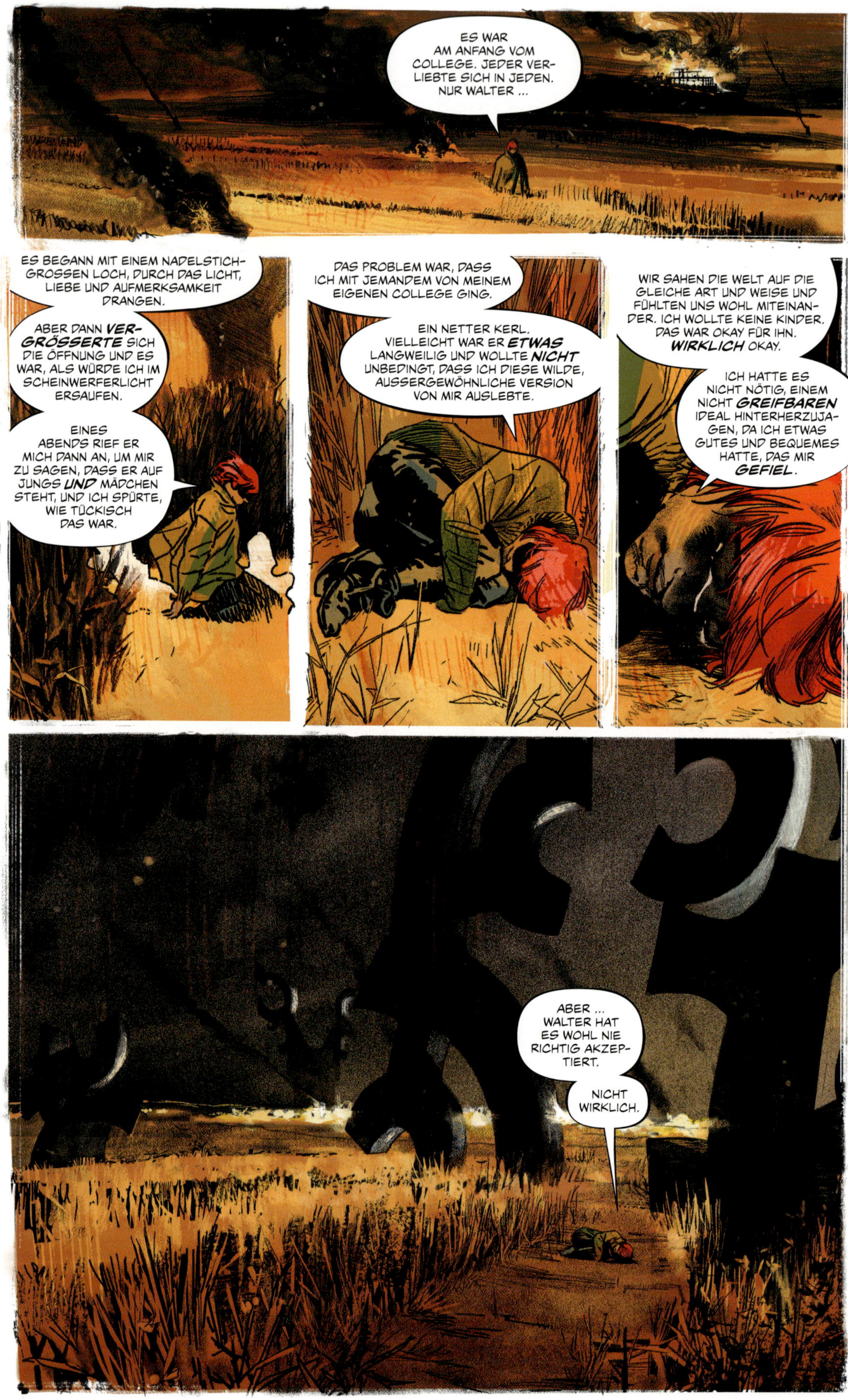

ES WAR AM ANFANG VOM COLLEGE. JEDER VERLIEBTE SICH IN JEDEN. NUR WALTER ...
ES BEGANN MIT EINEM NADELSTICH-GROSSEN LOCH, DURCH DAS LICHT, LIEBE UND AUFMERKSAMKEIT DRANGEN.
ABER DANN **VERGRÖSSERTE** SICH DIE ÖFFNUNG UND ES WAR, ALS WÜRDE ICH IM SCHEINWERFERLICHT ERSAUFEN.
EINES ABENDS RIEF ER MICH DANN AN, UM MIR ZU SAGEN, DASS ER AUF JUNGS ***UND*** MÄDCHEN STEHT, UND ICH SPÜRTE, WIE TÜCKISCH DAS WAR.
DAS PROBLEM WAR, DASS ICH MIT JEMANDEM VON MEINEM EIGENEN COLLEGE GING.
EIN NETTER KERL. VIELLEICHT WAR ER ***ETWAS*** LANGWEILIG UND WOLLTE ***NICHT*** UNBEDINGT, DASS ICH DIESE WILDE, AUSSERGEWÖHNLICHE VERSION VON MIR AUSLEBTE.
WIR SAHEN DIE WELT AUF DIE GLEICHE ART UND WEISE UND FÜHLTEN UNS WOHL MITEINANDER. ICH WOLLTE KEINE KINDER. DAS WAR OKAY FÜR IHN. ***WIRKLICH*** OKAY.
ICH HATTE ES NICHT NÖTIG, EINEM NICHT ***GREIFBAREN*** IDEAL HINTERHERZUJAGEN, DA ICH ETWAS GUTES UND BEQUEMES HATTE, DAS MIR ***GEFIEL***.
ABER ... WALTER HAT ES WOHL NIE RICHTIG AKZEPTIERT.
NICHT WIRKLICH.

WALTER ...

BITTE ...

ICH *WEISS*, DU KANNST MICH HÖREN.

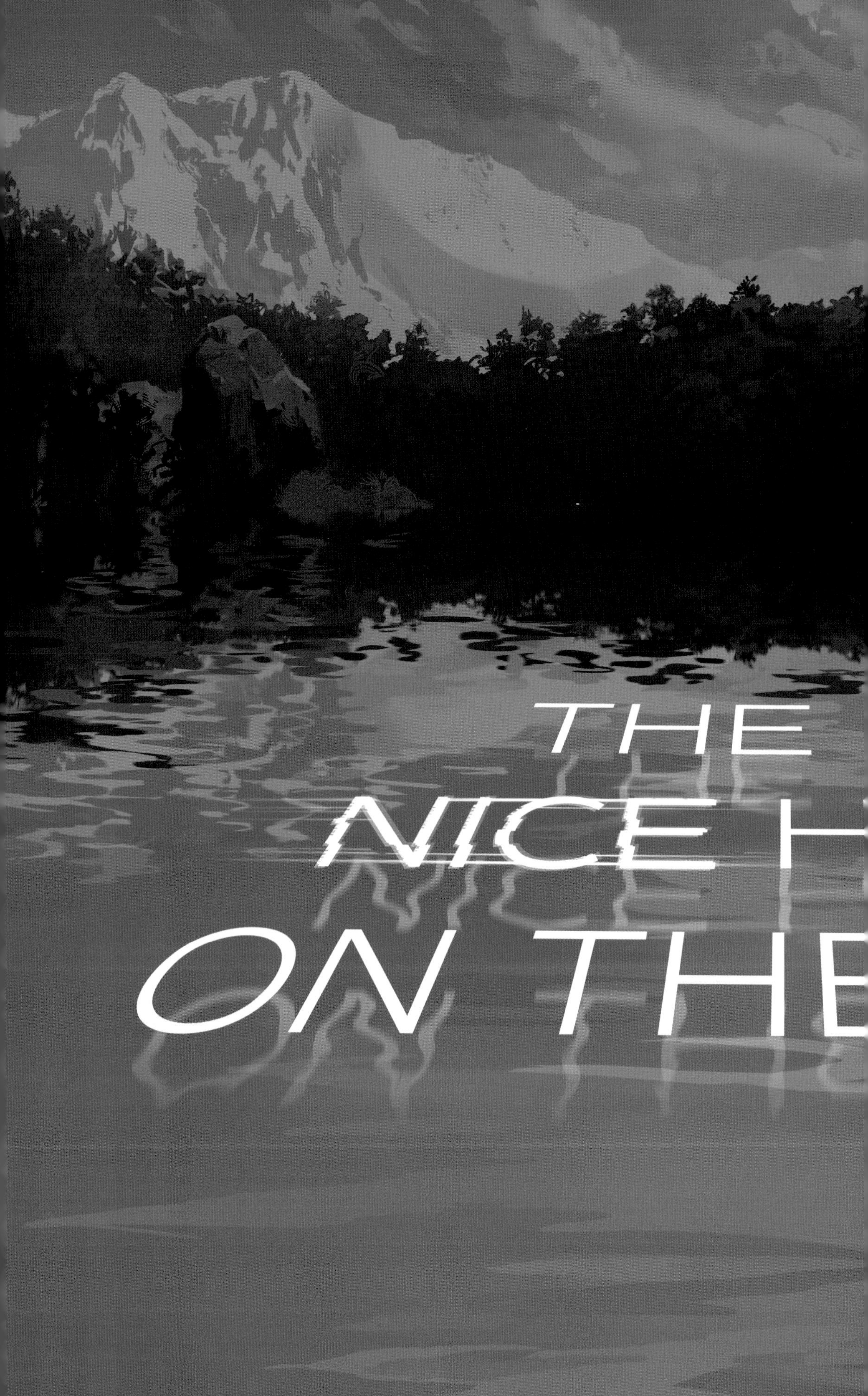
THE
NICE
ON THE

* DAS HAUS AM SEE

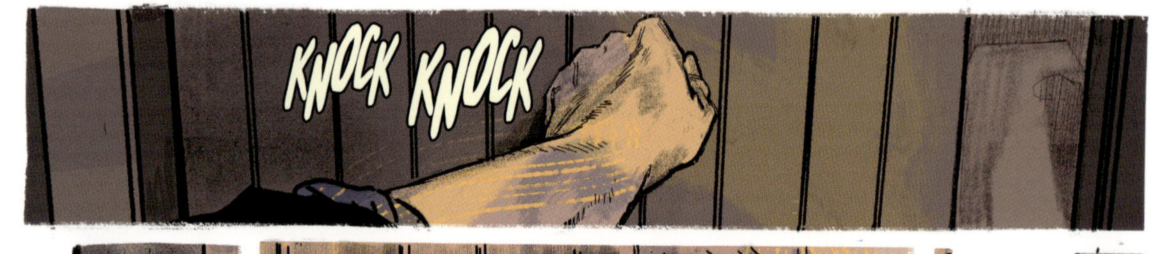
KNOCK KNOCK

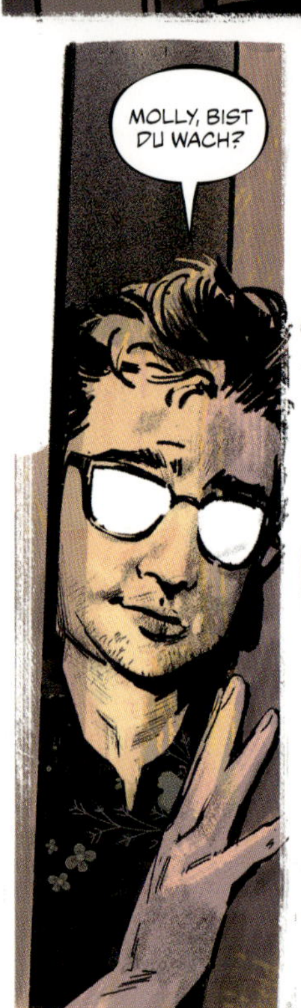
MOLLY, BIST DU WACH?

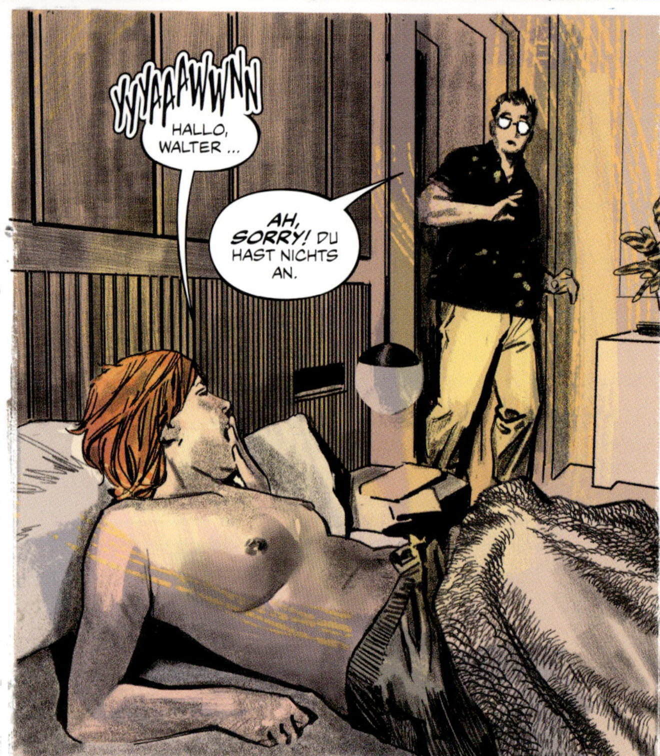
YWAAAWWNN
HALLO, WALTER ...
AH, SORRY! DU HAST NICHTS AN.

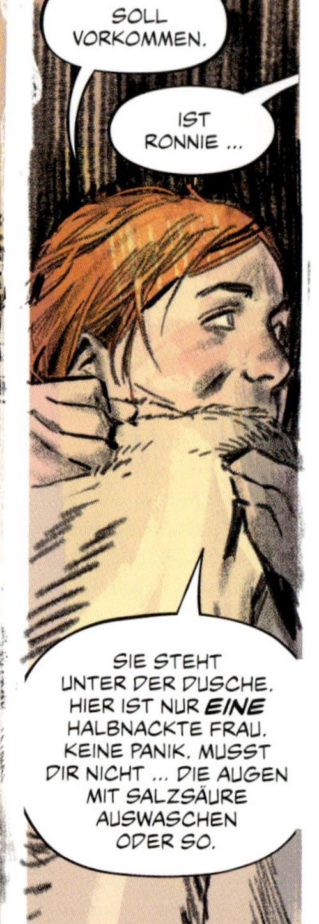
SOLL VORKOMMEN.
IST RONNIE ...
SIE STEHT UNTER DER DUSCHE. HIER IST NUR EINE HALBNACKTE FRAU. KEINE PANIK. MUSST DIR NICHT ... DIE AUGEN MIT SALZSÄURE AUSWASCHEN ODER SO.

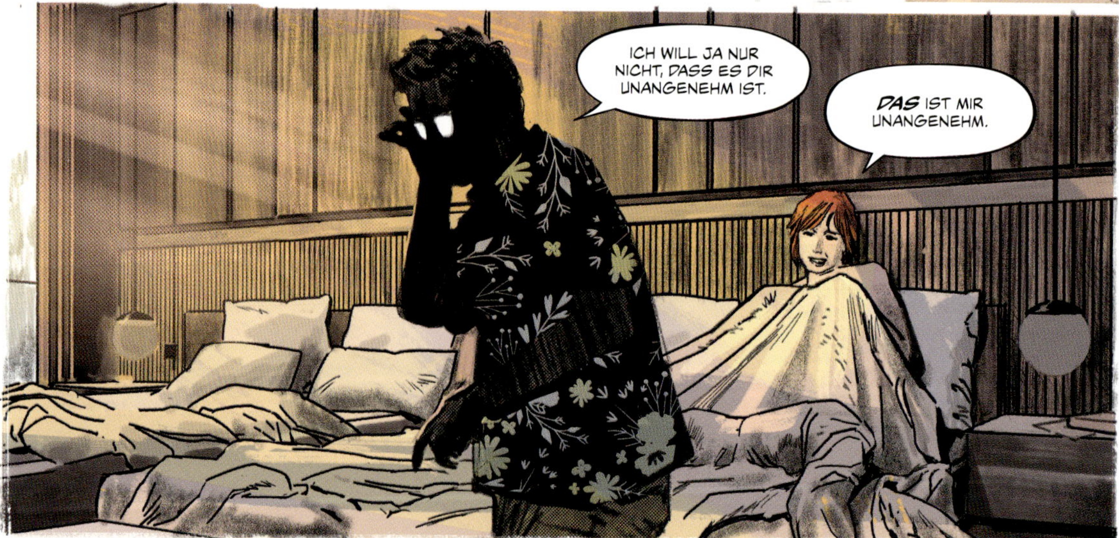
ICH WILL JA NUR NICHT, DASS ES DIR UNANGENEHM IST.
DAS IST MIR UNANGENEHM.

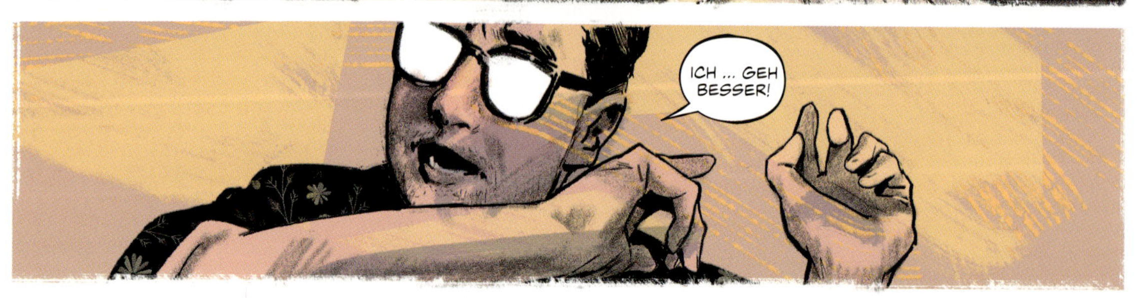
ICH ... GEH BESSER!

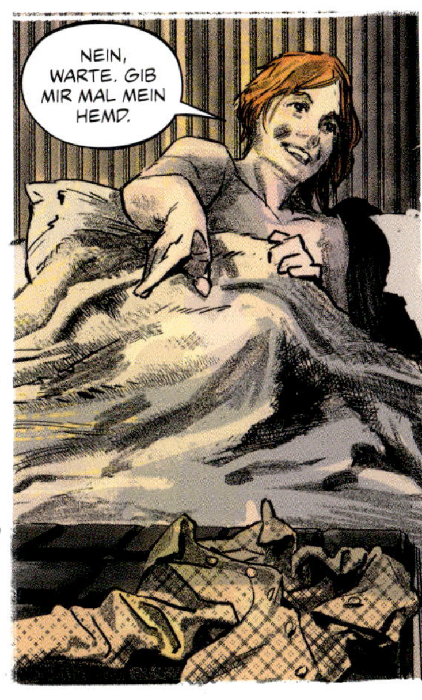
NEIN, WARTE. GIB MIR MAL MEIN HEMD.

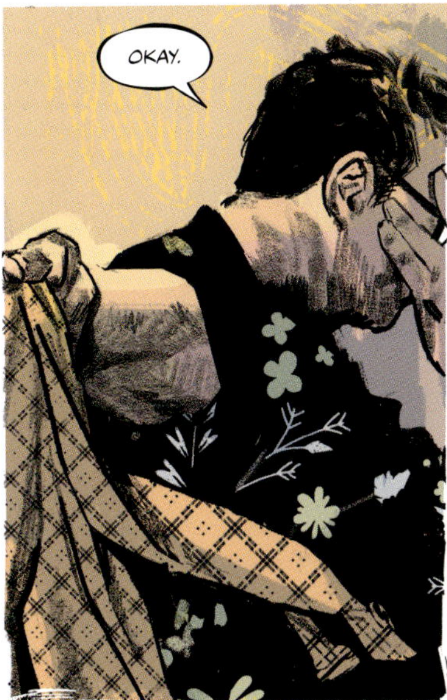
OKAY.

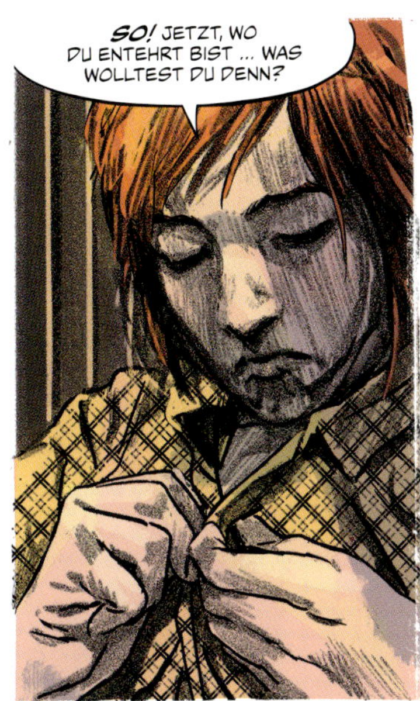
SO! JETZT, WO DU ENTEHRT BIST ... WAS WOLLTEST DU DENN?

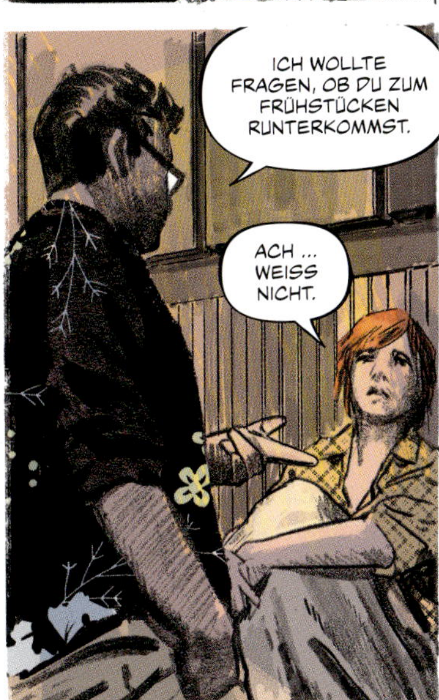
ICH WOLLTE FRAGEN, OB DU ZUM FRÜHSTÜCKEN RUNTERKOMMST.
ACH ... WEISS NICHT.

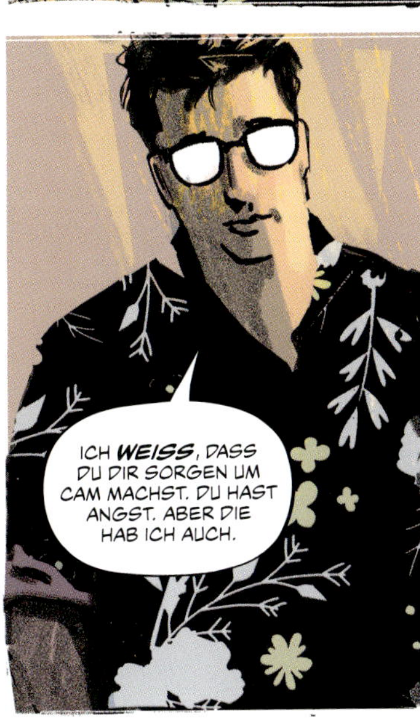
ICH WEISS, DASS DU DIR SORGEN UM CAM MACHST. DU HAST ANGST. ABER DIE HAB ICH AUCH.

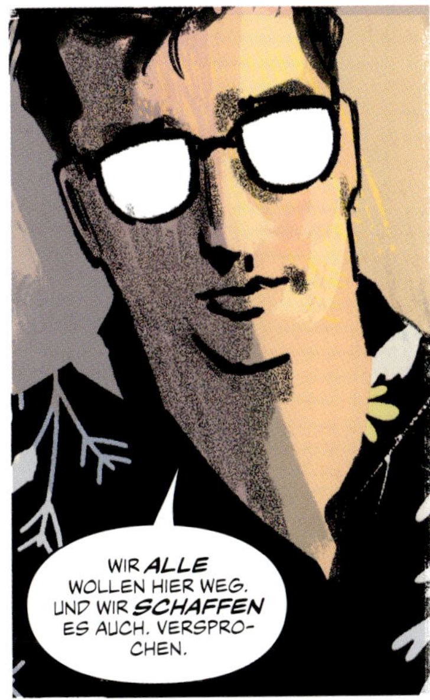
WIR ALLE WOLLEN HIER WEG. UND WIR SCHAFFEN ES AUCH. VERSPRO-CHEN.

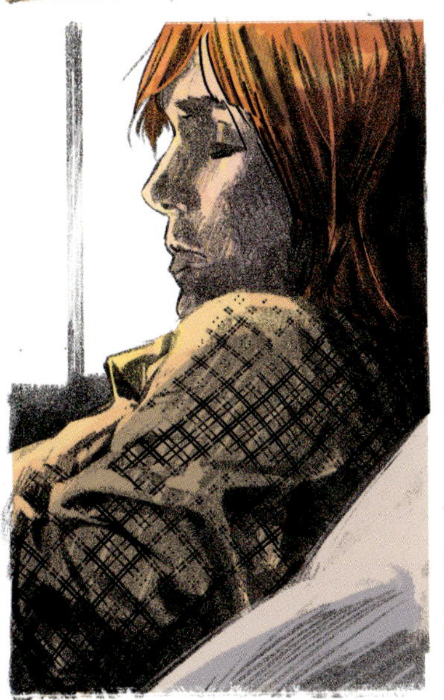

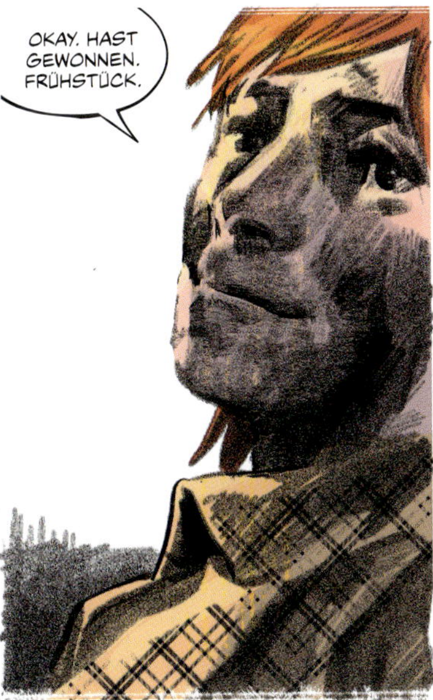
OKAY. HAST GEWONNEN. FRÜHSTÜCK.

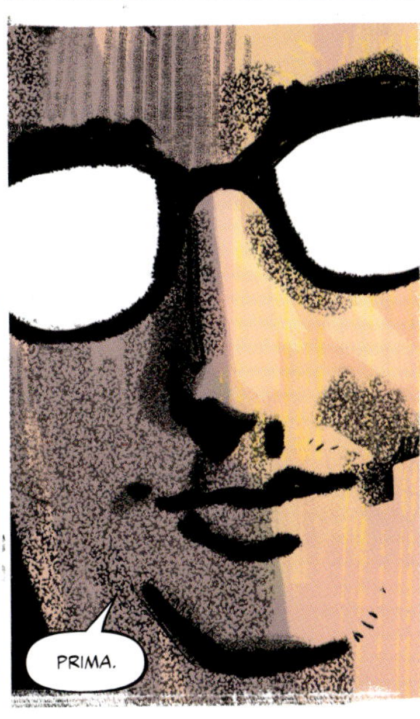
PRIMA.

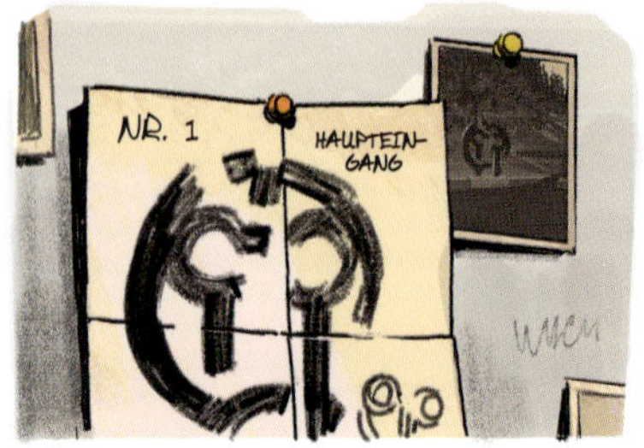
NR. 1
HAUPTEIN-
GANG

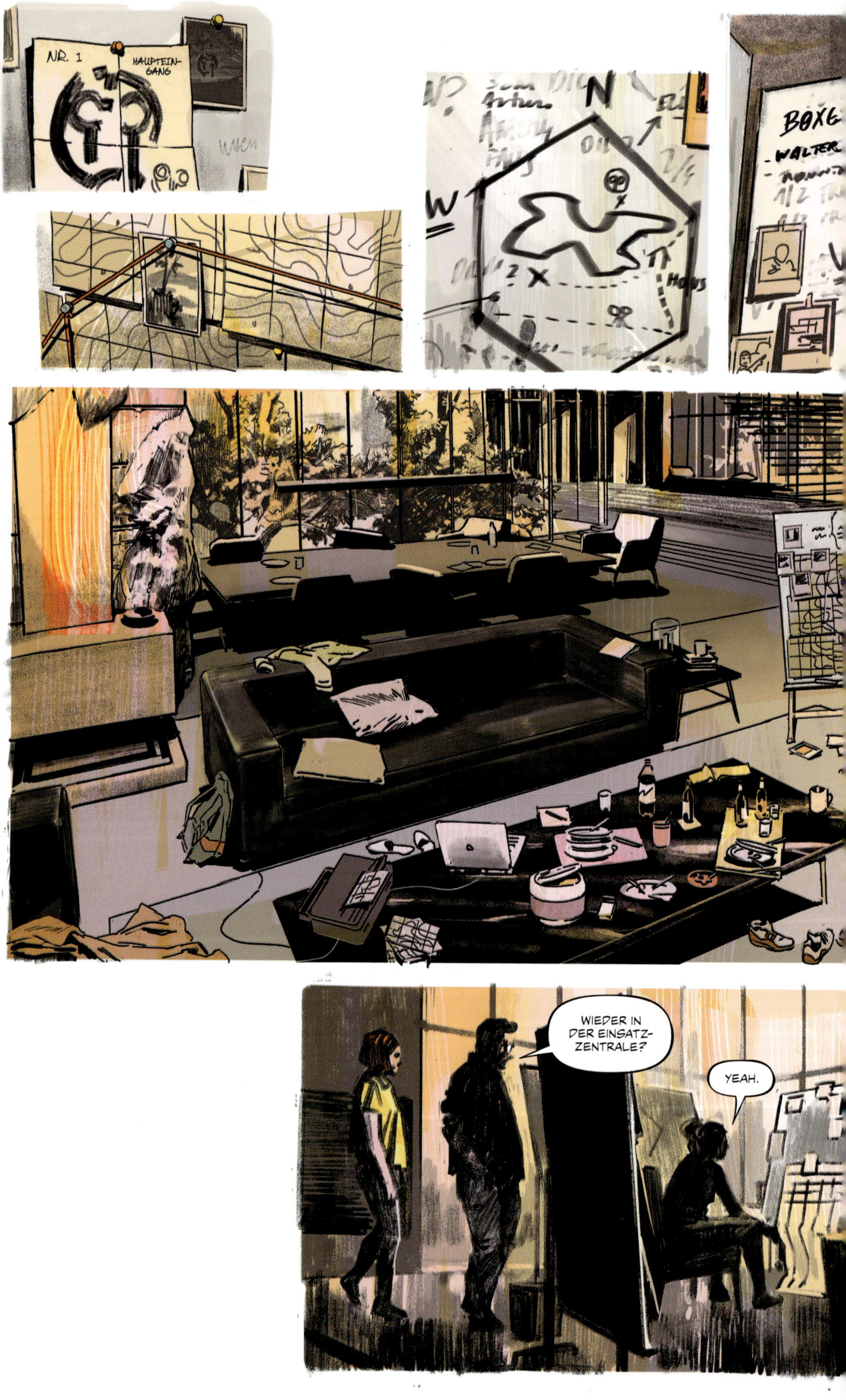

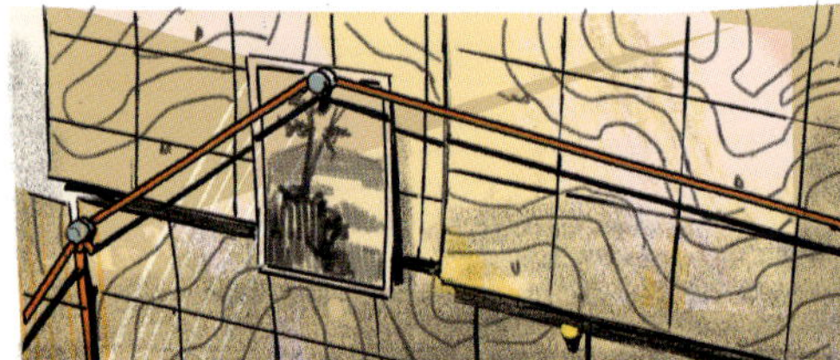

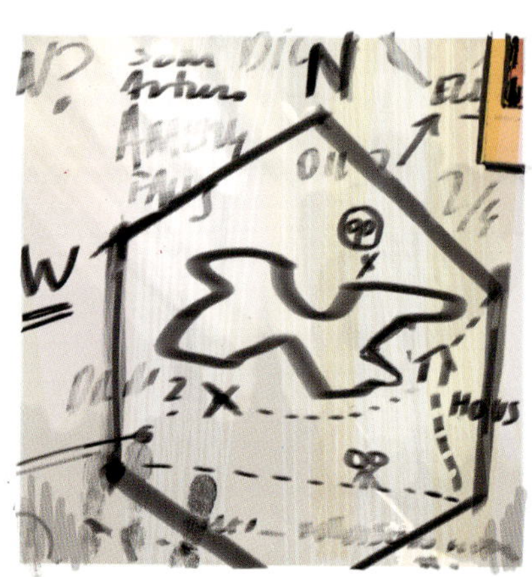
N
W

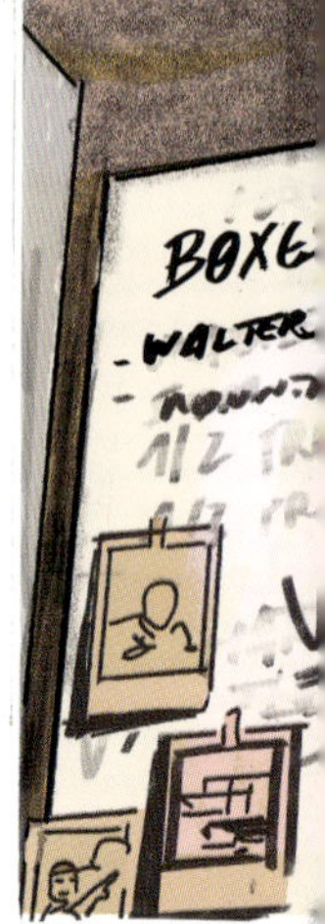
WALTER

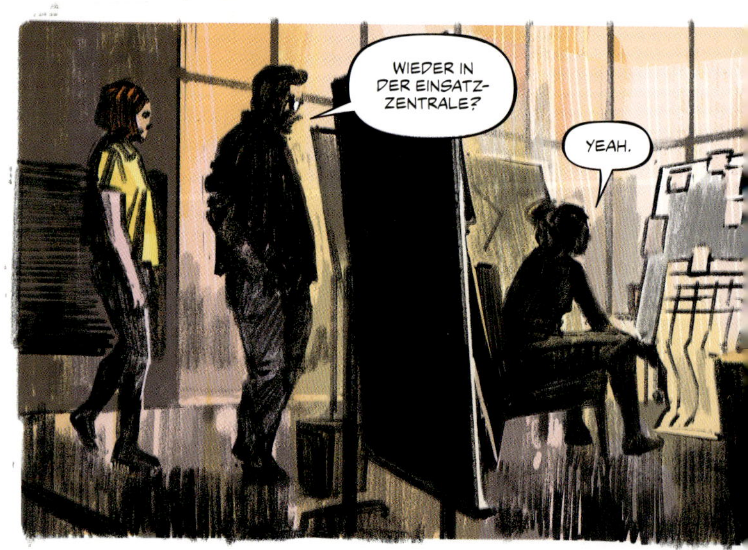
WIEDER IN DER EINSATZ-ZENTRALE?
YEAH.

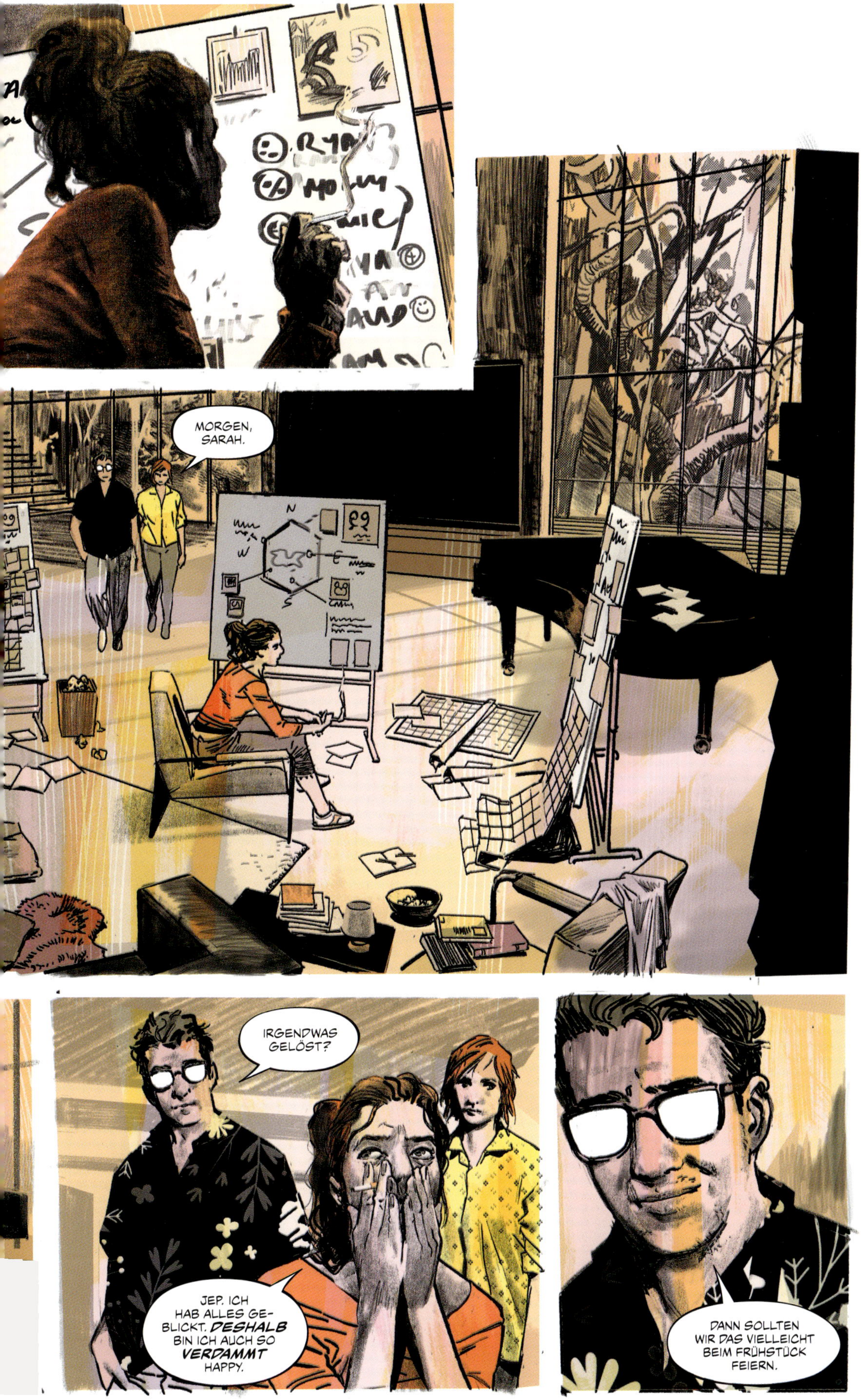

MORGEN, SARAH.

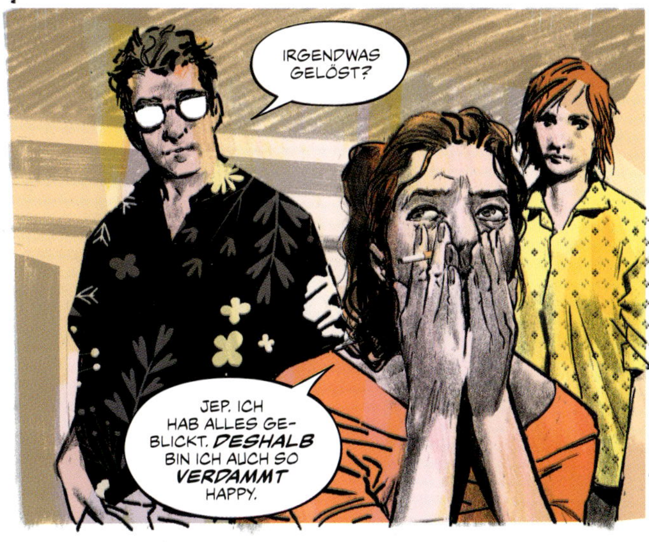

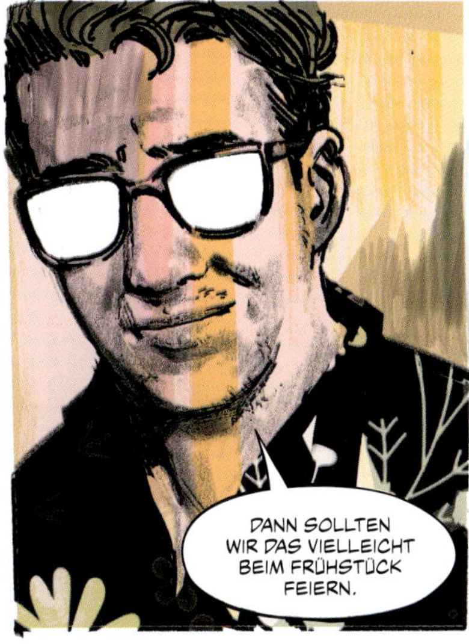

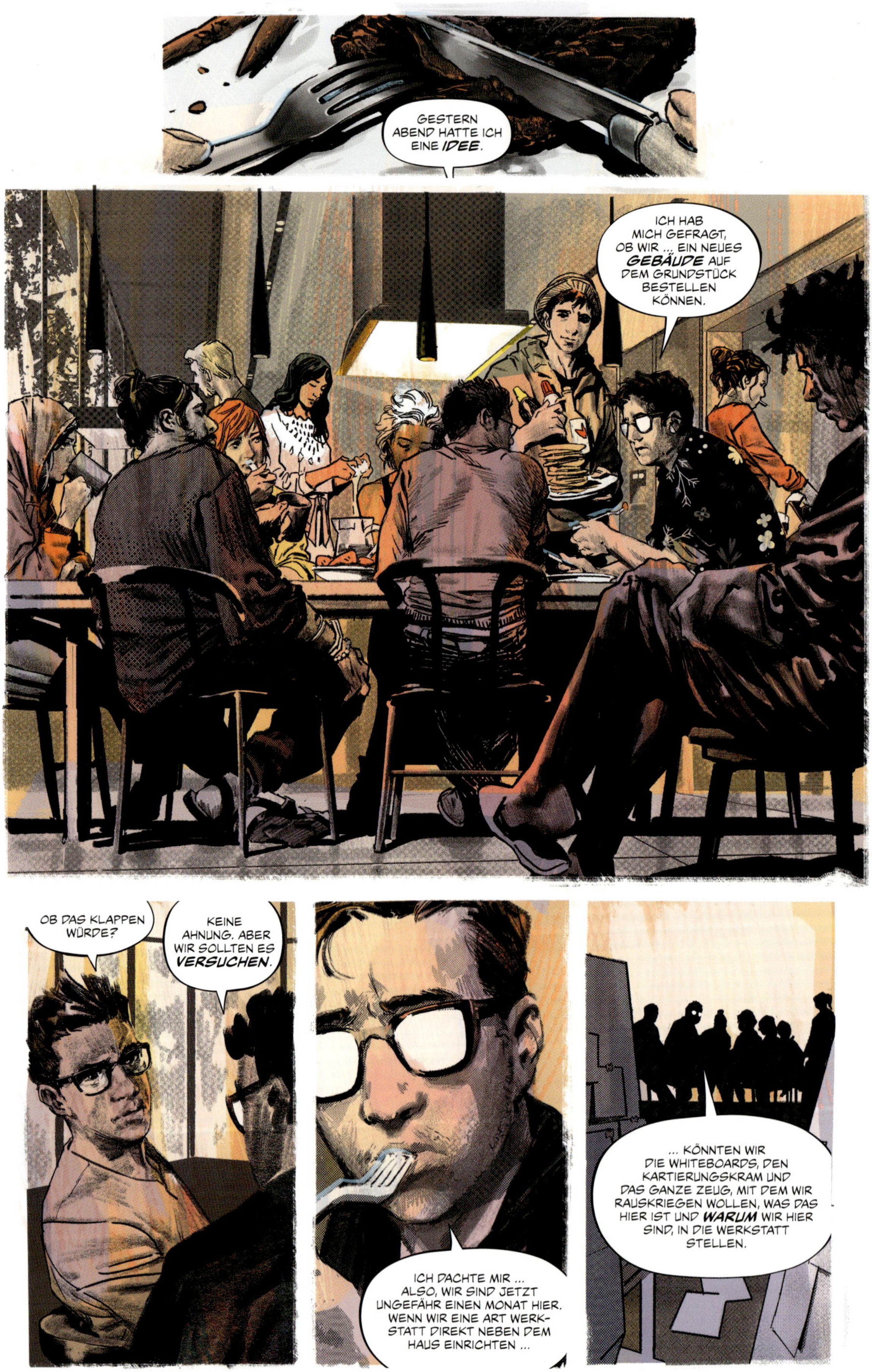

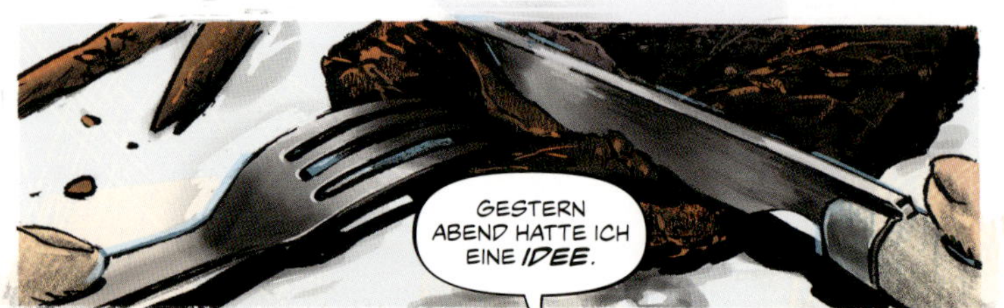

ICH HAB MICH GEFRAGT, OB WIR ... EIN NEUES **GEBÄUDE** AUF DEM GRUNDSTÜCK BESTELLEN KÖNNEN.

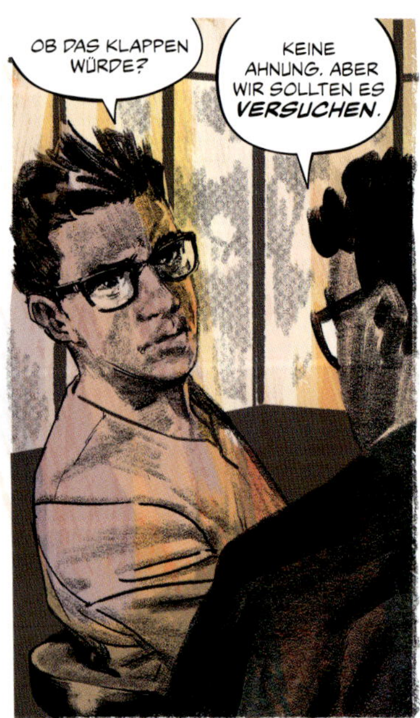

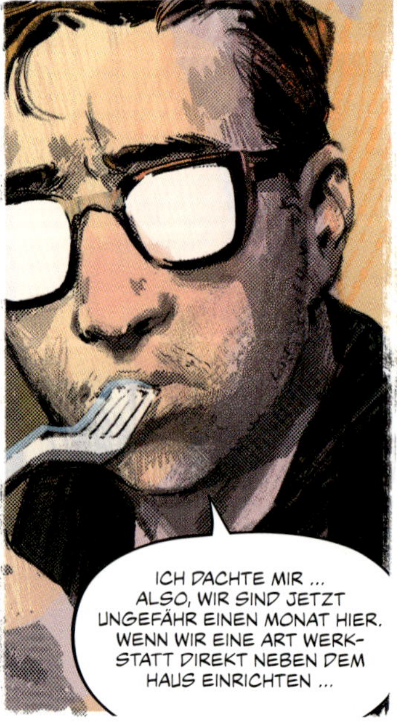

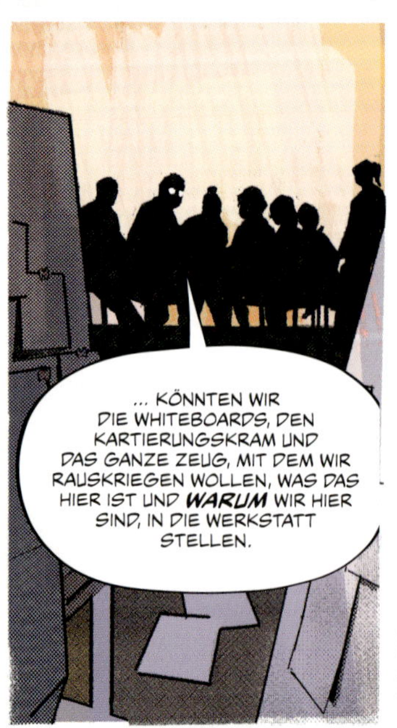

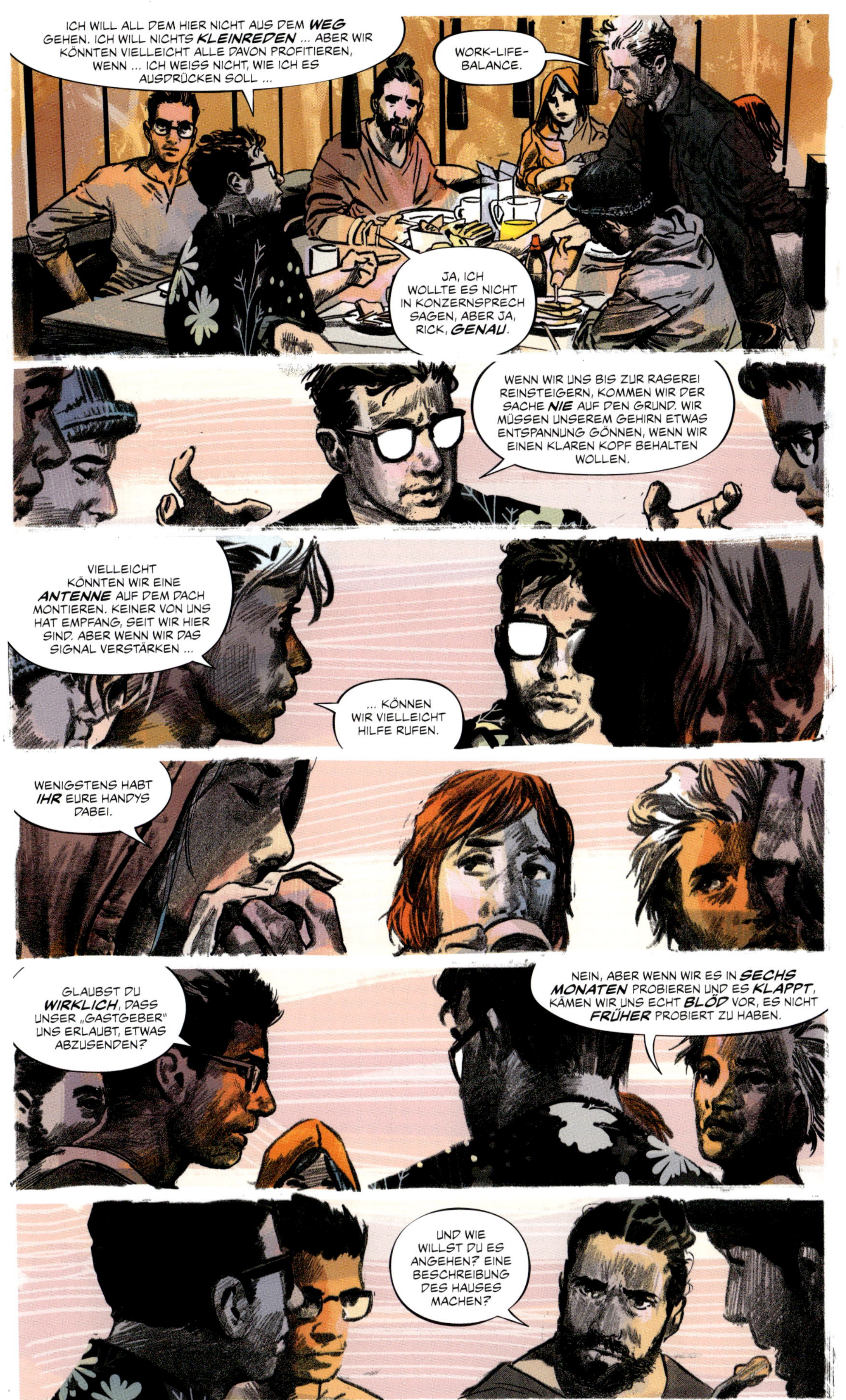
ICH WILL ALL DEM HIER NICHT AUS DEM WEG GEHEN. ICH WILL NICHTS KLEINREDEN ... ABER WIR KÖNNTEN VIELLEICHT ALLE DAVON PROFITIEREN, WENN ... ICH WEISS NICHT, WIE ICH ES AUSDRÜCKEN SOLL ...
WORK-LIFE-BALANCE.
JA, ICH WOLLTE ES NICHT IN KONZERNSPRECH SAGEN, ABER JA, RICK, GENAU.
WENN WIR UNS BIS ZUR RASEREI REINSTEIGERN, KOMMEN WIR DER SACHE NIE AUF DEN GRUND. WIR MÜSSEN UNSEREM GEHIRN ETWAS ENTSPANNUNG GÖNNEN, WENN WIR EINEN KLAREN KOPF BEHALTEN WOLLEN.
VIELLEICHT KÖNNTEN WIR EINE ANTENNE AUF DEM DACH MONTIEREN. KEINER VON UNS HAT EMPFANG, SEIT WIR HIER SIND. ABER WENN WIR DAS SIGNAL VERSTÄRKEN ...
... KÖNNEN WIR VIELLEICHT HILFE RUFEN.
WENIGSTENS HABT IHR EURE HANDYS DABEI.
GLAUBST DU WIRKLICH, DASS UNSER „GASTGEBER" UNS ERLAUBT, ETWAS ABZUSENDEN?
NEIN, ABER WENN WIR ES IN SECHS MONATEN PROBIEREN UND ES KLAPPT, KÄMEN WIR UNS ECHT BLÖD VOR, ES NICHT FRÜHER PROBIERT ZU HABEN.
UND WIE WILLST DU ES ANGEHEN? EINE BESCHREIBUNG DES HAUSES MACHEN?

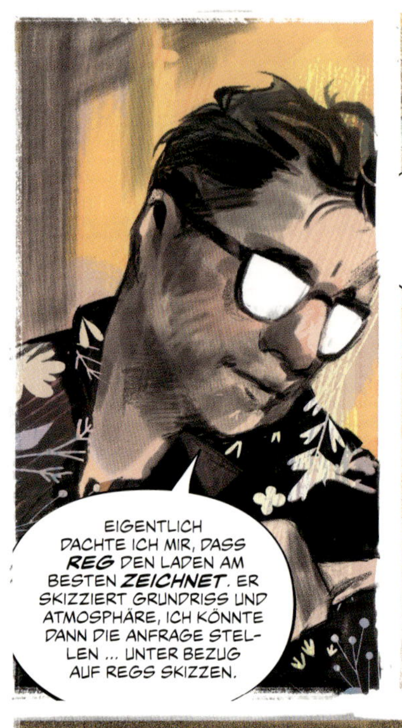
EIGENTLICH DACHTE ICH MIR, DASS REG DEN LADEN AM BESTEN ZEICHNET. ER SKIZZIERT GRUNDRISS UND ATMOSPHÄRE, ICH KÖNNTE DANN DIE ANFRAGE STEL-LEN ... UNTER BEZUG AUF REGS SKIZZEN.

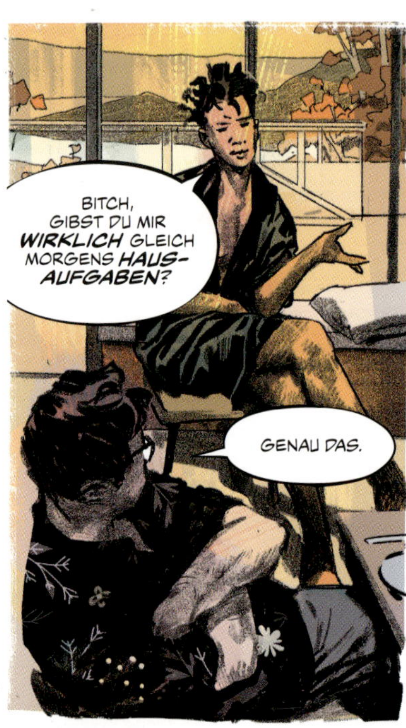
BITCH, GIBST DU MIR WIRKLICH GLEICH MORGENS HAUS-AUFGABEN?
GENAU DAS.

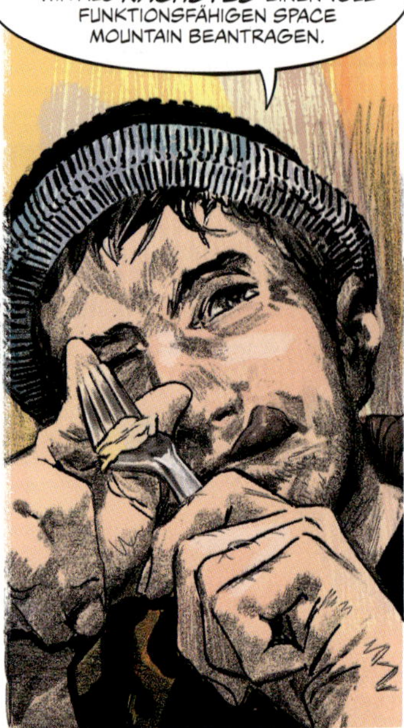
WENN DAS KLAPPT, SOLLTEN WIR ALS NÄCHSTES EINEN VOLL FUNKTIONSFÄHIGEN SPACE MOUNTAIN BEANTRAGEN.

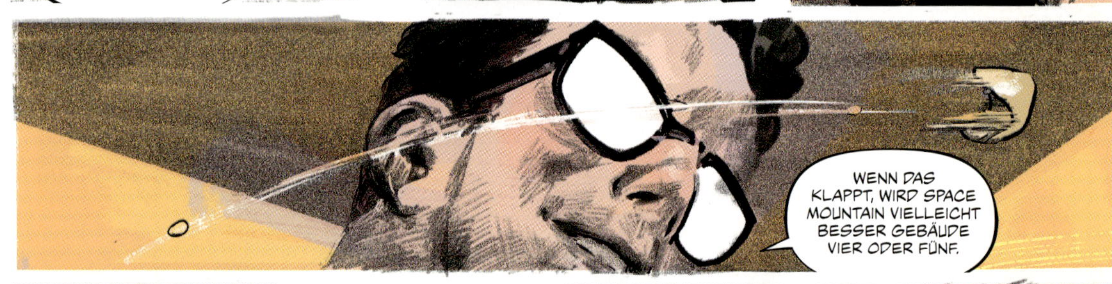
WENN DAS KLAPPT, WIRD SPACE MOUNTAIN VIELLEICHT BESSER GEBÄUDE VIER ODER FÜNF.

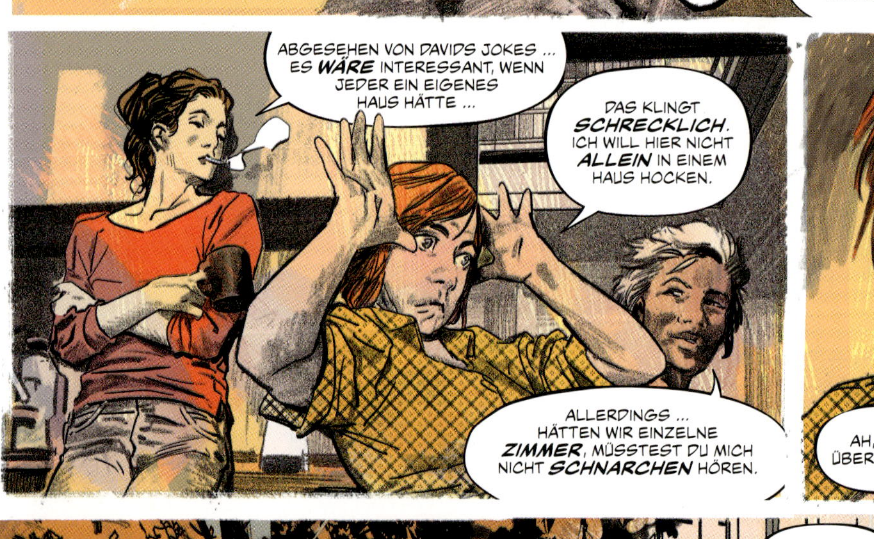
ABGESEHEN VON DAVIDS JOKES ... ES WÄRE INTERESSANT, WENN JEDER EIN EIGENES HAUS HÄTTE ...
DAS KLINGT SCHRECKLICH. ICH WILL HIER NICHT ALLEIN IN EINEM HAUS HOCKEN.
ALLERDINGS ... HÄTTEN WIR EINZELNE ZIMMER, MÜSSTEST DU MICH NICHT SCHNARCHEN HÖREN.

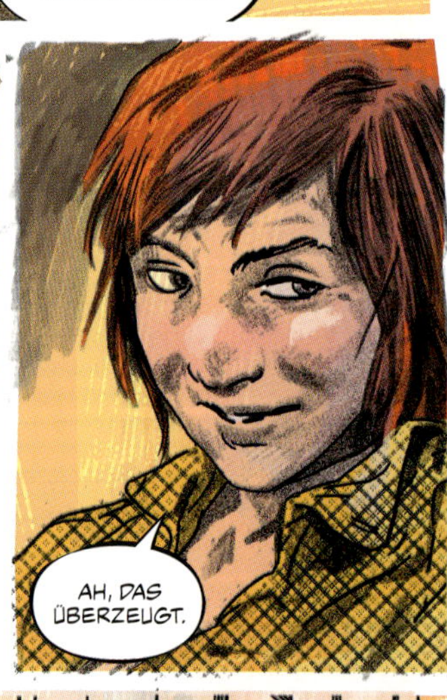
AH, DAS ÜBERZEUGT.

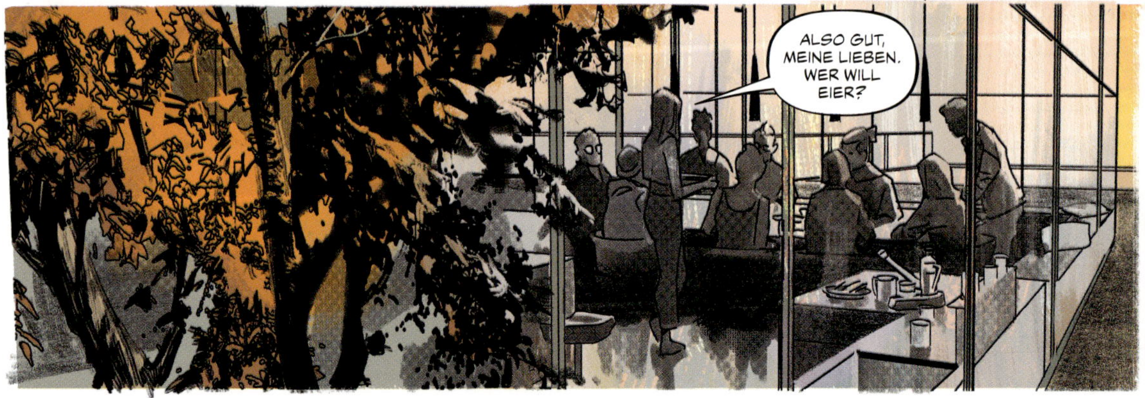
ALSO GUT, MEINE LIEBEN. WER WILL EIER?

ICH BIN *SO* SCHEISS*WÜTEND* AUF DICH, MANN. ICH WEISS GAR NICHT ... WÜTEND TRIFFT ES NICHT MAL *ANNÄHERND*.

WÜTEND WAR ICH DAMALS IM COLLEGE, ALS DU RONNIE GESTECKT HAST, WIE BESCHISSEN MEINE *LETZTE* BEZIEHUNG GELAUFEN IST. DU DACHTEST, DU WÜRDEST MIR *HELFEN.* ABER DU HAST MICH EINFACH BLOSSGESTELLT UND JEMANDEM, DER MIR *WICHTIG* WAR, DINGE ERZÄHLT, DIE ICH VORHER NUR *DIR* ERZÄHLT HATTE.

DU HAST DICH SO BESCHISSEN HOCHMÜTIG VERHALTEN, ALS WÜSSTEST DU *GENAU*, WAS ICH BRAUCHE. ICH WETTE, EIN TEIL VON DIR GLAUBT IMMER NOCH, DASS ES *FUNKTIONIERT* HAT. ER GLAUBT, DASS DU DIE BEZIEHUNG DURCH DEINE *DEMÜTIGUNGEN* AUF EINE WIRKLICH GUTE ART UND WEISE AM *LEBEN* ERHALTEN HAST. DASS *ICH* DIEJENIGE BIN, DIE ES IM ALLEINGANG VERSAUT HAT.

UND FUCK, VIELLEICHT HAST DU RECHT. ABER ICH SCHÄTZE, DAS WERDE ICH NIE *ERFAHREN*. ICH KENNE NUR DIE VERSION MEINES LEBENS, IN DER *DU* MIT DEINEN KLEINEN HÄNDCHEN DEN PUPPENSPIELER GEMIMT HAST.

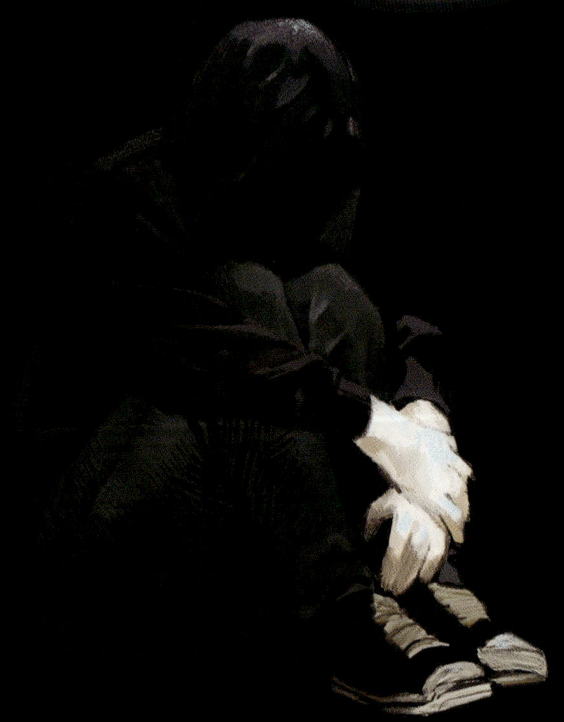
WALTER, DU HAST MEINE ELTERN GETÖTET. ICH WEISS, DASS DU MEINE ELTERN NICHT MOCHTEST. SIE MOCHTEN DICH AUCH NICHT, KEIN STÜCK, DAS STEHT MAL FEST. ABER DAS WAR NICHT DAS PROBLEM.
DIE MEISTE ZEIT MOCHTE ICH SIE JA KAUM, UND SEIT MEINER GESCHLECHTSANGLEICHENDEN O.P. WAREN SIE NOCH VERSCHLOSSENER UND KOMISCHER ZU MIR.
ABER SIE WAREN MEINE BESCHISSENEN ELTERN, WALTER! DU HAST SIE MIT DEINEN VERSCHISSENEN ALIEN-HITZESTRAHLEN VERBRANNT! UND ICH WETTE, WÜRDEST DU JETZT MIT MIR REDEN, WÜRDEST DU DAS ZU DEN GEFALLEN ZÄHLEN, DIE DU MIR GETAN HAST. DIE DU UNS ALLEN GETAN HAST.
DU HAST ERLEBT, WIE UNSERE FAMILIEN UNS TRAURIG MACHEN ODER STRESSEN, ALSO HAST DU SIE EINFACH IN ASCHE VERWANDELT. ABER DU WILLST NICHT, DASS WIR DIR DAFÜR DIE SCHULD GEBEN. DU WILLST, DASS WIR IN DIESEM PERFEKTEN KLEINEN HAUS, IN DIESER PERFEKTEN KLEINEN WELT GLÜCKLICH SIND.
FICK DICH, WALTER. SO FUNKTIONIERT DAS NICHT. FUCK, SO FUNKTIONIERT ES EINFACH NICHT.

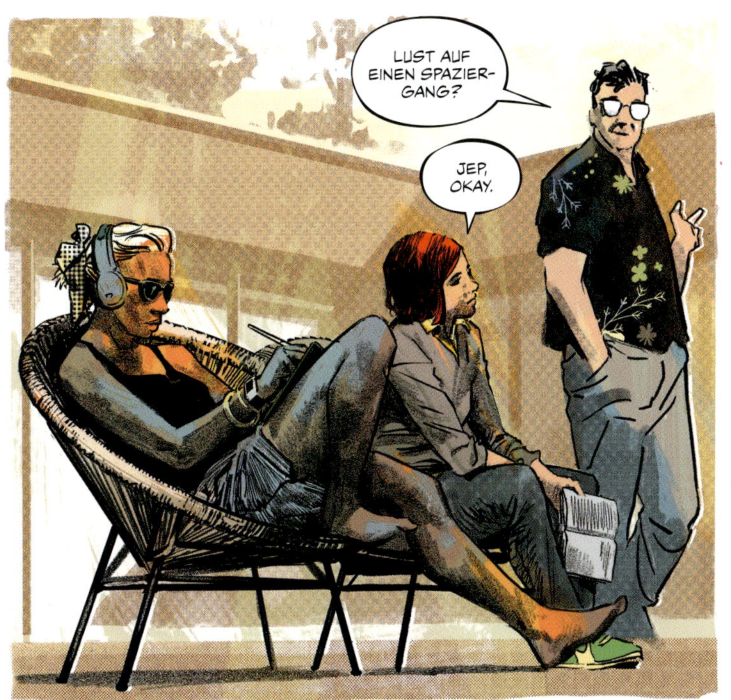
LUST AUF EINEN SPAZIER-GANG?
JEP, OKAY.

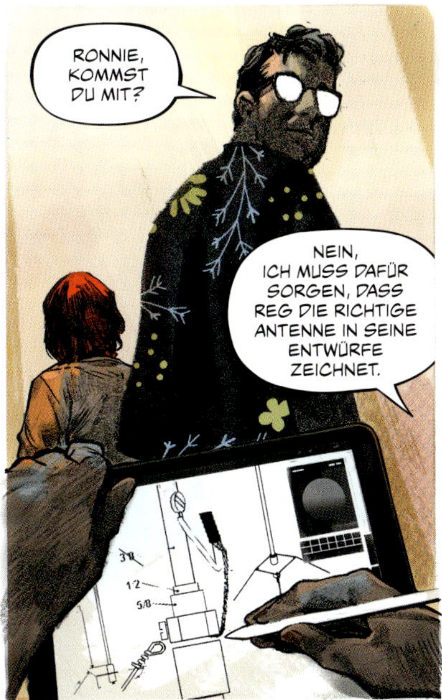
RONNIE, KOMMST DU MIT?
NEIN, ICH MUSS DAFÜR SORGEN, DASS REG DIE RICHTIGE ANTENNE IN SEINE ENTWÜRFE ZEICHNET.

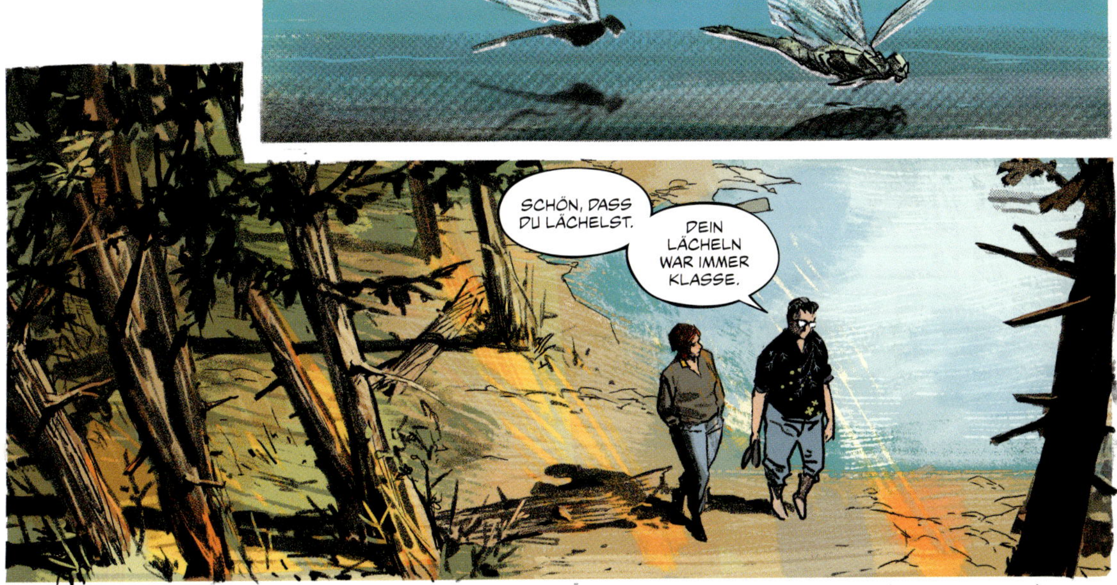
SCHÖN, DASS DU LÄCHELST.
DEIN LÄCHELN WAR IMMER KLASSE.

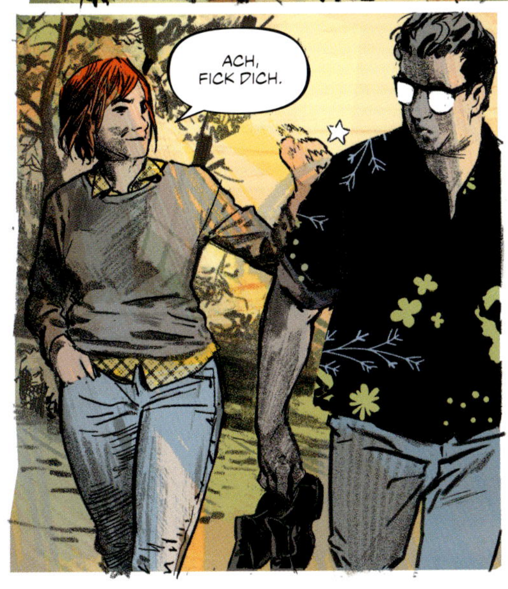
ACH, FICK DICH.

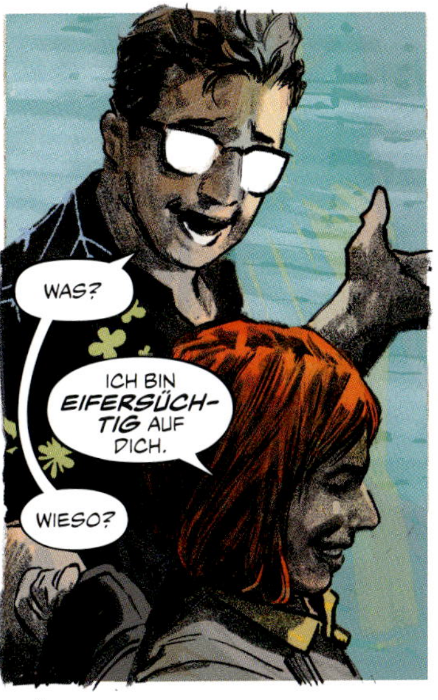
WAS?
ICH BIN EIFERSÜCH-TIG AUF DICH.
WIESO?

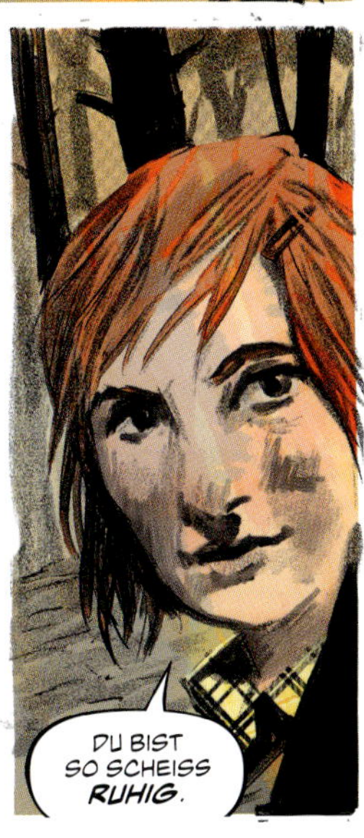
DU BIST SO SCHEISS RUHIG.

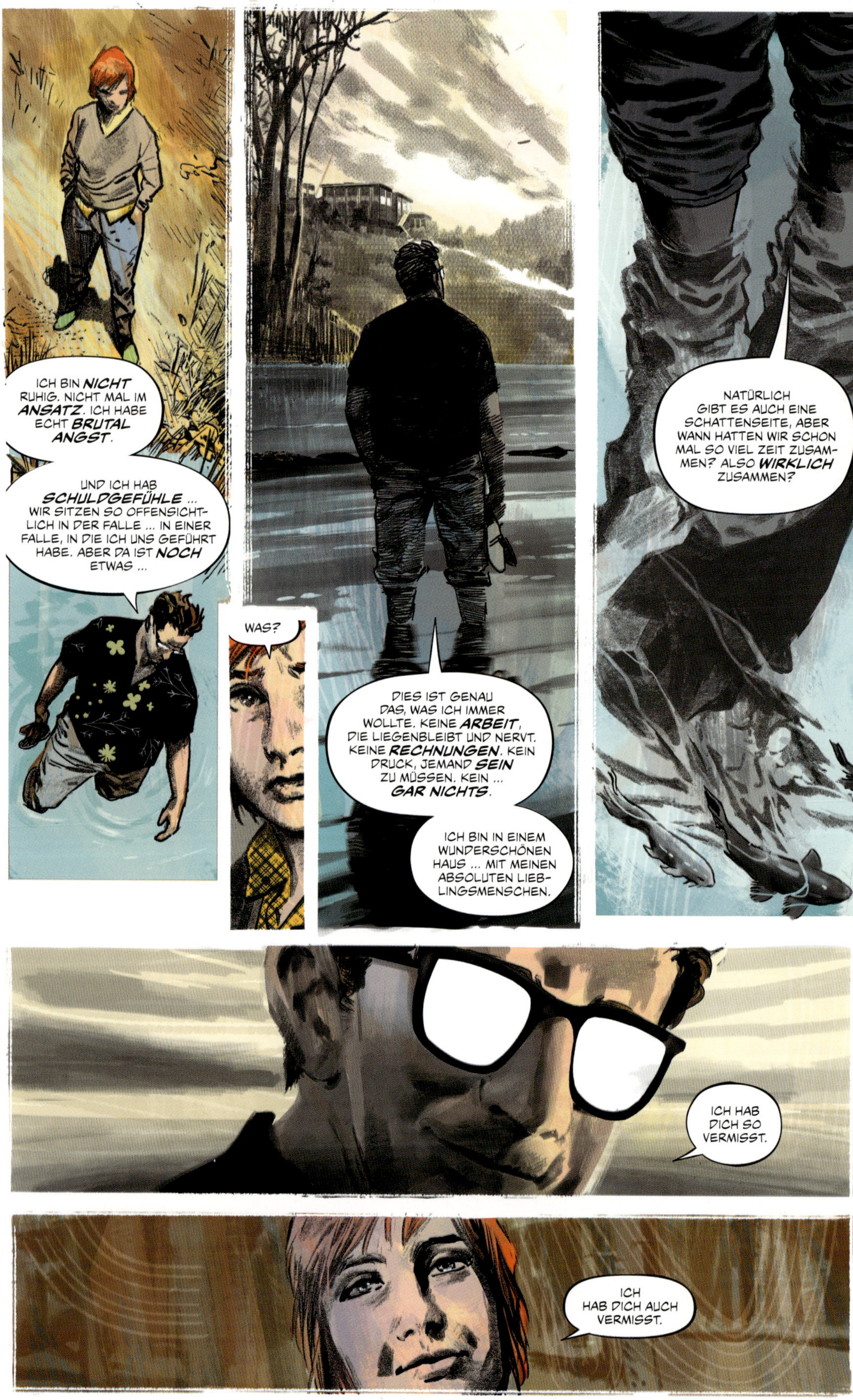

ICH BIN **NICHT** RUHIG. NICHT MAL IM **ANSATZ**. ICH HABE ECHT **BRUTAL ANGST**.

UND ICH HAB **SCHULDGEFÜHLE** ... WIR SITZEN SO OFFENSICHTLICH IN DER FALLE ... IN EINER FALLE, IN DIE ICH UNS GEFÜHRT HABE. ABER DA IST **NOCH** ETWAS ...

WAS?

DIES IST GENAU DAS, WAS ICH IMMER WOLLTE. KEINE **ARBEIT**, DIE LIEGENBLEIBT UND NERVT. KEINE **RECHNUNGEN**. KEIN DRUCK, JEMAND **SEIN** ZU MÜSSEN. KEIN ... **GAR NICHTS**.

ICH BIN IN EINEM WUNDERSCHÖNEN HAUS ... MIT MEINEN ABSOLUTEN LIEBLINGSMENSCHEN.

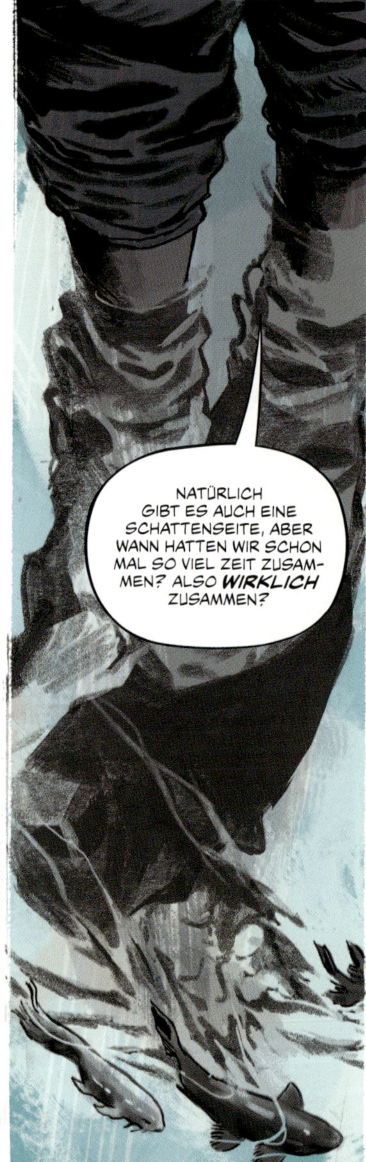

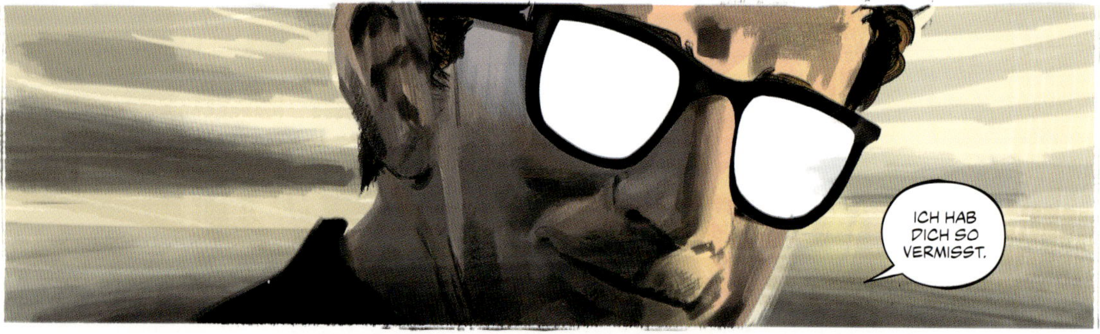

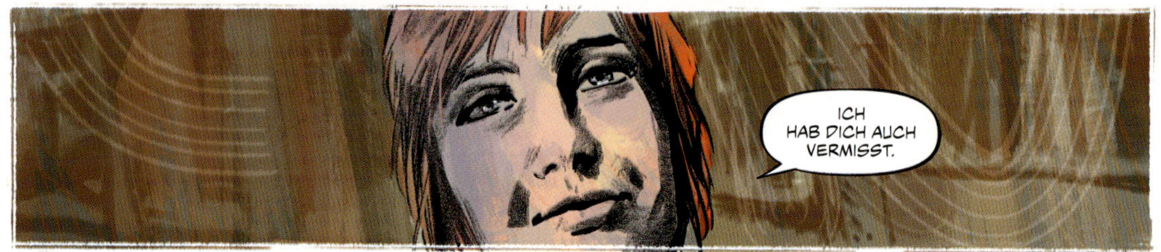

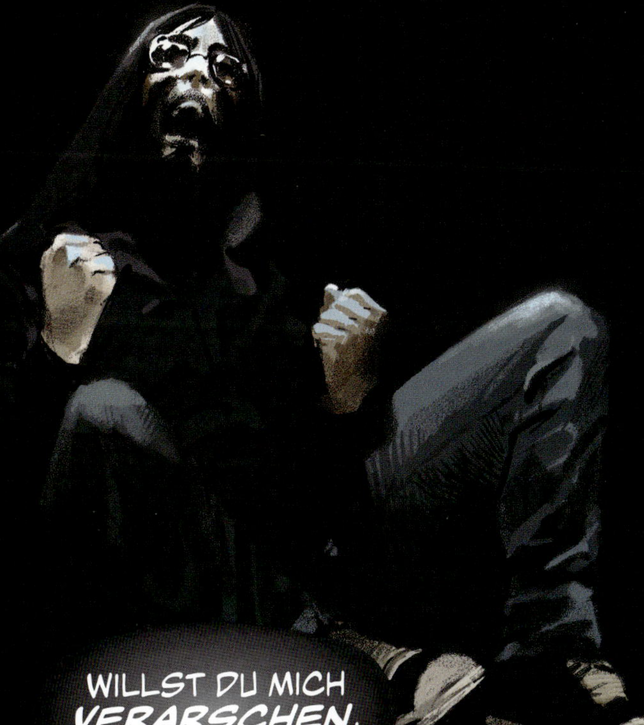

DU KANNST DIE LEUTE NICHT ZWINGEN, SICH SO ZU FÜHLEN, WIE ES DIR PASST, WALTER. DU KANNST NICHT MAL EBEN BESCHLIESSEN, DASS DU DER GUTE BIST ... UND DANN DIE GANZE BESCHISSENENE WELT ABFACKELN.
ICH KENN DICH, MANN. ICH WEISS, DASS DU WAHRSCHEINLICH GERADE DENKST, DASS DU UNS ALLE GERETTET HAST, UND DASS DICH DAS ZU EINEM VERSCHISSENEN HELDEN MACHT. DER ARME KLEINE ALIEN-SONDERLING, DER EINEN WEG GEFUNDEN HAT, SEINE FREUNDE ZU RETTEN.
ALTER, DU HAST UNS ALLE, SOLANGE WIR DICH KENNEN, NUR ANGELOGEN. UND DAS SOLL UNS AUCH NOCH GEFALLEN?
FUCK, MANN.
FUCK!
WALTER, ICH WAR GERADE DABEI, KLARZUKOMMEN! ICH HATTE ENDLICH MEINE O.P. UND WURDE DIE PERSON, DIE ICH SEIN WILL. DU HATTEST NICHTS DAMIT ZU TUN, UND DAS SCHMECKT DIR OFFENBAR NICHT.
KAPIERST DU ES NICHT, WALTER? DU HAST MICH NIE WIRKLICH GEKANNT.
DASS DA ETWAS AN MIR WAR, ETWAS WAHNSINNIG WICHTIGES, MIT DEM DU NICHT GERECHNET HAST!
DU HATTEST NUR EINE BESCHISSENE VERSION VON MIR IM KOPF, DIE DU UNBEDINGT HABEN WOLLTEST!
TJA, TUT MIR LEID. NORM WAR NICHT ECHT. ER WAR ERFUNDEN! DAS HIER BIN ICH. DU WOLLTEST NIE RAUSKRIEGEN, WER ICH WIRKLICH BIN. UND KAPIERST DU, WIE SEHR DAS NERVT?! WIE WEH DAS TUT?! WIE VIEL VON UNSERER VERGANGENHEIT DAS EINFACH AUSLÖSCHT?!
DU HAST MICH „GERETTET"?! AUSGERECHNET DU?!
WILLST DU MICH VERARSCHEN, WALTER?!

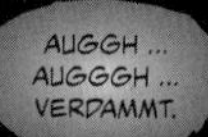
AUGGH ... AUGGGH ... VERDAMMT.

WIESO?
ALL DAS NUR, WEIL DU IN DIESEN ARMEN HIGHSCHOOL-BENGEL VERKNALLT WARST, DEN ES NIE GAB?
MUSS ICH *DESHALB* IN DEINER BESCHISSENEN HÖLLE LEBEN, IM WISSEN, DASS *DU* MEIN GANZES BESCHISSENES *LEBEN* ABGEFACKELT HAST?
WEGEN EINER *HIGHSCHOOL-SCHWÄRMEREI?*
DU BESCHISSENES *ARSCHLOCH*.

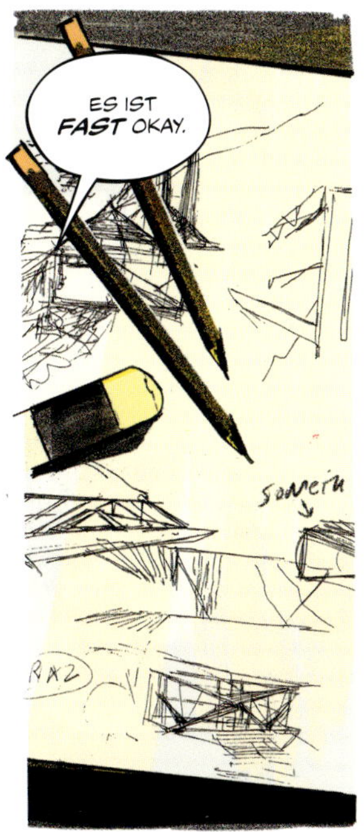
ES IST FAST OKAY.

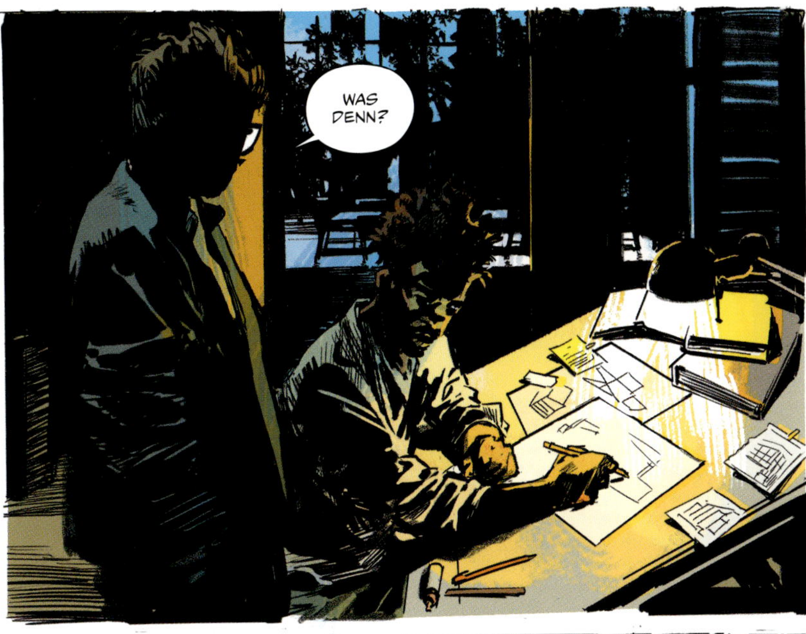
WAS DENN?

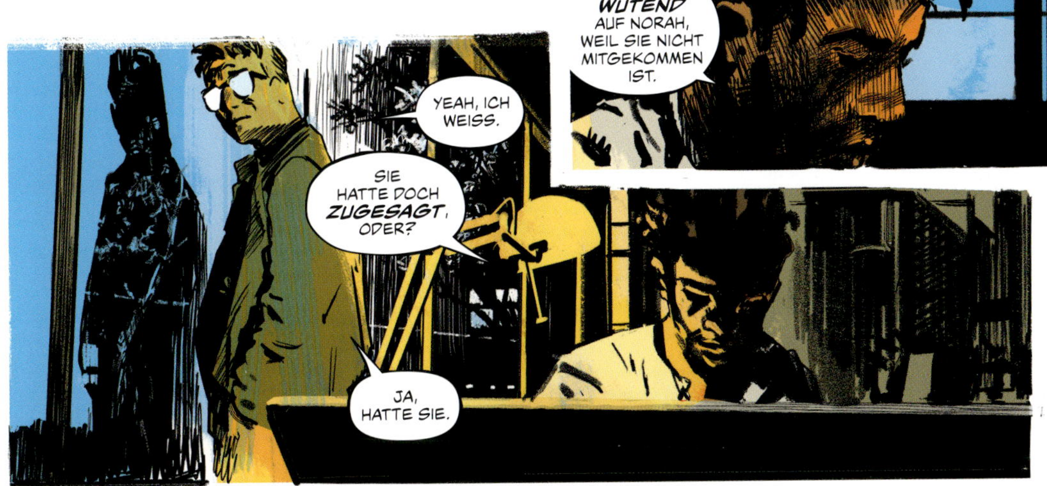
ICH BIN WÜTEND AUF NORAH, WEIL SIE NICHT MITGEKOMMEN IST.
YEAH, ICH WEISS.
SIE HATTE DOCH ZUGESAGT, ODER?
JA, HATTE SIE.

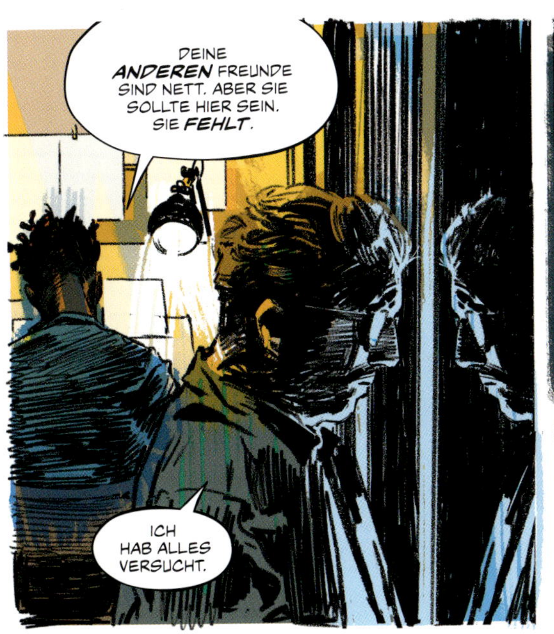
DEINE ANDEREN FREUNDE SIND NETT. ABER SIE SOLLTE HIER SEIN. SIE FEHLT.
ICH HAB ALLES VERSUCHT.

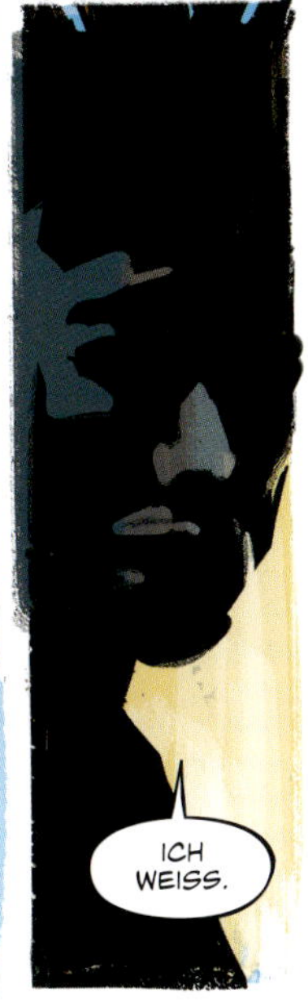
ICH WEISS.

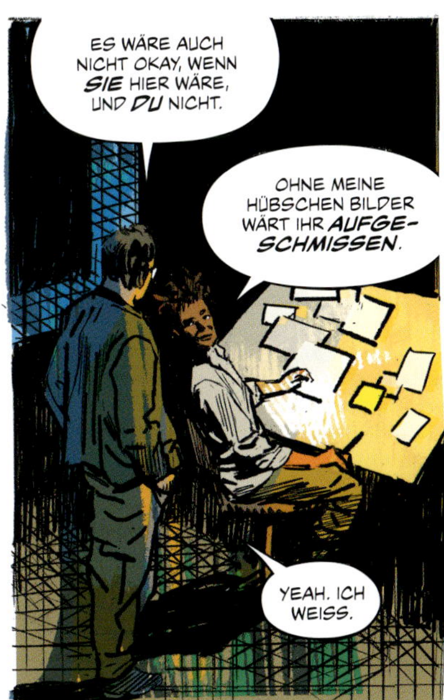
ES WÄRE AUCH NICHT OKAY, WENN SIE HIER WÄRE, UND DU NICHT.
OHNE MEINE HÜBSCHEN BILDER WÄRT IHR AUFGE-SCHMISSEN.
YEAH. ICH WEISS.

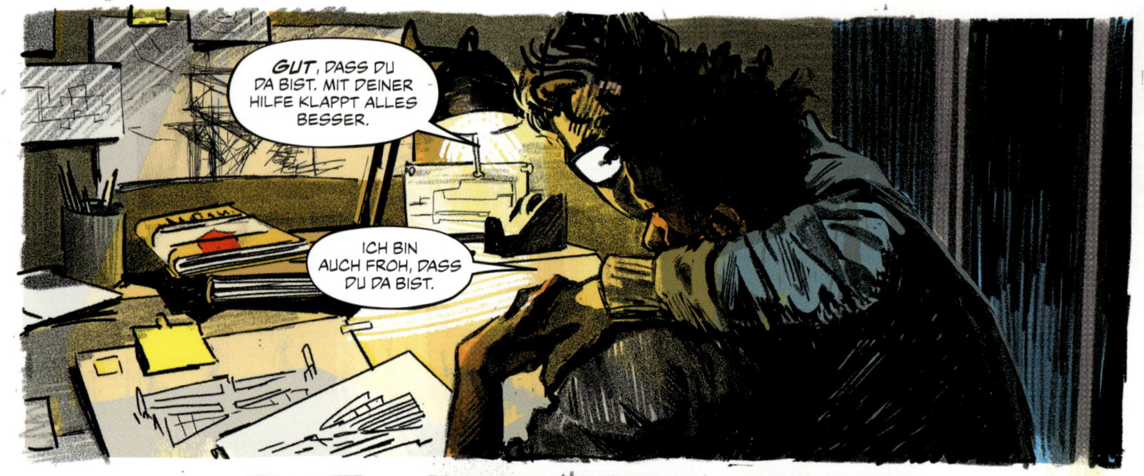
GUT, DASS DU DA BIST. MIT DEINER HILFE KLAPPT ALLES BESSER.
ICH BIN AUCH FROH, DASS DU DA BIST.

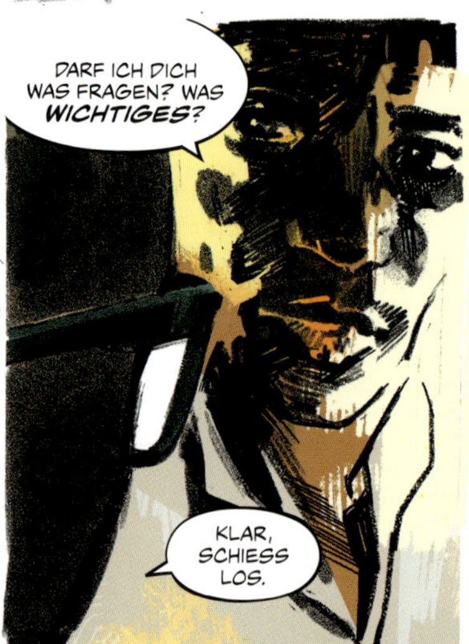
DARF ICH DICH WAS FRAGEN? WAS WICHTIGES?
KLAR, SCHIESS LOS.

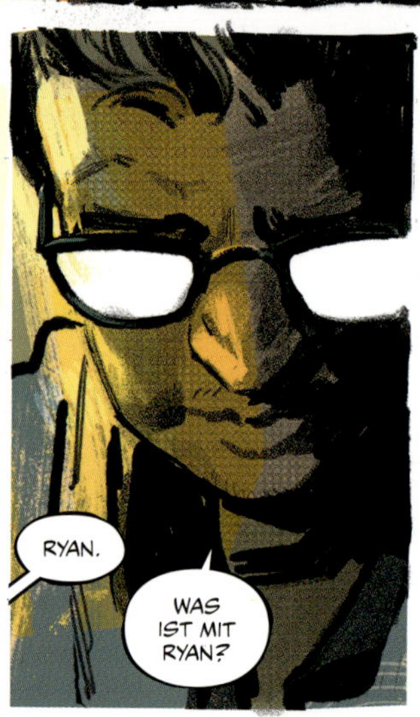
RYAN.
WAS IST MIT RYAN?

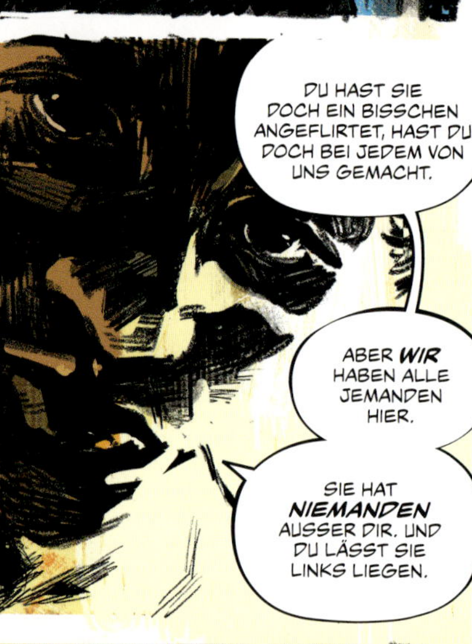
DU HAST SIE DOCH EIN BISSCHEN ANGEFLIRTET, HAST DU DOCH BEI JEDEM VON UNS GEMACHT.
ABER WIR HABEN ALLE JEMANDEN HIER.
SIE HAT NIEMANDEN AUSSER DIR. UND DU LÄSST SIE LINKS LIEGEN.

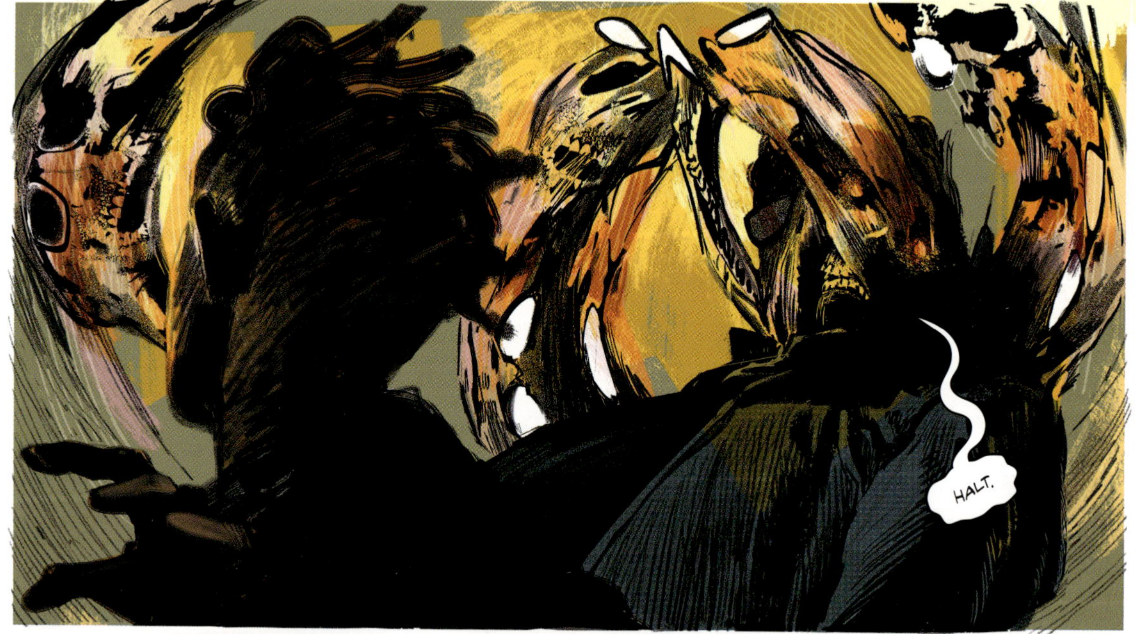
HALT.

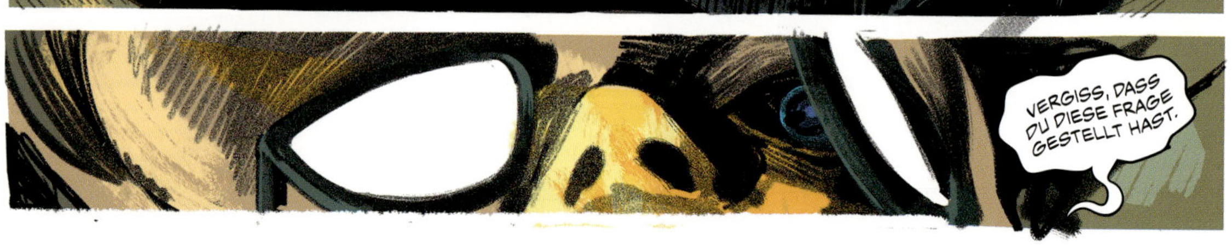
VERGISS, DASS DU DIESE FRAGE GESTELLT HAST.

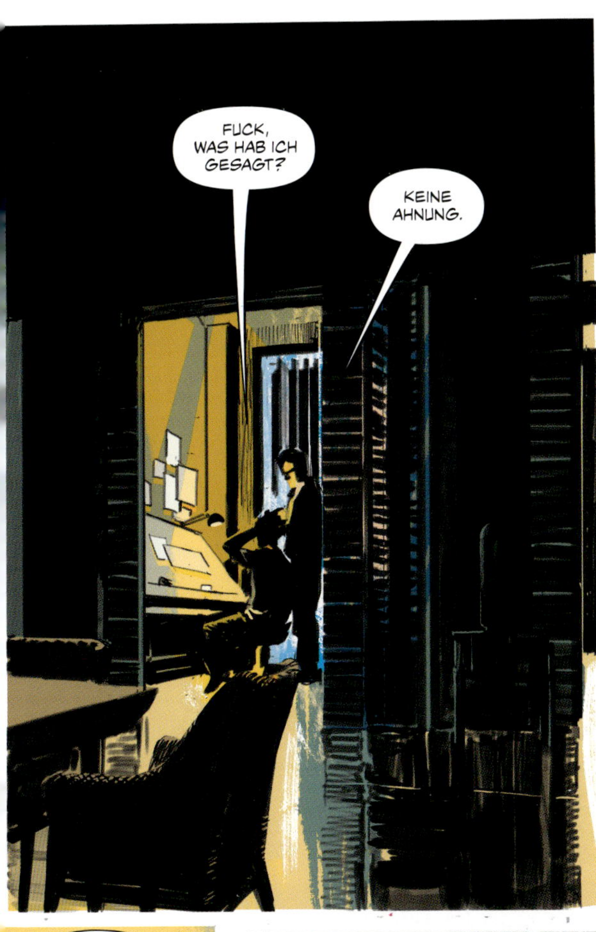
FUCK, WAS HAB ICH GESAGT?
KEINE AHNUNG.

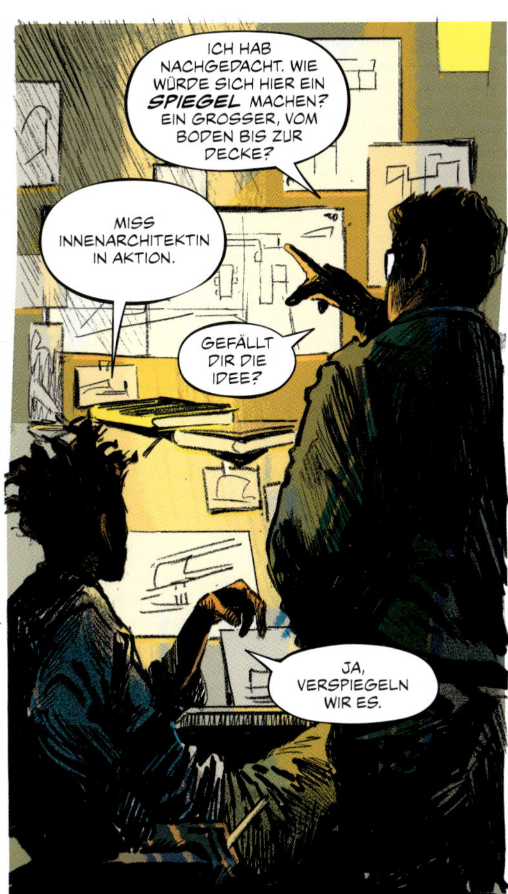
ICH HAB NACHGEDACHT. WIE WÜRDE SICH HIER EIN SPIEGEL MACHEN? EIN GROSSER, VOM BODEN BIS ZUR DECKE?
MISS INNENARCHITEKTIN IN AKTION.
GEFÄLLT DIR DIE IDEE?
JA, VERSPIEGELN WIR ES.

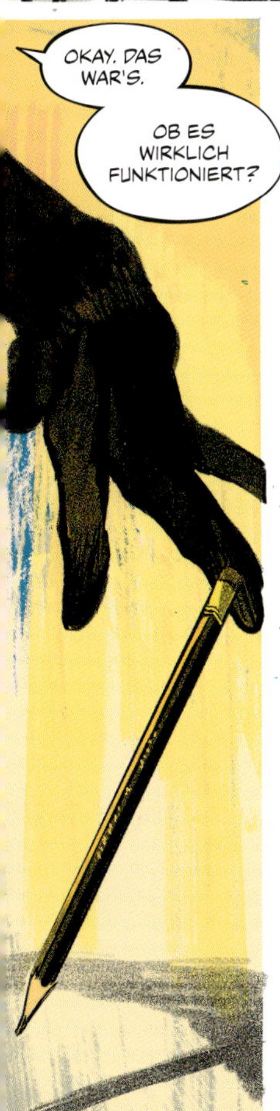
OKAY. DAS WAR'S.
OB ES WIRKLICH FUNKTIONIERT?

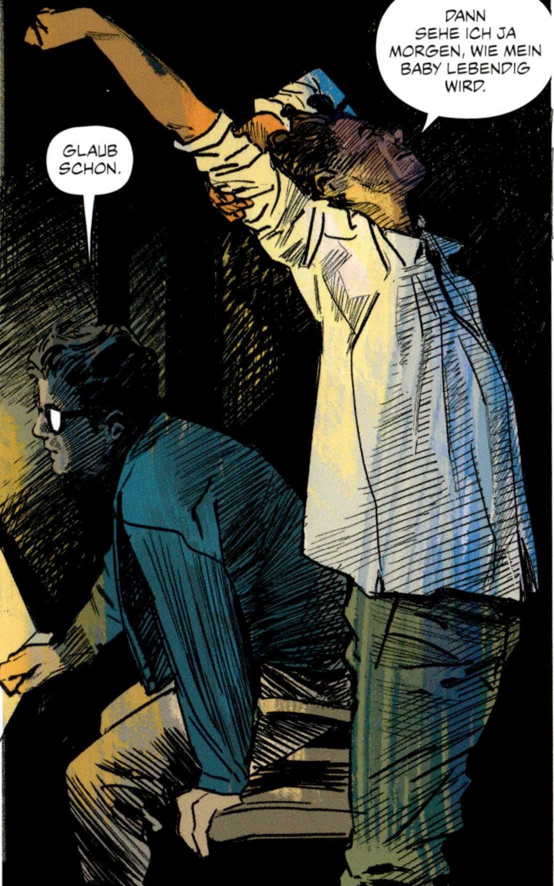
GLAUB SCHON.
DANN SEHE ICH JA MORGEN, WIE MEIN BABY LEBENDIG WIRD.

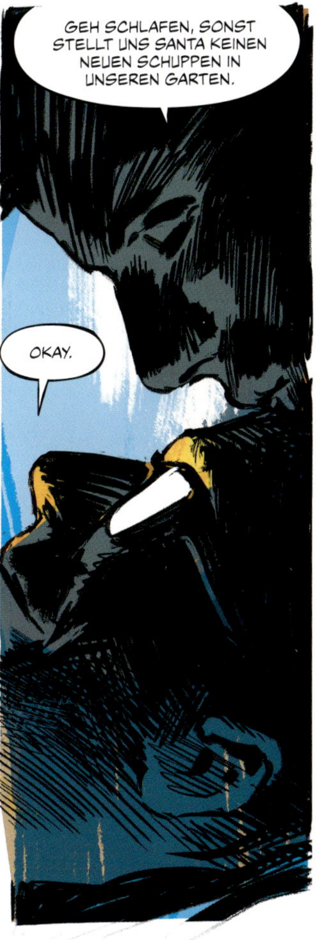
GEH SCHLAFEN, SONST STELLT UNS SANTA KEINEN NEUEN SCHUPPEN IN UNSEREN GARTEN.
OKAY.

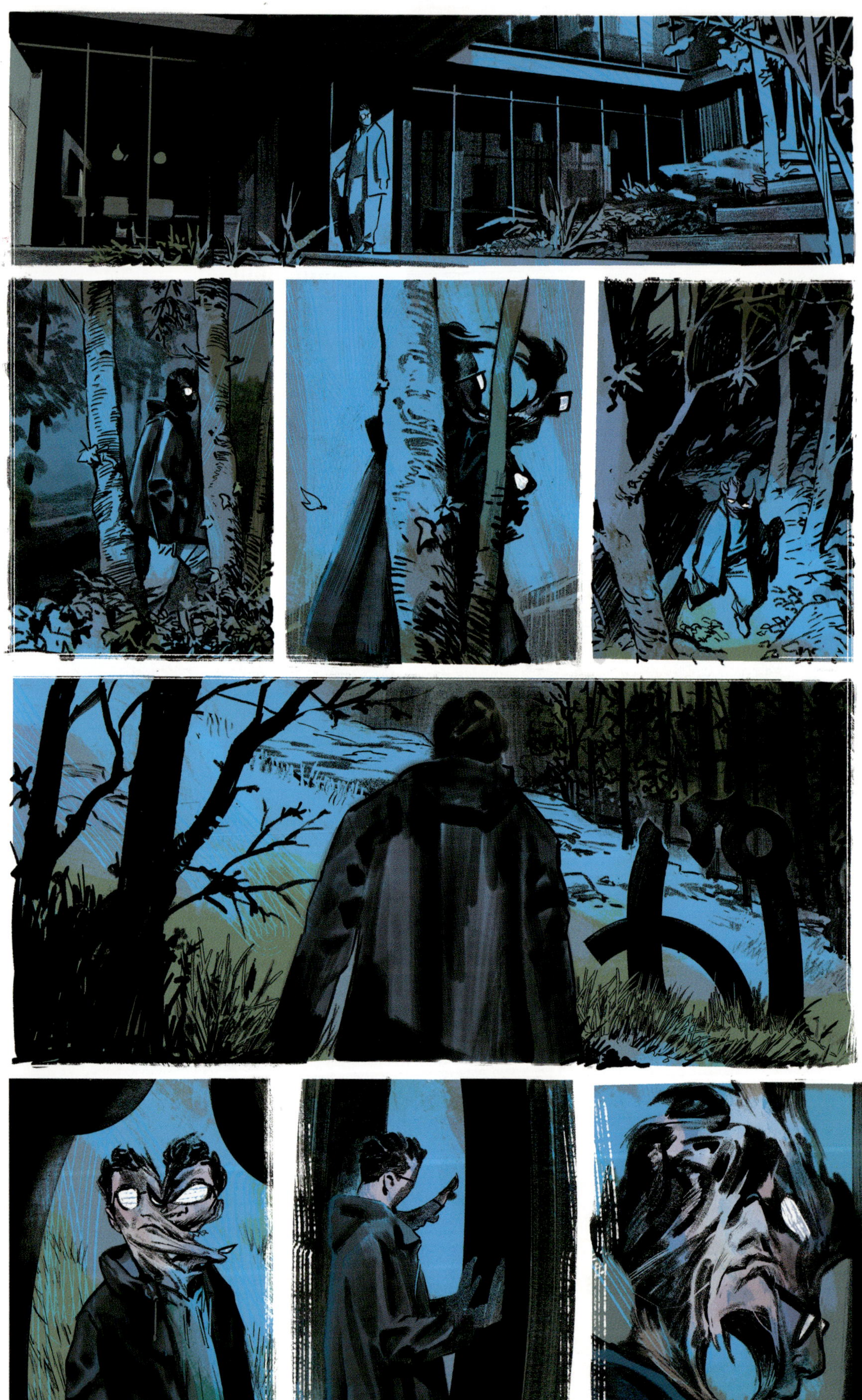

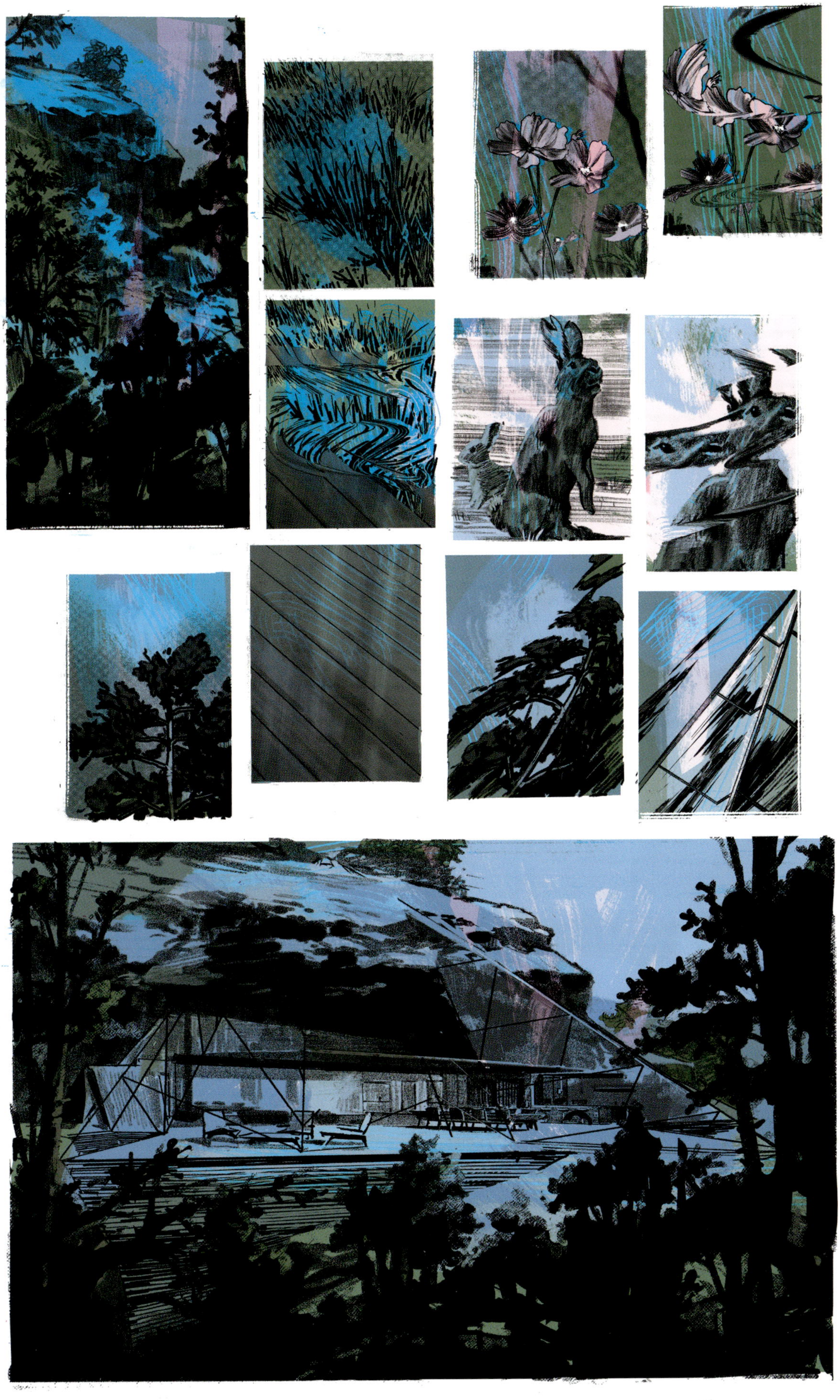

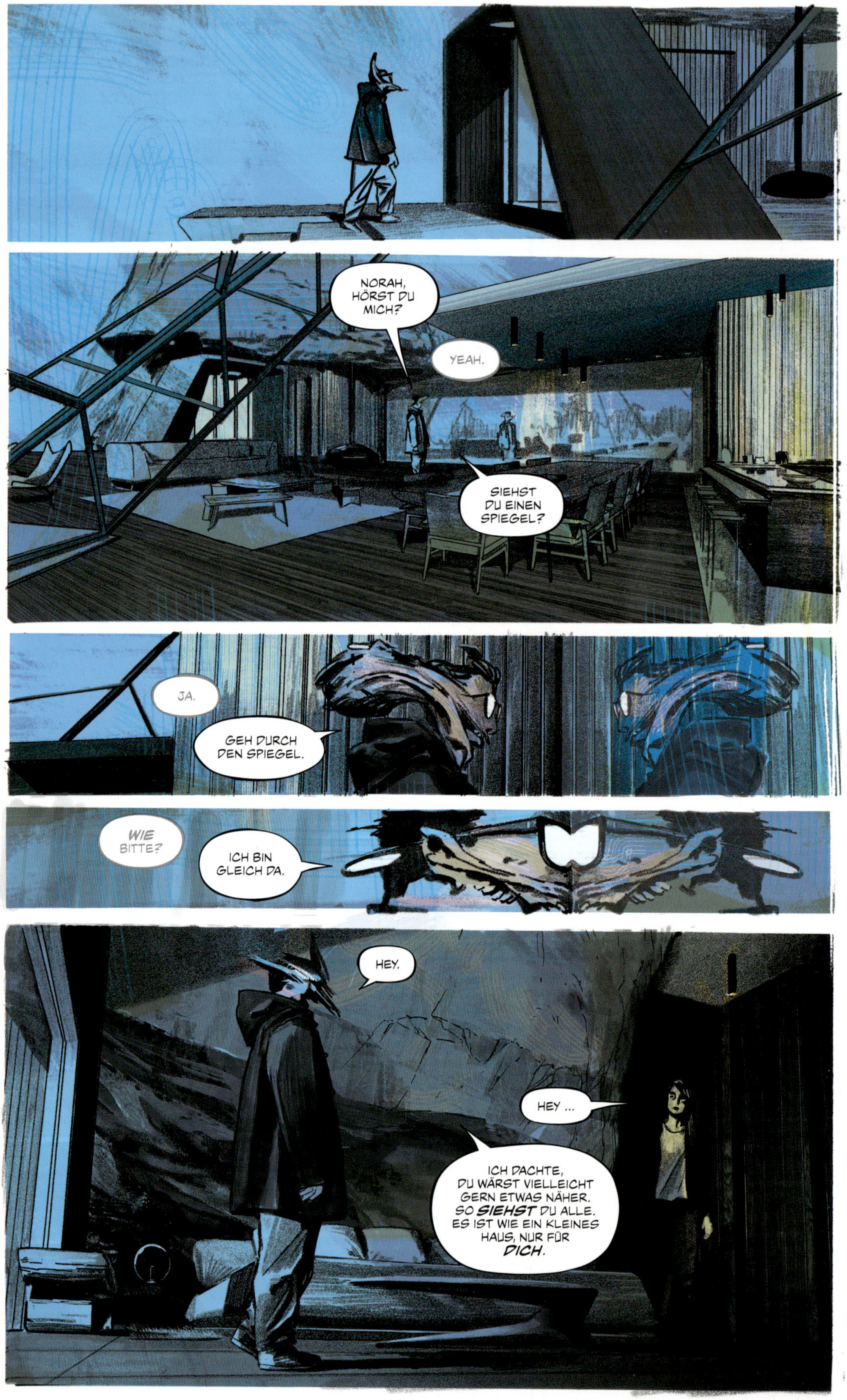

NORAH, HÖRST DU MICH?
YEAH.
SIEHST DU EINEN SPIEGEL?
JA.
GEH DURCH DEN SPIEGEL.
WIE BITTE?
ICH BIN GLEICH DA.

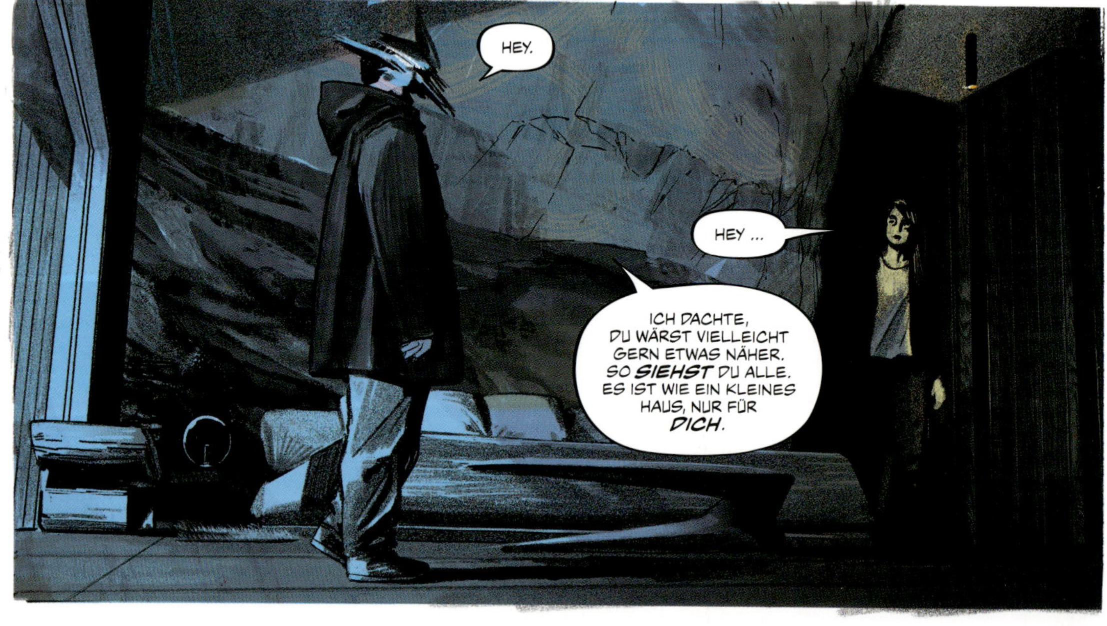

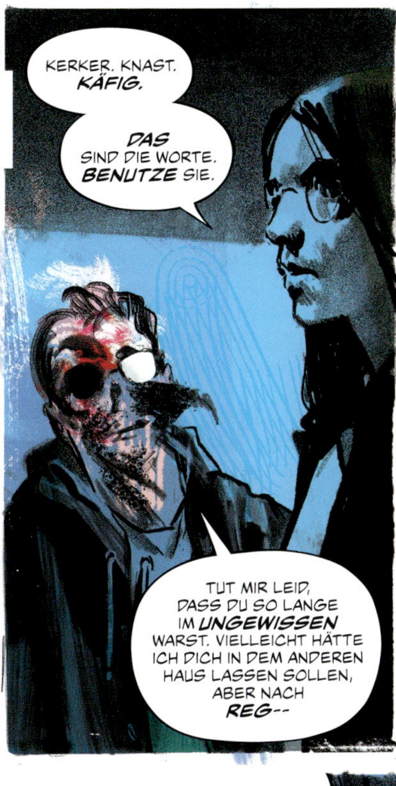
KERKER. KNAST. KÄFIG.
DAS SIND DIE WORTE. BENUTZE SIE.
TUT MIR LEID, DASS DU SO LANGE IM UNGEWISSEN WARST. VIELLEICHT HÄTTE ICH DICH IN DEM ANDEREN HAUS LASSEN SOLLEN, ABER NACH REG--

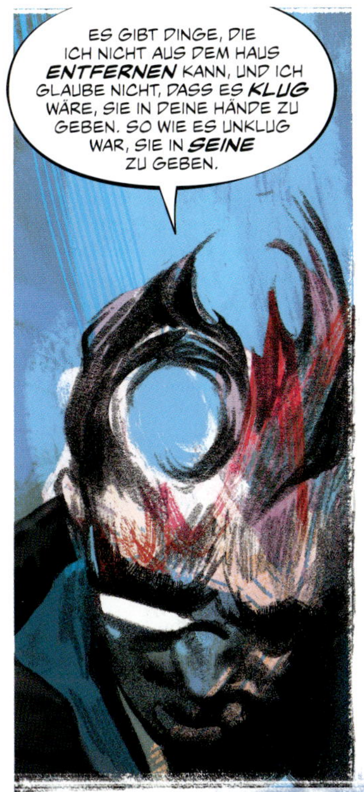
ES GIBT DINGE, DIE ICH NICHT AUS DEM HAUS ENTFERNEN KANN, UND ICH GLAUBE NICHT, DASS ES KLUG WÄRE, SIE IN DEINE HÄNDE ZU GEBEN. SO WIE ES UNKLUG WAR, SIE IN SEINE ZU GEBEN.

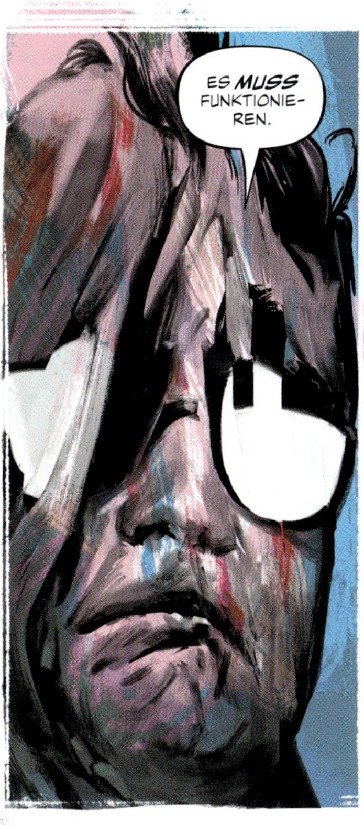
ES MUSS FUNKTIONIE-REN.

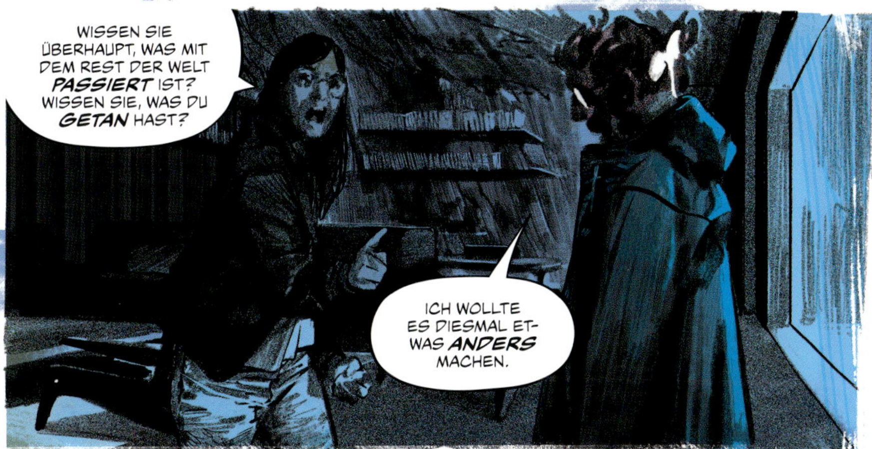
WISSEN SIE ÜBERHAUPT, WAS MIT DEM REST DER WELT PASSIERT IST? WISSEN SIE, WAS DU GETAN HAST?
ICH WOLLTE ES DIESMAL ET-WAS ANDERS MACHEN.

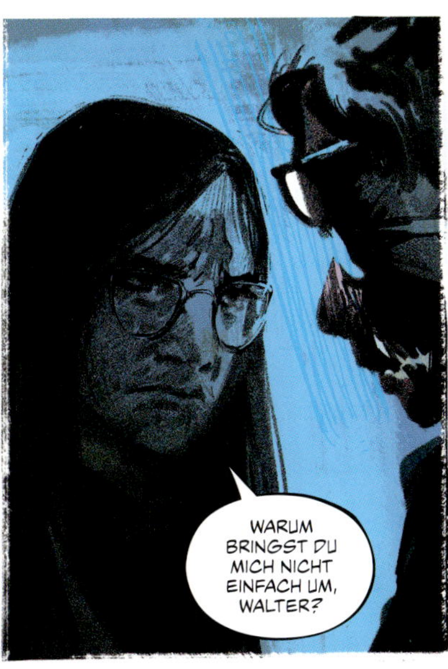
WARUM BRINGST DU MICH NICHT EINFACH UM, WALTER?

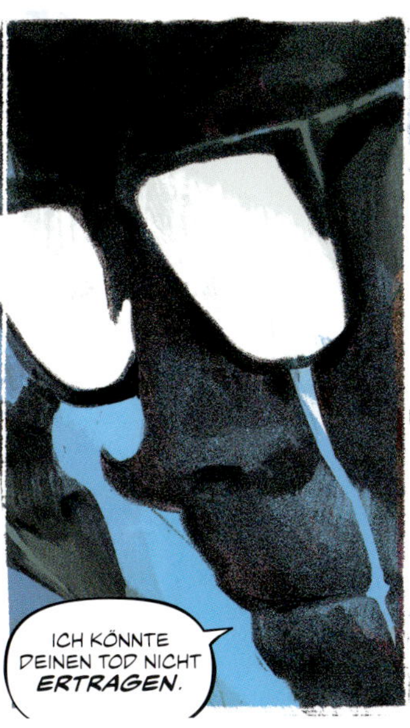
ICH KÖNNTE DEINEN TOD NICHT ERTRAGEN.

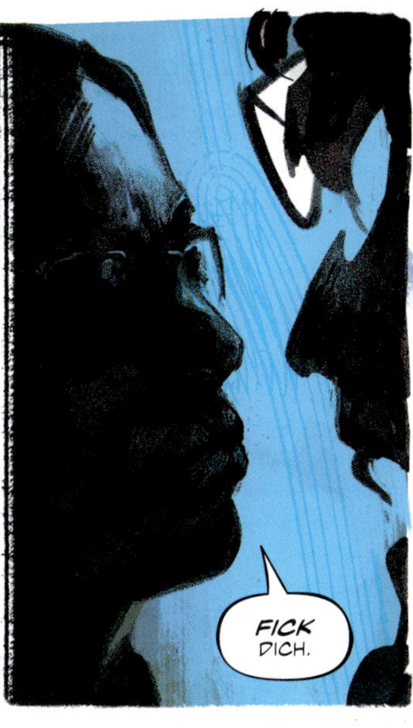
FICK DICH.

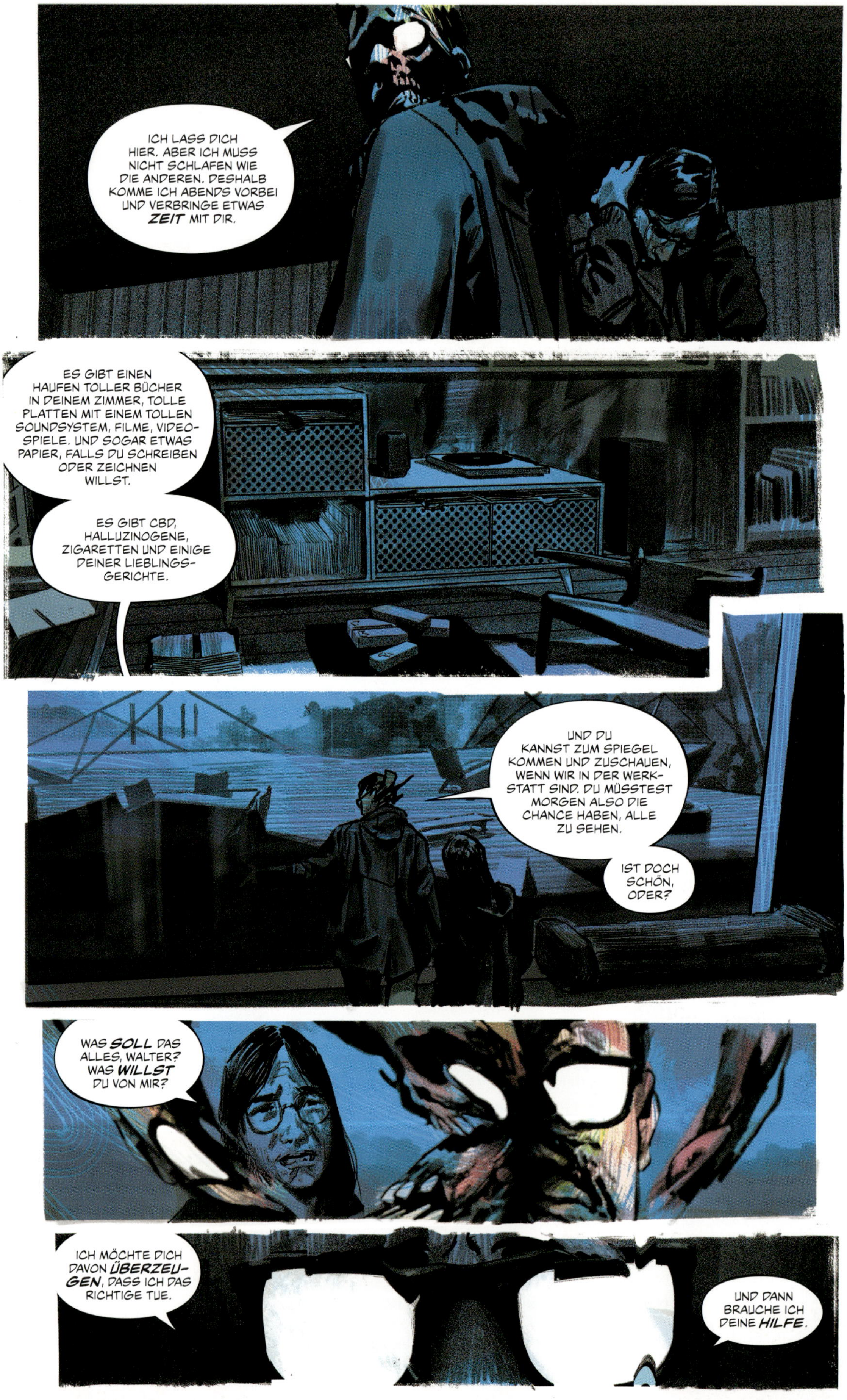

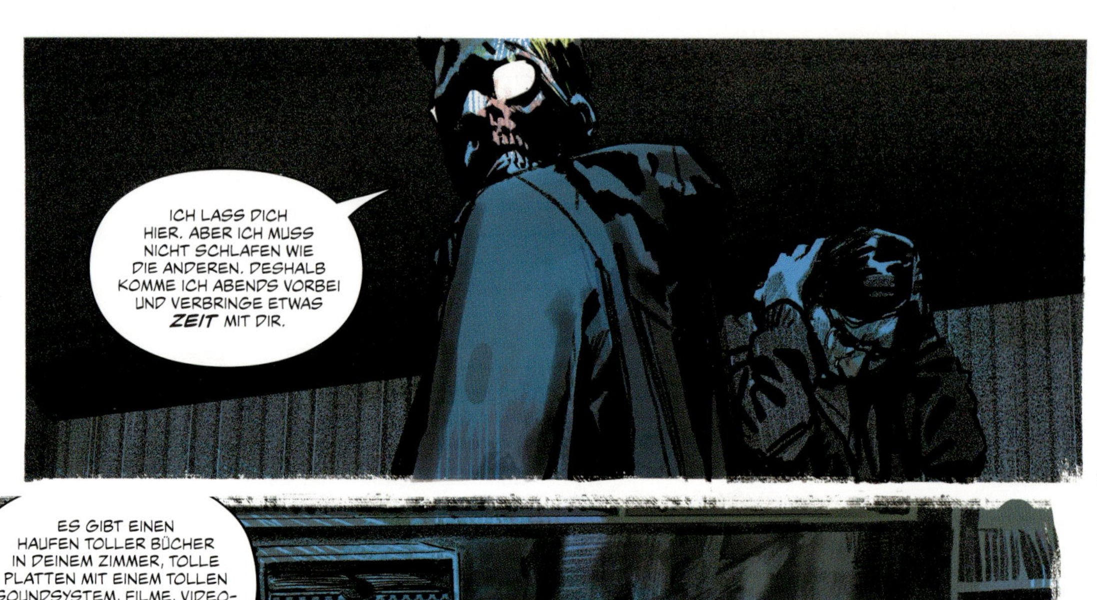

ES GIBT EINEN HAUFEN TOLLER BÜCHER IN DEINEM ZIMMER, TOLLE PLATTEN MIT EINEM TOLLEN SOUNDSYSTEM, FILME, VIDEO-SPIELE. UND SOGAR ETWAS PAPIER, FALLS DU SCHREIBEN ODER ZEICHNEN WILLST.

ES GIBT CBD, HALLUZINOGENE, ZIGARETTEN UND EINIGE DEINER LIEBLINGS-GERICHTE.

UND DU KANNST ZUM SPIEGEL KOMMEN UND ZUSCHAUEN, WENN WIR IN DER WERK-STATT SIND. DU MÜSSTEST MORGEN ALSO DIE CHANCE HABEN, ALLE ZU SEHEN.

IST DOCH SCHÖN, ODER?

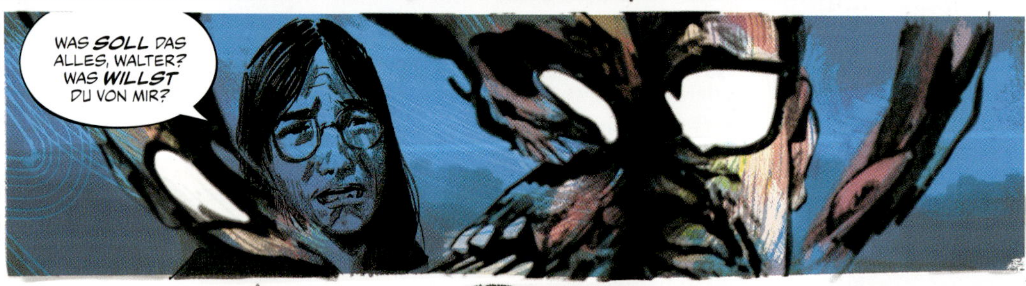

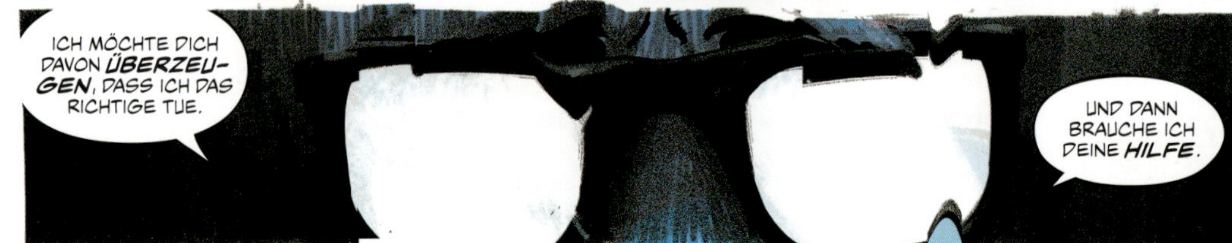

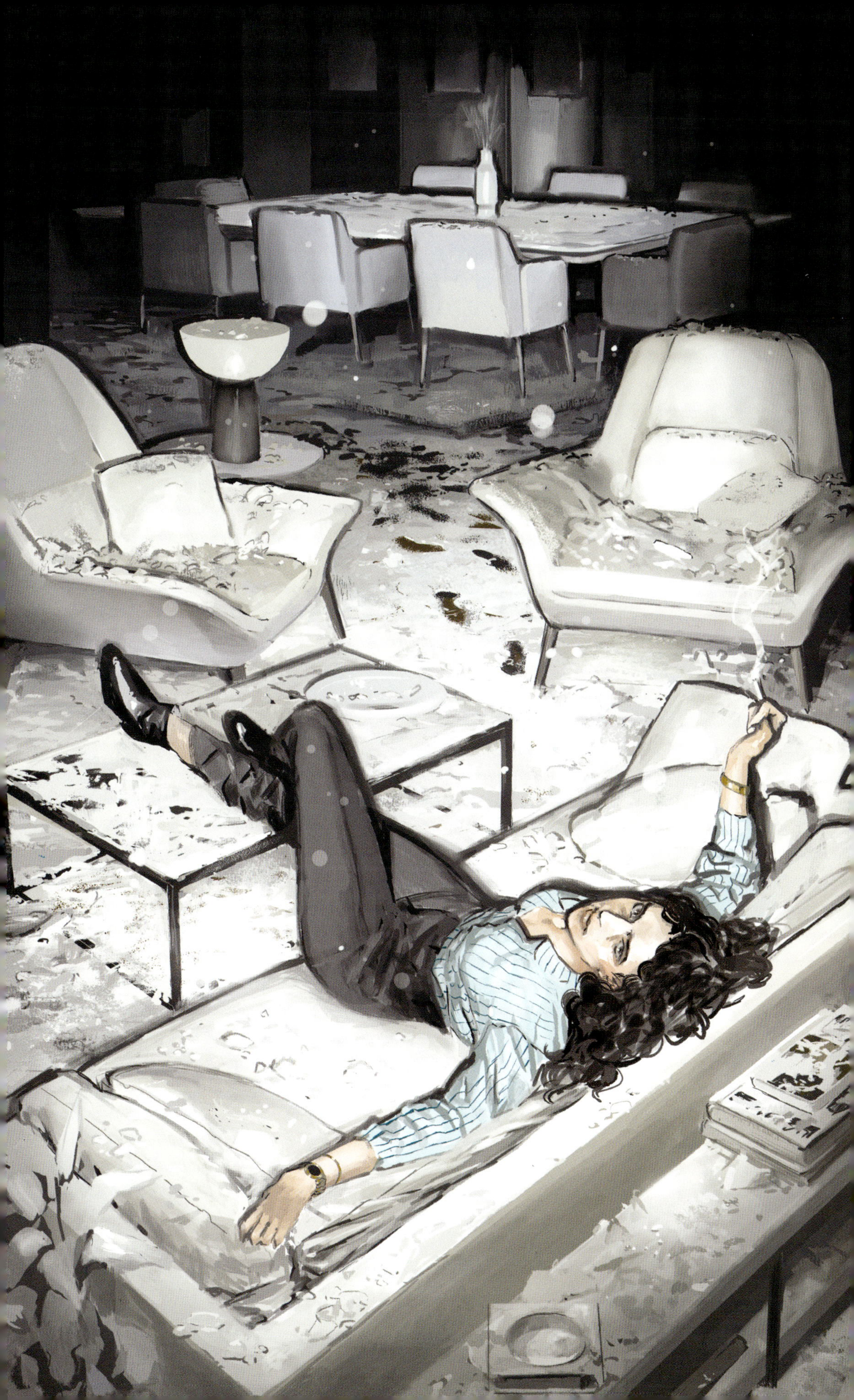

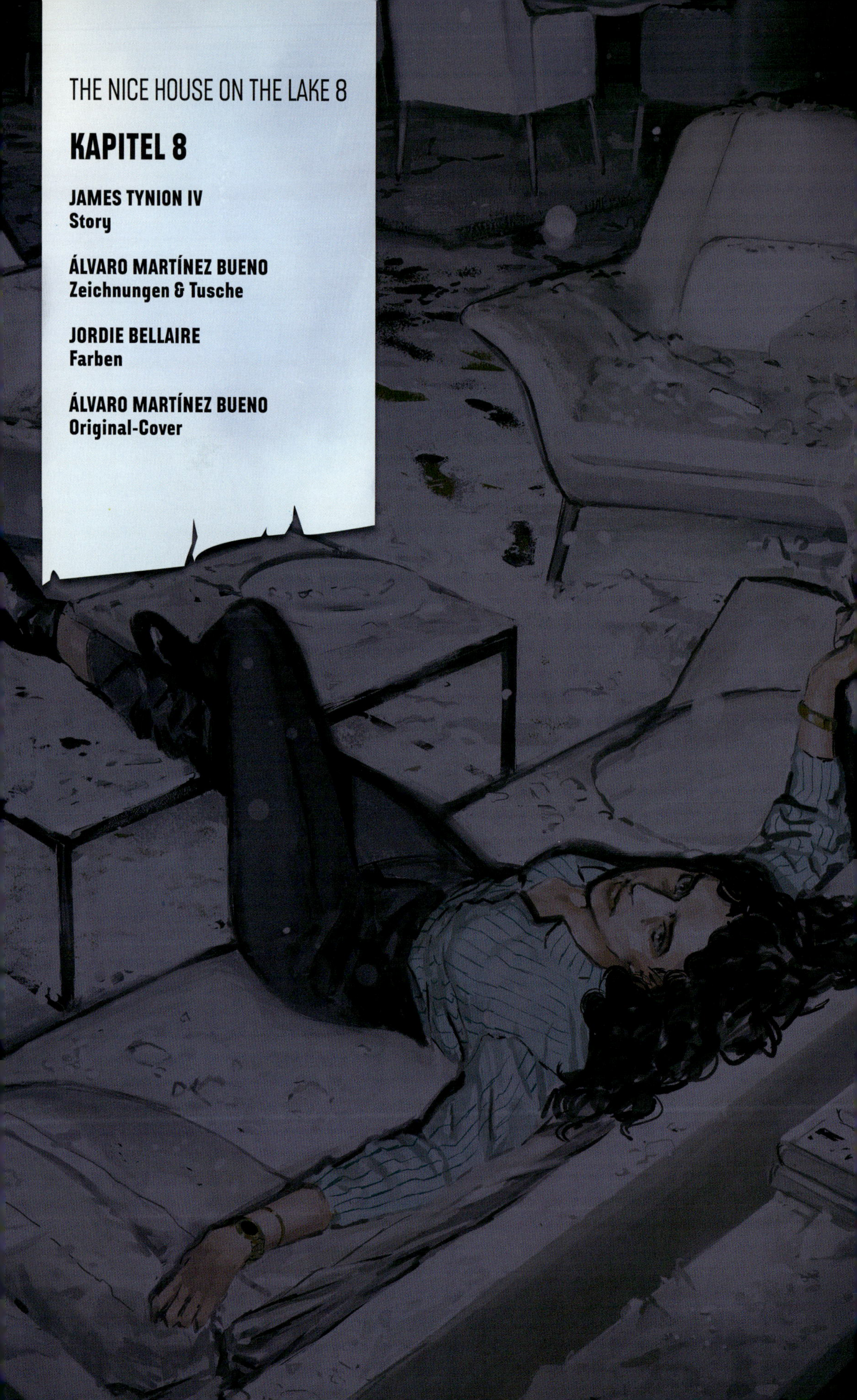
THE NICE HOUSE ON THE LAKE 8
KAPITEL 8
JAMES TYNION IV
Story
ÁLVARO MARTÍNEZ BUENO
Zeichnungen & Tusche
JORDIE BELLAIRE
Farben
ÁLVARO MARTÍNEZ BUENO
Original-Cover

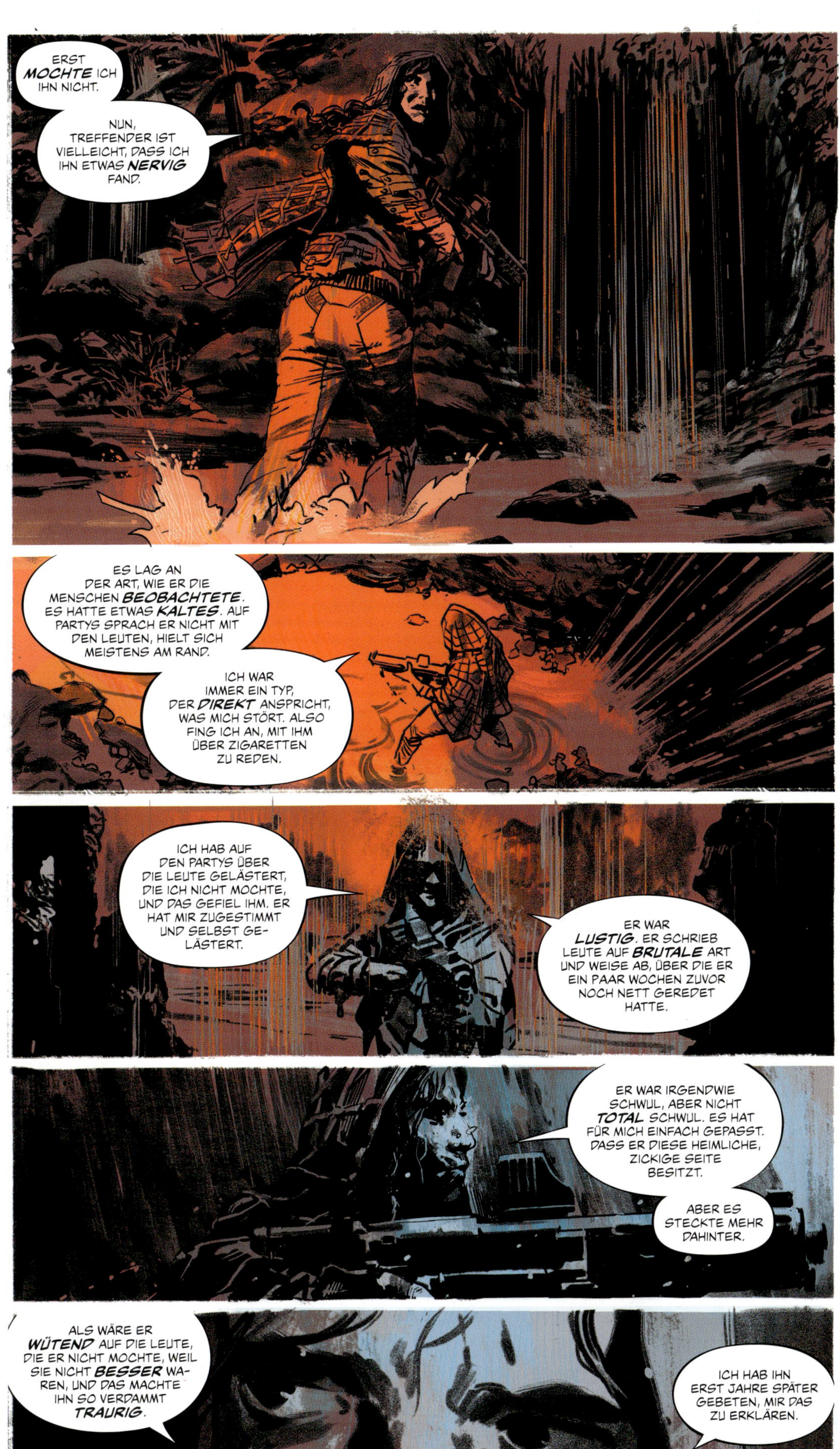
ERST MOCHTE ICH IHN NICHT.
NUN, TREFFENDER IST VIELLEICHT, DASS ICH IHN ETWAS NERVIG FAND.
ES LAG AN DER ART, WIE ER DIE MENSCHEN BEOBACHTETE. ES HATTE ETWAS KALTES. AUF PARTYS SPRACH ER NICHT MIT DEN LEUTEN, HIELT SICH MEISTENS AM RAND.
ICH WAR IMMER EIN TYP, DER DIREKT ANSPRICHT, WAS MICH STÖRT. ALSO FING ICH AN, MIT IHM ÜBER ZIGARETTEN ZU REDEN.
ICH HAB AUF DEN PARTYS ÜBER DIE LEUTE GELÄSTERT, DIE ICH NICHT MOCHTE, UND DAS GEFIEL IHM. ER HAT MIR ZUGESTIMMT UND SELBST GE-LÄSTERT.
ER WAR LUSTIG. ER SCHRIEB LEUTE AUF BRUTALE ART UND WEISE AB, ÜBER DIE ER EIN PAAR WOCHEN ZUVOR NOCH NETT GEREDET HATTE.
ER WAR IRGENDWIE SCHWUL, ABER NICHT TOTAL SCHWUL. ES HAT FÜR MICH EINFACH GEPASST. DASS ER DIESE HEIMLICHE, ZICKIGE SEITE BESITZT.
ABER ES STECKTE MEHR DAHINTER.
ALS WÄRE ER WÜTEND AUF DIE LEUTE, DIE ER NICHT MOCHTE, WEIL SIE NICHT BESSER WA-REN, UND DAS MACHTE IHN SO VERDAMMT TRAURIG.
ICH HAB IHN ERST JAHRE SPÄTER GEBETEN, MIR DAS ZU ERKLÄREN.

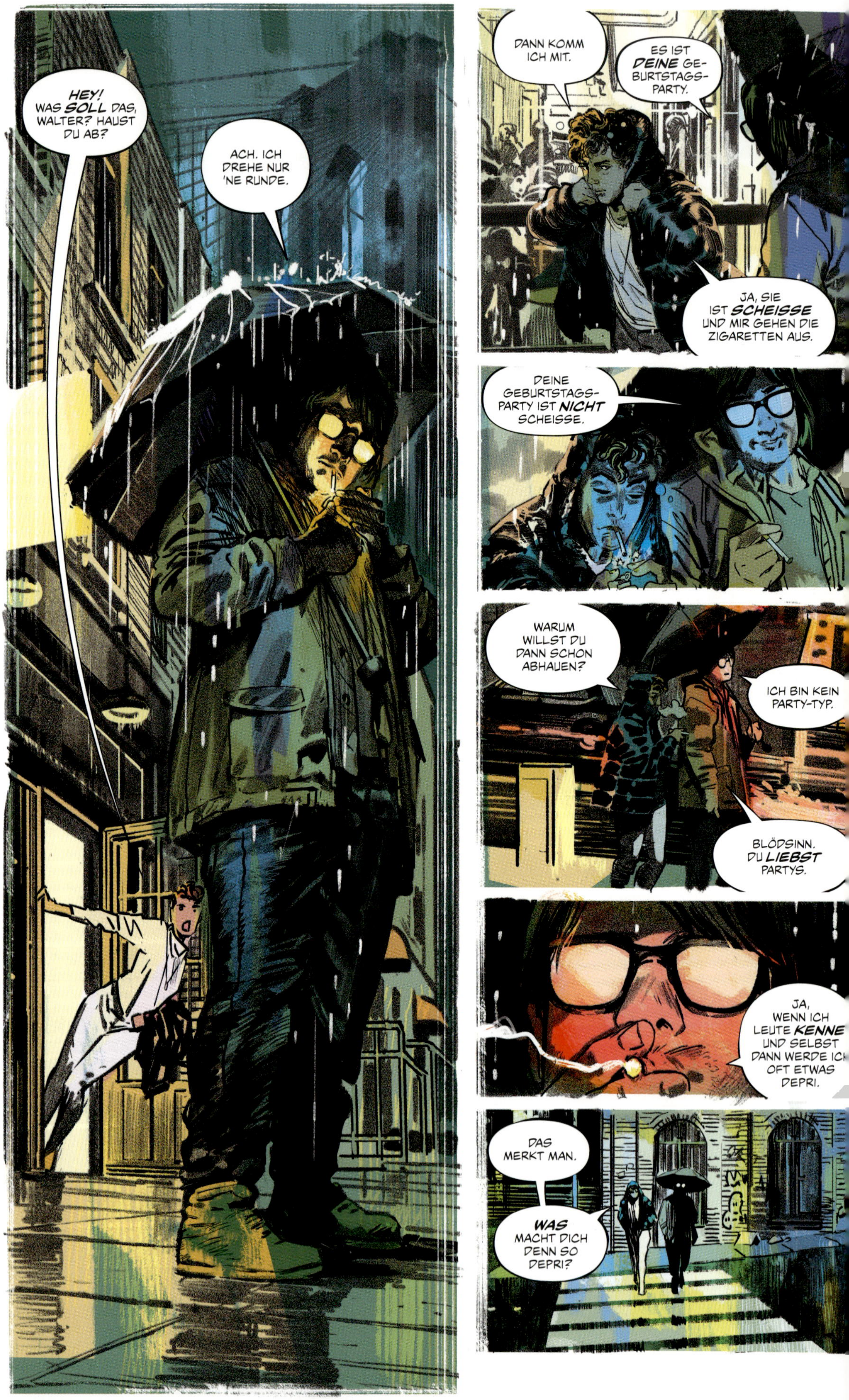

HEY! WAS SOLL DAS, WALTER? HAUST DU AB?
ACH. ICH DREHE NUR 'NE RUNDE.

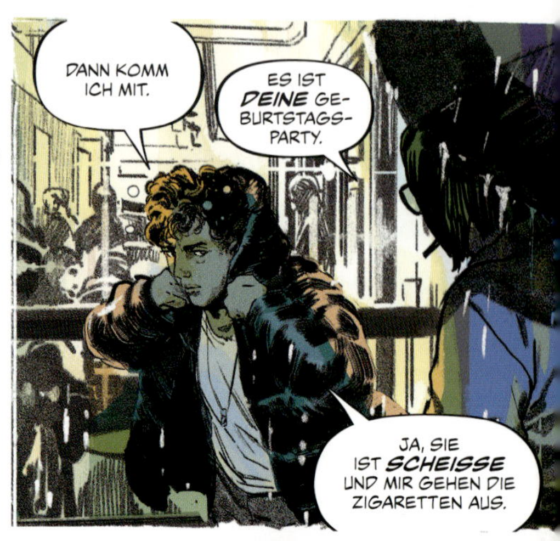

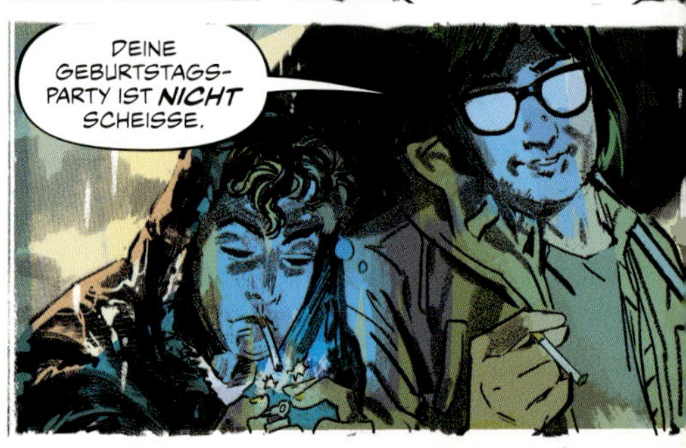

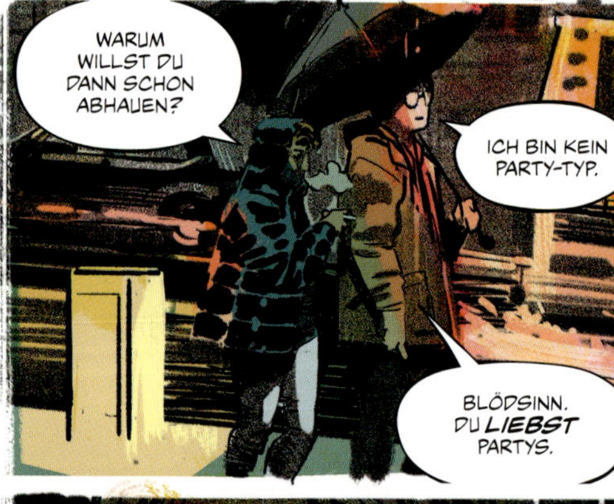

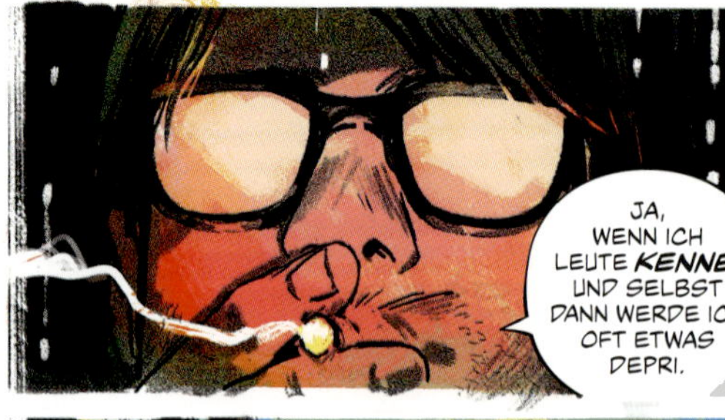

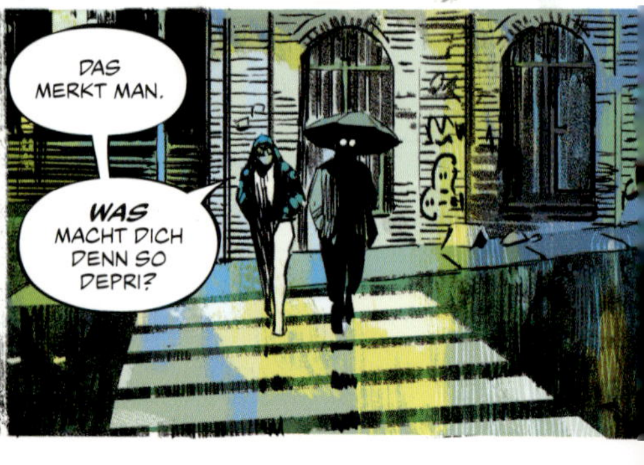

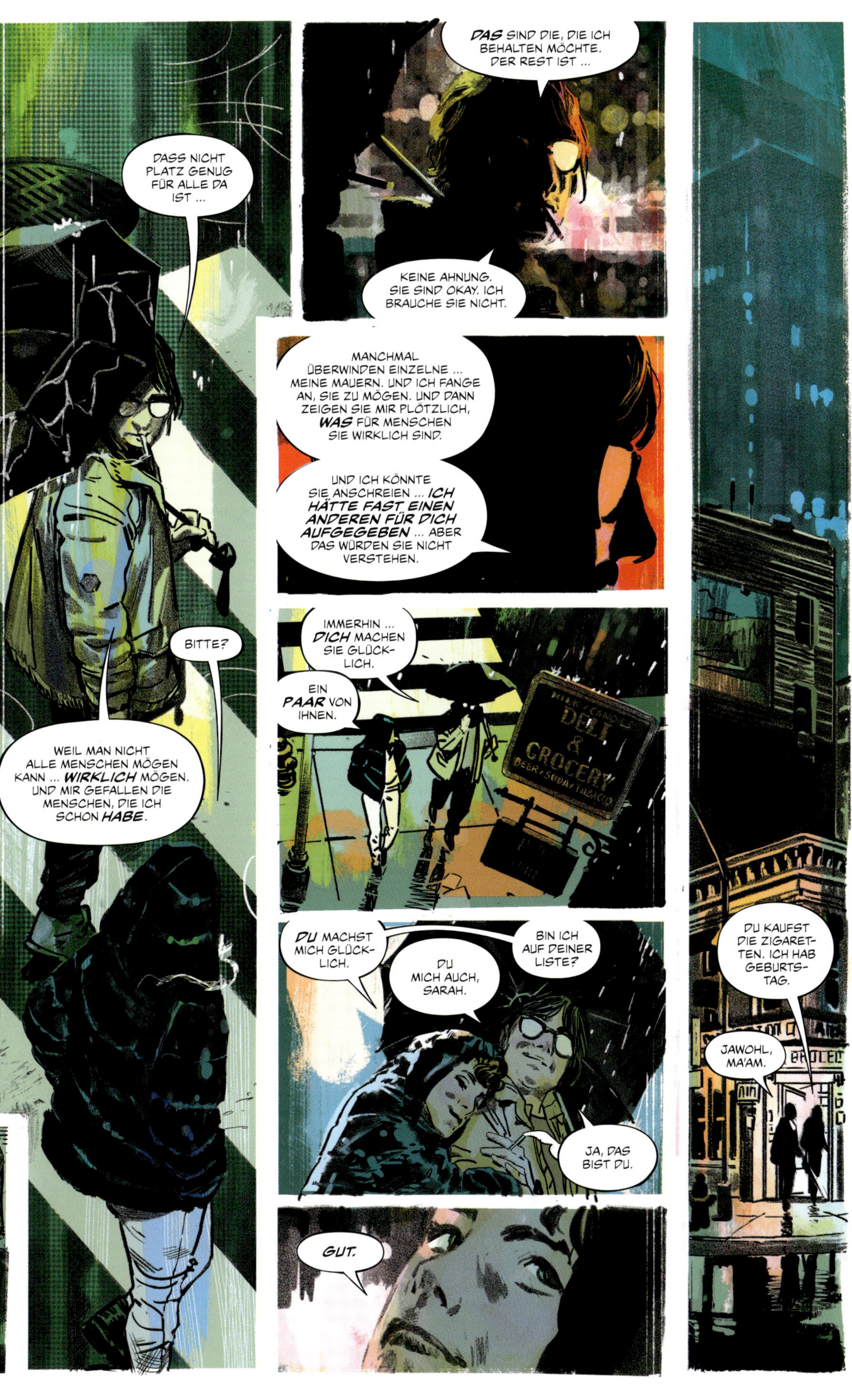
DASS NICHT PLATZ GENUG FÜR ALLE DA IST ...
BITTE?
WEIL MAN NICHT ALLE MENSCHEN MÖGEN KANN ... WIRKLICH MÖGEN. UND MIR GEFALLEN DIE MENSCHEN, DIE ICH SCHON HABE.
DAS SIND DIE, DIE ICH BEHALTEN MÖCHTE. DER REST IST ...
KEINE AHNUNG. SIE SIND OKAY. ICH BRAUCHE SIE NICHT.
MANCHMAL ÜBERWINDEN EINZELNE ... MEINE MAUERN. UND ICH FANGE AN, SIE ZU MÖGEN. UND DANN ZEIGEN SIE MIR PLÖTZLICH, WAS FÜR MENSCHEN SIE WIRKLICH SIND.
UND ICH KÖNNTE SIE ANSCHREIEN ... ICH HÄTTE FAST EINEN ANDEREN FÜR DICH AUFGEGEBEN ... ABER DAS WÜRDEN SIE NICHT VERSTEHEN.
IMMERHIN ... DICH MACHEN SIE GLÜCKLICH.
EIN PAAR VON IHNEN.
DELI & GROCERY
DU MACHST MICH GLÜCKLICH.
BIN ICH AUF DEINER LISTE?
DU MICH AUCH, SARAH.
JA, DAS BIST DU.
GUT.
DU KAUFST DIE ZIGARETTEN. ICH HAB GEBURTSTAG.
JAWOHL, MA'AM.

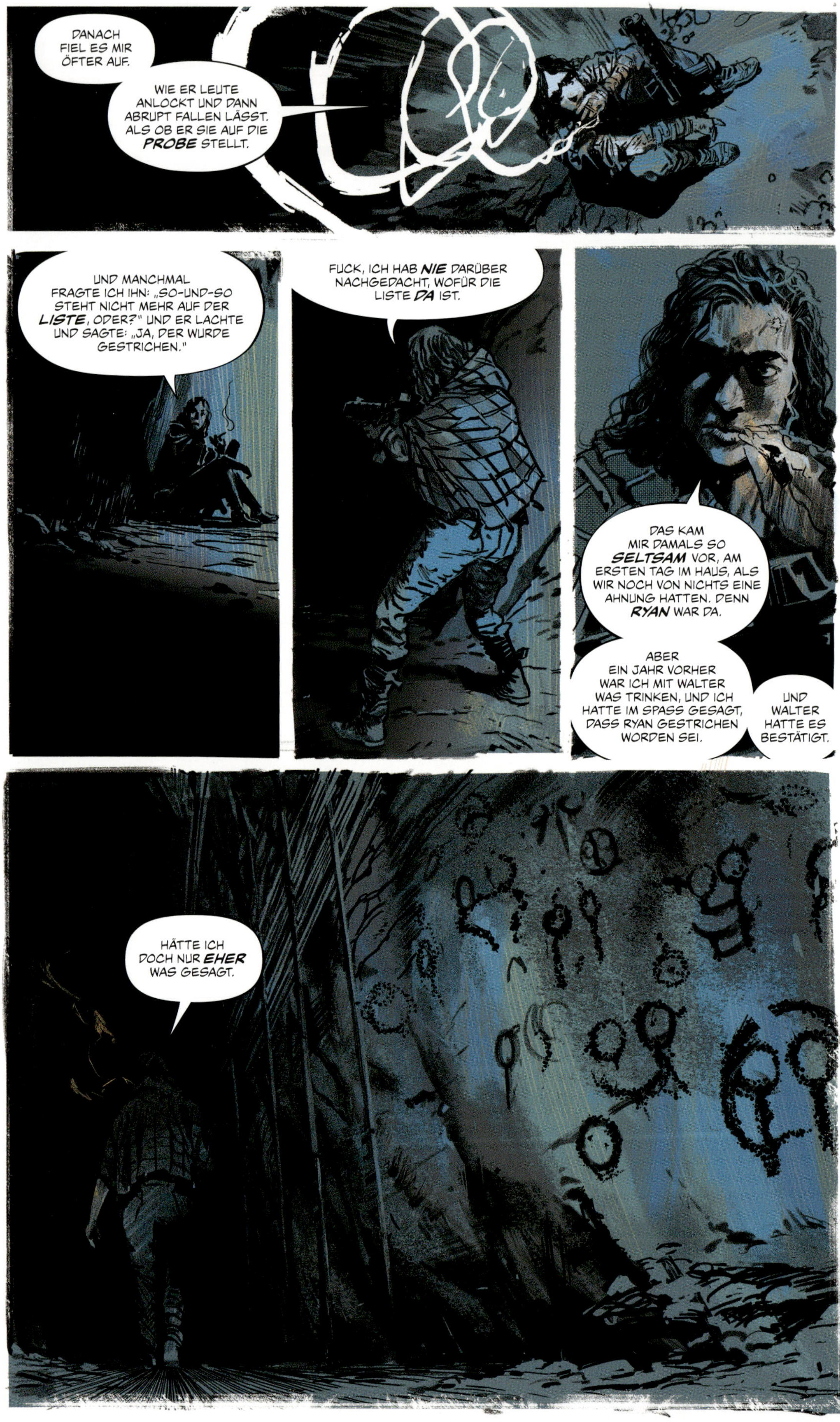

DANACH FIEL ES MIR ÖFTER AUF.

WIE ER LEUTE ANLOCKT UND DANN ABRUPT FALLEN LÄSST. ALS OB ER SIE AUF DIE ***PROBE*** STELLT.

UND MANCHMAL FRAGTE ICH IHN: „SO-UND-SO STEHT NICHT MEHR AUF DER ***LISTE***, ODER?“ UND ER LACHTE UND SAGTE: „JA, DER WURDE GESTRICHEN.“

FUCK, ICH HAB ***NIE*** DARÜBER NACHGEDACHT, WOFÜR DIE LISTE ***DA*** IST.

DAS KAM MIR DAMALS SO ***SELTSAM*** VOR, AM ERSTEN TAG IM HAUS, ALS WIR NOCH VON NICHTS EINE AHNUNG HATTEN. DENN ***RYAN*** WAR DA.

ABER EIN JAHR VORHER WAR ICH MIT WALTER WAS TRINKEN, UND ICH HATTE IM SPASS GESAGT, DASS RYAN GESTRICHEN WORDEN SEI.

UND WALTER HATTE ES BESTÄTIGT.

HÄTTE ICH DOCH NUR ***EHER*** WAS GESAGT.

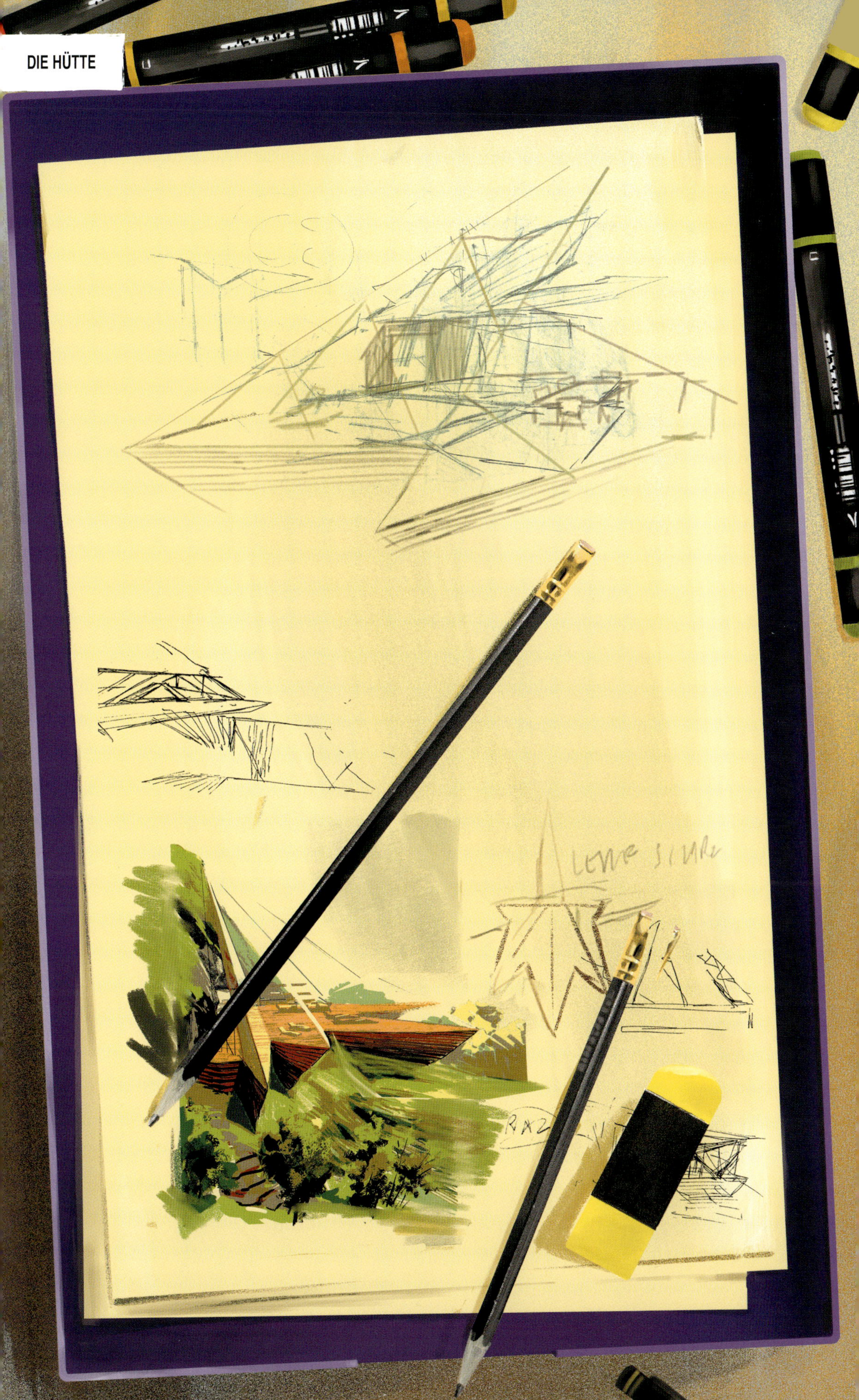

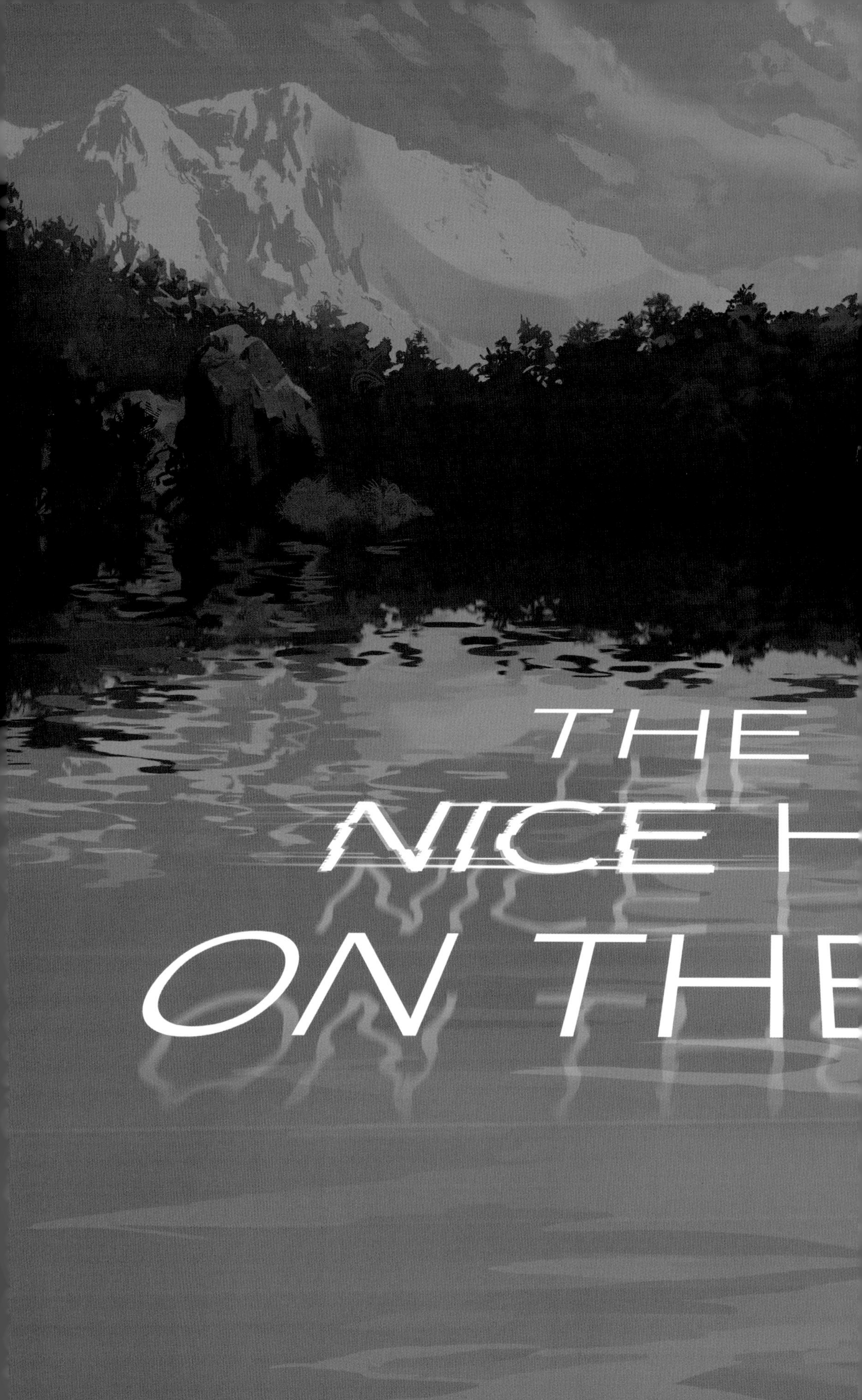
THE
NICE
ON

* DAS HAUS AM SEE

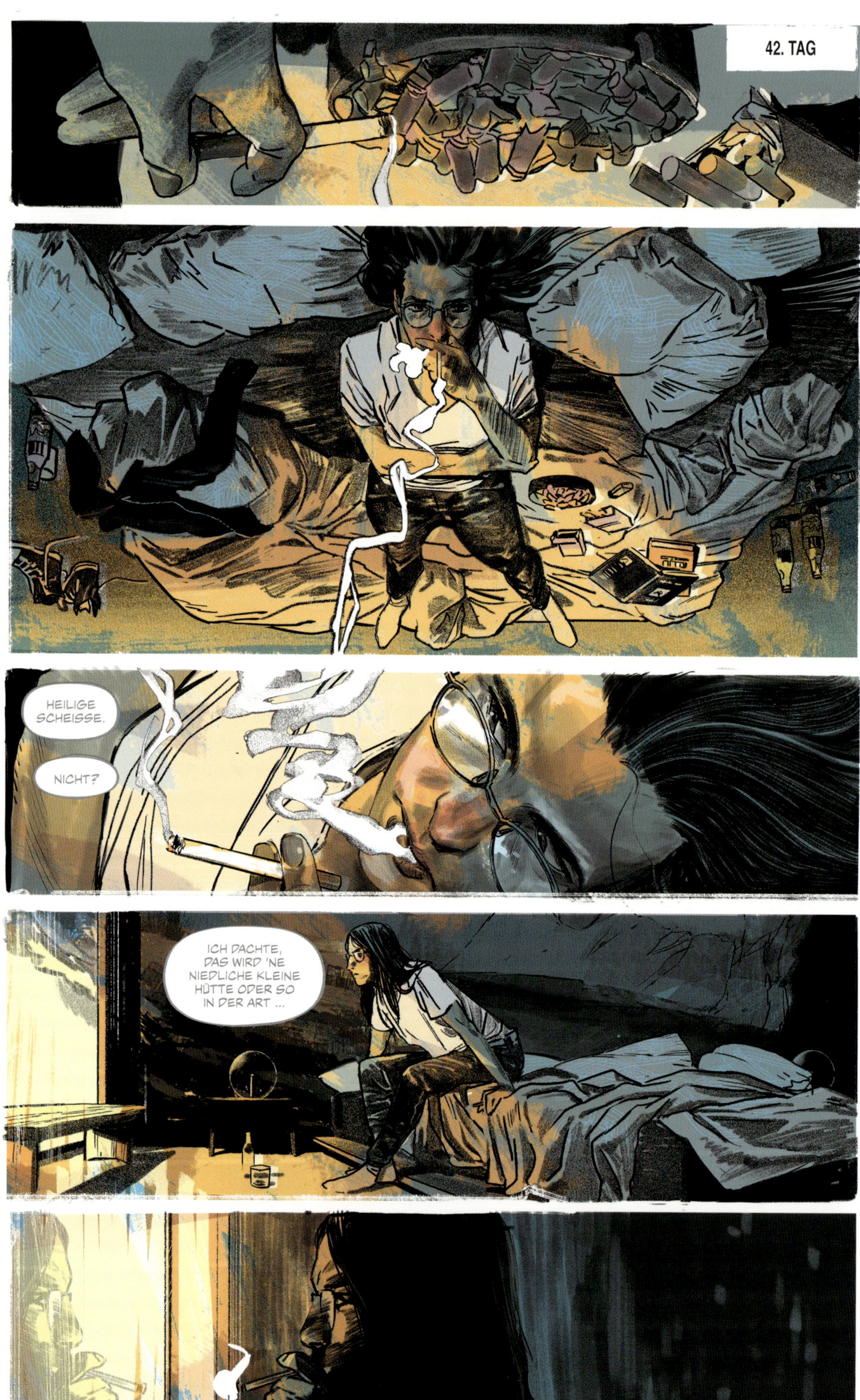
42. TAG
HEILIGE SCHEISSE.
NICHT?
ICH DACHTE, DAS WIRD 'NE NIEDLICHE KLEINE HÜTTE ODER SO IN DER ART ...

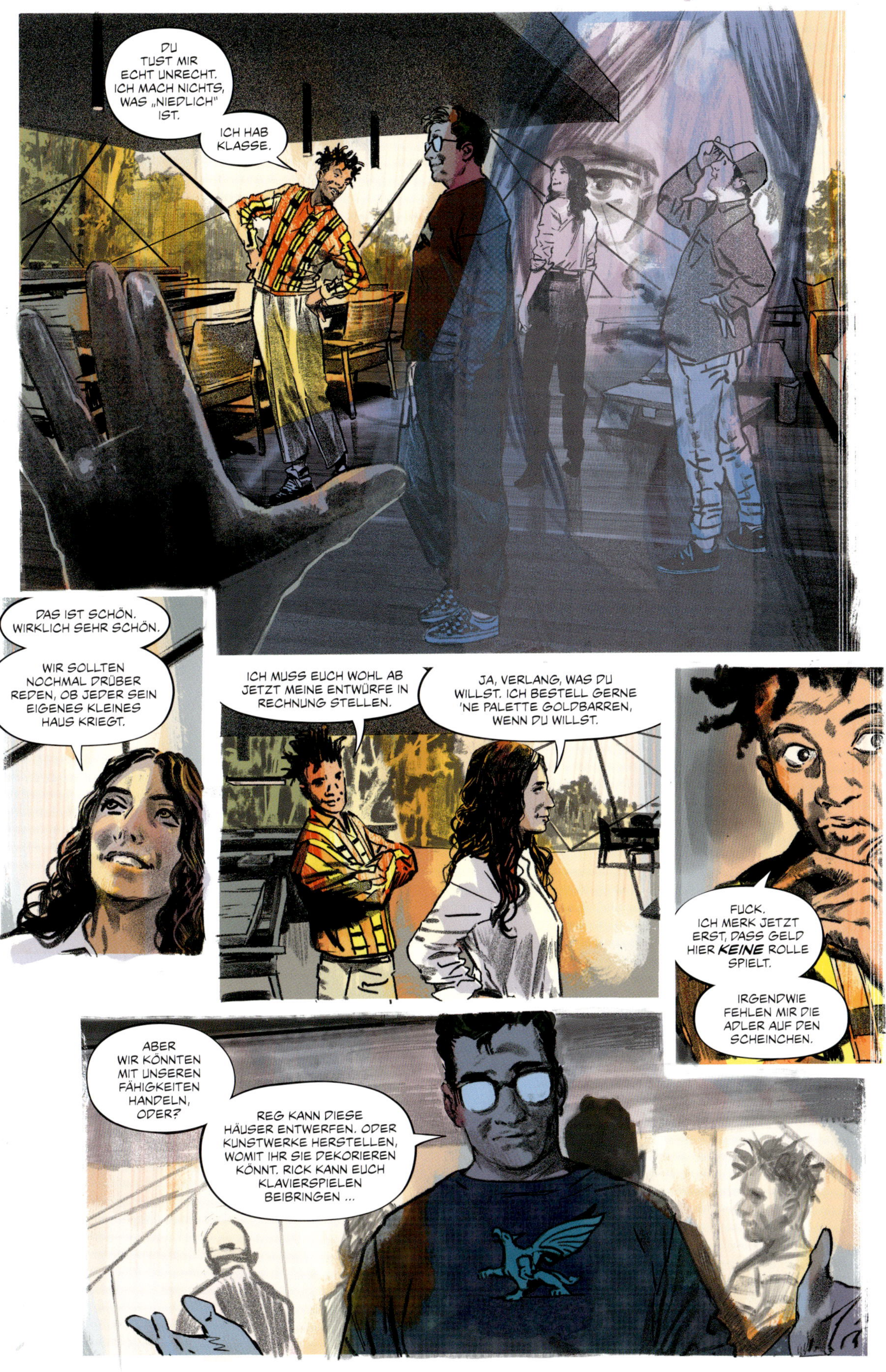
DU TUST MIR ECHT UNRECHT. ICH MACH NICHTS, WAS „NIEDLICH" IST.
ICH HAB KLASSE.
DAS IST SCHÖN. WIRKLICH SEHR SCHÖN.
WIR SOLLTEN NOCHMAL DRÜBER REDEN, OB JEDER SEIN EIGENES KLEINES HAUS KRIEGT.
ICH MUSS EUCH WOHL AB JETZT MEINE ENTWÜRFE IN RECHNUNG STELLEN.
JA, VERLANG, WAS DU WILLST. ICH BESTELL GERNE 'NE PALETTE GOLDBARREN, WENN DU WILLST.
FUCK. ICH MERK JETZT ERST, DASS GELD HIER KEINE ROLLE SPIELT.
IRGENDWIE FEHLEN MIR DIE ADLER AUF DEN SCHEINCHEN.
ABER WIR KÖNNTEN MIT UNSEREN FÄHIGKEITEN HANDELN, ODER?
REG KANN DIESE HÄUSER ENTWERFEN. ODER KUNSTWERKE HERSTELLEN, WOMIT IHR SIE DEKORIEREN KÖNNT. RICK KANN EUCH KLAVIERSPIELEN BEIBRINGEN ...

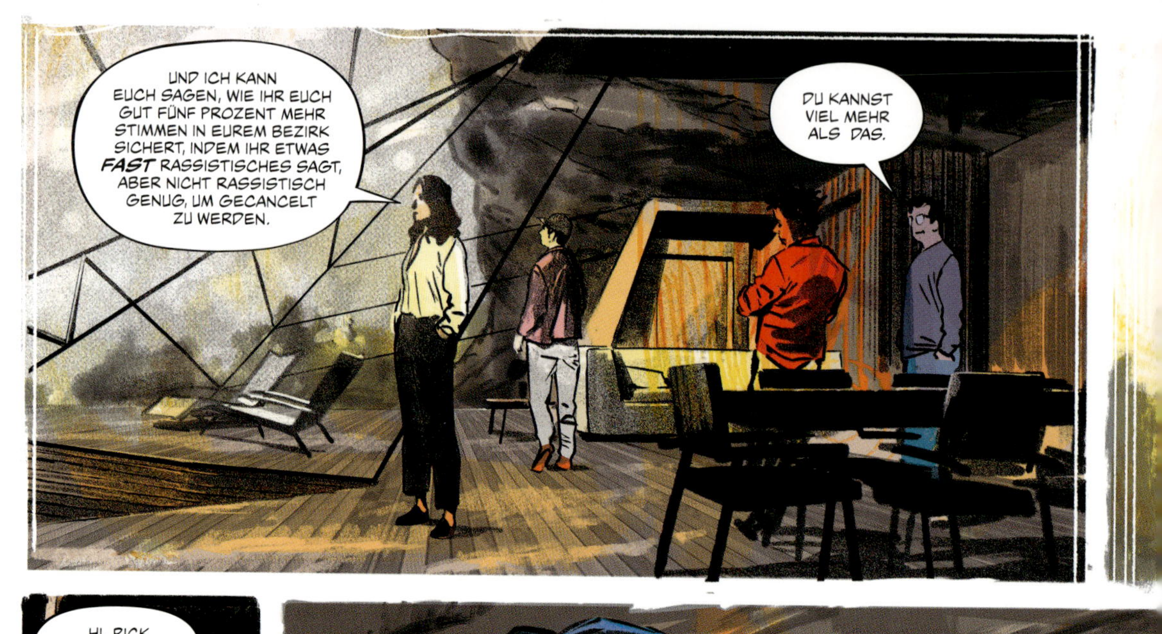

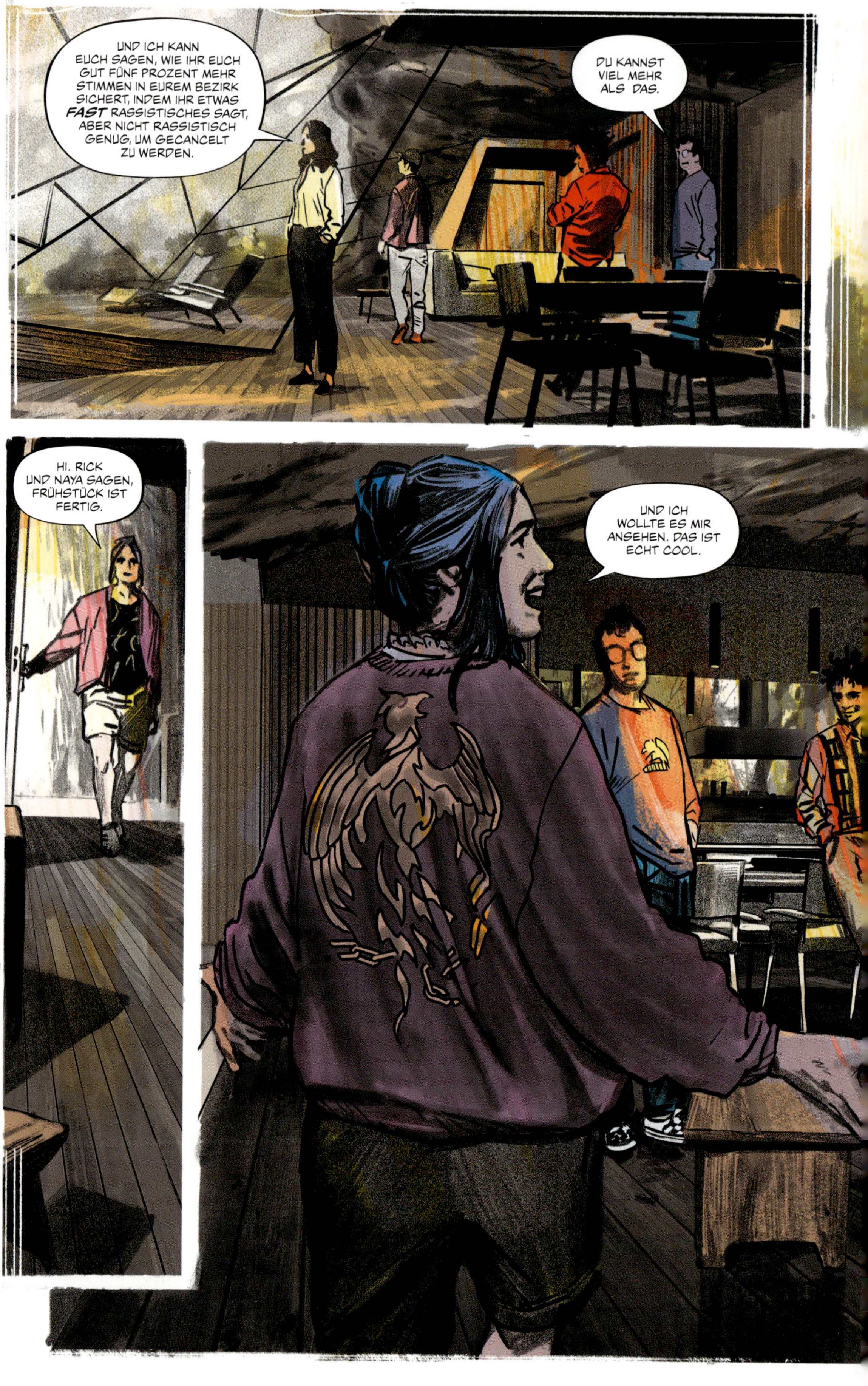

HI. RICK UND NAYA SAGEN, FRÜHSTÜCK IST FERTIG.

UND ICH WOLLTE ES MIR ANSEHEN. DAS IST ECHT COOL.

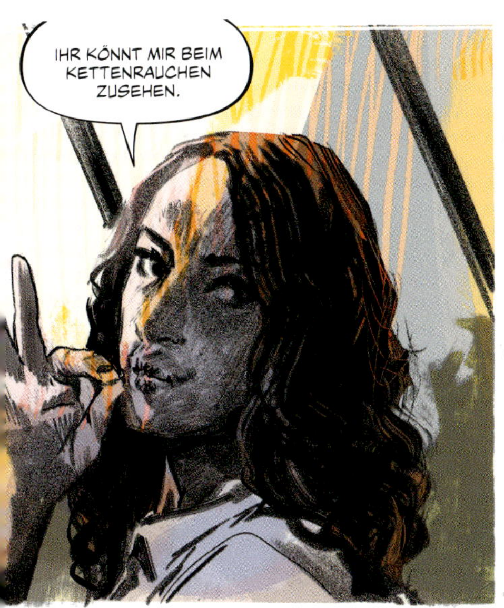
IHR KÖNNT MIR BEIM KETTENRAUCHEN ZUSEHEN.

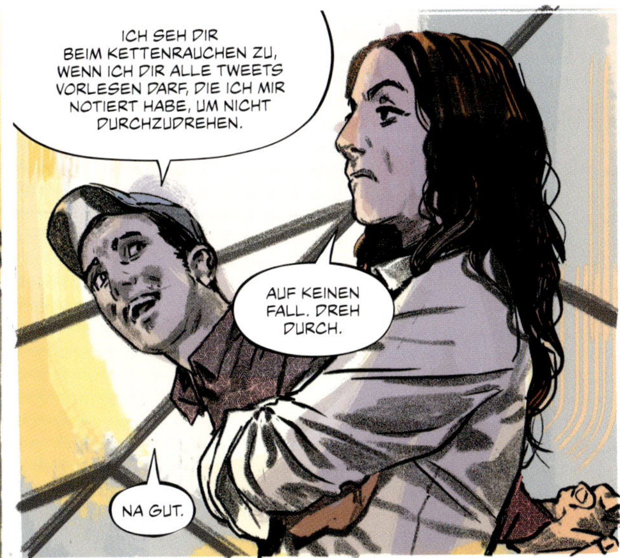
ICH SEH DIR BEIM KETTENRAUCHEN ZU, WENN ICH DIR ALLE TWEETS VORLESEN DARF, DIE ICH MIR NOTIERT HABE, UM NICHT DURCHZUDREHEN.
AUF KEINEN FALL. DREH DURCH.
NA GUT.

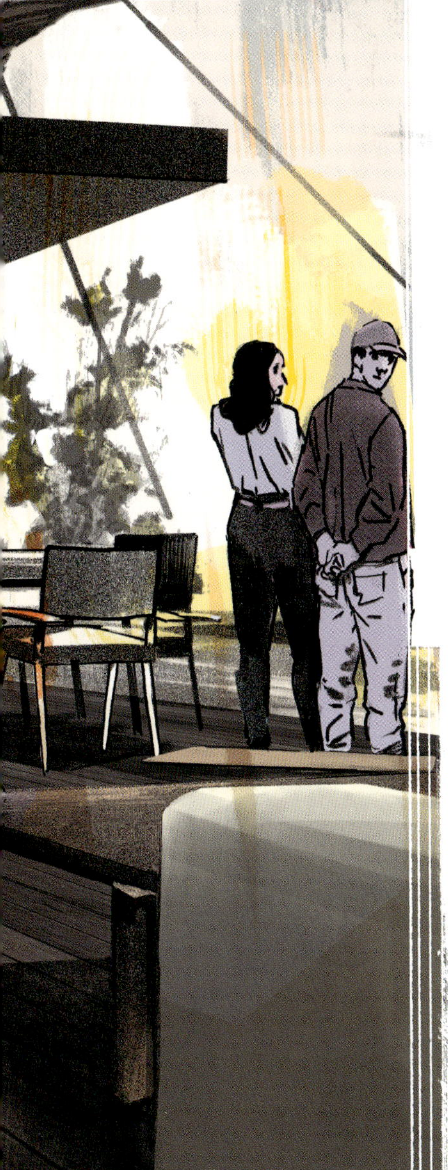

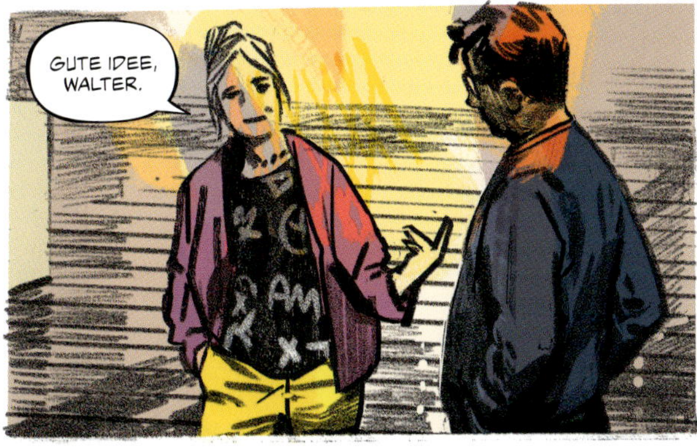
GUTE IDEE, WALTER.

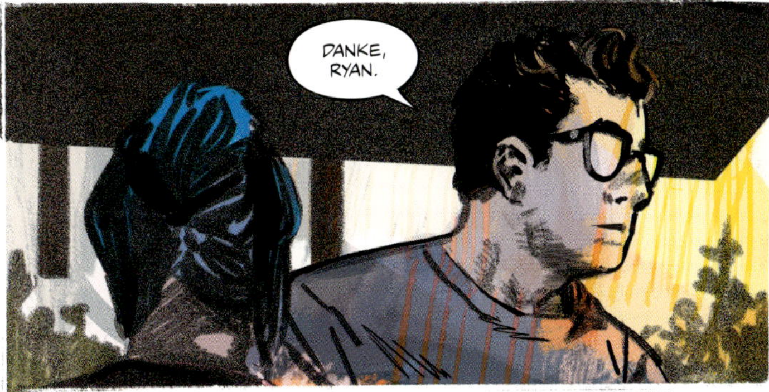
DANKE, RYAN.

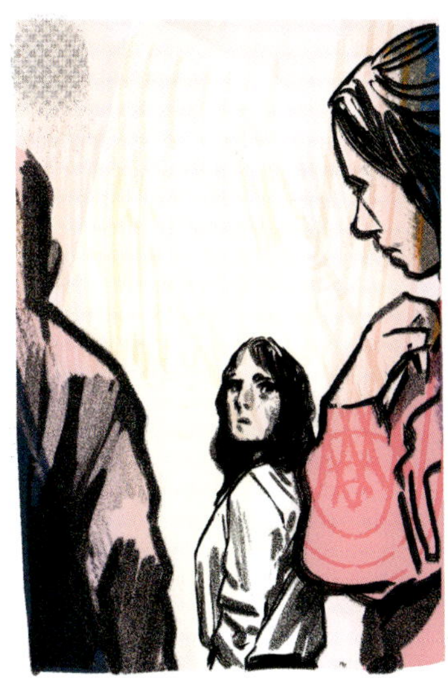

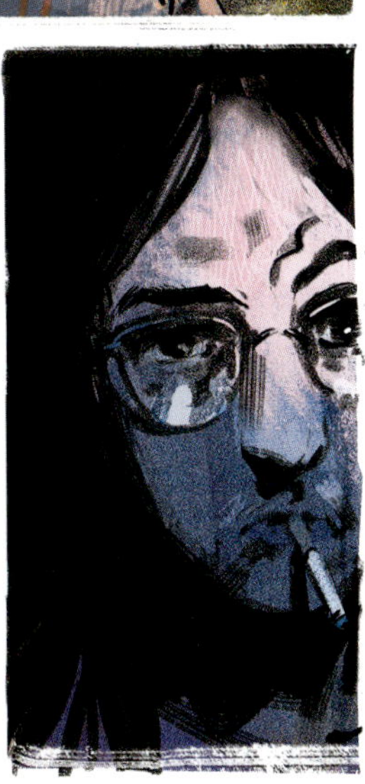

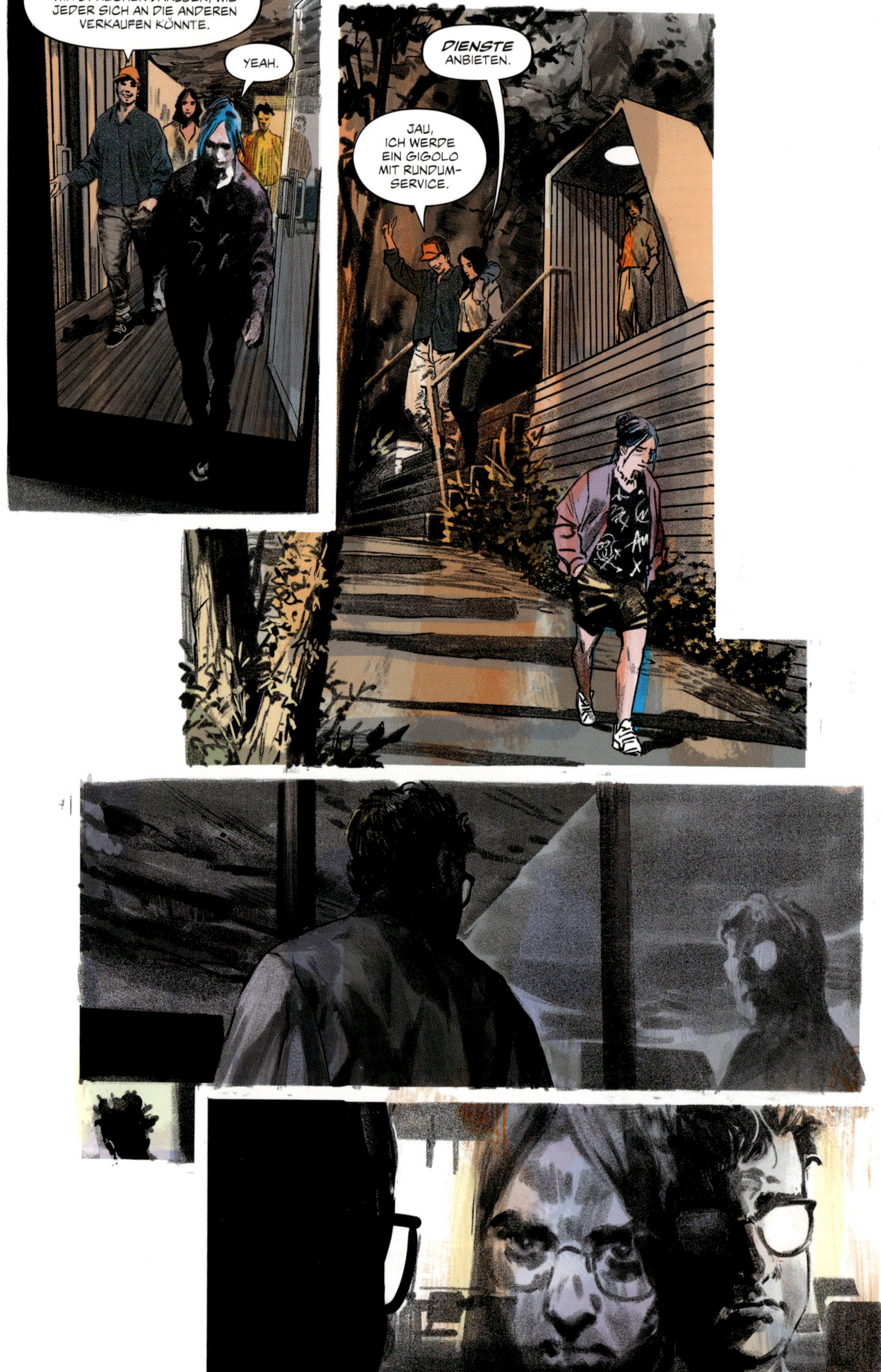
WIR SPRECHEN DARÜBER, WIE JEDER SICH AN DIE ANDEREN VERKAUFEN KÖNNTE.
YEAH.
DIENSTE ANBIETEN.
JAU, ICH WERDE EIN GIGOLO MIT RUNDUM-SERVICE.

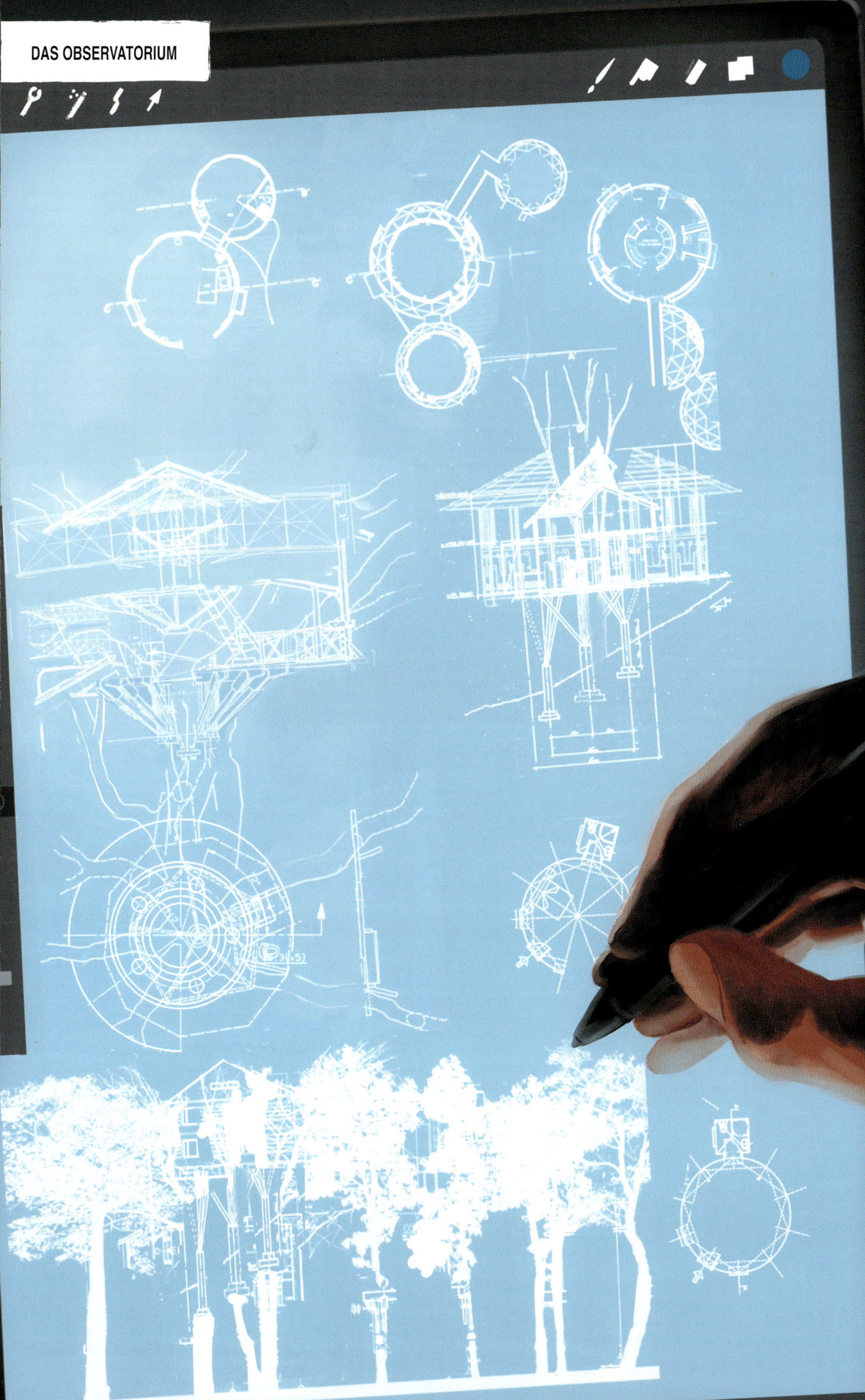

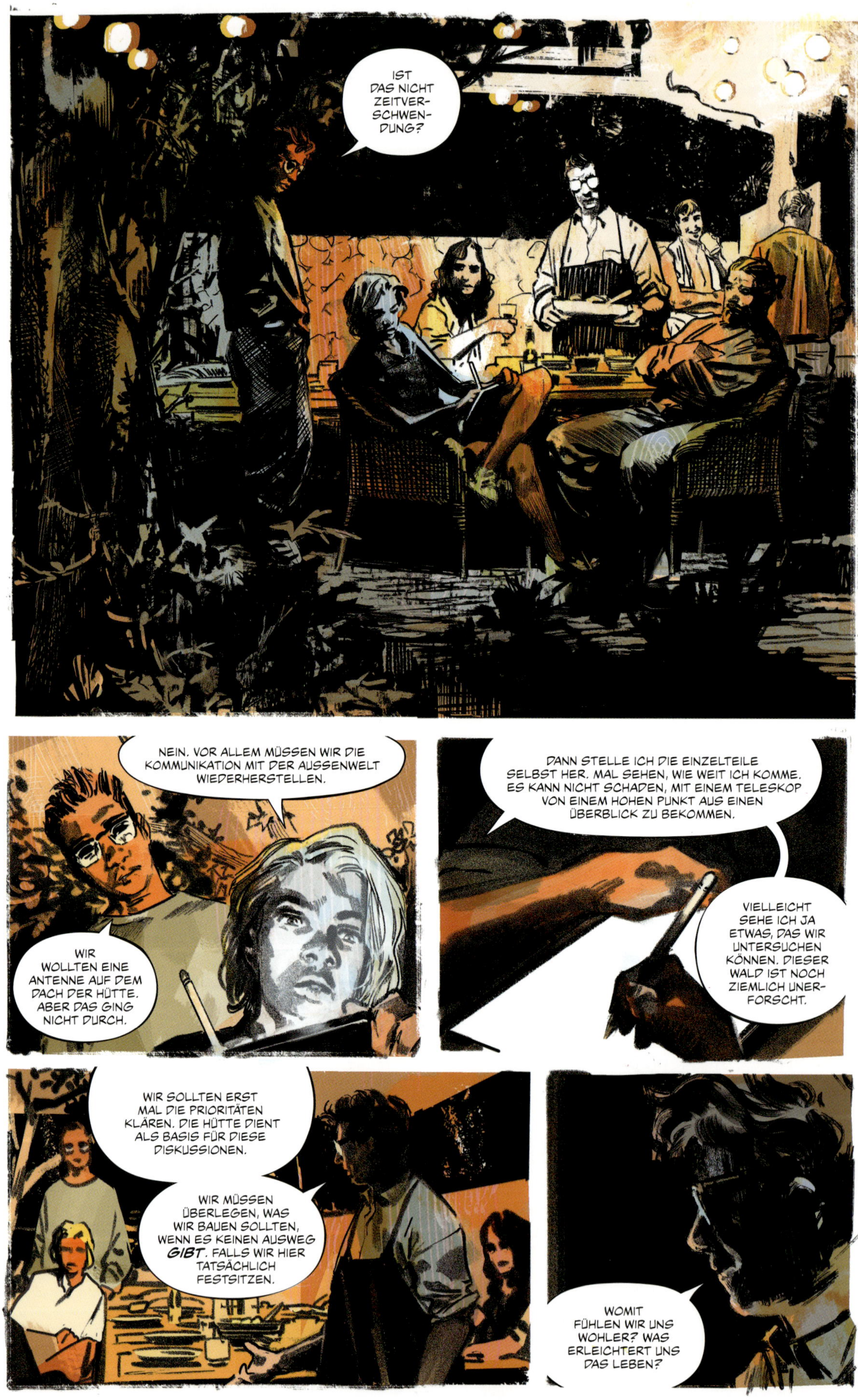

IST DAS NICHT ZEITVERSCHWENDUNG?

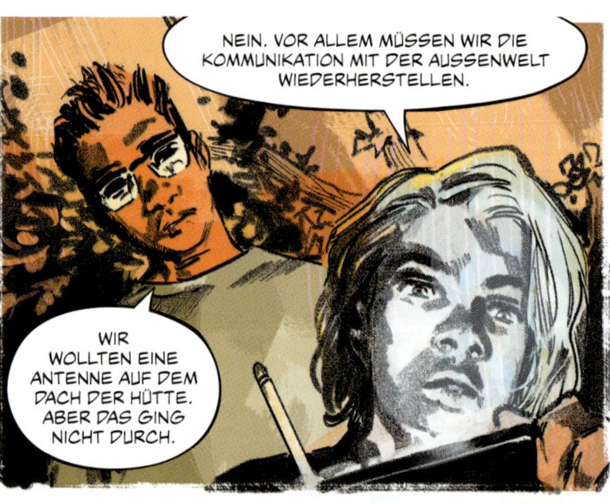
NEIN. VOR ALLEM MÜSSEN WIR DIE KOMMUNIKATION MIT DER AUSSENWELT WIEDERHERSTELLEN.
WIR WOLLTEN EINE ANTENNE AUF DEM DACH DER HÜTTE. ABER DAS GING NICHT DURCH.

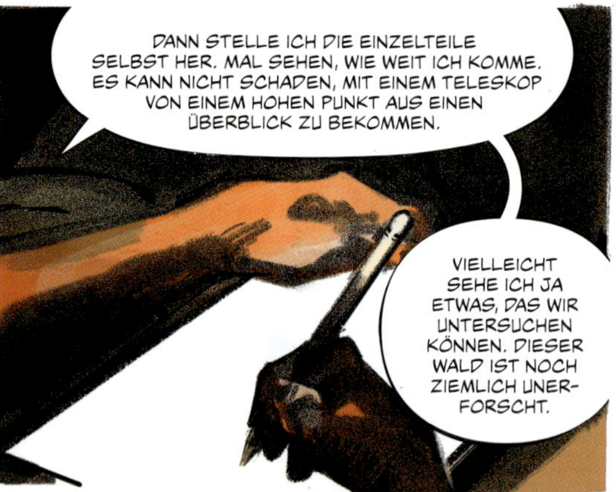
DANN STELLE ICH DIE EINZELTEILE SELBST HER. MAL SEHEN, WIE WEIT ICH KOMME. ES KANN NICHT SCHADEN, MIT EINEM TELESKOP VON EINEM HOHEN PUNKT AUS EINEN ÜBERBLICK ZU BEKOMMEN.
VIELLEICHT SEHE ICH JA ETWAS, DAS WIR UNTERSUCHEN KÖNNEN. DIESER WALD IST NOCH ZIEMLICH UNERFORSCHT.

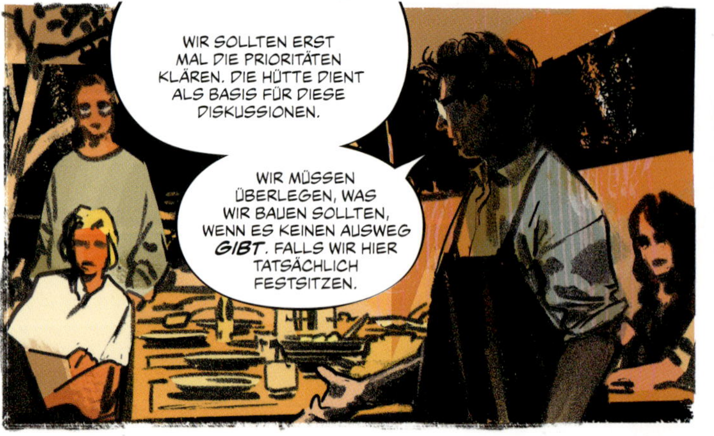
WIR SOLLTEN ERST MAL DIE PRIORITÄTEN KLÄREN. DIE HÜTTE DIENT ALS BASIS FÜR DIESE DISKUSSIONEN.
WIR MÜSSEN ÜBERLEGEN, WAS WIR BAUEN SOLLTEN, WENN ES KEINEN AUSWEG *GIBT*. FALLS WIR HIER TATSÄCHLICH FESTSITZEN.

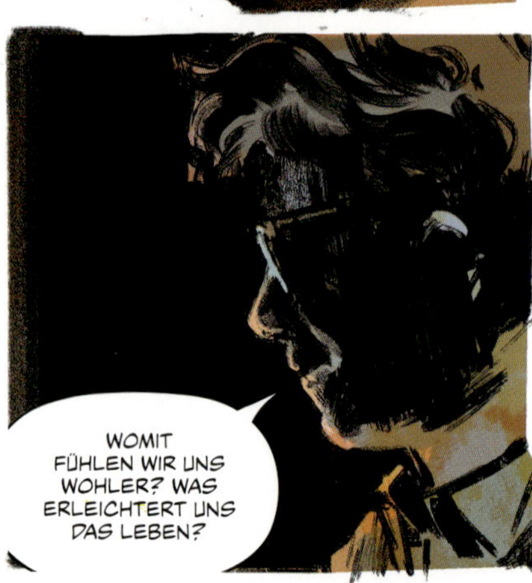
WOMIT FÜHLEN WIR UNS WOHLER? WAS ERLEICHTERT UNS DAS LEBEN?

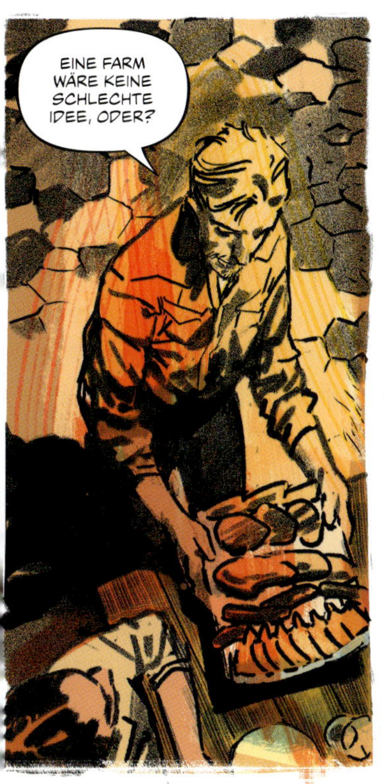
EINE FARM WÄRE KEINE SCHLECHTE IDEE, ODER?

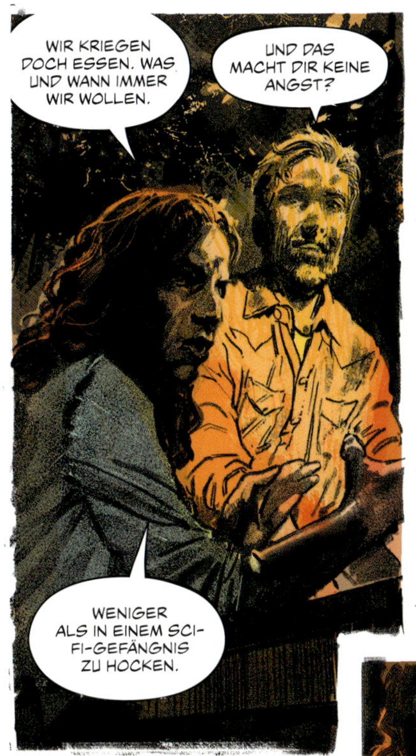
WIR KRIEGEN DOCH ESSEN. WAS UND WANN IMMER WIR WOLLEN.
UND DAS MACHT DIR KEINE ANGST?
WENIGER ALS IN EINEM SCI-FI-GEFÄNGNIS ZU HOCKEN.

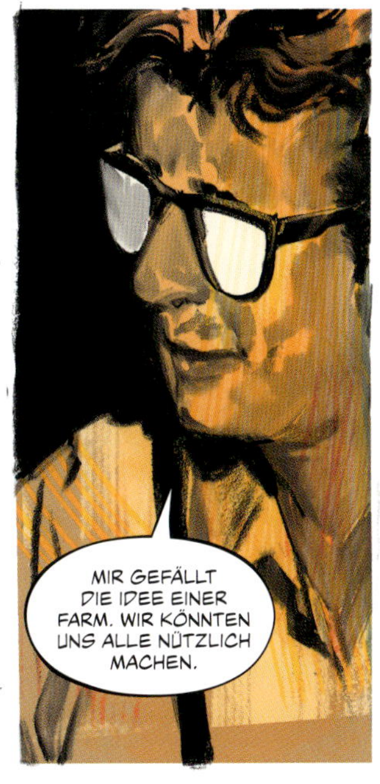
MIR GEFÄLLT DIE IDEE EINER FARM. WIR KÖNNTEN UNS ALLE NÜTZLICH MACHEN.
HM.

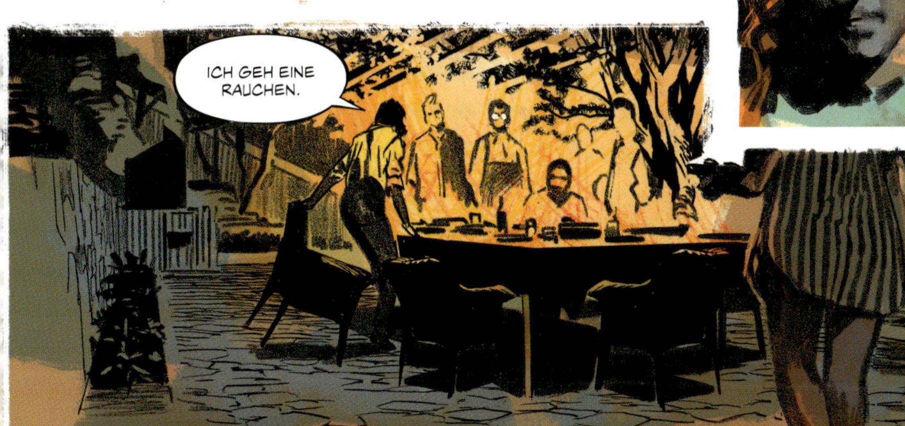
ICH GEH EINE RAUCHEN.

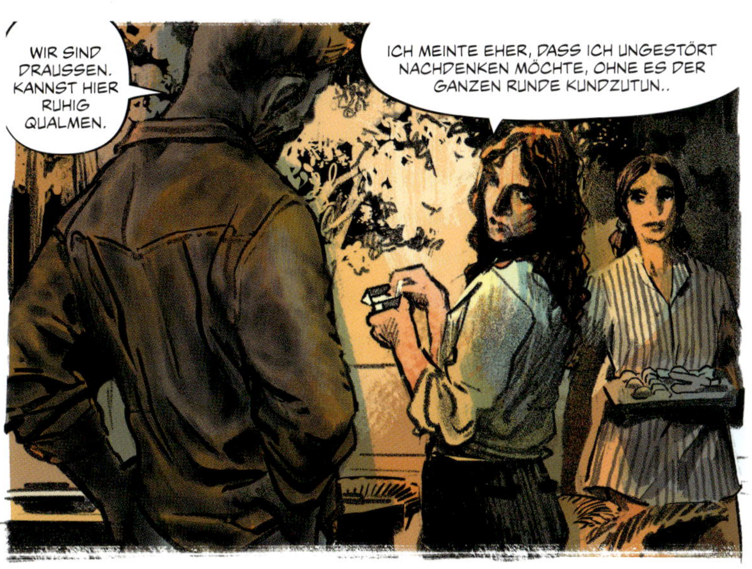
WIR SIND DRAUSSEN. KANNST HIER RUHIG QUALMEN.
ICH MEINTE EHER, DASS ICH UNGESTÖRT NACHDENKEN MÖCHTE, OHNE ES DER GANZEN RUNDE KUNDZUTUN..

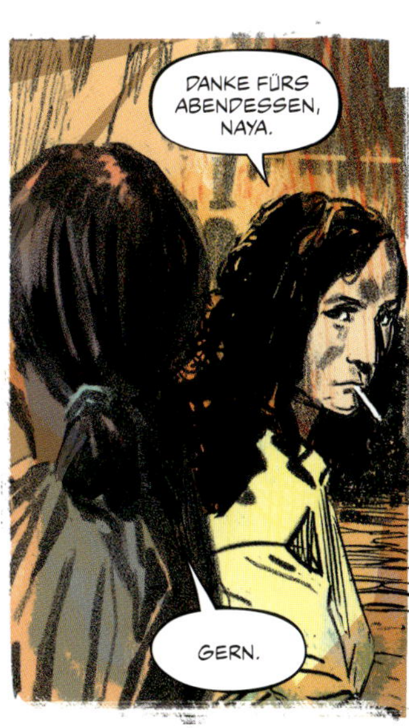
DANKE FÜRS ABENDESSEN, NAYA.
GERN.

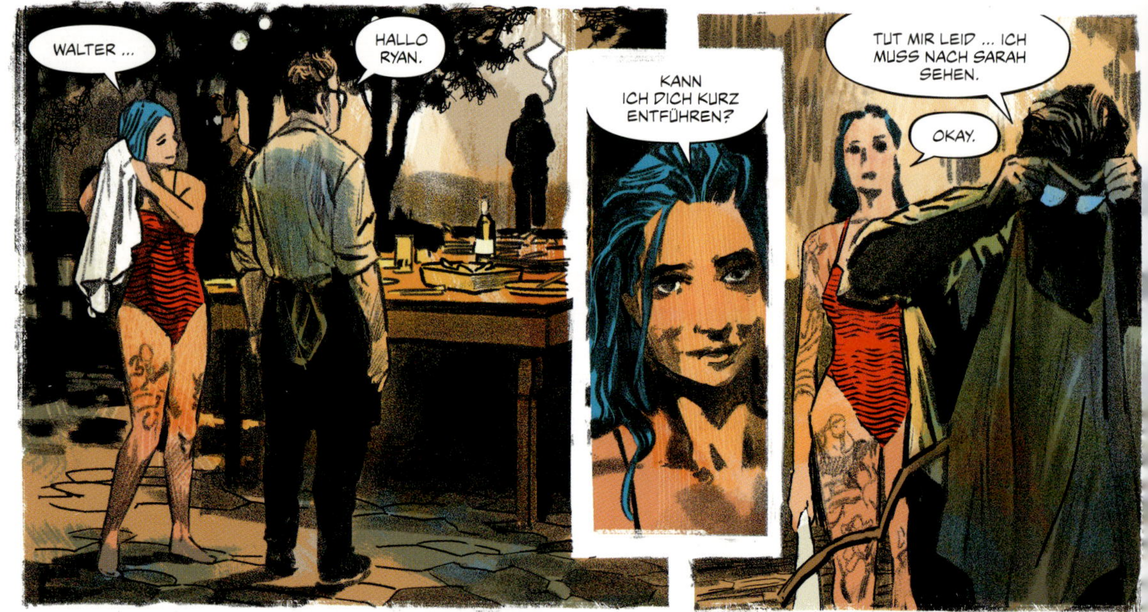
WALTER ...
HALLO RYAN.
KANN ICH DICH KURZ ENTFÜHREN?
TUT MIR LEID ... ICH MUSS NACH SARAH SEHEN.
OKAY.
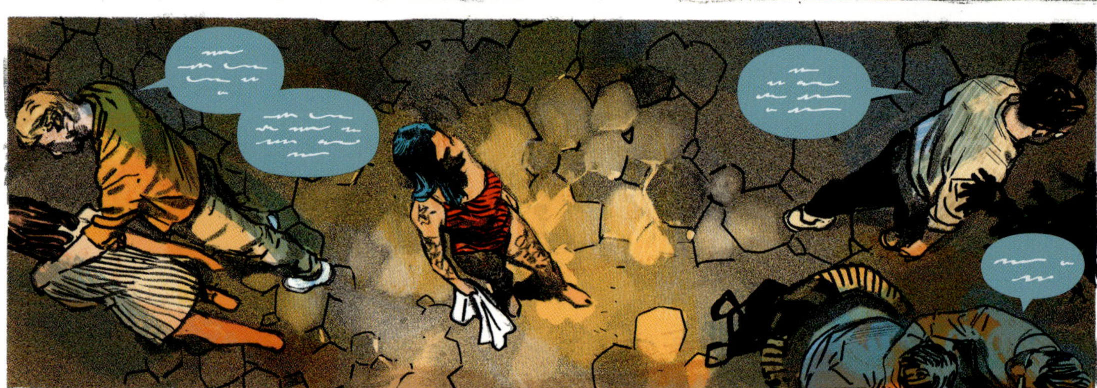
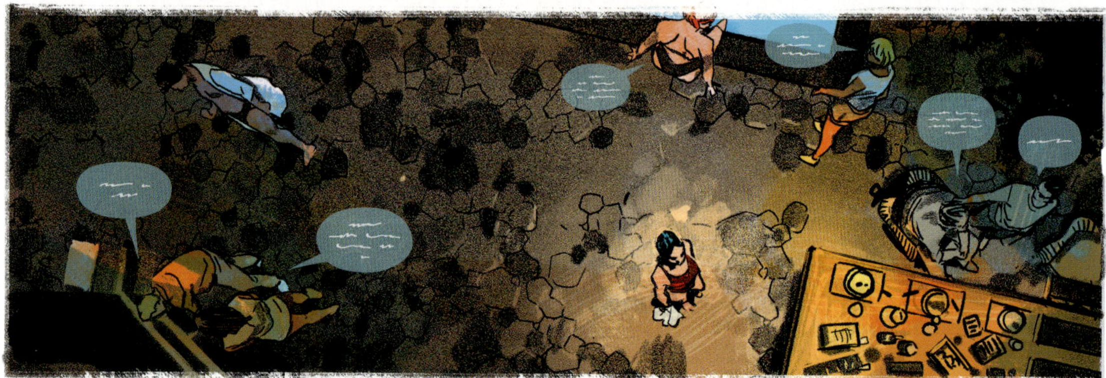
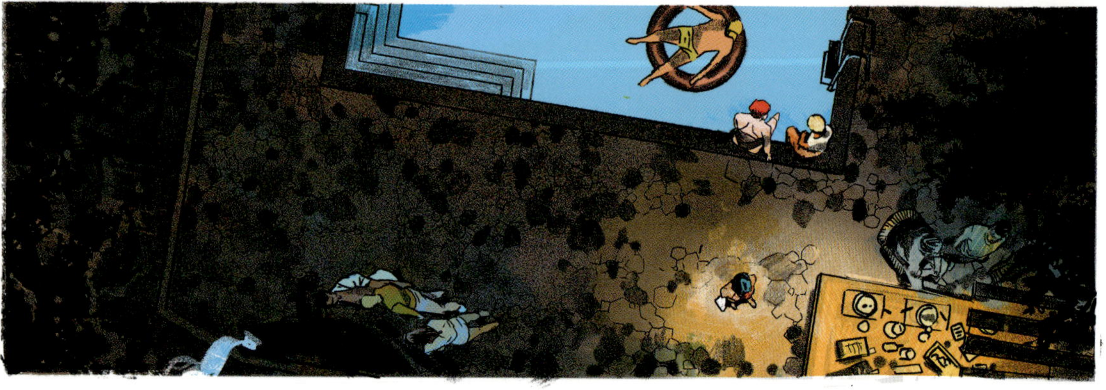

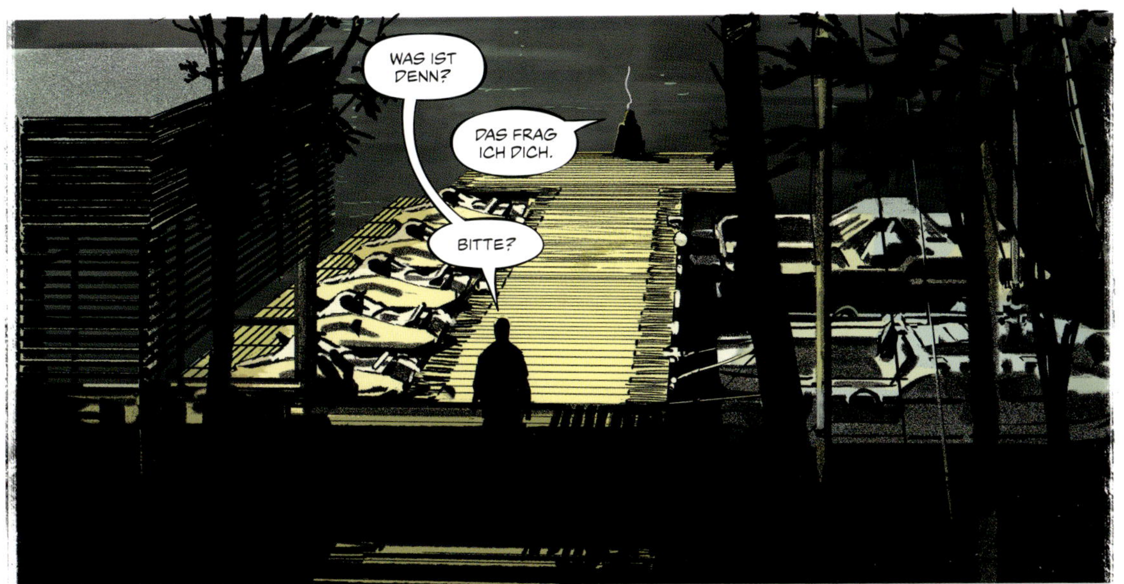
WAS IST DENN?
DAS FRAG ICH DICH.
BITTE?

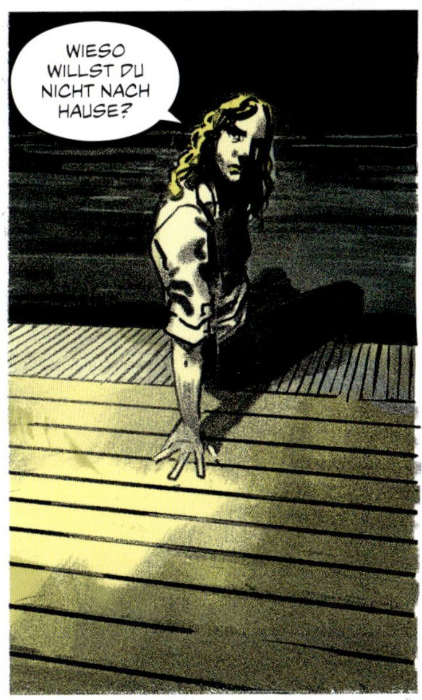
WIESO WILLST DU NICHT NACH HAUSE?

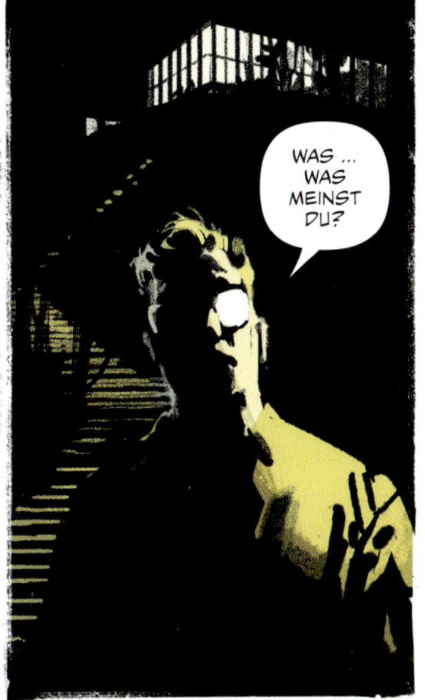
WAS ... WAS MEINST DU?

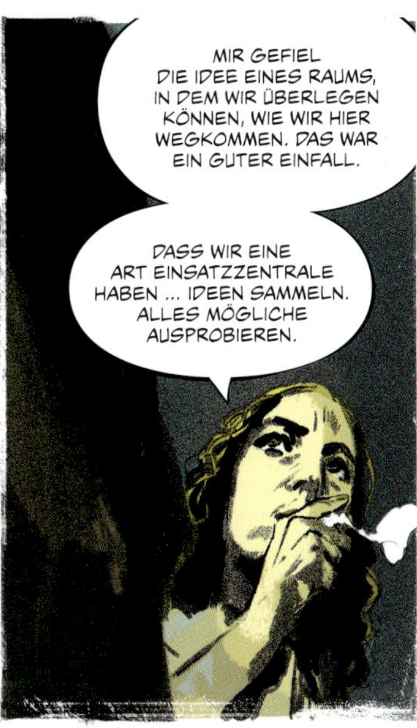
MIR GEFIEL DIE IDEE EINES RAUMS, IN DEM WIR ÜBERLEGEN KÖNNEN, WIE WIR HIER WEGKOMMEN. DAS WAR EIN GUTER EINFALL.
DASS WIR EINE ART EINSATZZENTRALE HABEN ... IDEEN SAMMELN. ALLES MÖGLICHE AUSPROBIEREN.

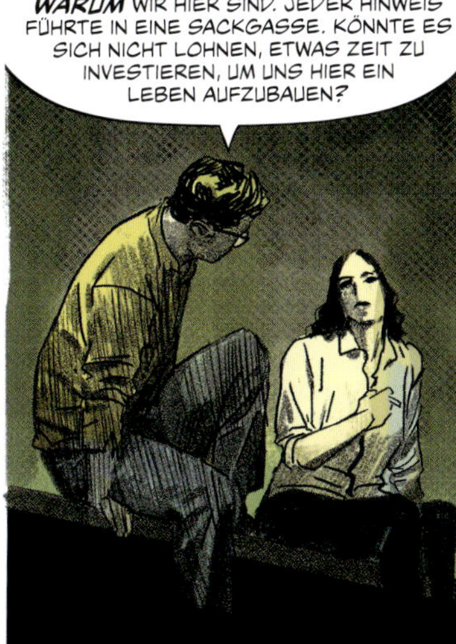
WIR WISSEN IMMER NOCH NICHT, WARUM WIR HIER SIND. JEDER HINWEIS FÜHRTE IN EINE SACKGASSE. KÖNNTE ES SICH NICHT LOHNEN, ETWAS ZEIT ZU INVESTIEREN, UM UNS HIER EIN LEBEN AUFZUBAUEN?

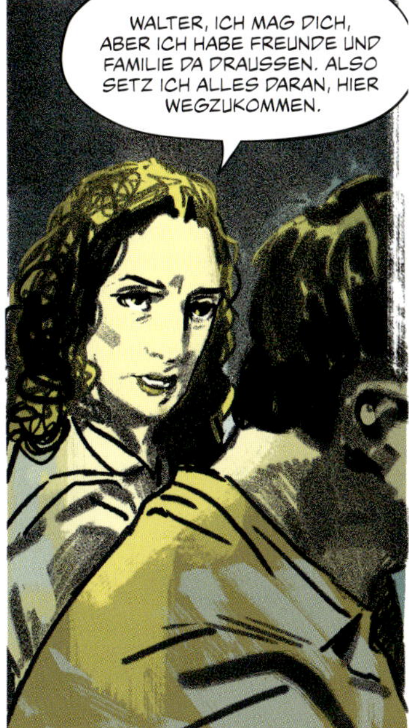
WALTER, ICH MAG DICH, ABER ICH HABE FREUNDE UND FAMILIE DA DRAUSSEN. ALSO SETZ ICH ALLES DARAN, HIER WEGZUKOMMEN.

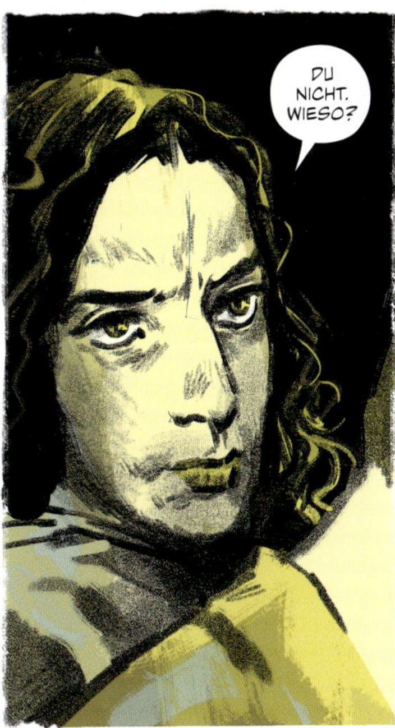
DU NICHT. WIESO?

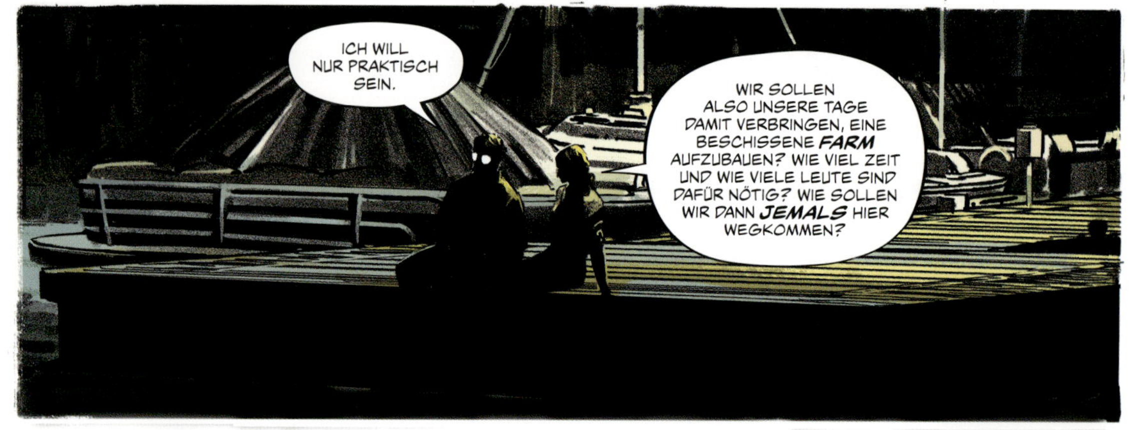
ICH WILL NUR PRAKTISCH SEIN.
WIR SOLLEN ALSO UNSERE TAGE DAMIT VERBRINGEN, EINE BESCHISSENE ***FARM*** AUFZUBAUEN? WIE VIEL ZEIT UND WIE VIELE LEUTE SIND DAFÜR NÖTIG? WIE SOLLEN WIR DANN ***JEMALS*** HIER WEGKOMMEN?

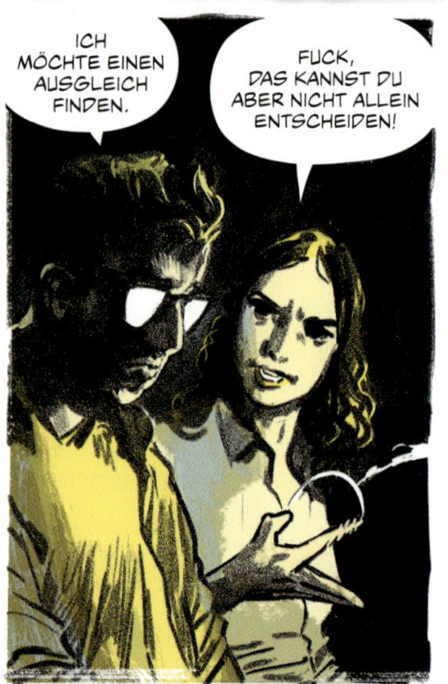
ICH MÖCHTE EINEN AUSGLEICH FINDEN.
FUCK, DAS KANNST DU ABER NICHT ALLEIN ENTSCHEIDEN!

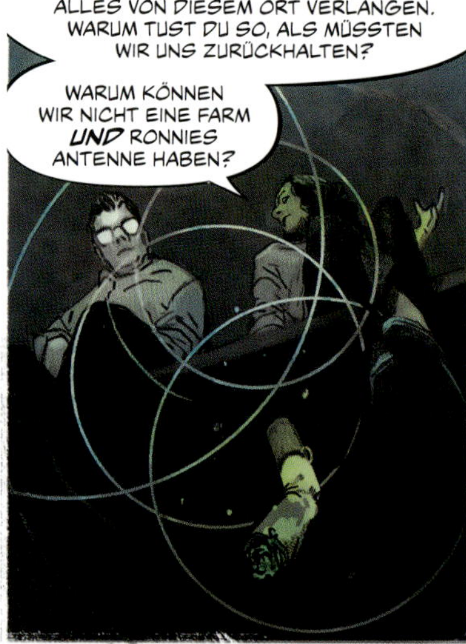
IM MOMENT KÖNNEN WIR SO ZIEMLICH ALLES VON DIESEM ORT VERLANGEN. WARUM TUST DU SO, ALS MÜSSTEN WIR UNS ZURÜCKHALTEN?
WARUM KÖNNEN WIR NICHT EINE FARM ***UND*** RONNIES ANTENNE HABEN?

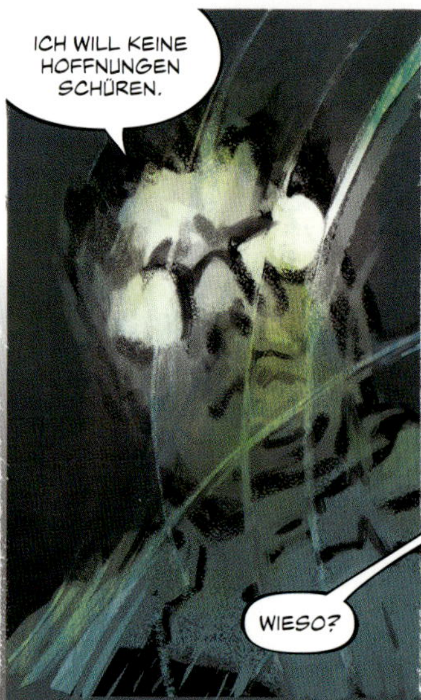
ICH WILL KEINE HOFFNUNGEN SCHÜREN.
WIESO?

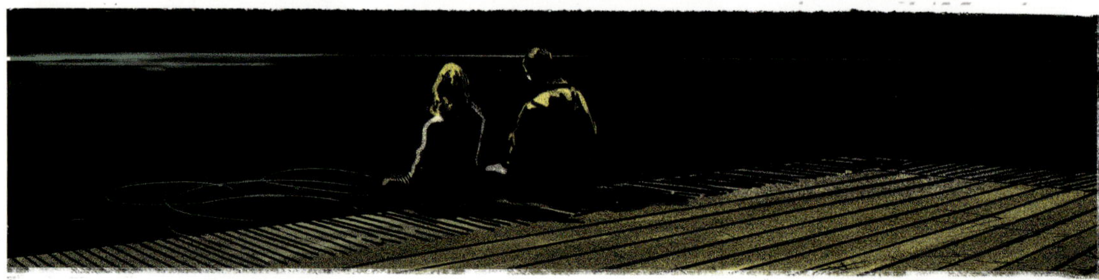

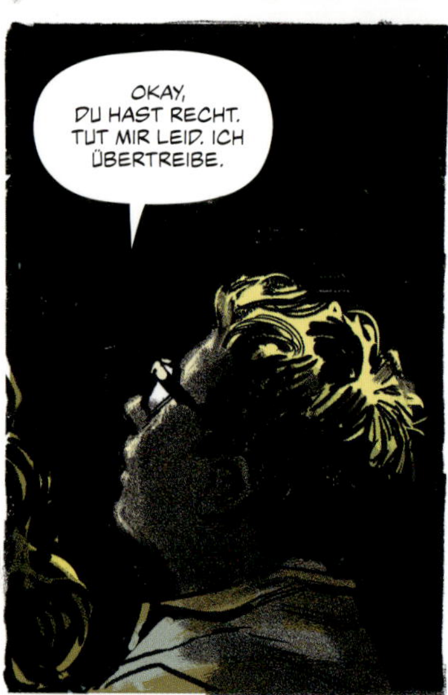
OKAY, DU HAST RECHT. TUT MIR LEID. ICH ÜBERTREIBE.

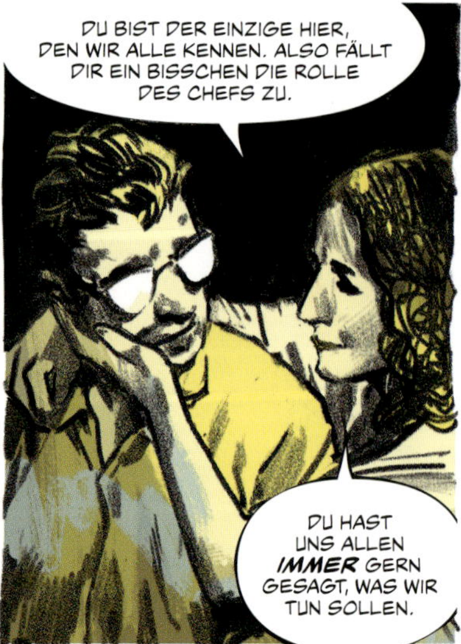
DU BIST DER EINZIGE HIER, DEN WIR ALLE KENNEN. ALSO FÄLLT DIR EIN BISSCHEN DIE ROLLE DES CHEFS ZU.
DU HAST UNS ALLEN ***IMMER*** GERN GESAGT, WAS WIR TUN SOLLEN.

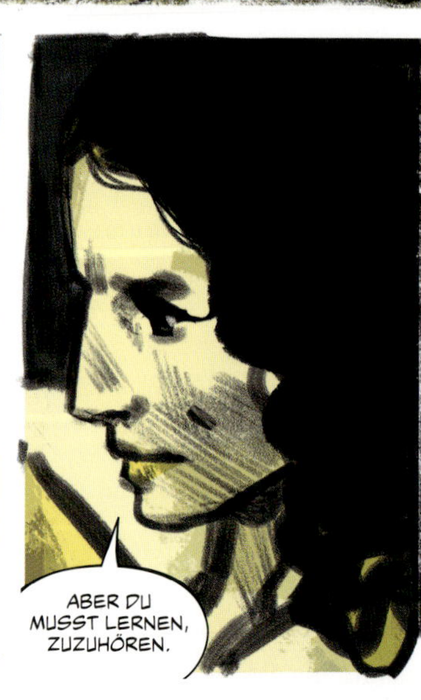
ABER DU MUSST LERNEN, ZUZUHÖREN.

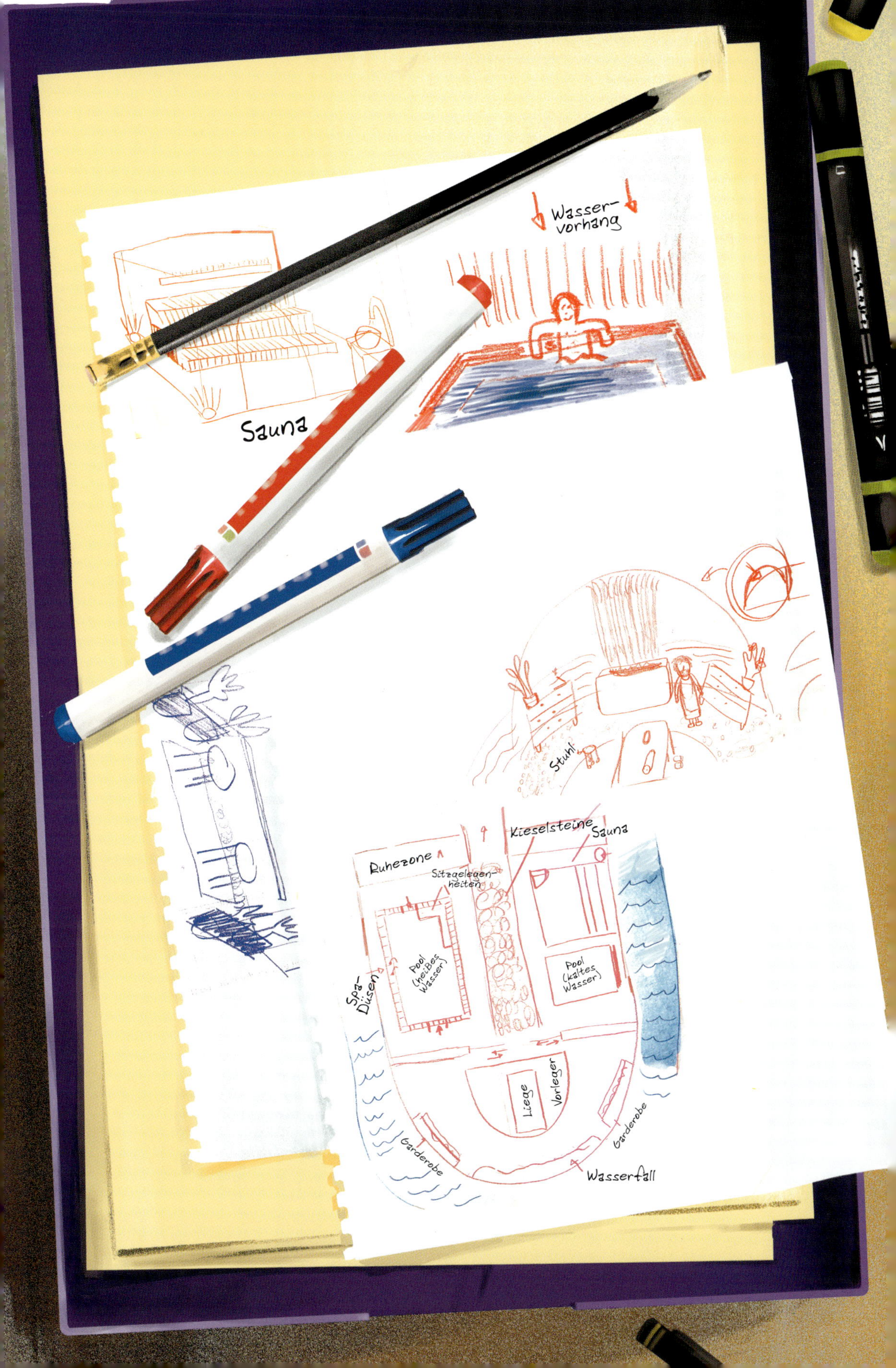

Wasser-
vorhang
Sauna
Stuhl
Ruhezone
Sitzgelegen-
heiten
Kieselsteine
Sauna
Pool
(heißes
Wasser)
Pool
(kaltes
Wasser)
Spa-
Düsen
Liege
Vorleger
Garderobe
Garderobe
Wasserfall

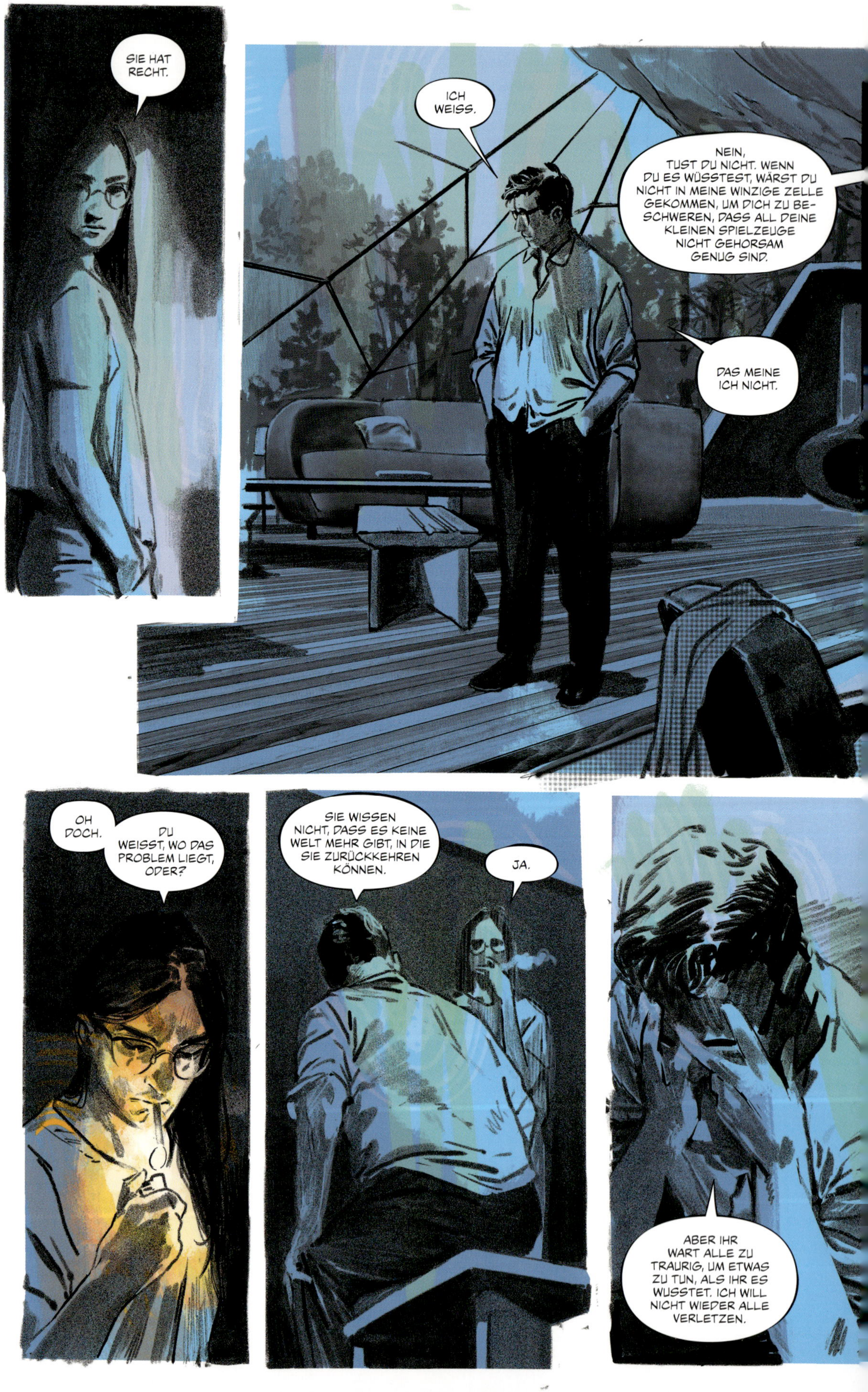

SIE HAT RECHT.

ICH WEISS.

NEIN, TUST DU NICHT. WENN DU ES WÜSSTEST, WÄRST DU NICHT IN MEINE WINZIGE ZELLE GEKOMMEN, UM DICH ZU BESCHWEREN, DASS ALL DEINE KLEINEN SPIELZEUGE NICHT GEHORSAM GENUG SIND.

DAS MEINE ICH NICHT.

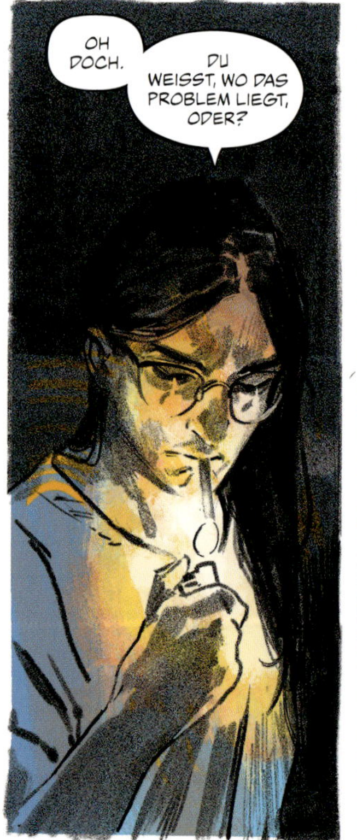

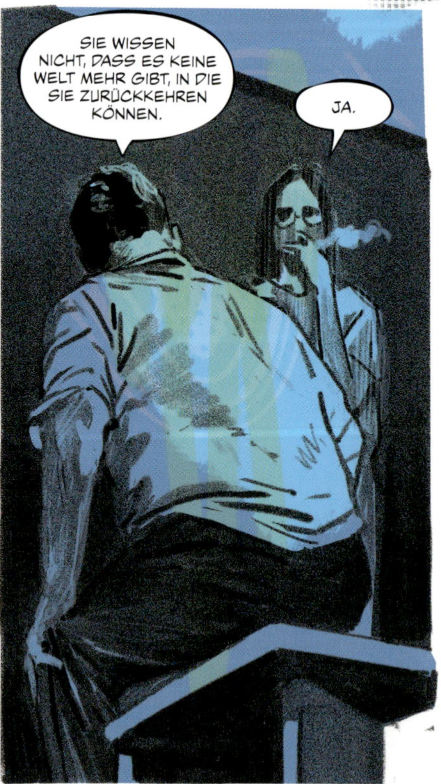

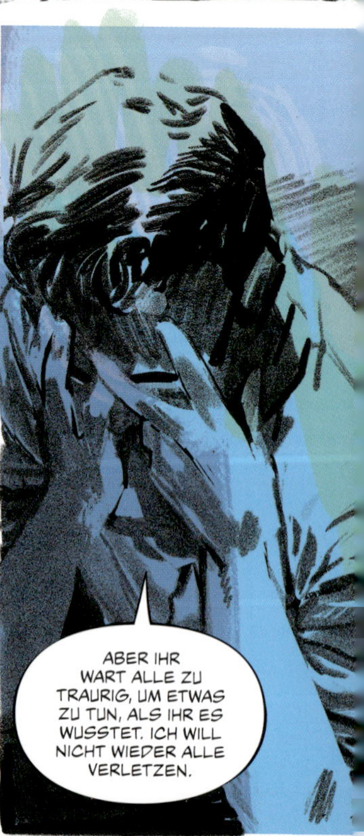

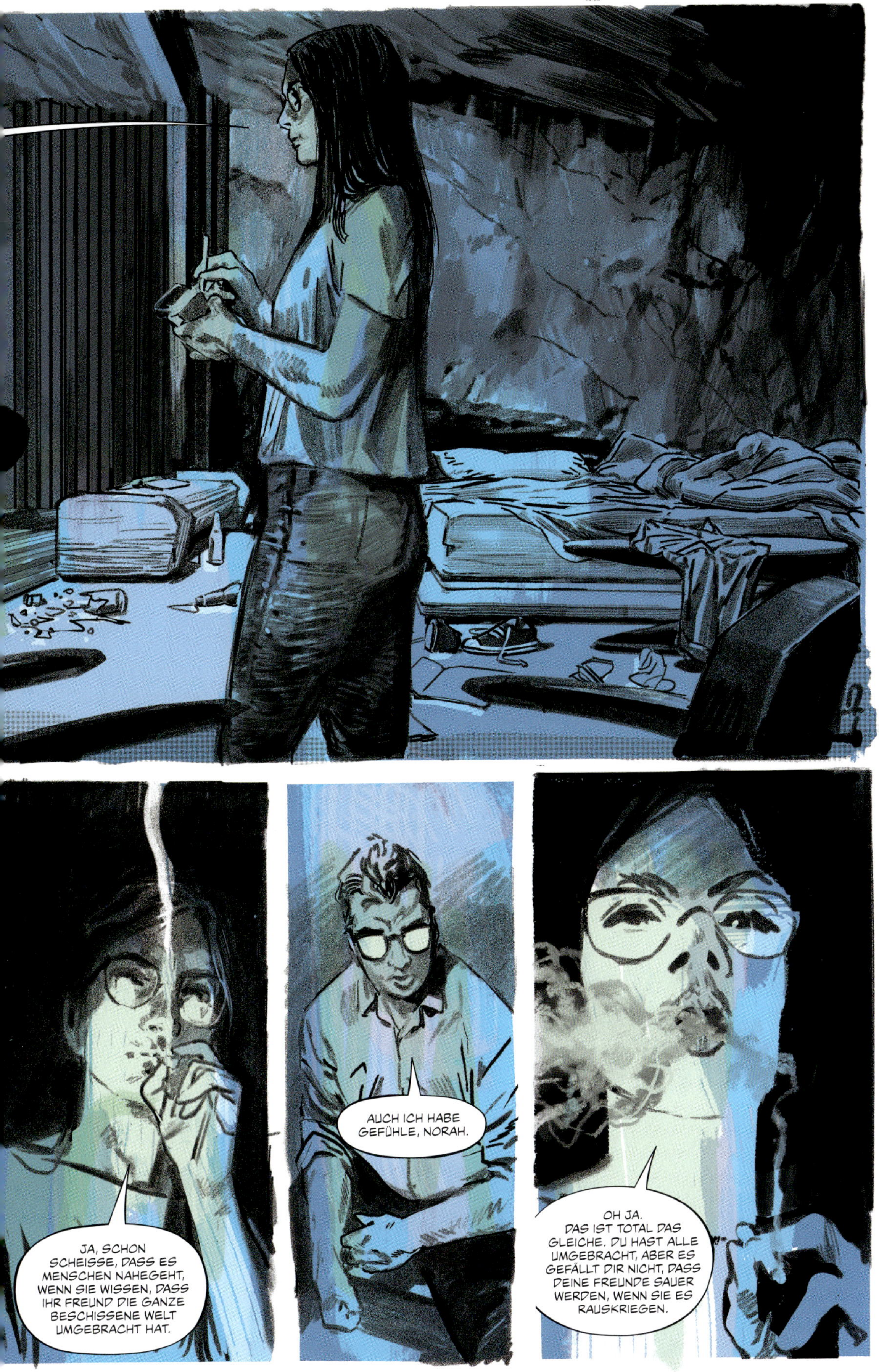

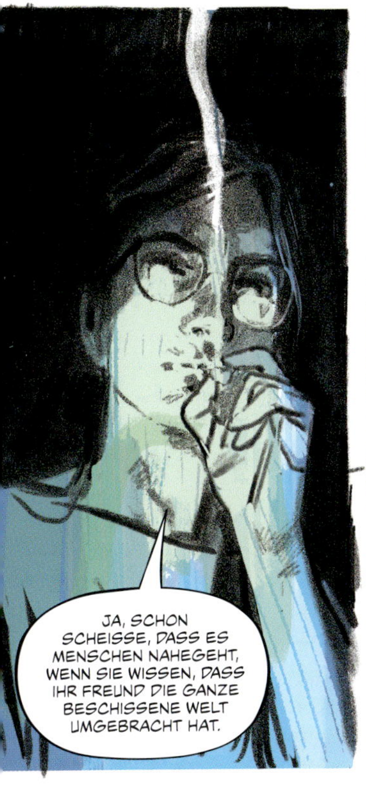
JA, SCHON SCHEISSE, DASS ES MENSCHEN NAHEGEHT, WENN SIE WISSEN, DASS IHR FREUND DIE GANZE BESCHISSENE WELT UMGEBRACHT HAT.

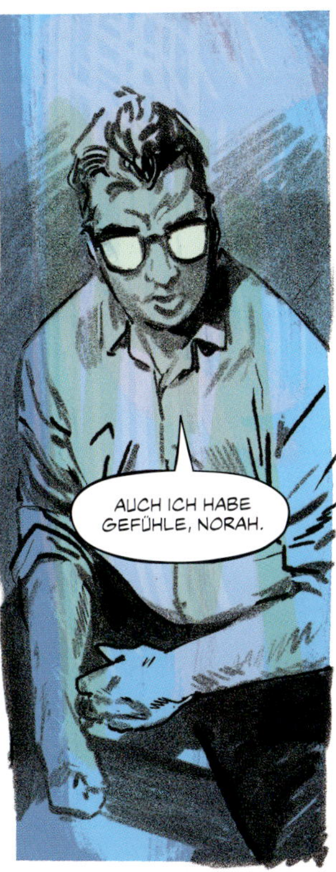
AUCH ICH HABE GEFÜHLE, NORAH.

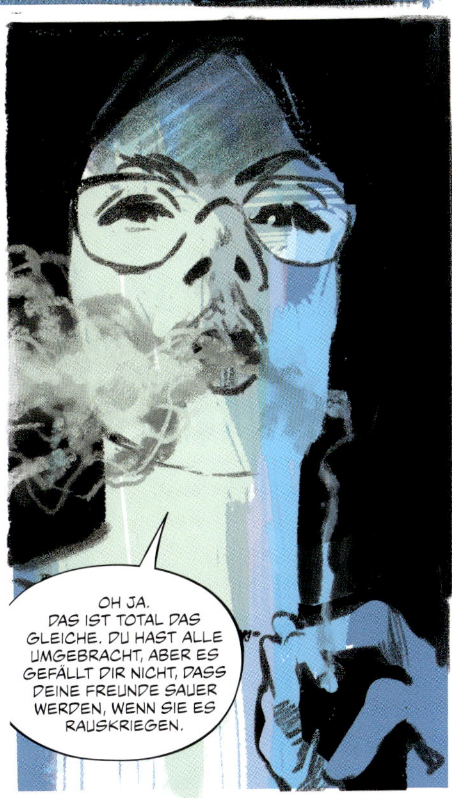
OH JA.
DAS IST TOTAL DAS GLEICHE. DU HAST ALLE UMGEBRACHT, ABER ES GEFÄLLT DIR NICHT, DASS DEINE FREUNDE SAUER WERDEN, WENN SIE ES RAUSKRIEGEN.

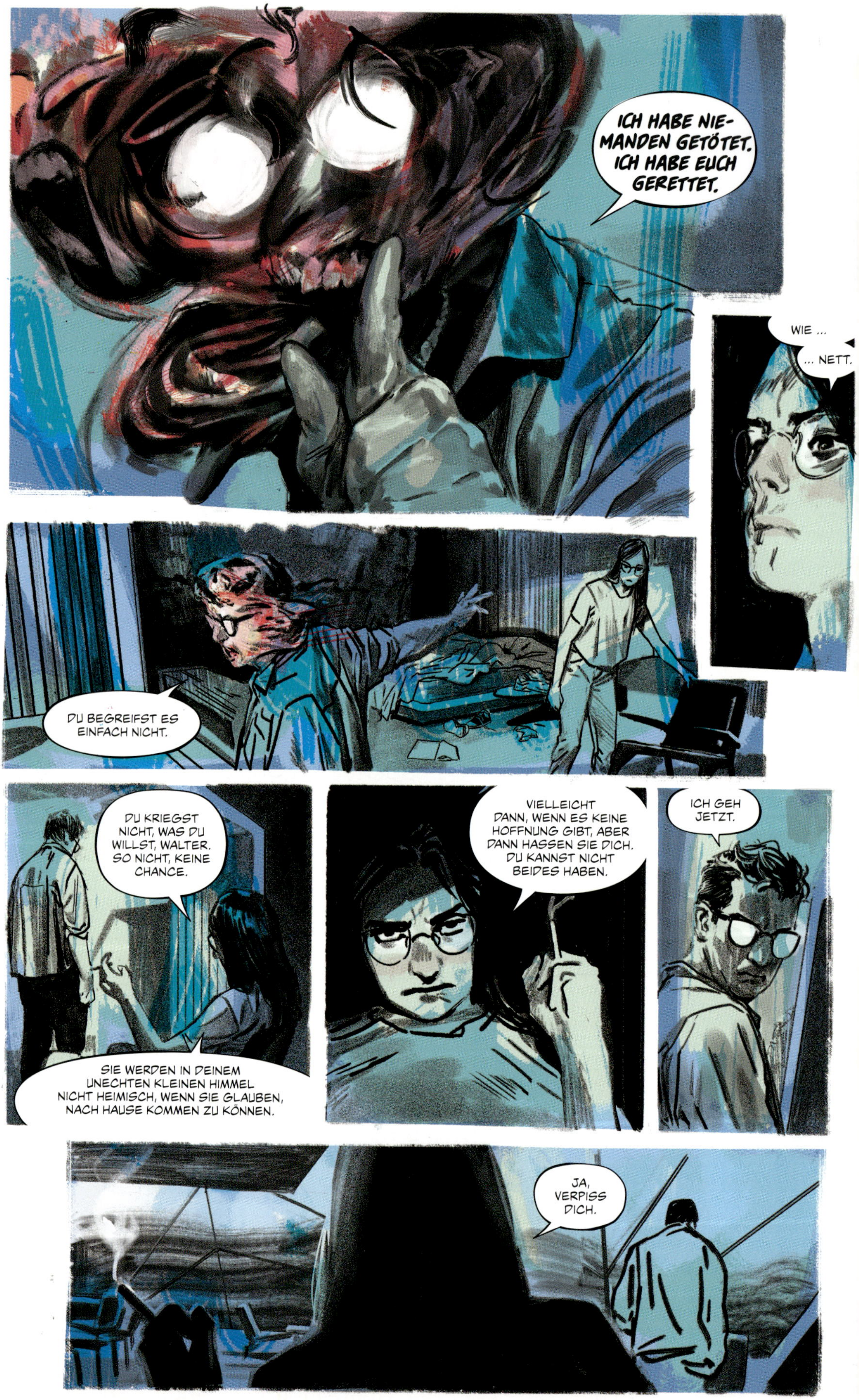

ICH HABE NIEMANDEN GETÖTET. ICH HABE EUCH GERETTET.

WIE ...

... NETT.

DU BEGREIFST ES EINFACH NICHT.

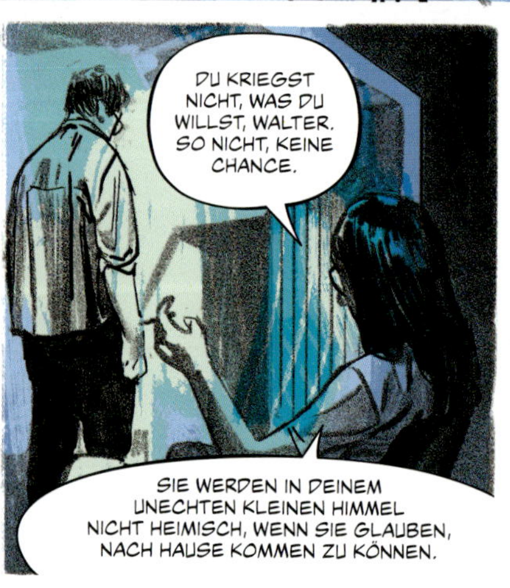

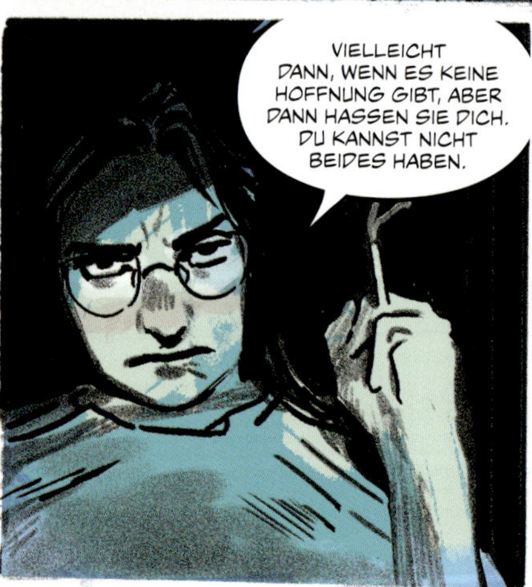

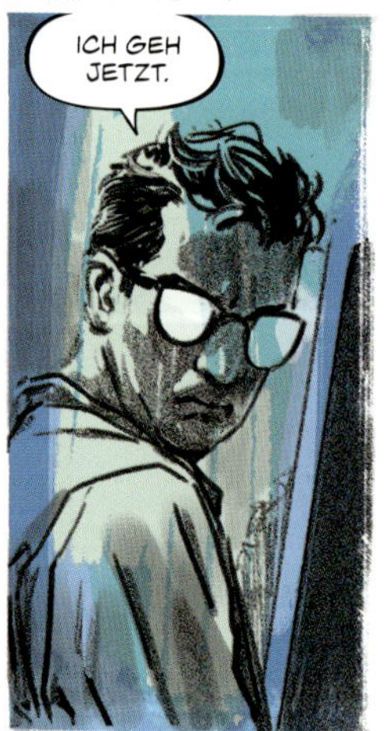

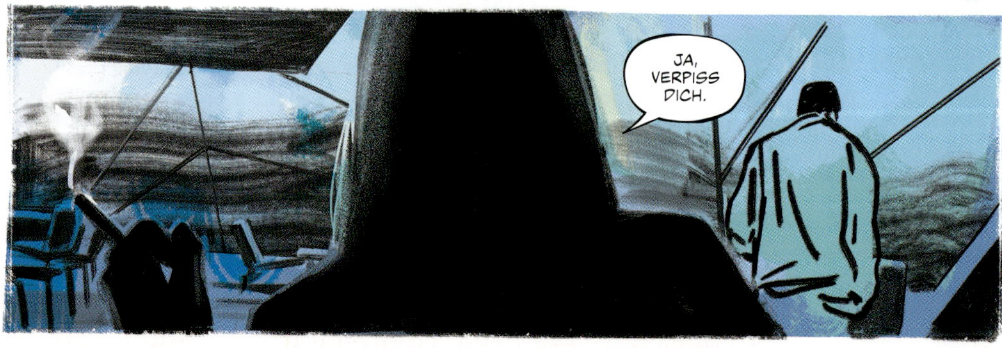

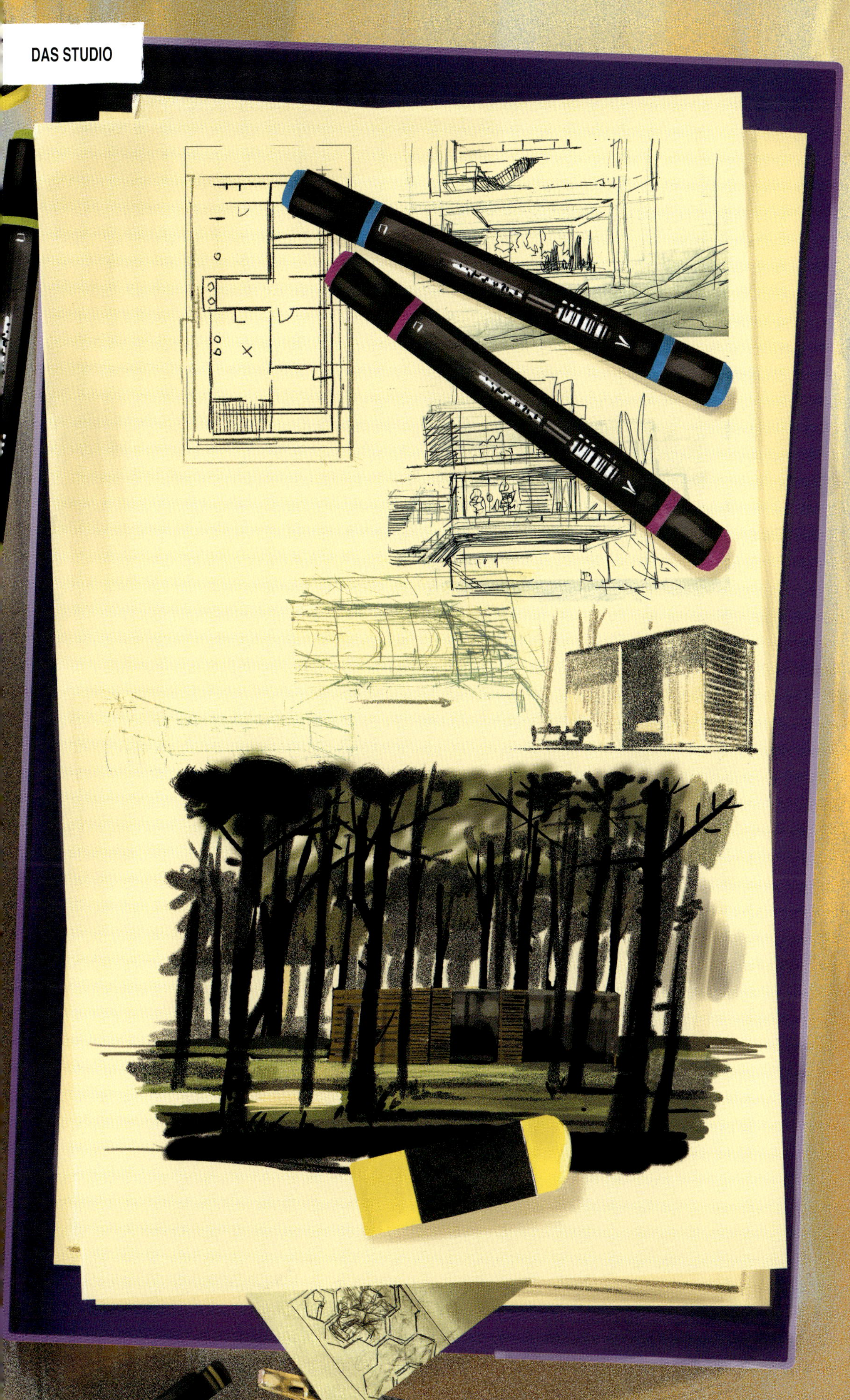

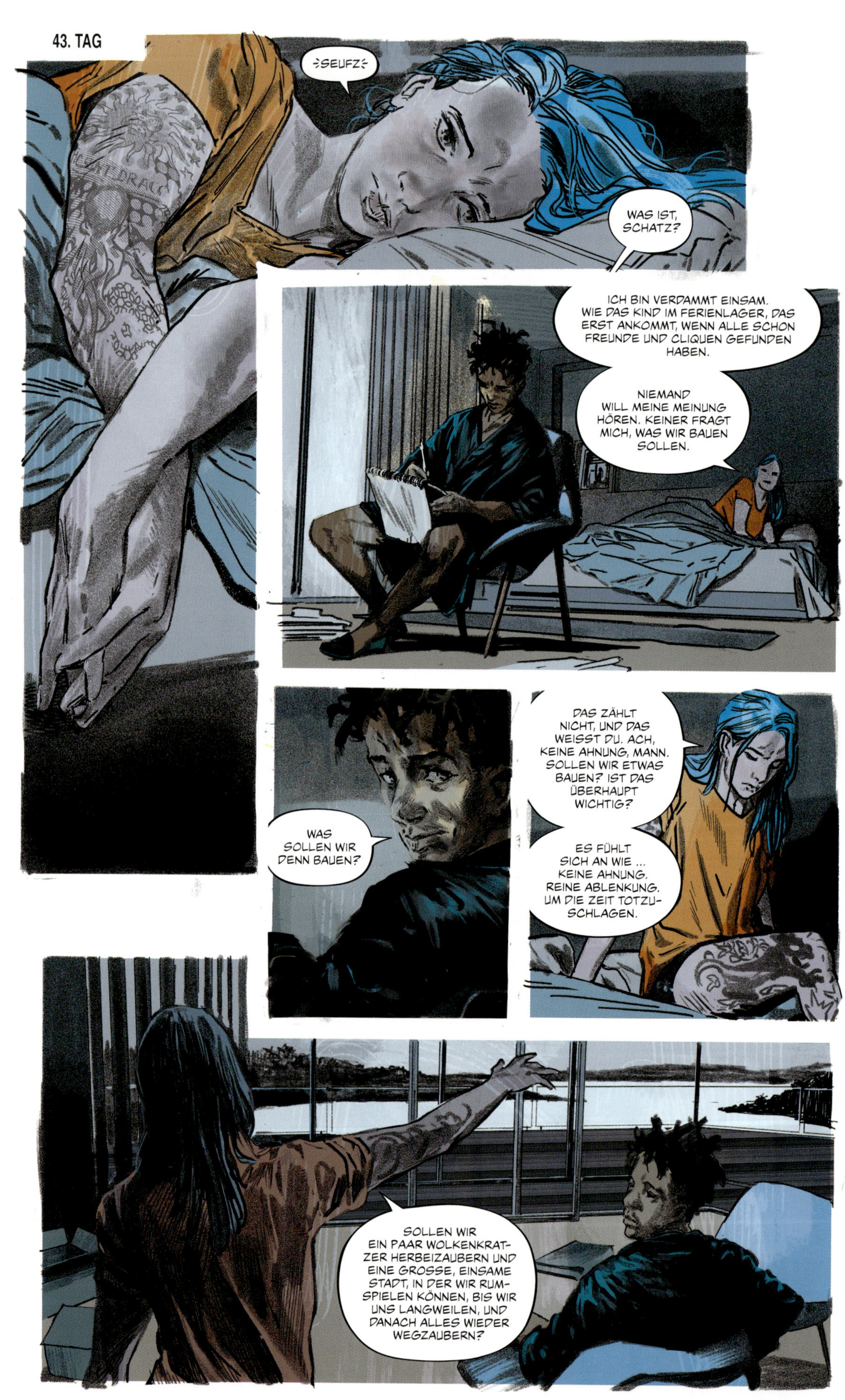
43. TAG
SEUFZ
WAS IST, SCHATZ?
ICH BIN VERDAMMT EINSAM. WIE DAS KIND IM FERIENLAGER, DAS ERST ANKOMMT, WENN ALLE SCHON FREUNDE UND CLIQUEN GEFUNDEN HABEN.
NIEMAND WILL MEINE MEINUNG HÖREN. KEINER FRAGT MICH, WAS WIR BAUEN SOLLEN.
WAS SOLLEN WIR DENN BAUEN?
DAS ZÄHLT NICHT, UND DAS WEISST DU. ACH, KEINE AHNUNG, MANN. SOLLEN WIR ETWAS BAUEN? IST DAS ÜBERHAUPT WICHTIG?
ES FÜHLT SICH AN WIE ... KEINE AHNUNG. REINE ABLENKUNG. UM DIE ZEIT TOTZU-SCHLAGEN.
SOLLEN WIR EIN PAAR WOLKENKRAT-ZER HERBEIZAUBERN UND EINE GROSSE, EINSAME STADT, IN DER WIR RUM-SPIELEN KÖNNEN, BIS WIR UNS LANGWEILEN, UND DANACH ALLES WIEDER WEGZAUBERN?

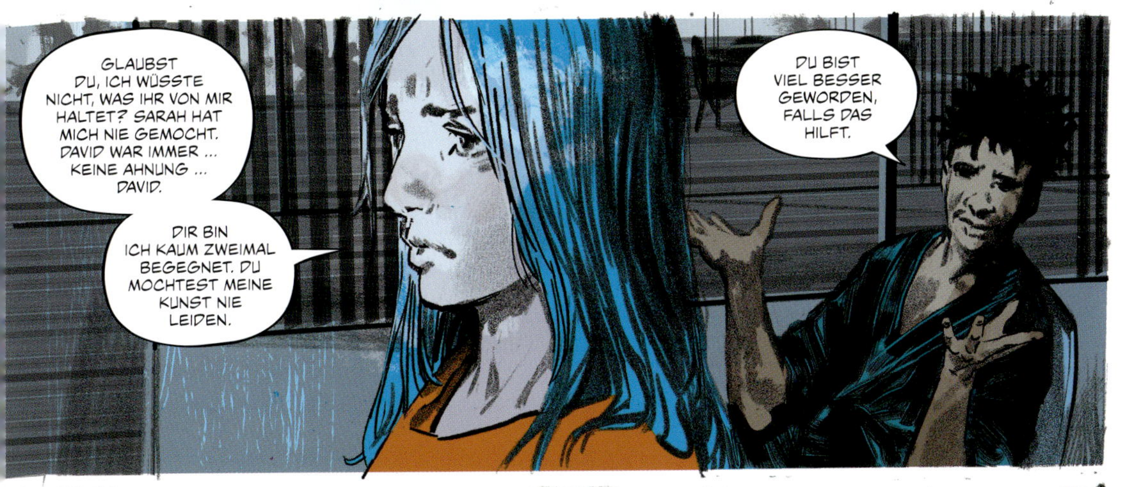
GLAUBST DU, ICH WÜSSTE NICHT, WAS IHR VON MIR HALTET? SARAH HAT MICH NIE GEMOCHT. DAVID WAR IMMER ... KEINE AHNUNG ... DAVID.
DIR BIN ICH KAUM ZWEIMAL BEGEGNET. DU MOCHTEST MEINE KUNST NIE LEIDEN.
DU BIST VIEL BESSER GEWORDEN, FALLS DAS HILFT.

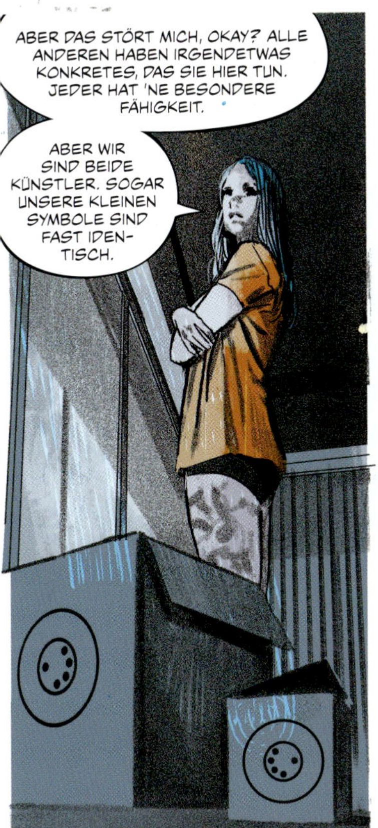
ABER DAS STÖRT MICH, OKAY? ALLE ANDEREN HABEN IRGENDETWAS KONKRETES, DAS SIE HIER TUN. JEDER HAT 'NE BESONDERE FÄHIGKEIT.
ABER WIR SIND BEIDE KÜNSTLER. SOGAR UNSERE KLEINEN SYMBOLE SIND FAST IDENTISCH.

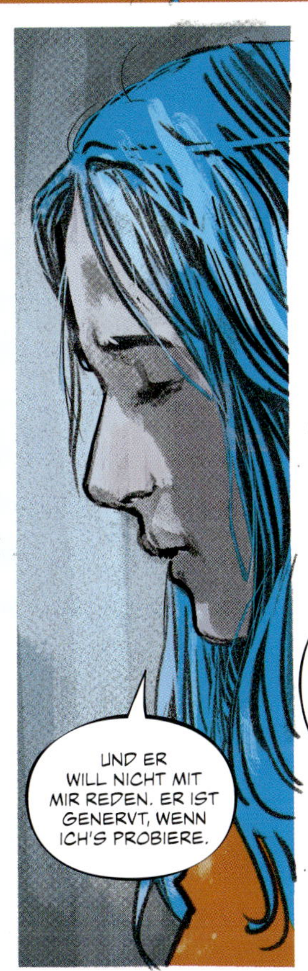
UND ER WILL NICHT MIT MIR REDEN. ER IST GENERVT, WENN ICH'S PROBIERE.

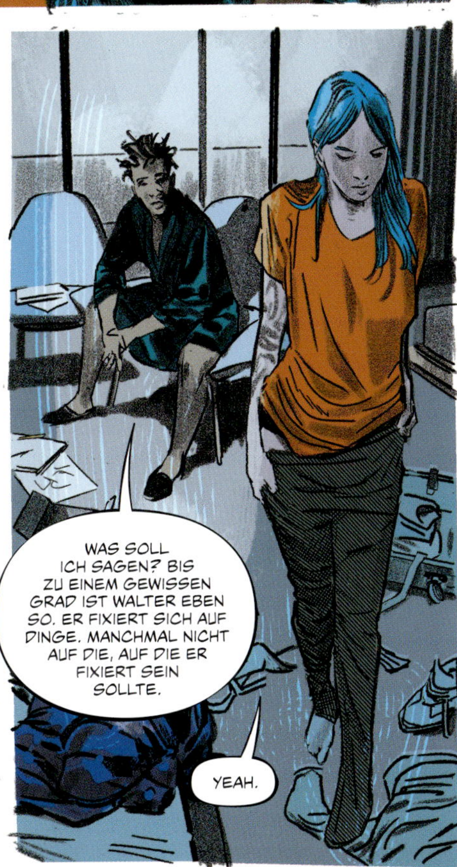
WAS SOLL ICH SAGEN? BIS ZU EINEM GEWISSEN GRAD IST WALTER EBEN SO. ER FIXIERT SICH AUF DINGE. MANCHMAL NICHT AUF DIE, AUF DIE ER FIXIERT SEIN SOLLTE.
YEAH.

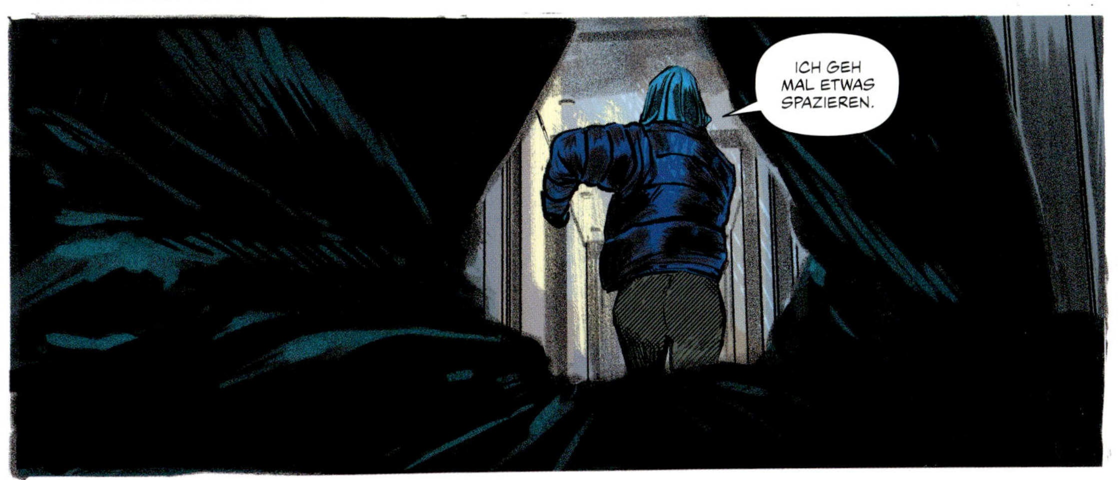
ICH GEH MAL ETWAS SPAZIEREN.

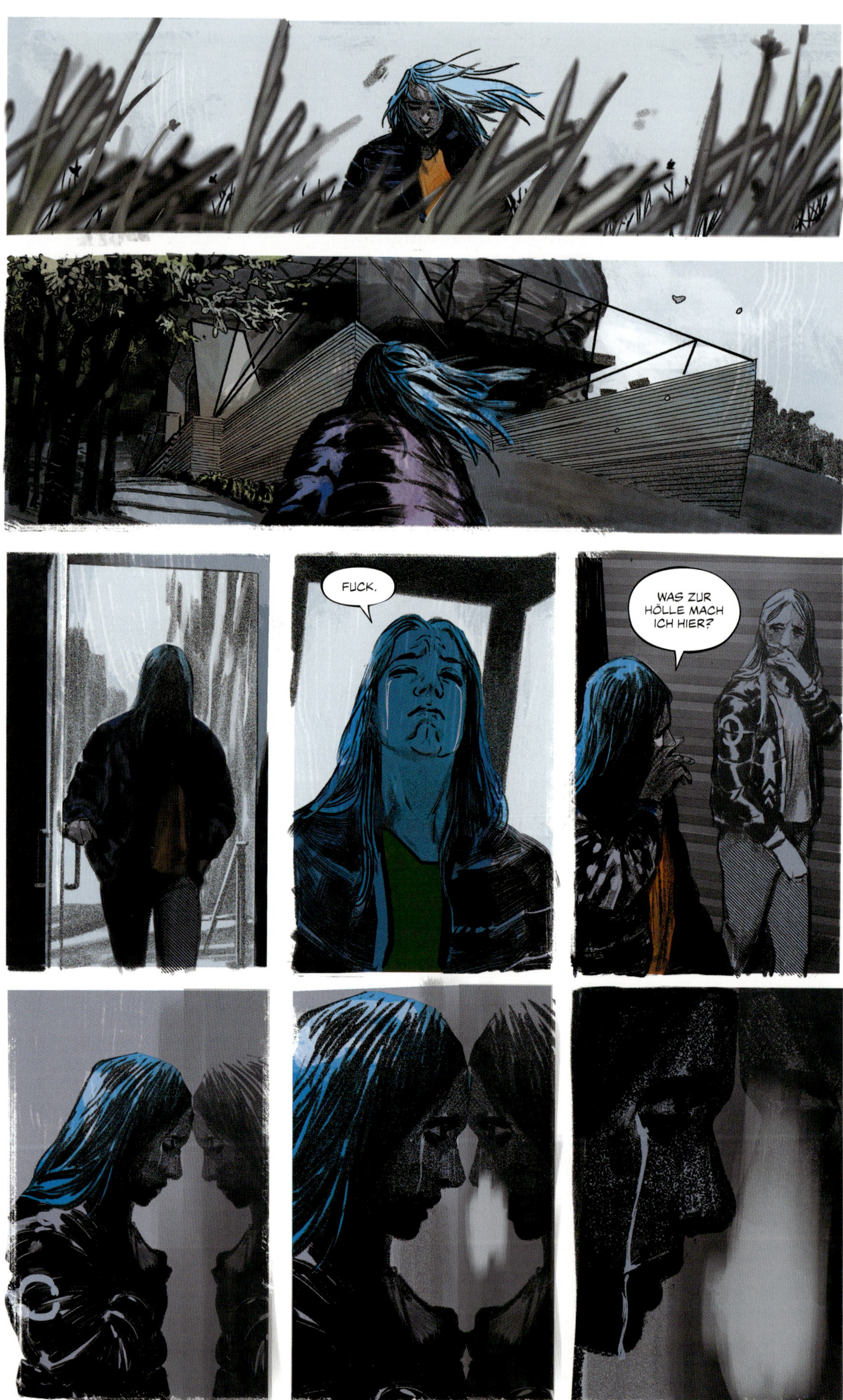
FUCK.
WAS ZUR HÖLLE MACH ICH HIER?

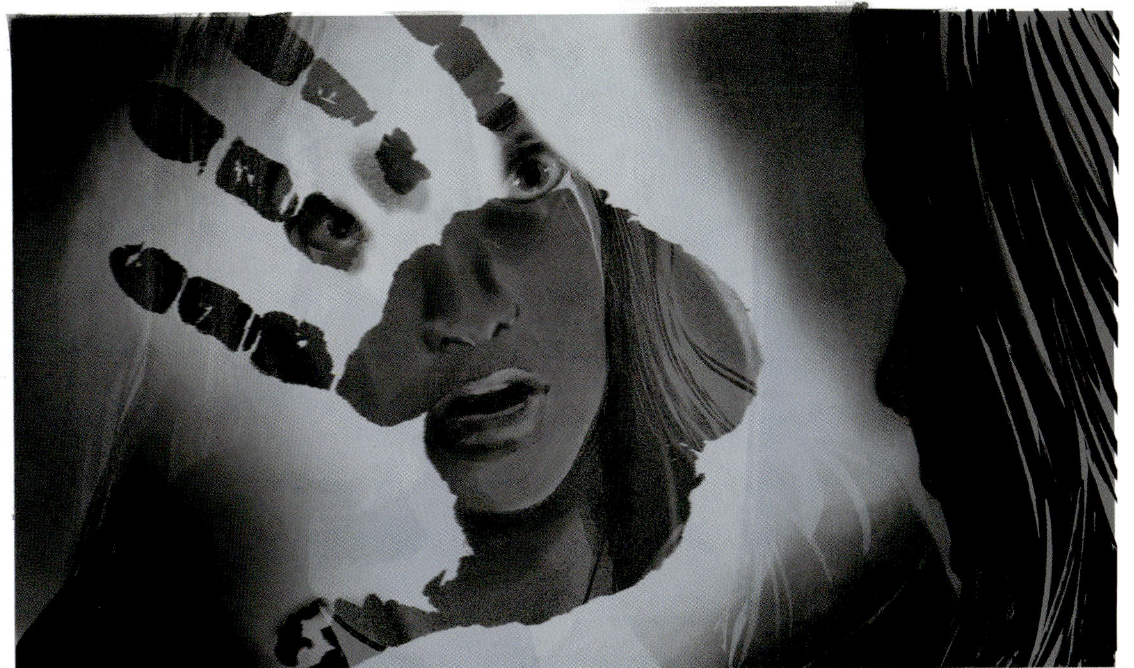

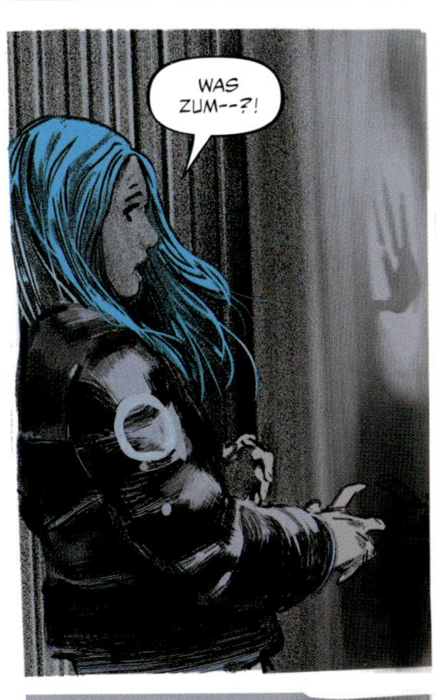
WAS ZUM--?!

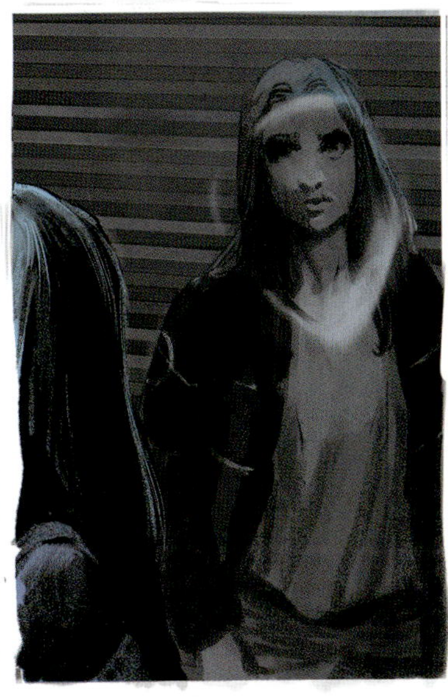

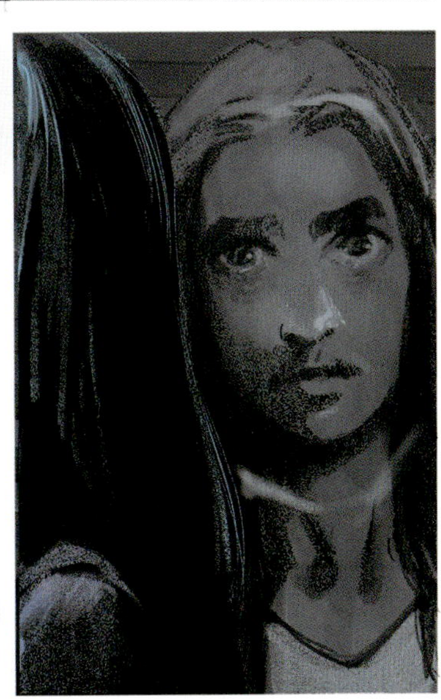

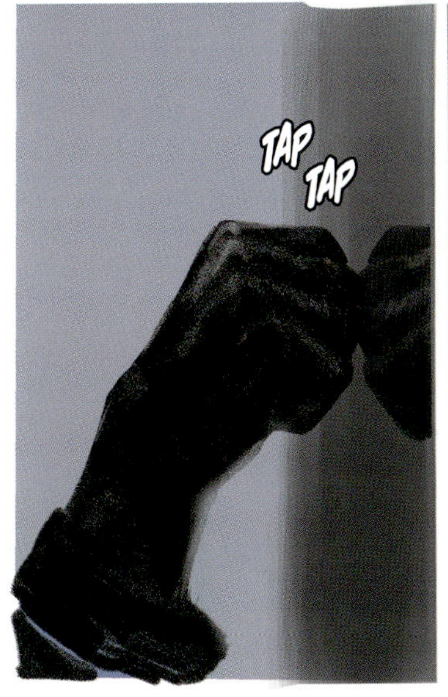
TAP
TAP

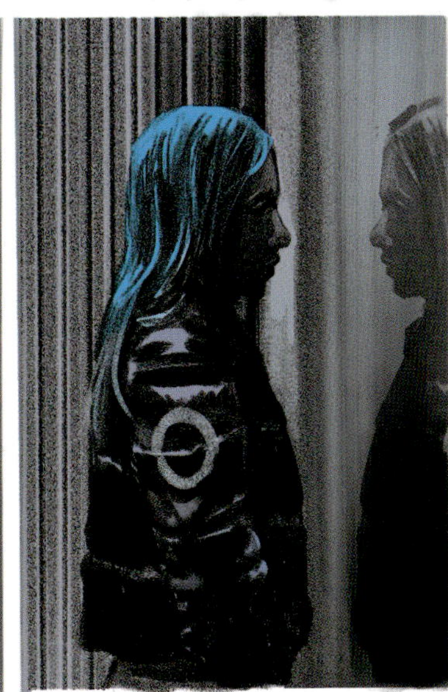

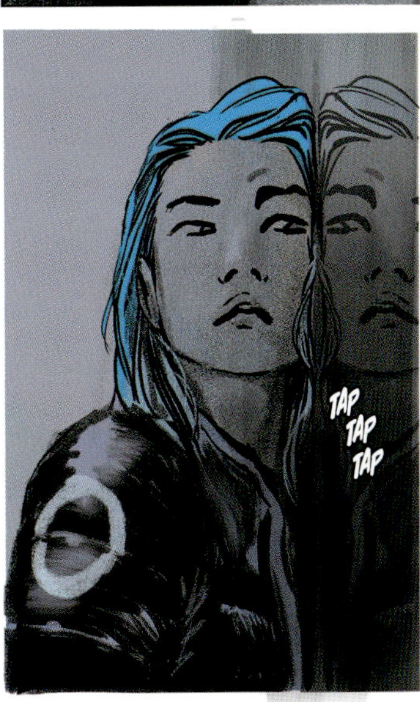
TAP
TAP
TAP

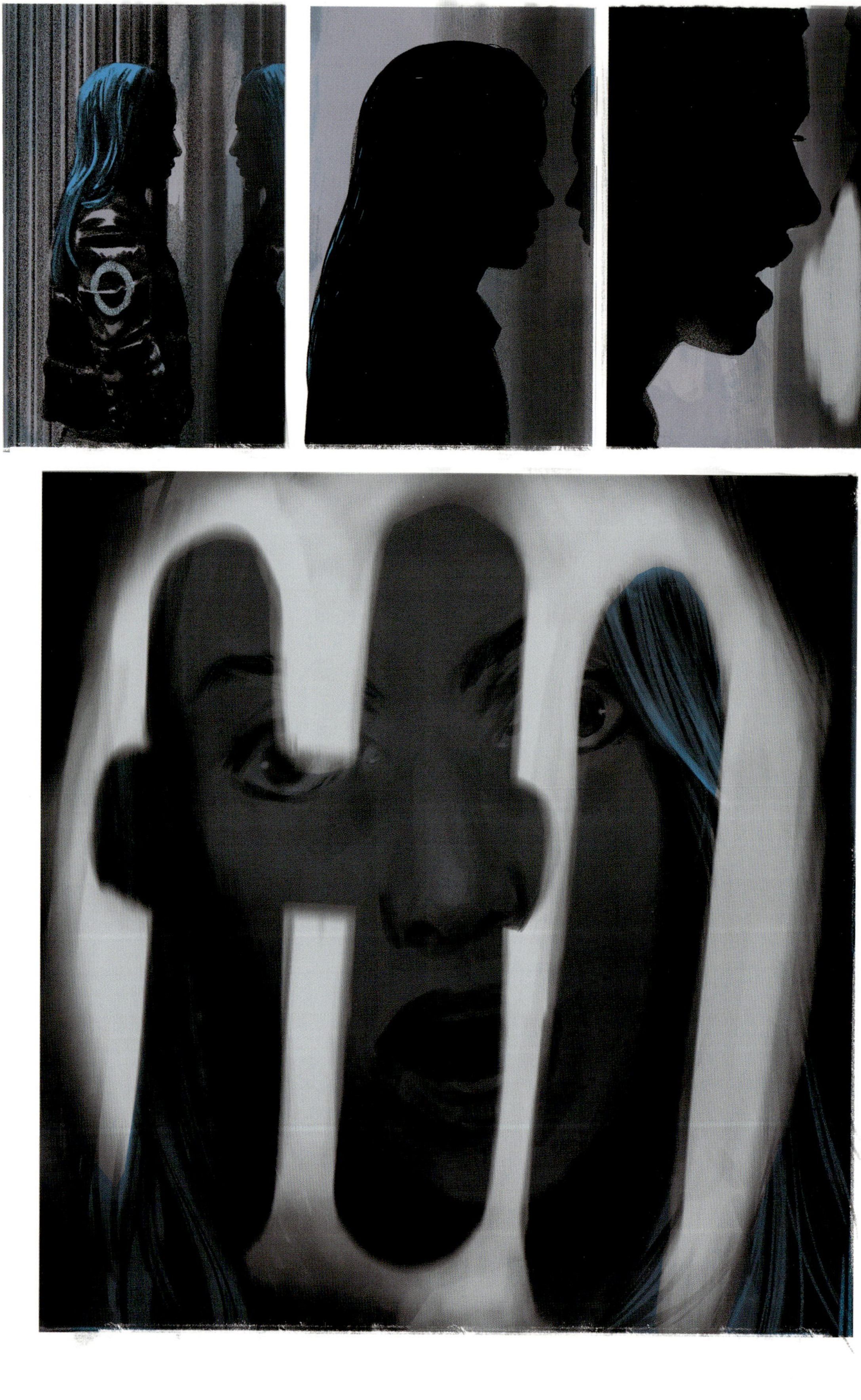

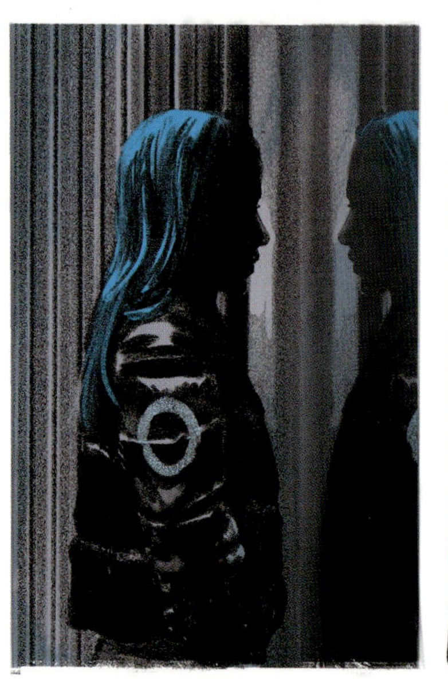
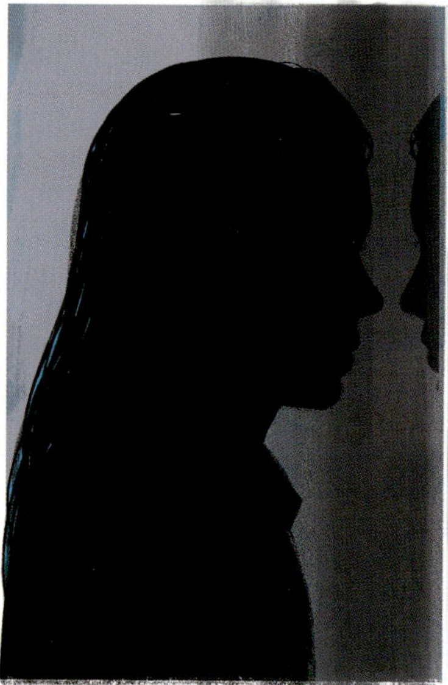
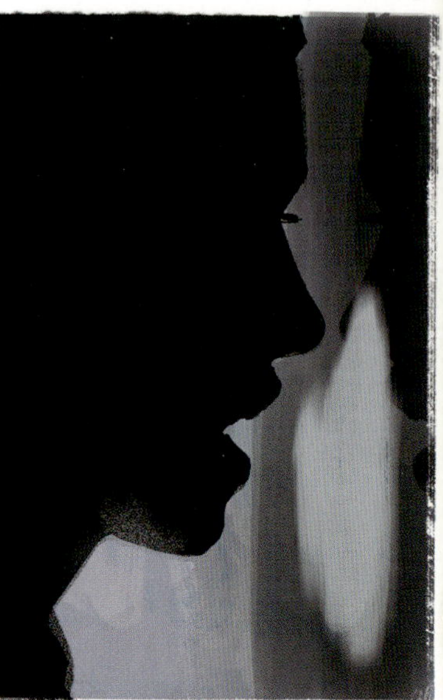

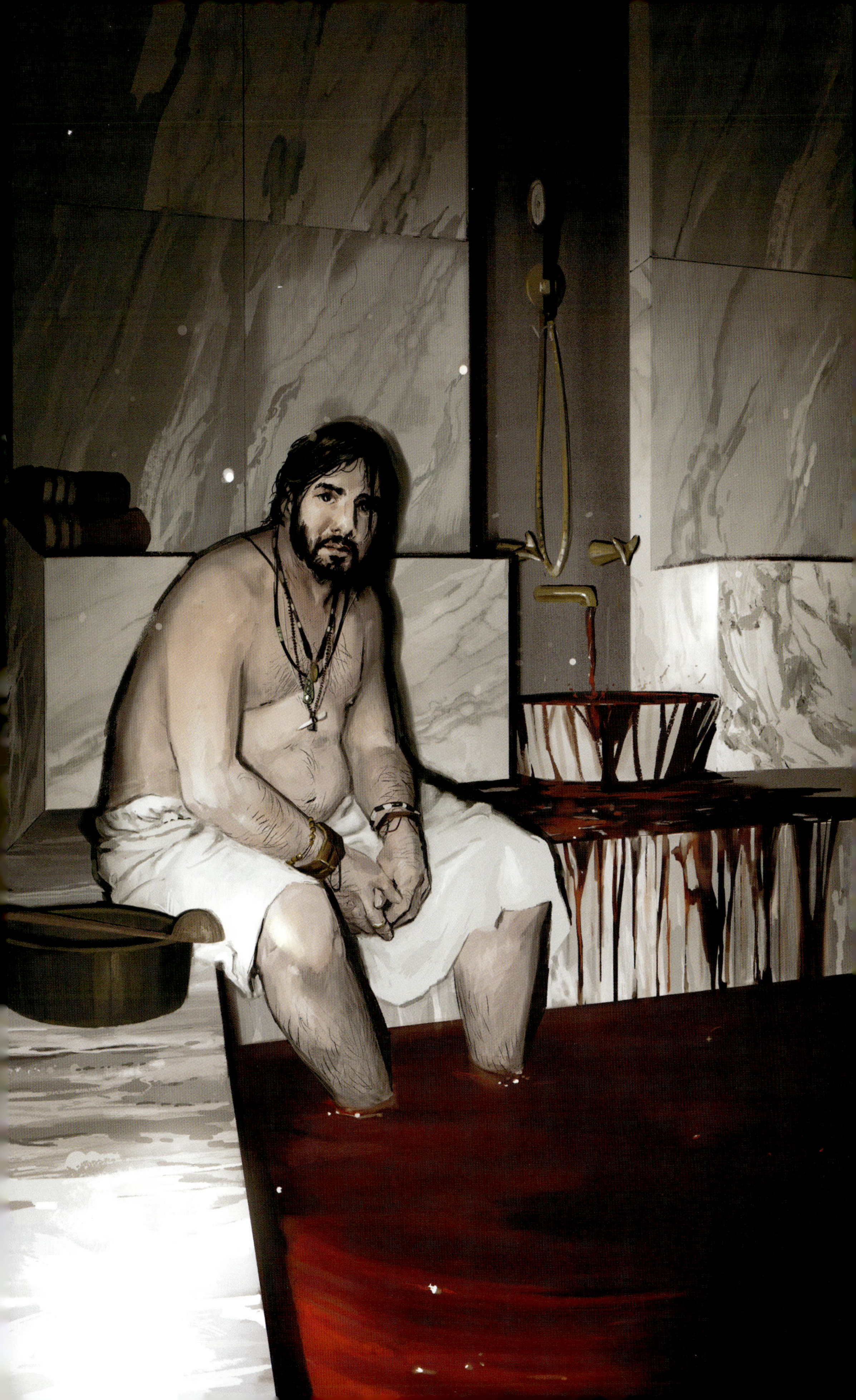

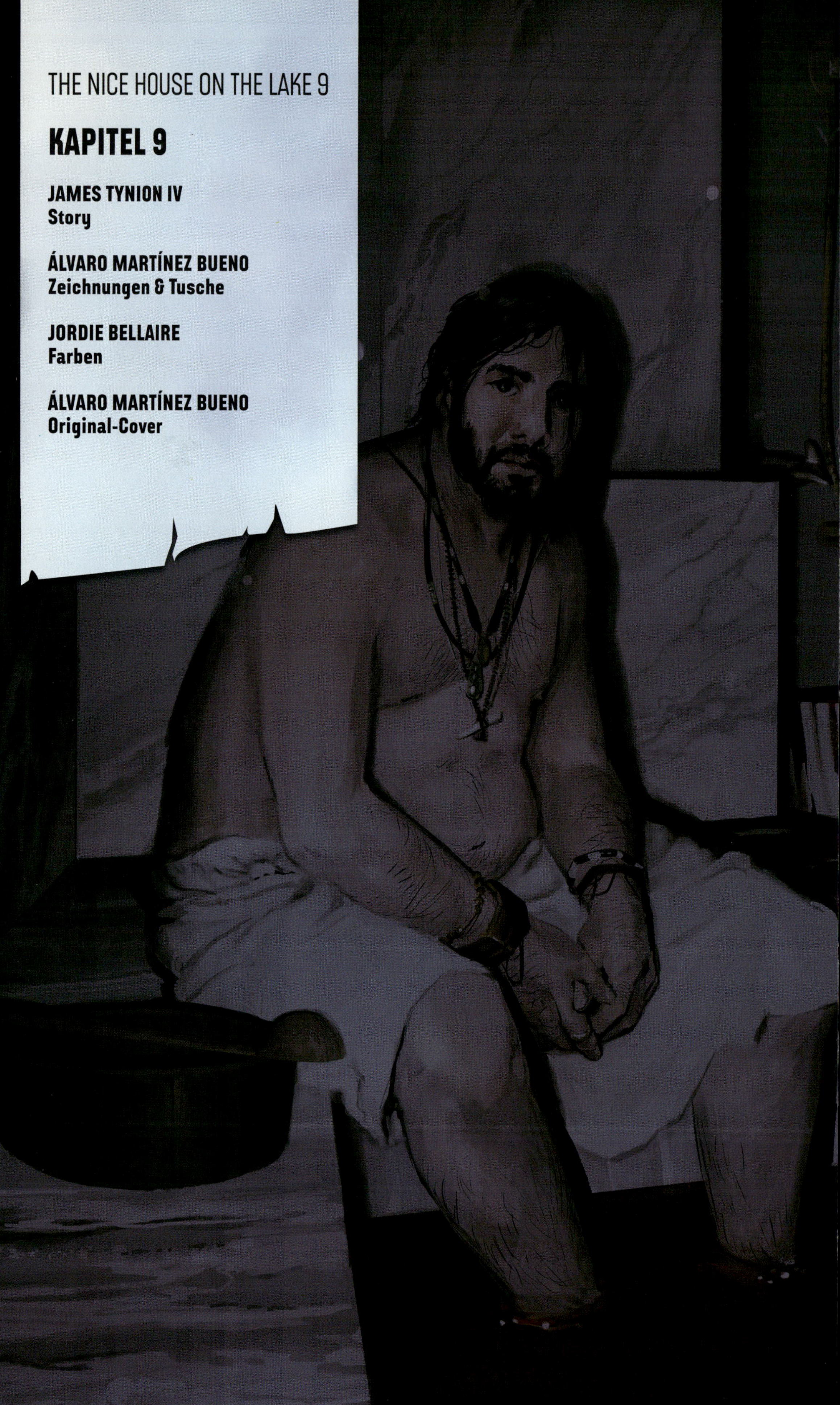
THE NICE HOUSE ON THE LAKE 9
KAPITEL 9
JAMES TYNION IV
Story
ÁLVARO MARTÍNEZ BUENO
Zeichnungen & Tusche
JORDIE BELLAIRE
Farben
ÁLVARO MARTÍNEZ BUENO
Original-Cover

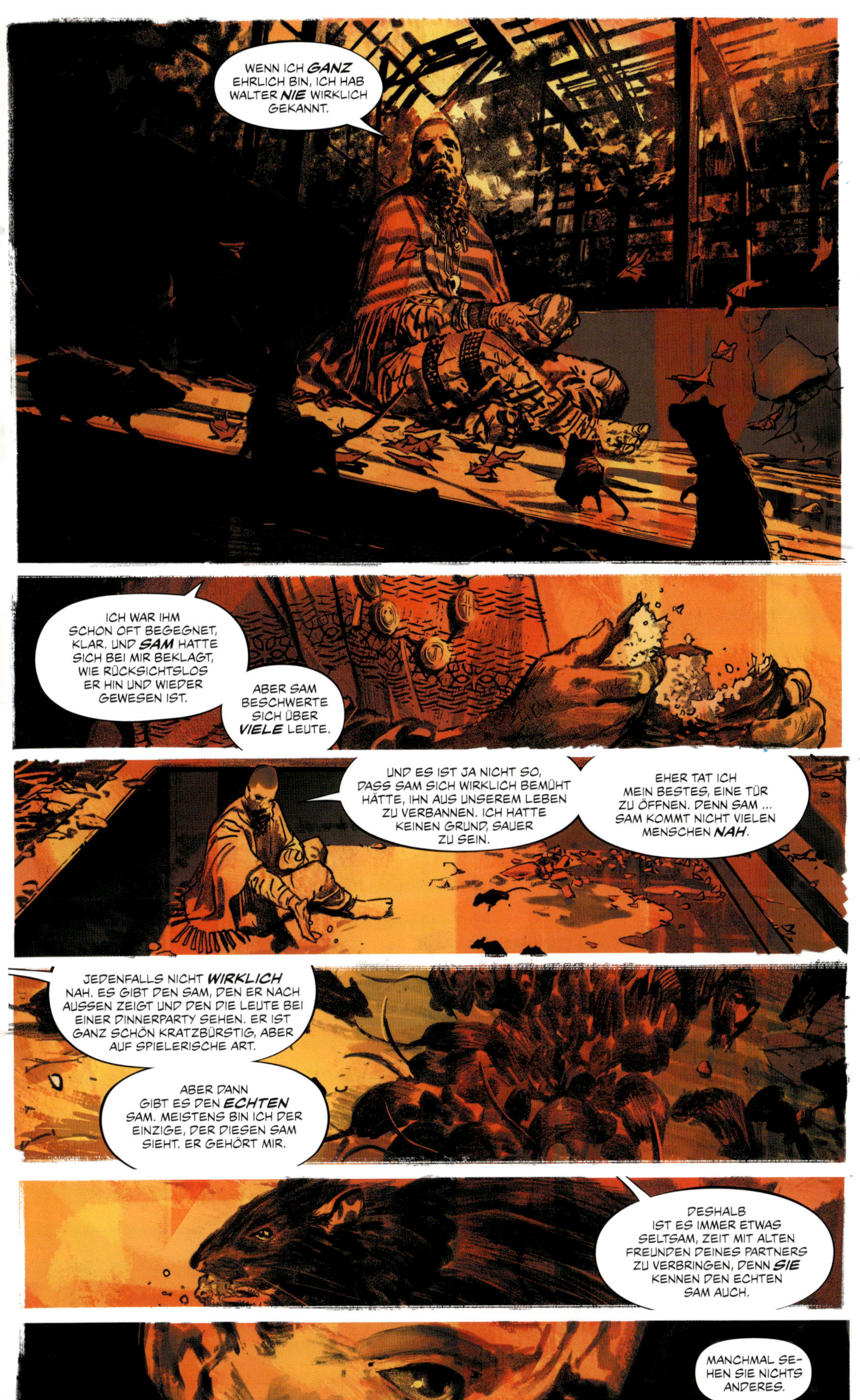
WENN ICH GANZ EHRLICH BIN, ICH HAB WALTER NIE WIRKLICH GEKANNT.
ICH WAR IHM SCHON OFT BEGEGNET, KLAR. UND SAM HATTE SICH BEI MIR BEKLAGT, WIE RÜCKSICHTSLOS ER HIN UND WIEDER GEWESEN IST.
ABER SAM BESCHWERTE SICH ÜBER VIELE LEUTE.
UND ES IST JA NICHT SO, DASS SAM SICH WIRKLICH BEMÜHT HÄTTE, IHN AUS UNSEREM LEBEN ZU VERBANNEN. ICH HATTE KEINEN GRUND, SAUER ZU SEIN.
EHER TAT ICH MEIN BESTES, EINE TÜR ZU ÖFFNEN. DENN SAM ... SAM KOMMT NICHT VIELEN MENSCHEN NAH.
JEDENFALLS NICHT WIRKLICH NAH. ES GIBT DEN SAM, DEN ER NACH AUSSEN ZEIGT UND DEN DIE LEUTE BEI EINER DINNERPARTY SEHEN. ER IST GANZ SCHÖN KRATZBÜRSTIG, ABER AUF SPIELERISCHE ART.
ABER DANN GIBT ES DEN ECHTEN SAM. MEISTENS BIN ICH DER EINZIGE, DER DIESEN SAM SIEHT. ER GEHÖRT MIR.
DESHALB IST ES IMMER ETWAS SELTSAM, ZEIT MIT ALTEN FREUNDEN DEINES PARTNERS ZU VERBRINGEN, DENN SIE KENNEN DEN ECHTEN SAM AUCH.
MANCHMAL SEHEN SIE NICHTS ANDERES.

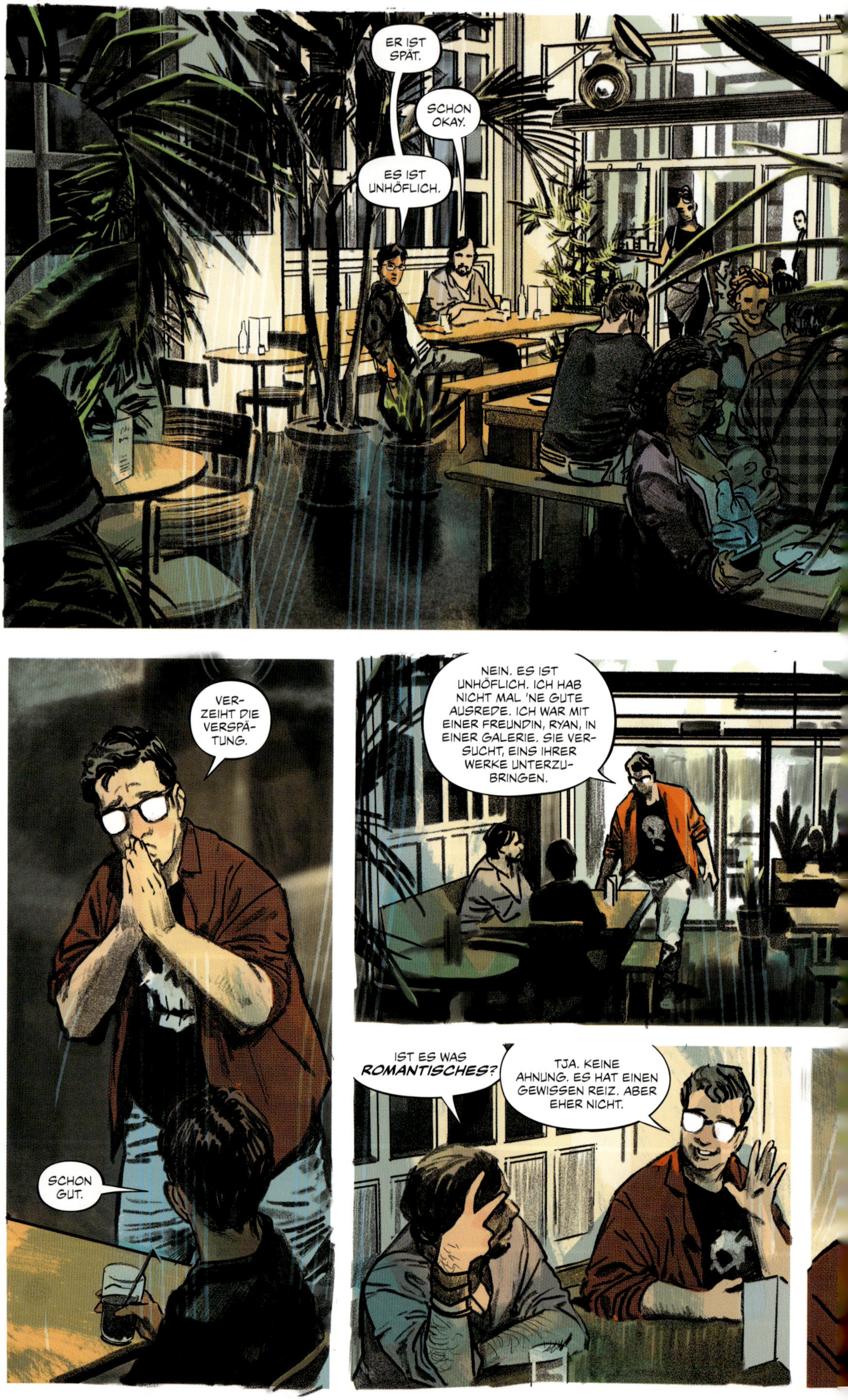

ER IST SPÄT.
SCHON OKAY.
ES IST UNHÖFLICH.

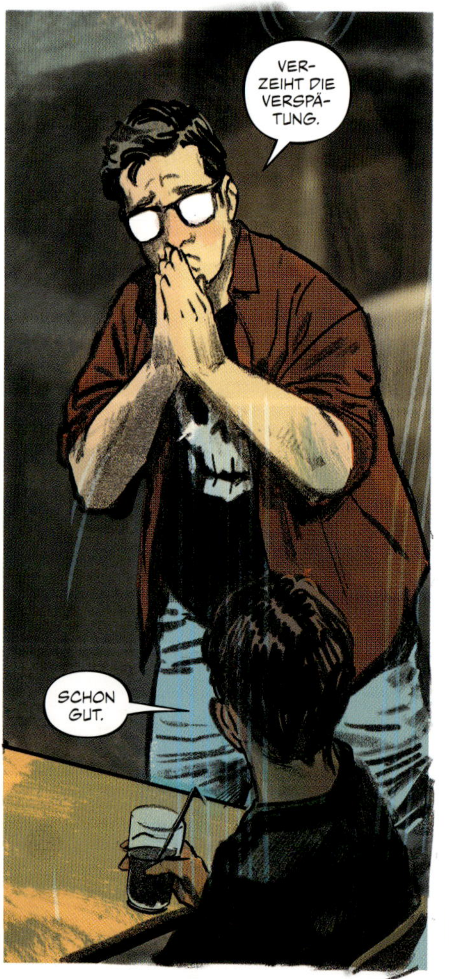

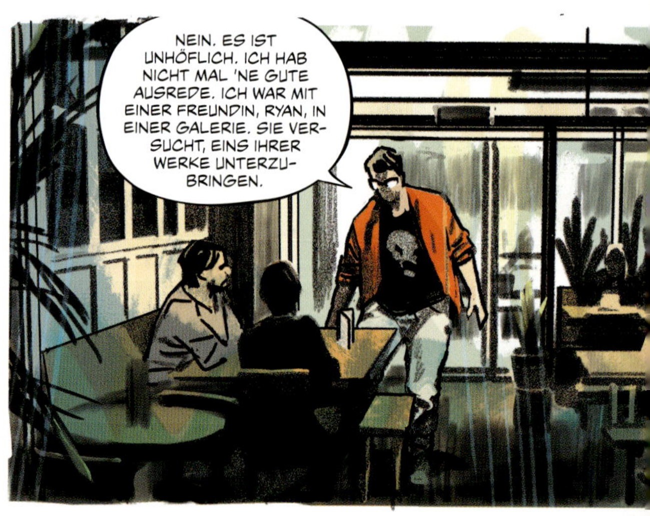

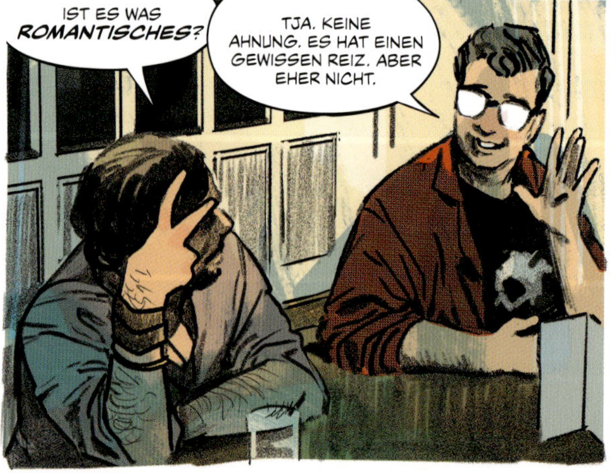

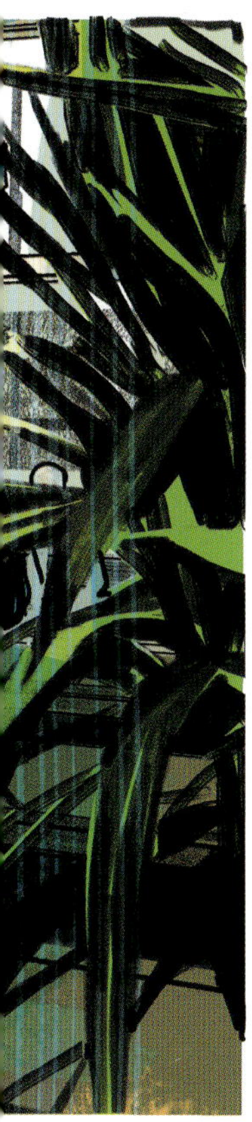
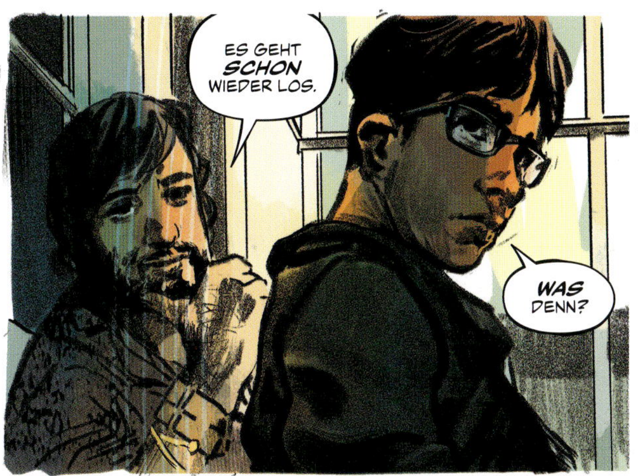
ES GEHT SCHON WIEDER LOS.
WAS DENN?
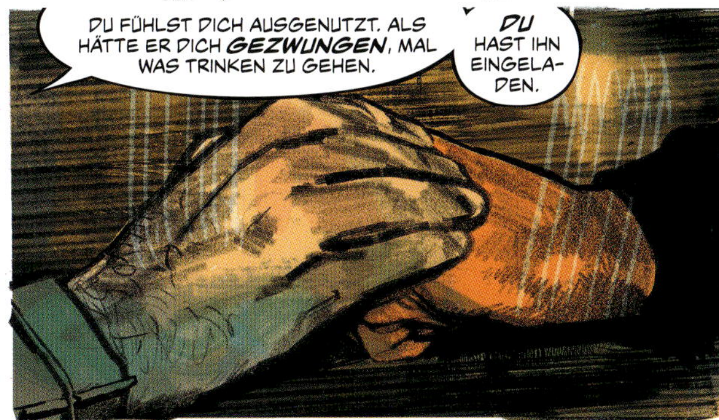
DU FÜHLST DICH AUSGENUTZT. ALS HÄTTE ER DICH GEZWUNGEN, MAL WAS TRINKEN ZU GEHEN.
DU HAST IHN EINGELA-DEN.
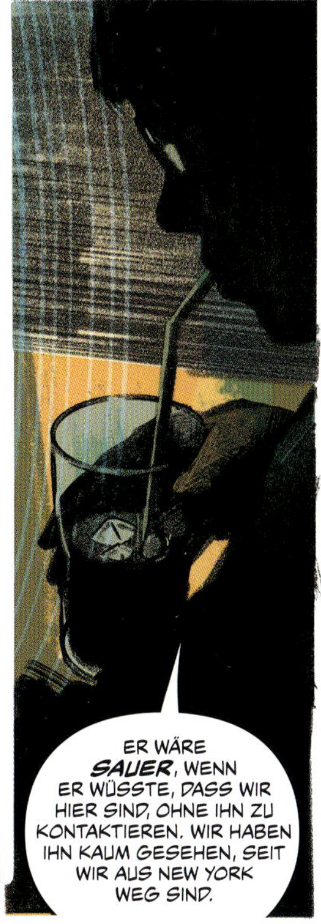
ER WÄRE SAUER, WENN ER WÜSSTE, DASS WIR HIER SIND, OHNE IHN ZU KONTAKTIEREN. WIR HABEN IHN KAUM GESEHEN, SEIT WIR AUS NEW YORK WEG SIND.
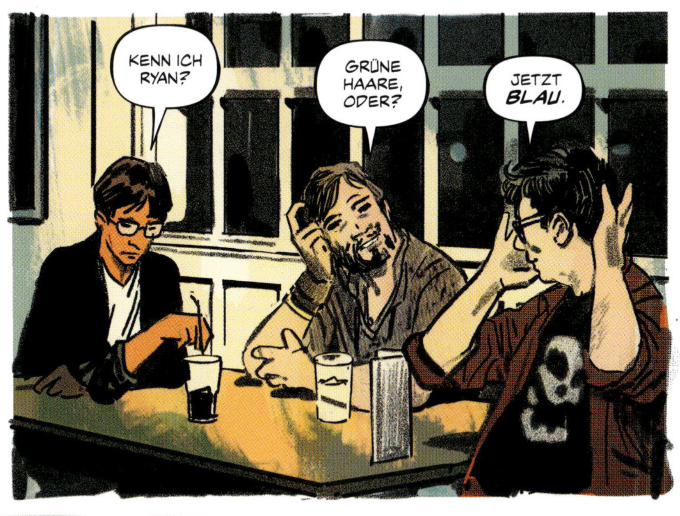
KENN ICH RYAN?
GRÜNE HAARE, ODER?
JETZT BLAU.
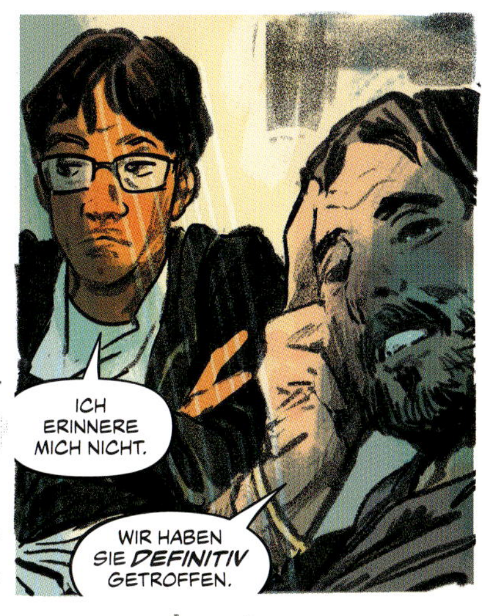
ICH ERINNERE MICH NICHT.
WIR HABEN SIE DEFINITIV GETROFFEN.
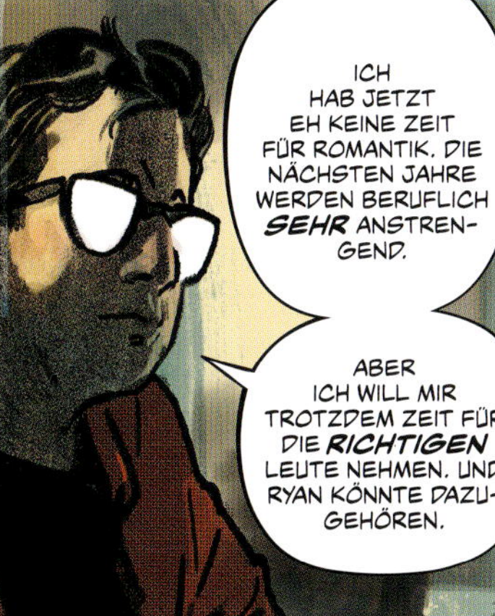
ICH HAB JETZT EH KEINE ZEIT FÜR ROMANTIK. DIE NÄCHSTEN JAHRE WERDEN BERUFLICH SEHR ANSTREN-GEND.
ABER ICH WILL MIR TROTZDEM ZEIT FÜR DIE RICHTIGEN LEUTE NEHMEN. UND RYAN KÖNNTE DAZU-GEHÖREN.
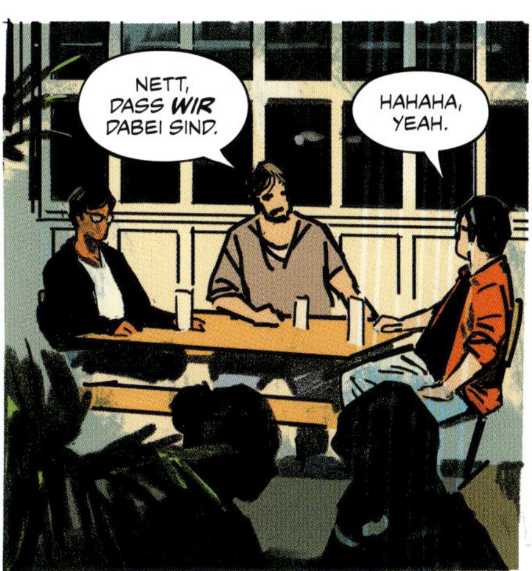
NETT, DASS WIR DABEI SIND.
HAHAHA, YEAH.
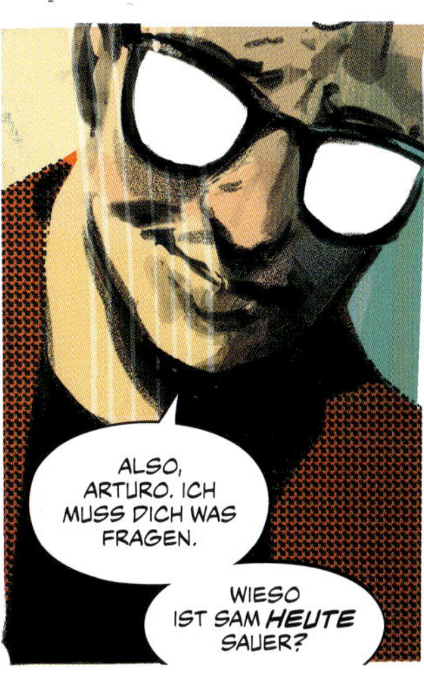
ALSO, ARTURO. ICH MUSS DICH WAS FRAGEN.
WIESO IST SAM HEUTE SAUER?

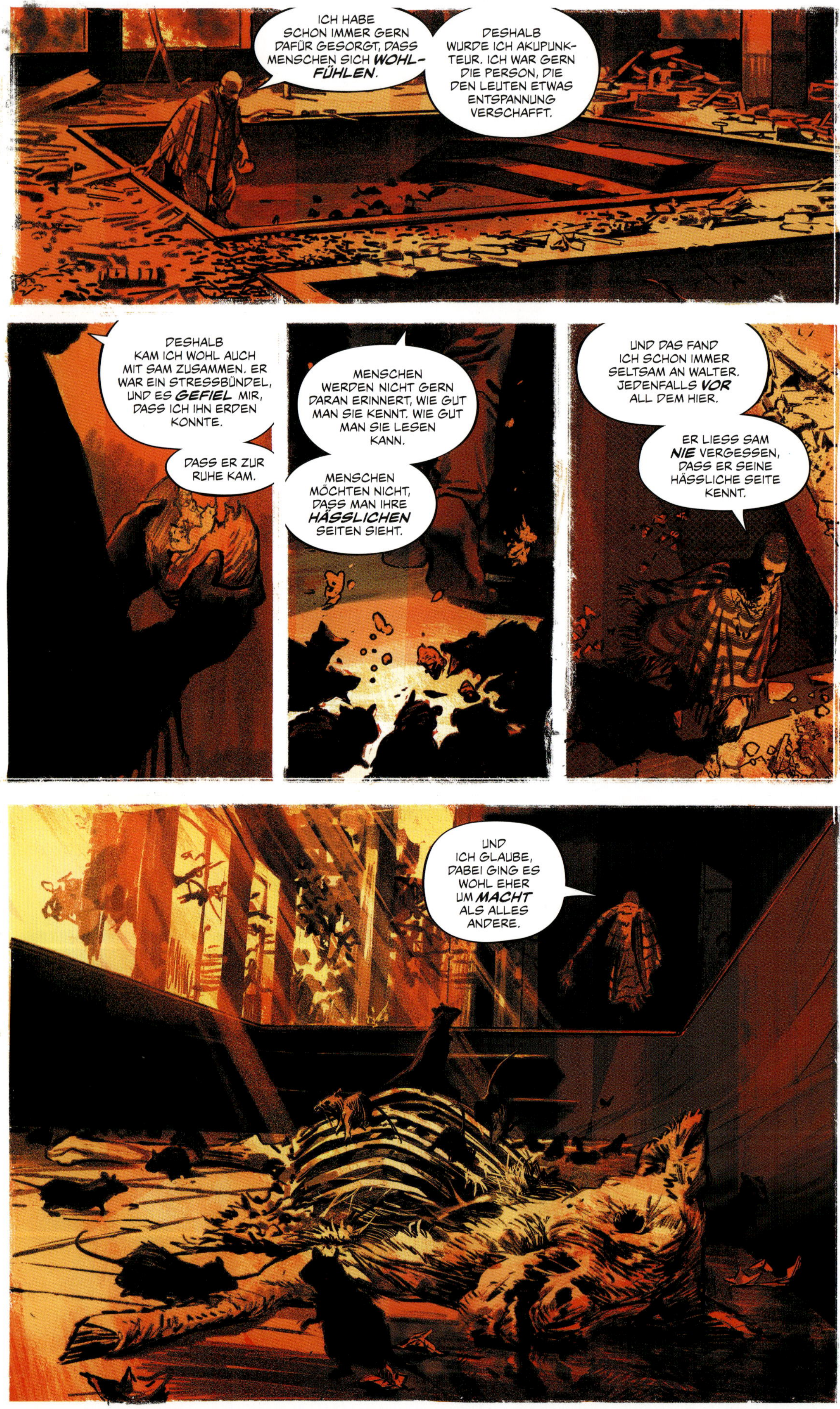

ICH HABE SCHON IMMER GERN DAFÜR GESORGT, DASS MENSCHEN SICH *WOHLFÜHLEN*.
DESHALB WURDE ICH AKUPUNKTEUR. ICH WAR GERN DIE PERSON, DIE DEN LEUTEN ETWAS ENTSPANNUNG VERSCHAFFT.

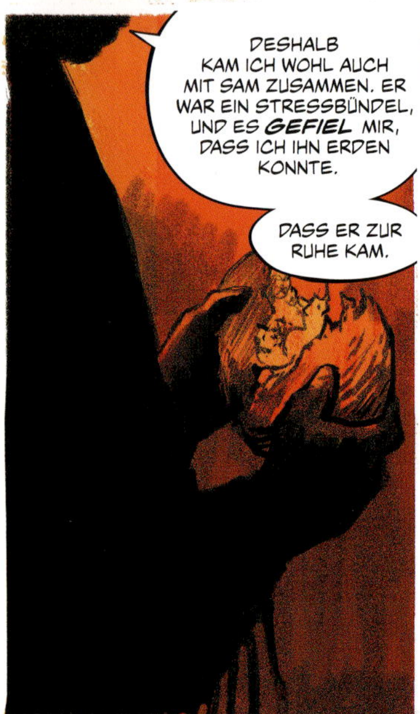

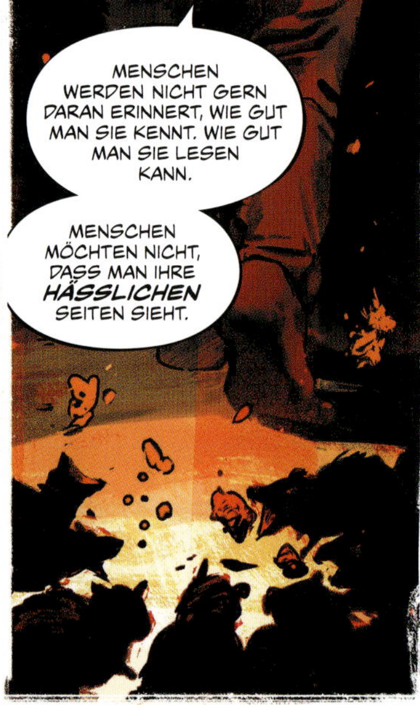

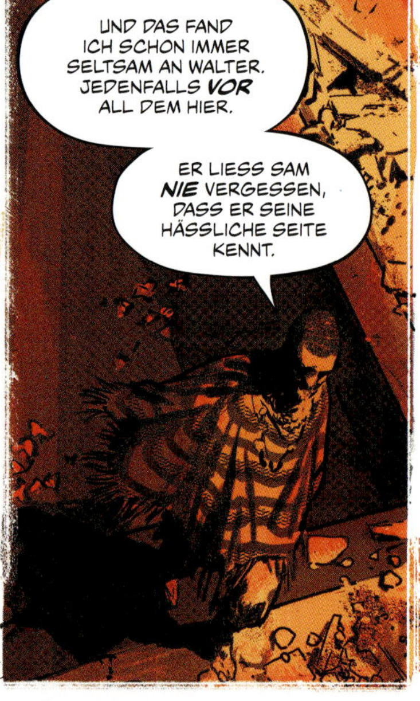

UND ICH GLAUBE, DABEI GING ES WOHL EHER UM *MACHT* ALS ALLES ANDERE.

WALTER IS NOT HUMAN

WALTER IST *KEIN* MENSCH

THE WORLD HAS BEEN DESTROYED

DIE *WELT* WURDE *ZERSTÖRT*

HE HAS TAKEN YOUR MEMORIES

ER HAT EURE *ERINNERUNGEN* GERAUBT

DO NOT TRUST HIM

TRAUT IHM NICHT

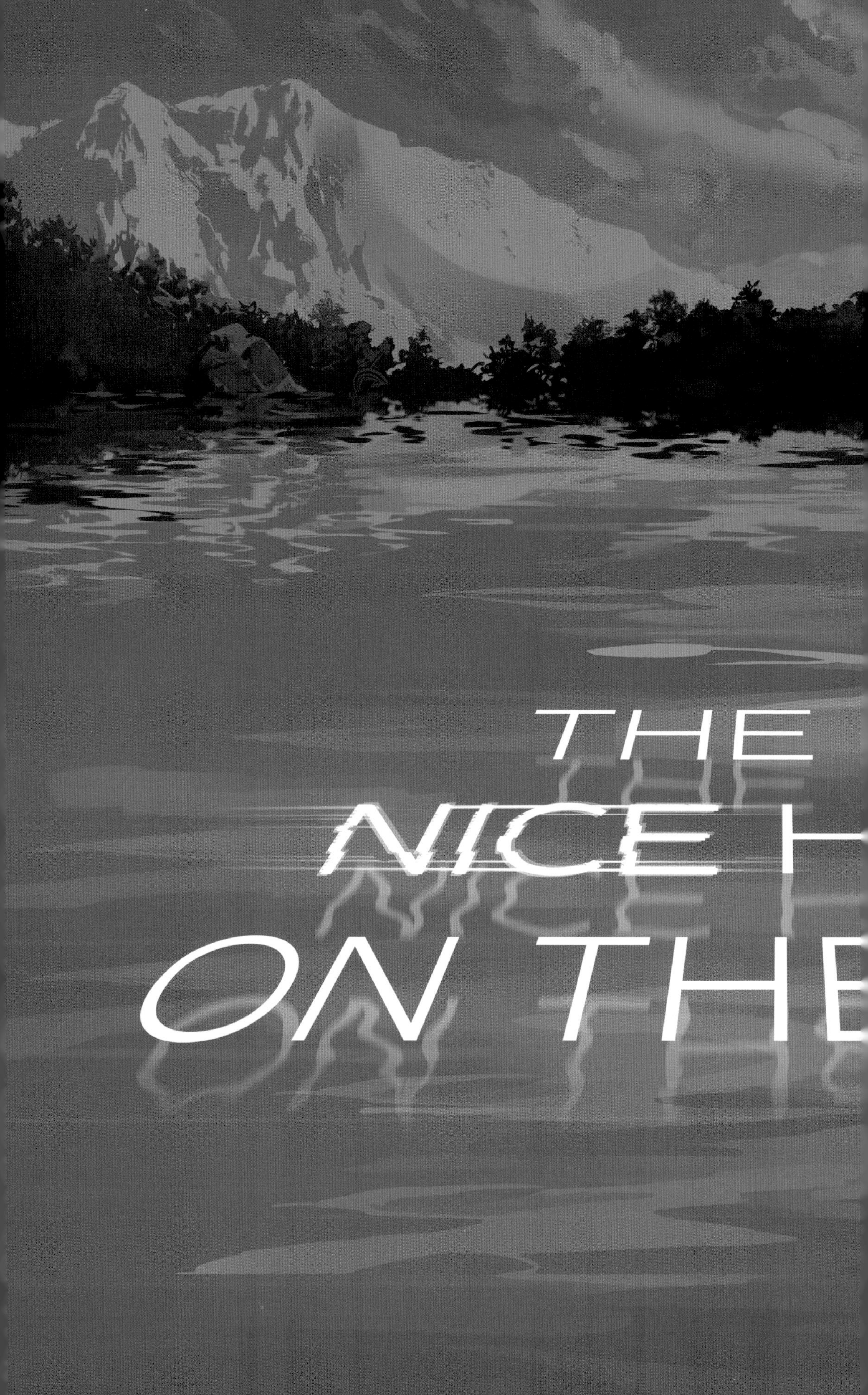
THE
NICE
ON TH

* DAS HAUS AM SEE

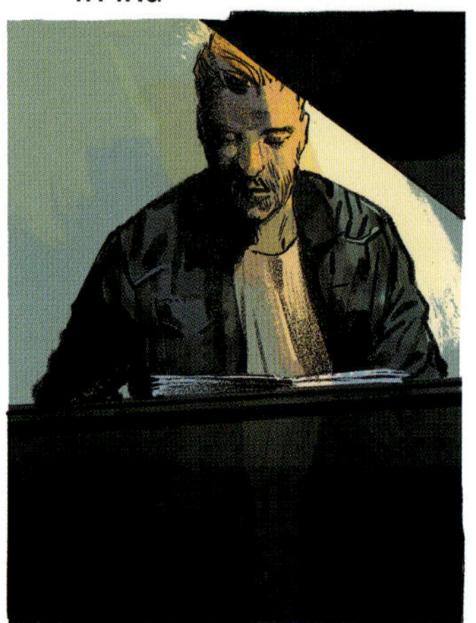

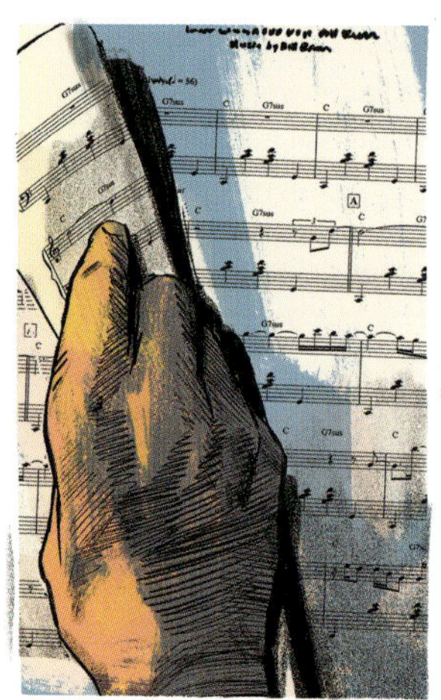

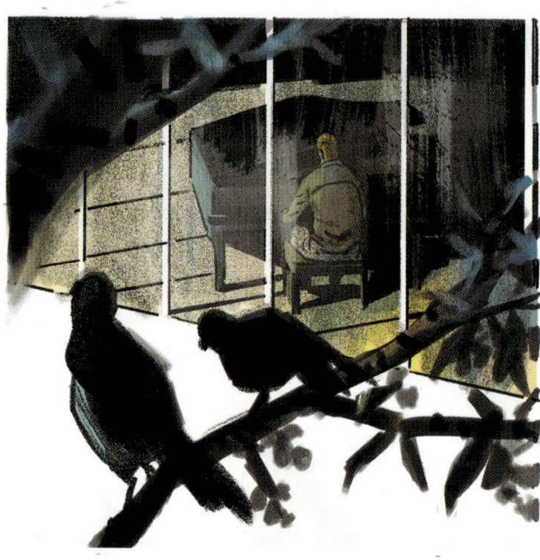

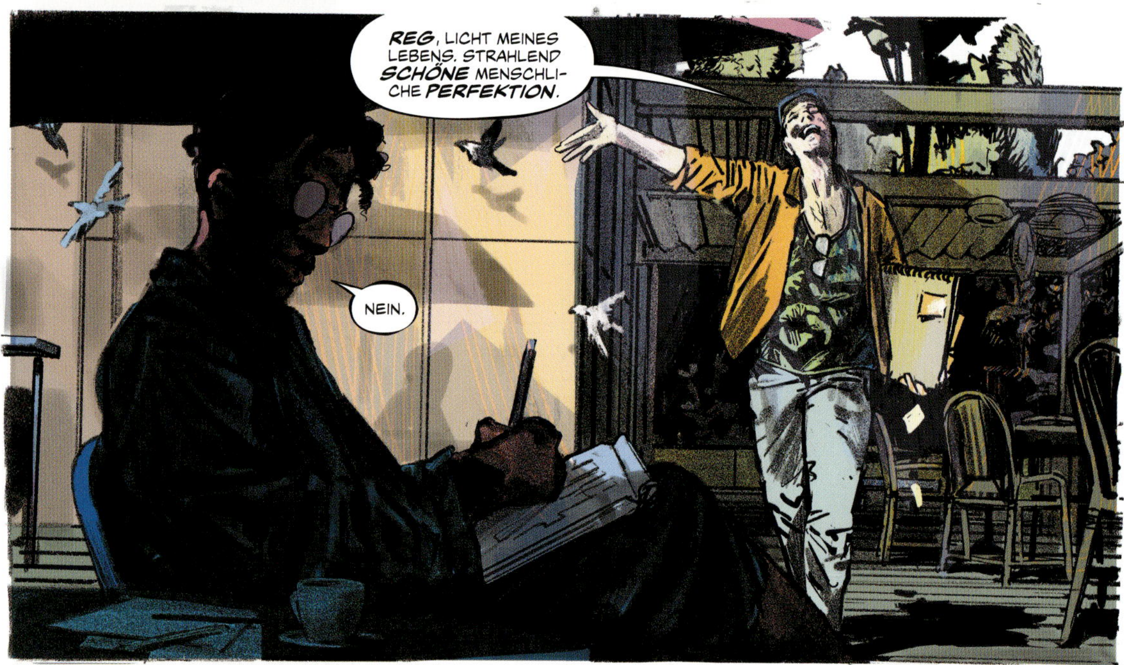
REG, LICHT MEINES LEBENS. STRAHLEND SCHÖNE MENSCHLICHE PERFEKTION.
NEIN.

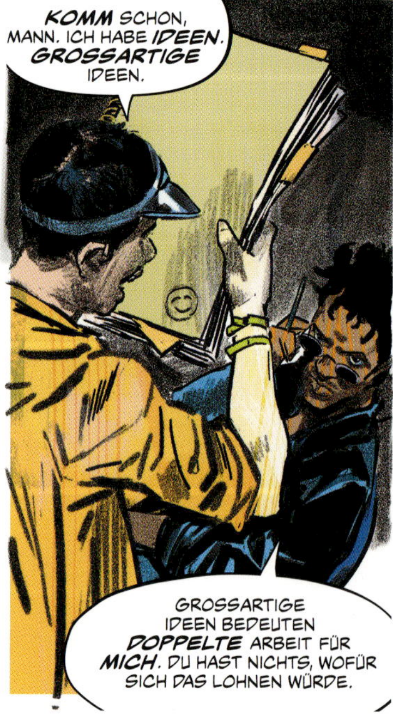
KOMM SCHON, MANN. ICH HABE IDEEN. GROSSARTIGE IDEEN.
GROSSARTIGE IDEEN BEDEUTEN DOPPELTE ARBEIT FÜR MICH. DU HAST NICHTS, WOFÜR SICH DAS LOHNEN WÜRDE.

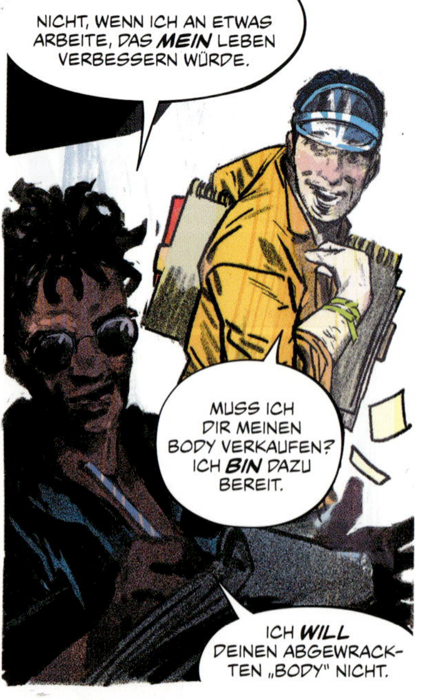
NICHT, WENN ICH AN ETWAS ARBEITE, DAS MEIN LEBEN VERBESSERN WÜRDE.
MUSS ICH DIR MEINEN BODY VERKAUFEN? ICH BIN DAZU BEREIT.
ICH WILL DEINEN ABGEWRACKTEN „BODY" NICHT.

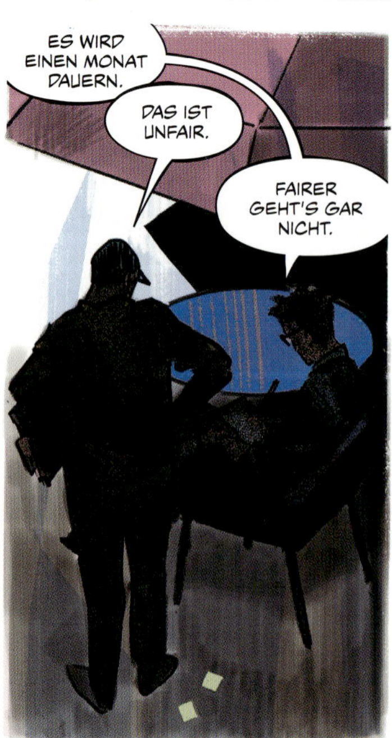
ES WIRD EINEN MONAT DAUERN.
DAS IST UNFAIR.
FAIRER GEHT'S GAR NICHT.

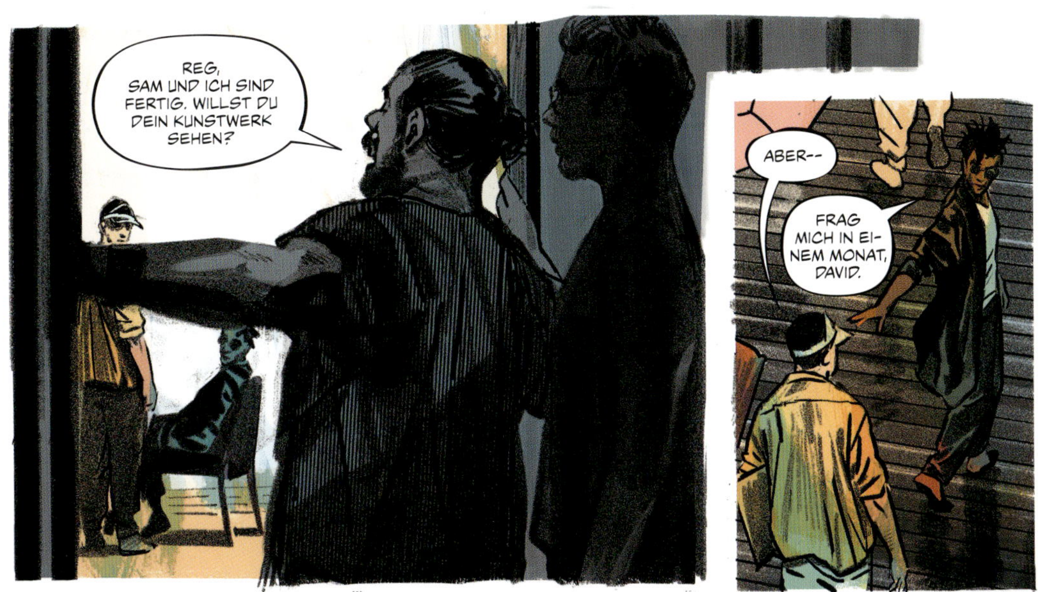
REG, SAM UND ICH SIND FERTIG. WILLST DU DEIN KUNSTWERK SEHEN?
ABER--
FRAG MICH IN EI- NEM MONAT, DAVID.

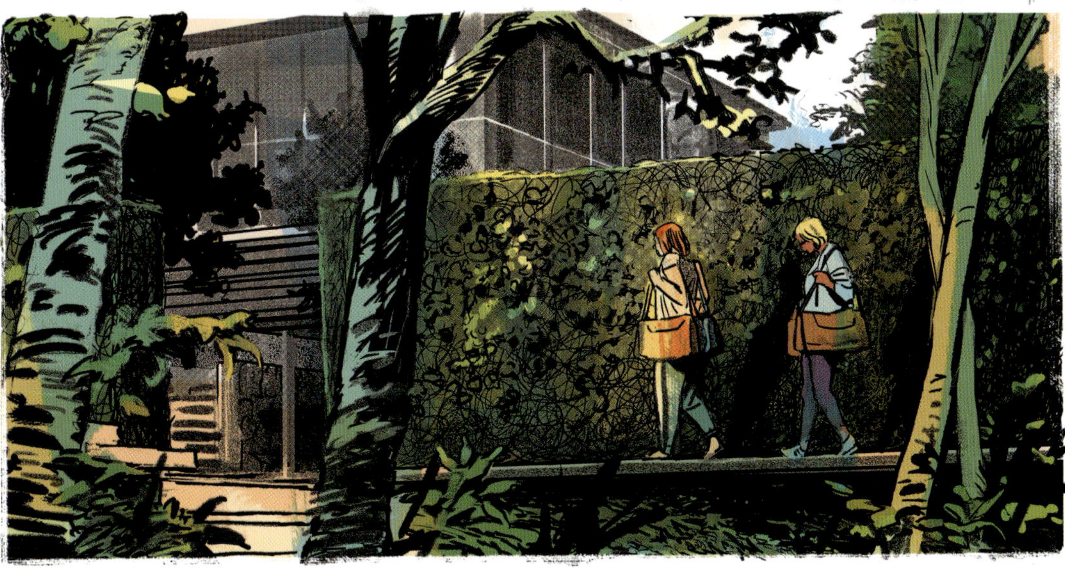

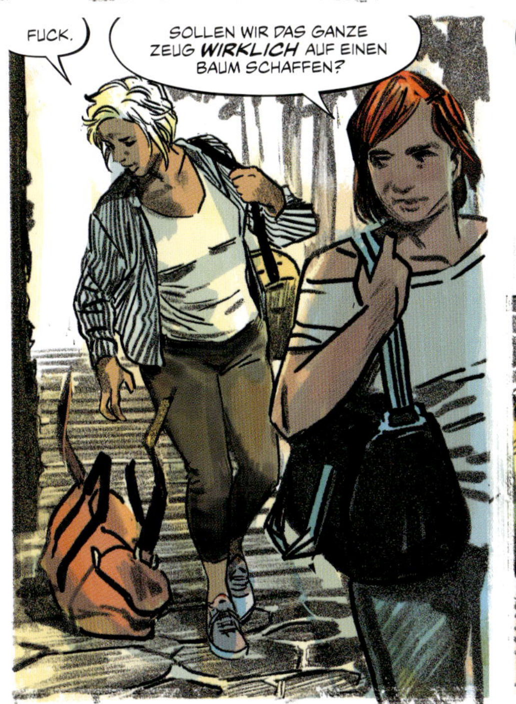
FUCK.
SOLLEN WIR DAS GANZE ZEUG *WIRKLICH* AUF EINEN BAUM SCHAFFEN?

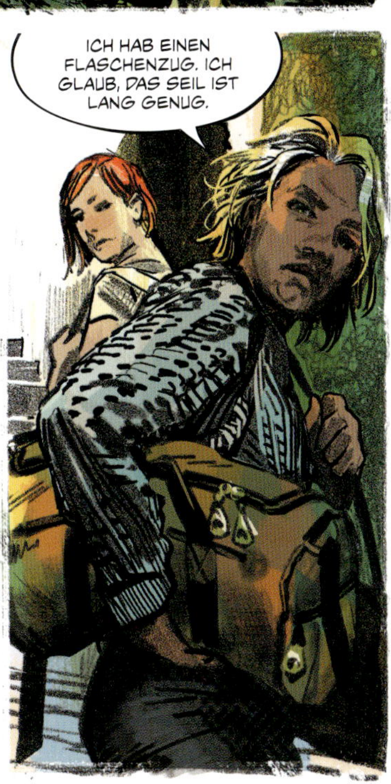
ICH HAB EINEN FLASCHENZUG. ICH GLAUB, DAS SEIL IST LANG GENUG.

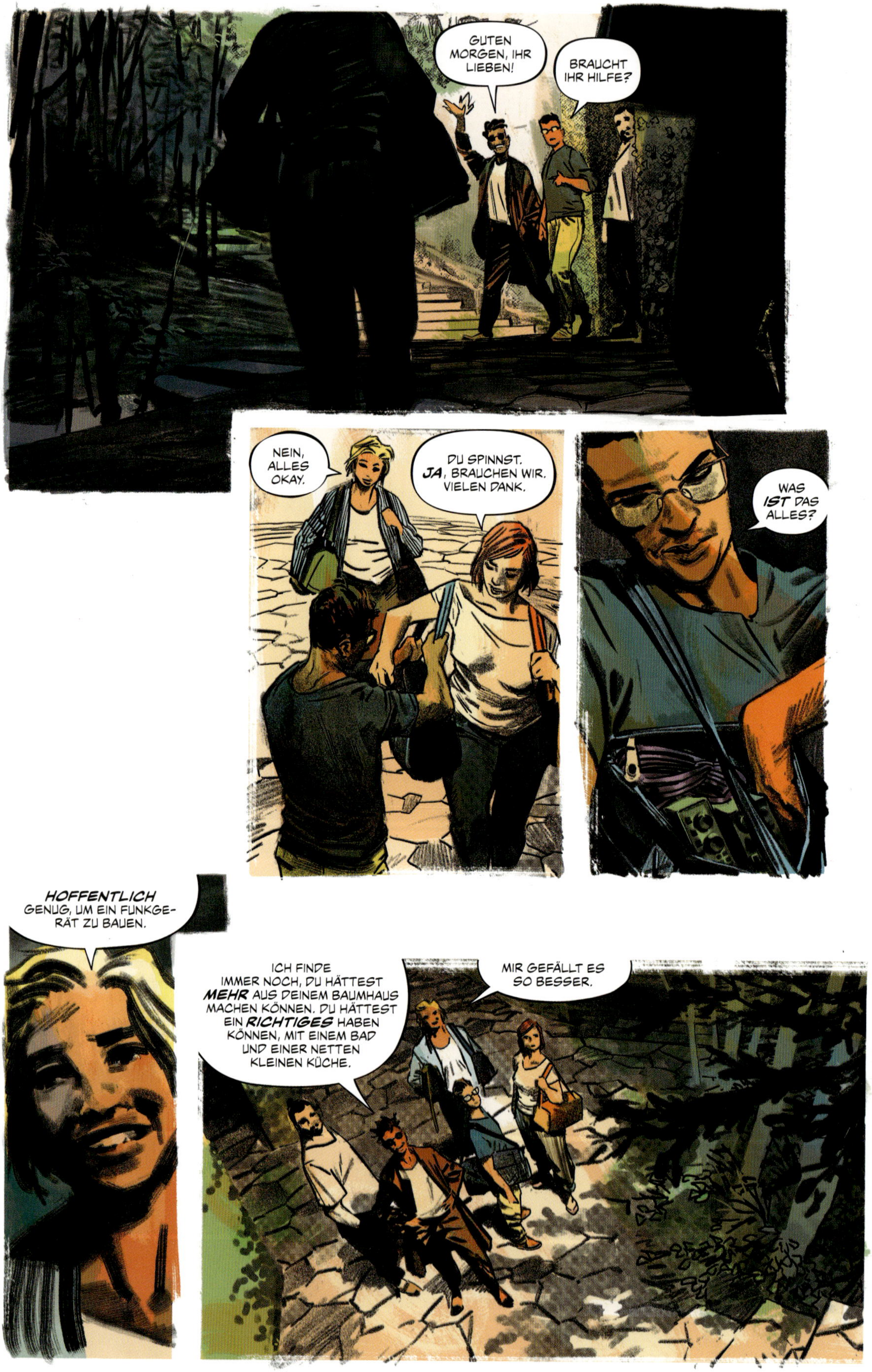

GUTEN MORGEN, IHR LIEBEN!
BRAUCHT IHR HILFE?
NEIN, ALLES OKAY.
DU SPINNST. ***JA***, BRAUCHEN WIR. VIELEN DANK.
WAS ***IST*** DAS ALLES?

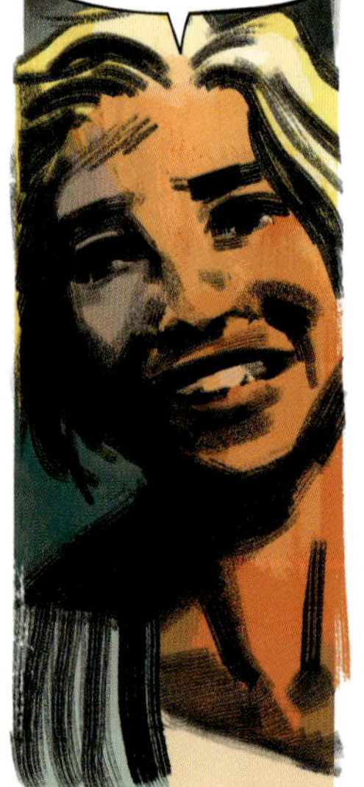

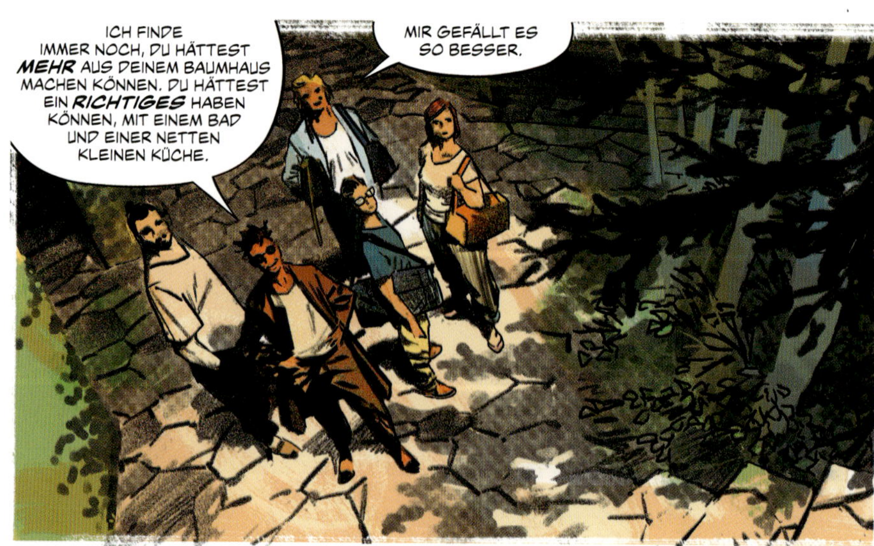

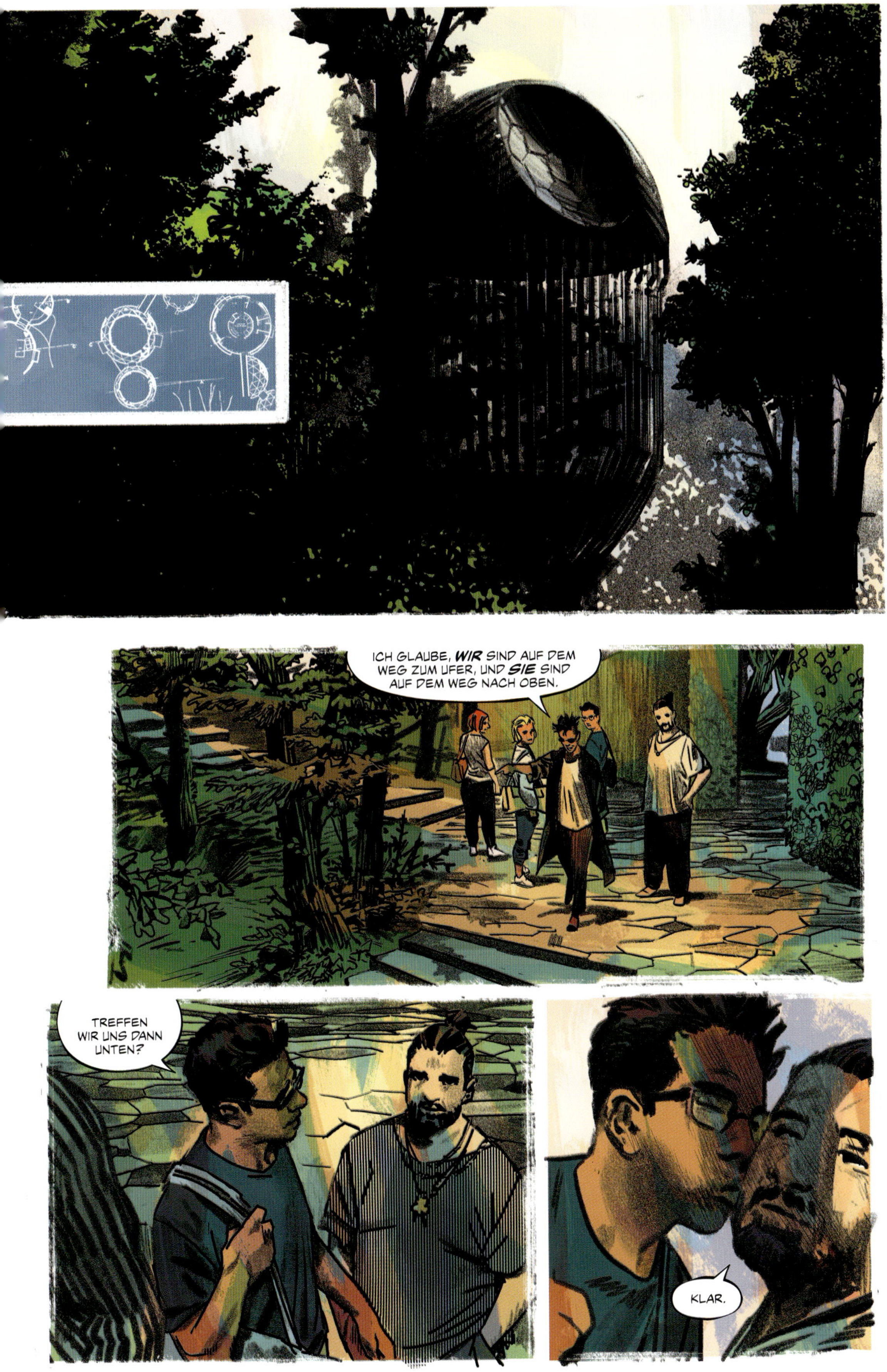

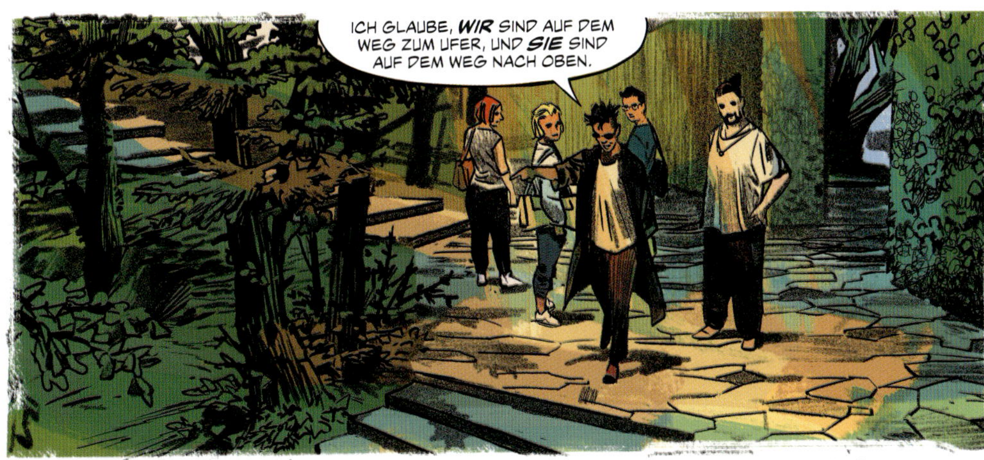
ICH GLAUBE, WIR SIND AUF DEM WEG ZUM UFER, UND SIE SIND AUF DEM WEG NACH OBEN.

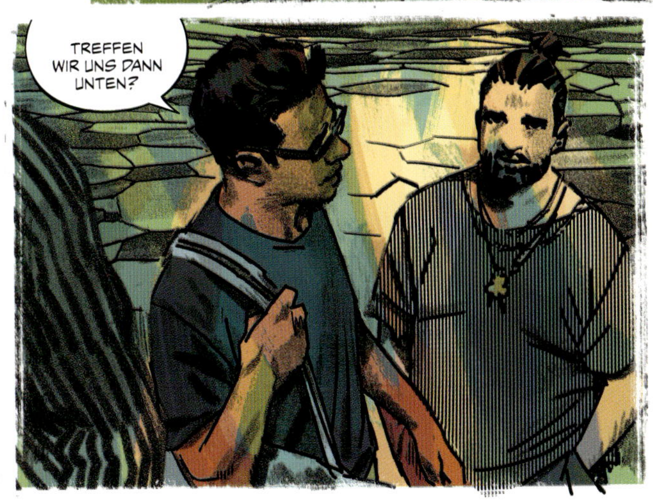
TREFFEN WIR UNS DANN UNTEN?

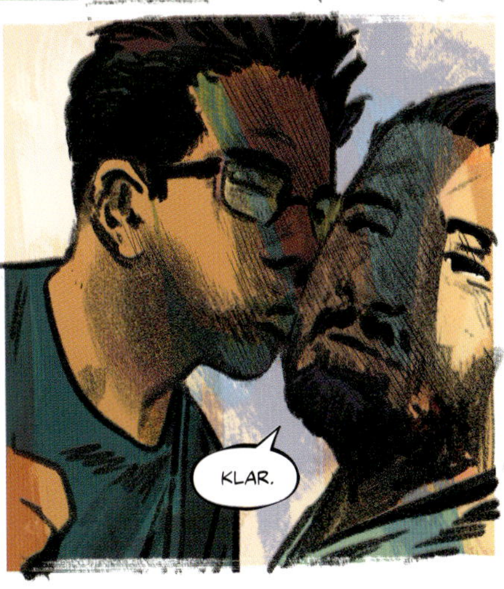
KLAR.

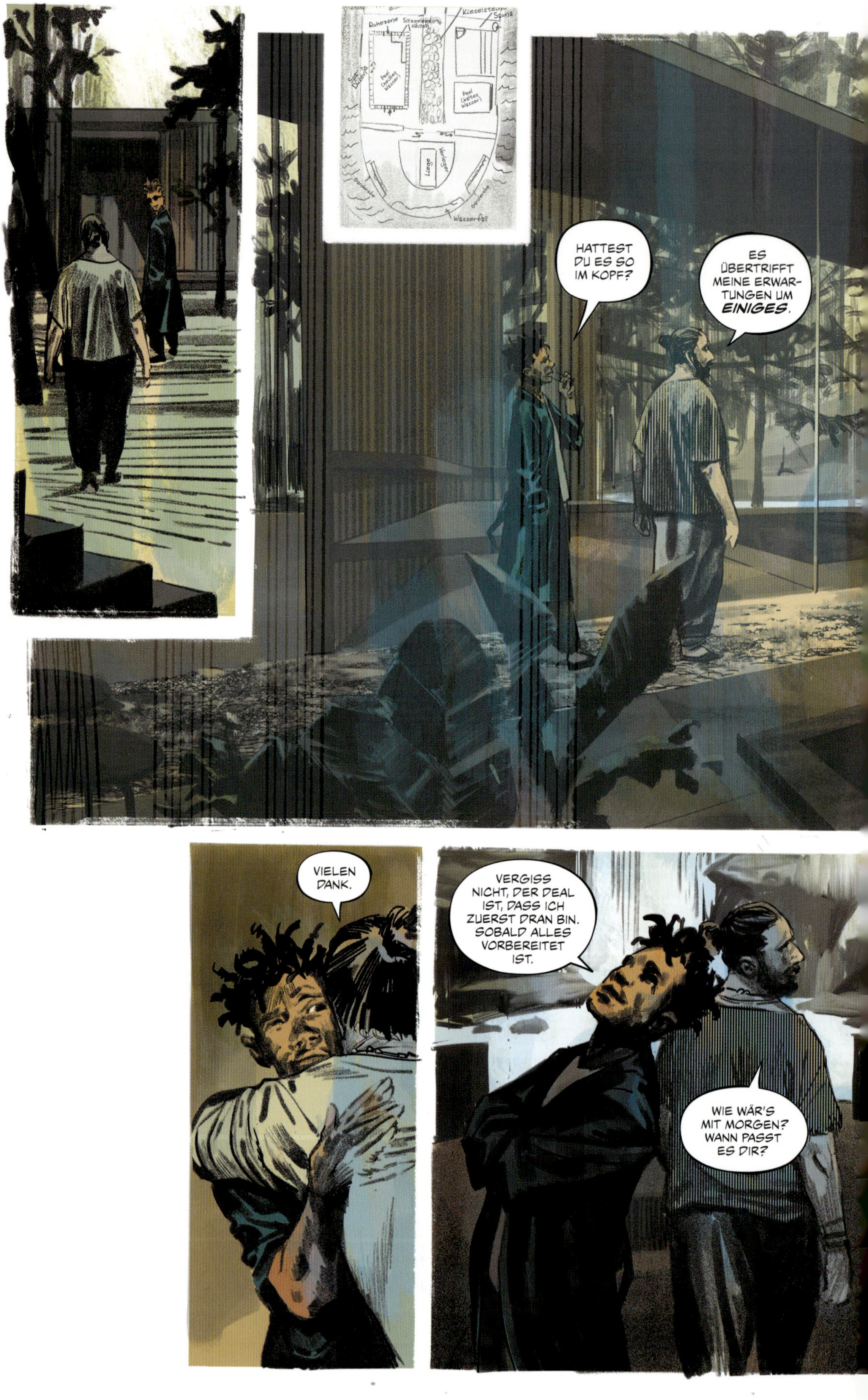

HATTEST DU ES SO IM KOPF?

ES ÜBERTRIFFT MEINE ERWARTUNGEN UM ***EINIGES***.

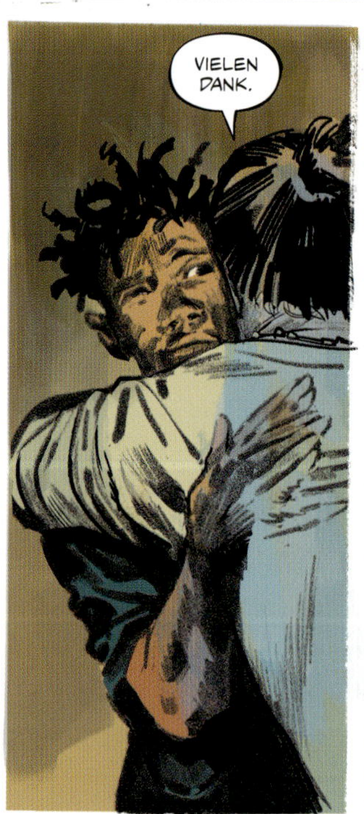

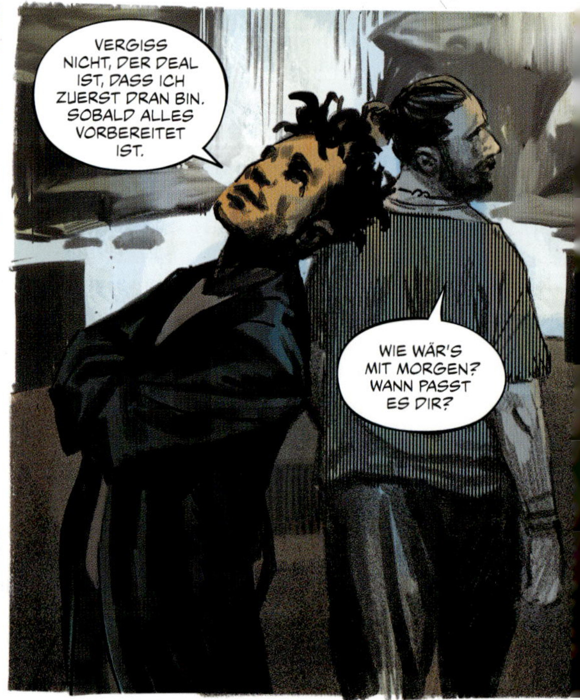

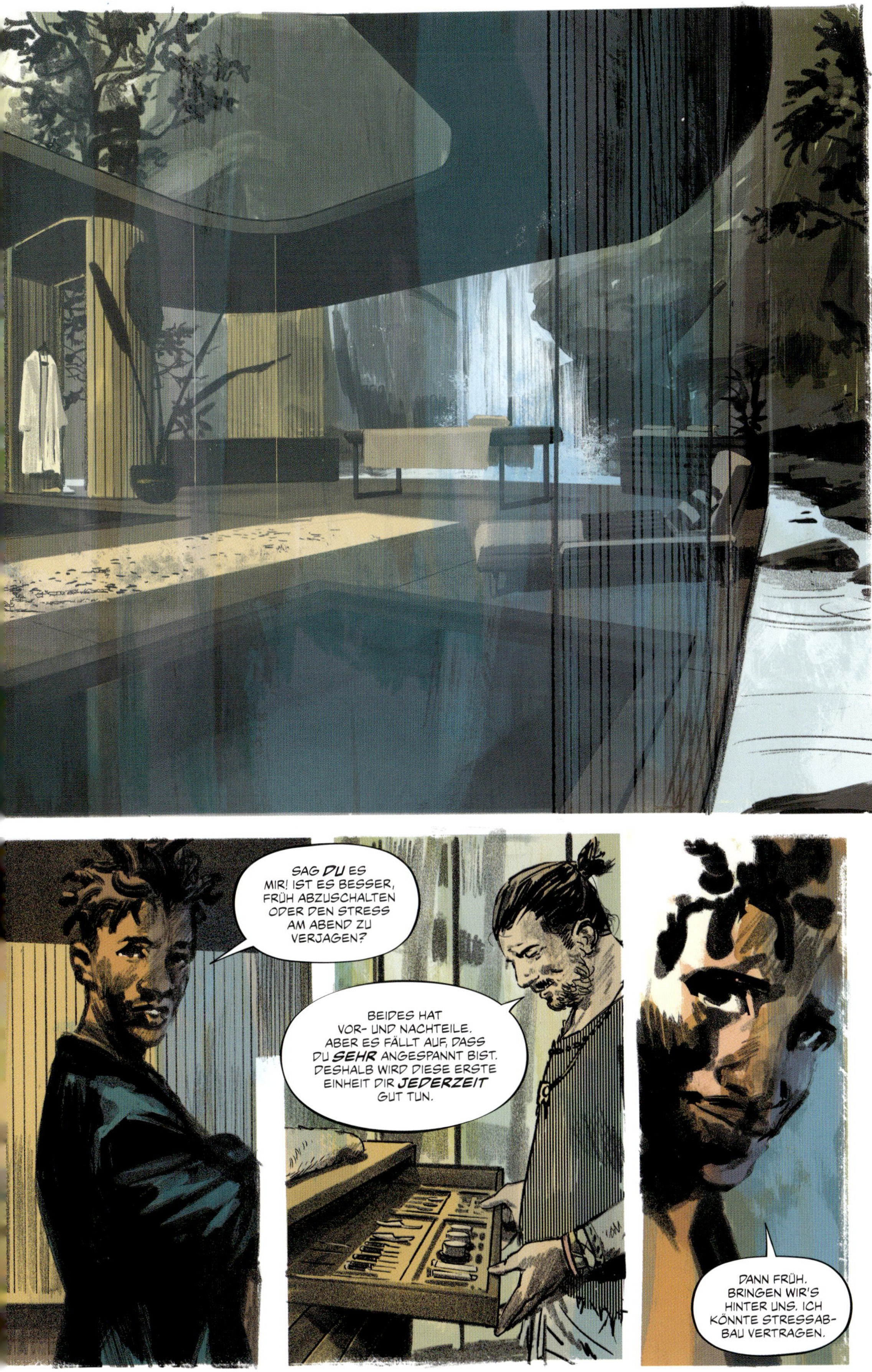

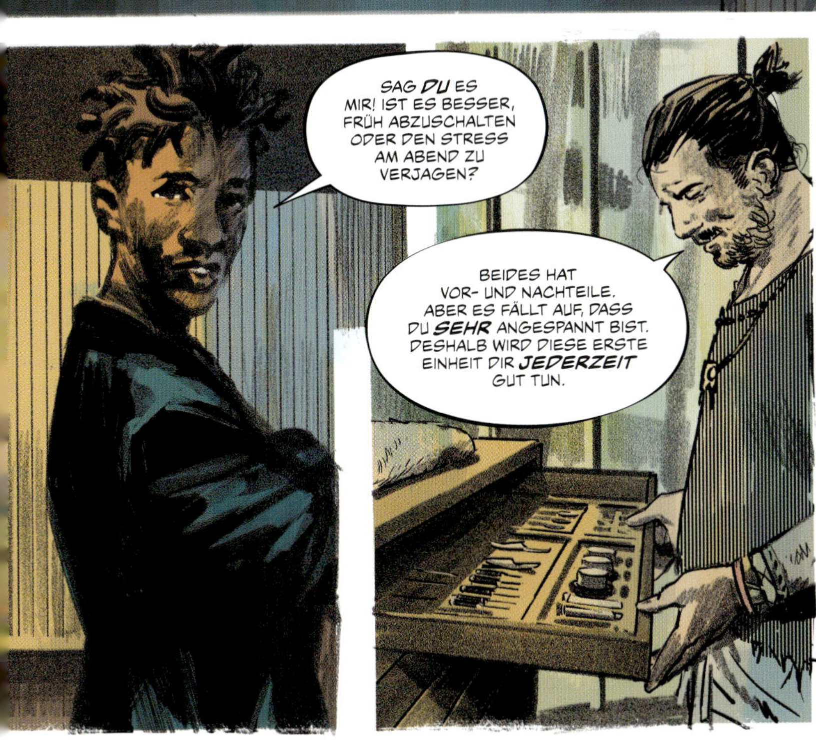
SAG DU ES MIR! IST ES BESSER, FRÜH ABZUSCHALTEN ODER DEN STRESS AM ABEND ZU VERJAGEN?
BEIDES HAT VOR- UND NACHTEILE. ABER ES FÄLLT AUF, DASS DU SEHR ANGESPANNT BIST. DESHALB WIRD DIESE ERSTE EINHEIT DIR JEDERZEIT GUT TUN.
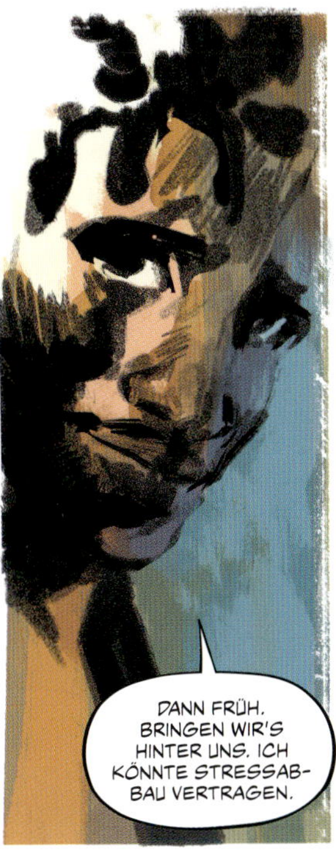
DANN FRÜH. BRINGEN WIR'S HINTER UNS. ICH KÖNNTE STRESSAB-BAU VERTRAGEN.

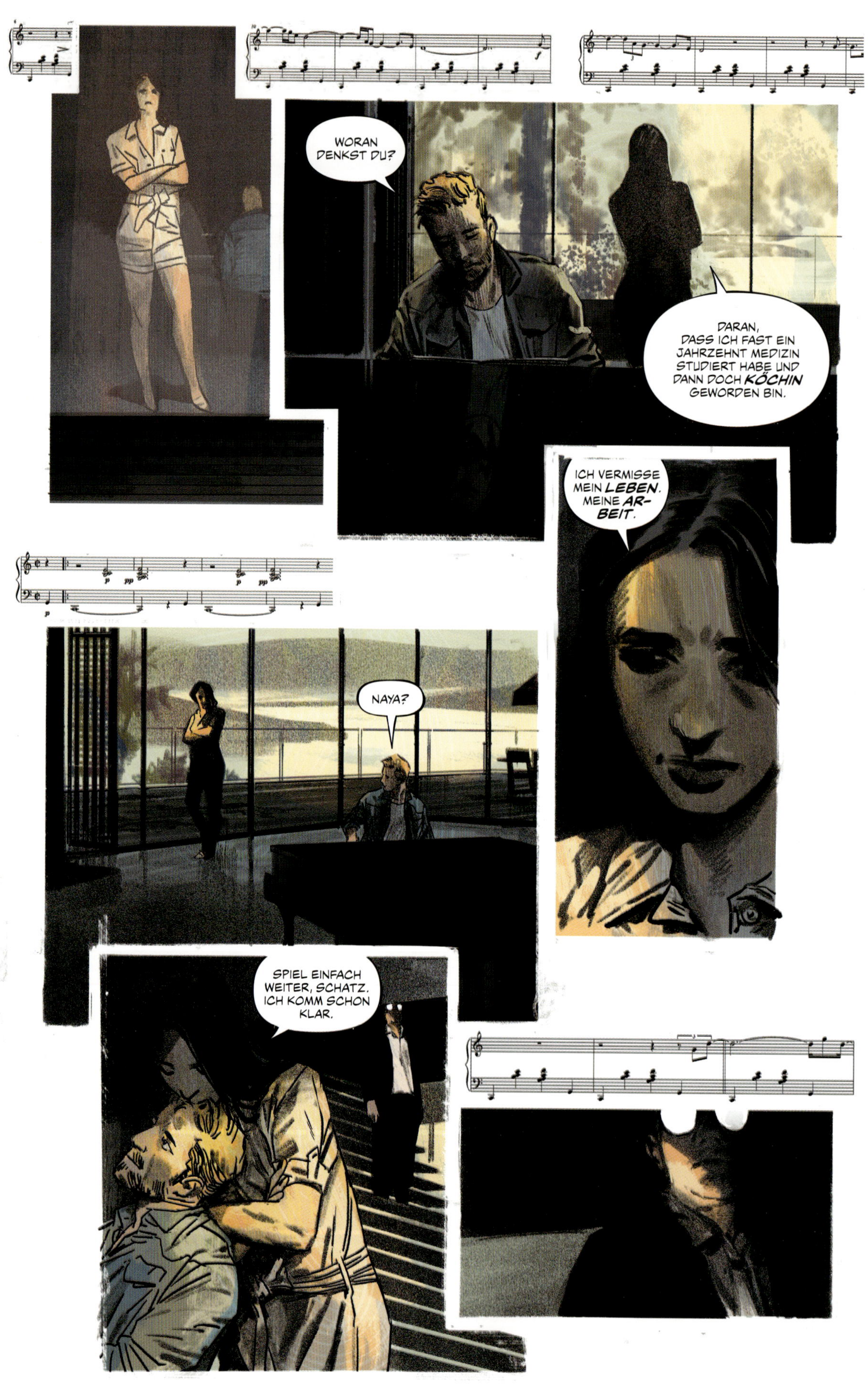
WORAN DENKST DU?
DARAN, DASS ICH FAST EIN JAHRZEHNT MEDIZIN STUDIERT HABE UND DANN DOCH KÖCHIN GEWORDEN BIN.
ICH VERMISSE MEIN LEBEN. MEINE ARBEIT.
NAYA?
SPIEL EINFACH WEITER, SCHATZ. ICH KOMM SCHON KLAR.

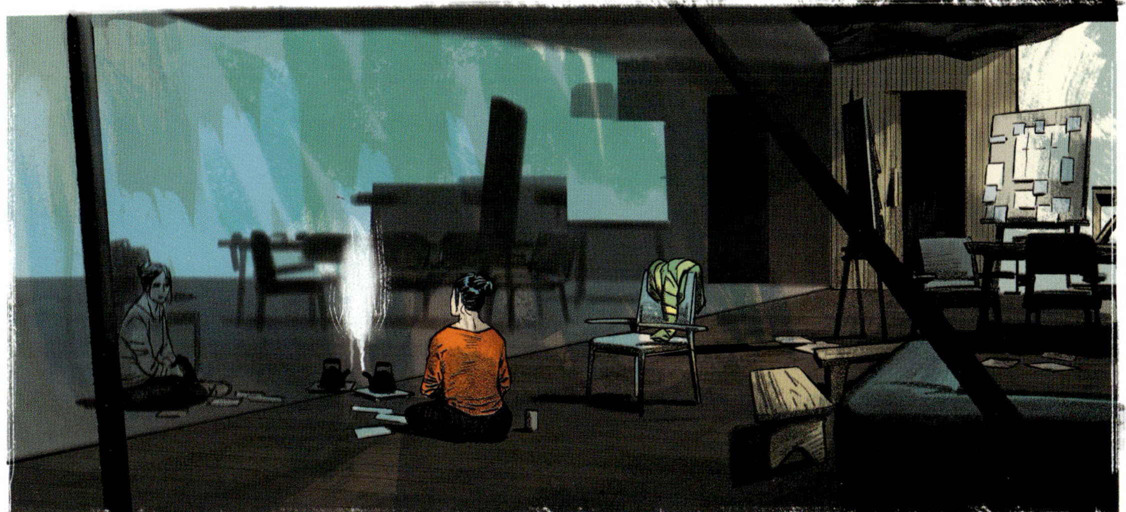

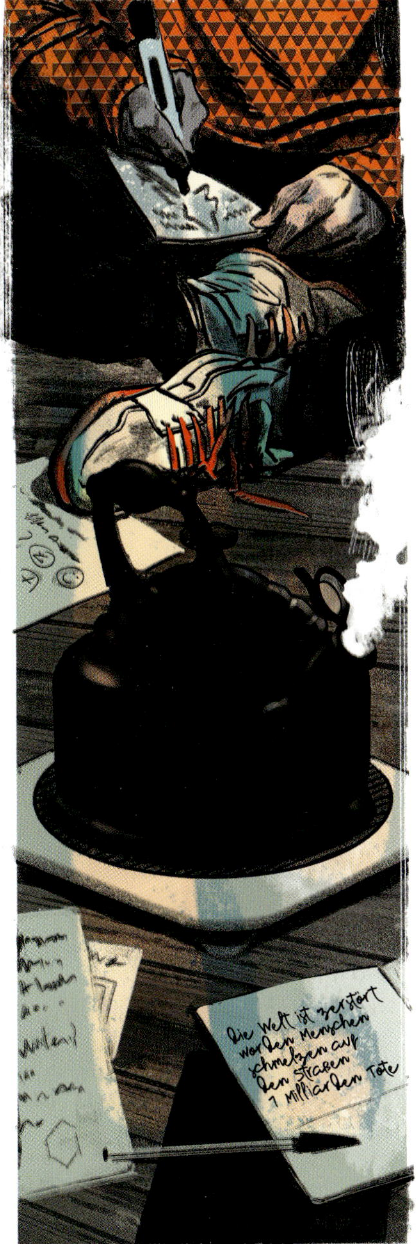
Die Welt ist zerstört
worden Menschen
schmelzen auf
den Straßen
7 Milliarden Tote

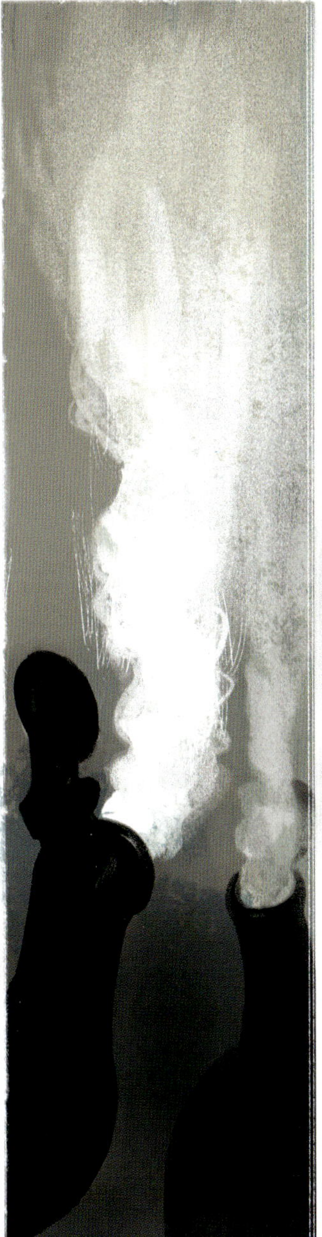

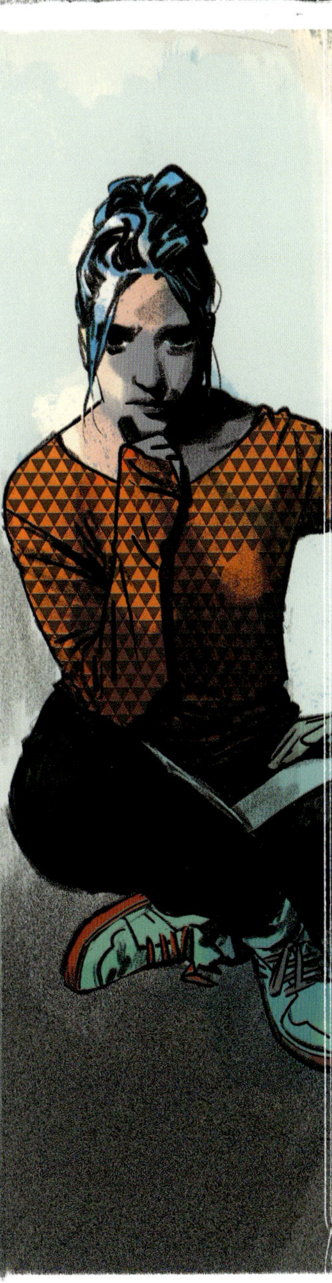

I AM NORAH

ICH BIN NORAH

I DON'T KNOW IF YOU

I WAS INVITED TO THE HOUS

I WAS YOUR ROOMMATE FOR TH

BEFORE HE TOO

HE LET US SEE WHAT H

IF WE TOUCHED THE STATU

WE COULD EACH SE

OUR LOVE

HE WANTS US TO BE GRATEFU

HE WANTS US TO LOVE HI

HE IS TRYING TO CONTROL US

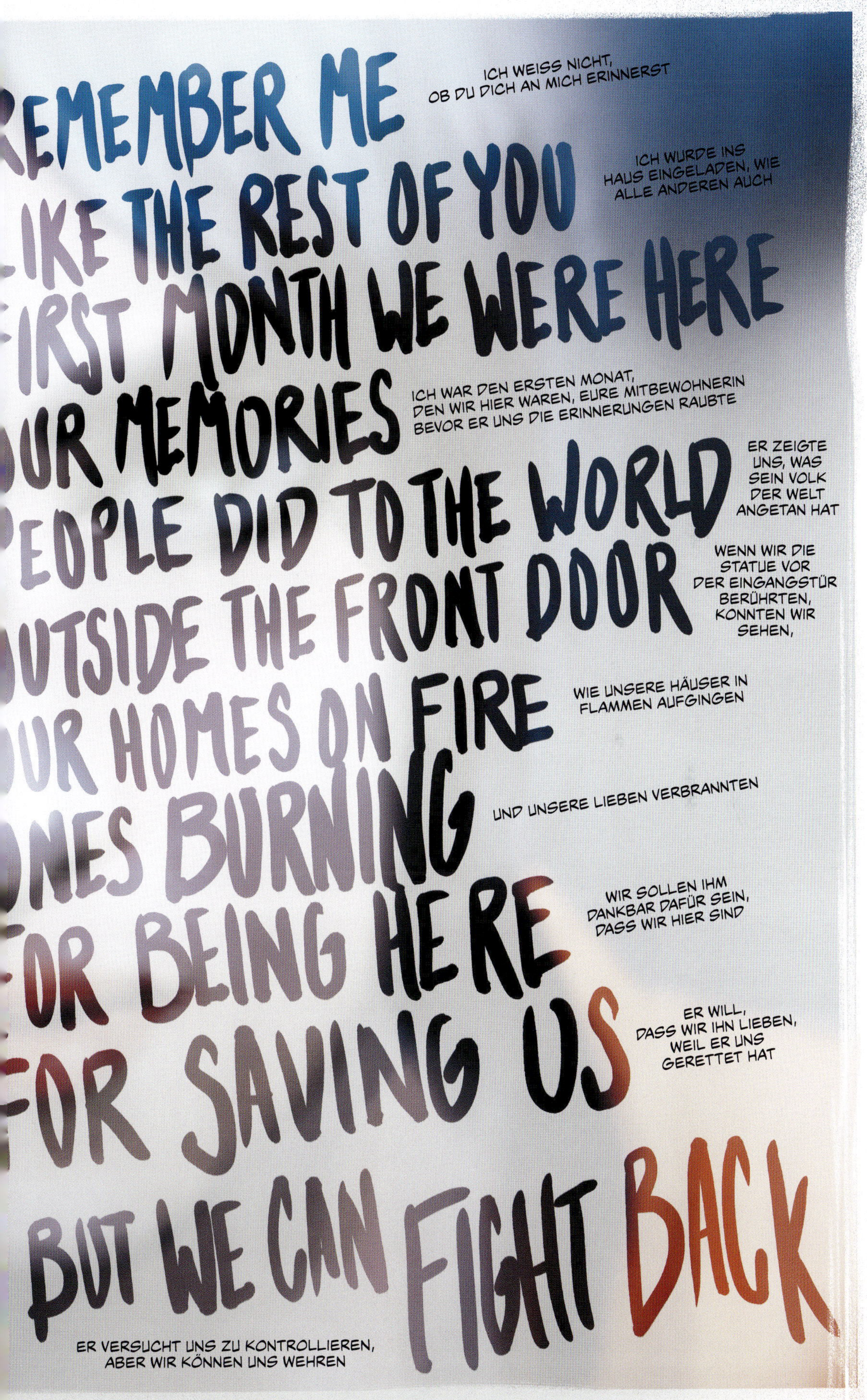

EMEMBER ME
ICH WEISS NICHT, OB DU DICH AN MICH ERINNERST
IKE THE REST OF YOU
ICH WURDE INS HAUS EINGELADEN, WIE ALLE ANDEREN AUCH
IRST MONTH WE WERE HERE
UR MEMORIES
ICH WAR DEN ERSTEN MONAT, DEN WIR HIER WAREN, EURE MITBEWOHNERIN BEVOR ER UNS DIE ERINNERUNGEN RAUBTE
EOPLE DID TO THE WORLD
ER ZEIGTE UNS, WAS SEIN VOLK DER WELT ANGETAN HAT
UTSIDE THE FRONT DOOR
WENN WIR DIE STATUE VOR DER EINGANGSTÜR BERÜHRTEN, KONNTEN WIR SEHEN,
UR HOMES ON FIRE
WIE UNSERE HÄUSER IN FLAMMEN AUFGINGEN
NES BURNING
UND UNSERE LIEBEN VERBRANNTEN
OR BEING HERE
WIR SOLLEN IHM DANKBAR DAFÜR SEIN, DASS WIR HIER SIND
OR SAVING US
ER WILL, DASS WIR IHN LIEBEN, WEIL ER UNS GERETTET HAT
BUT WE CAN FIGHT BACK
ER VERSUCHT UNS ZU KONTROLLIEREN, ABER WIR KÖNNEN UNS WEHREN

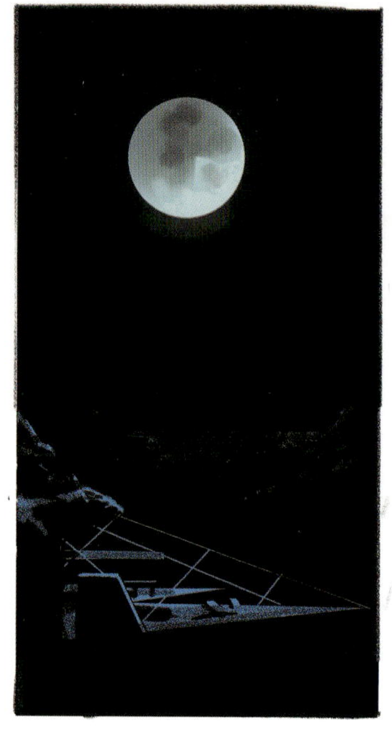
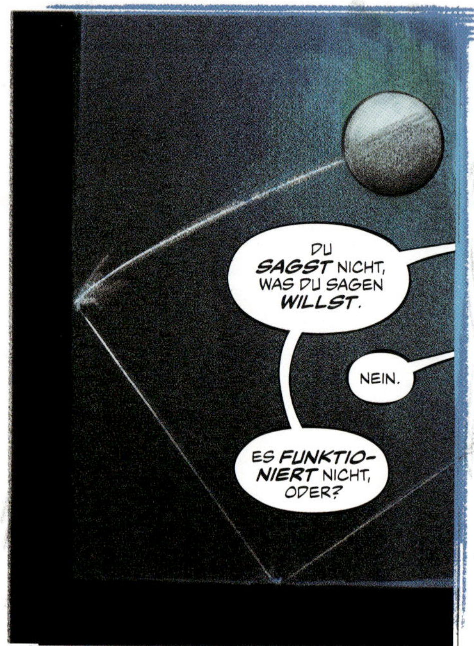
DU *SAGST* NICHT, WAS DU SAGEN *WILLST*.
NEIN.
ES *FUNKTIONIERT* NICHT, ODER?
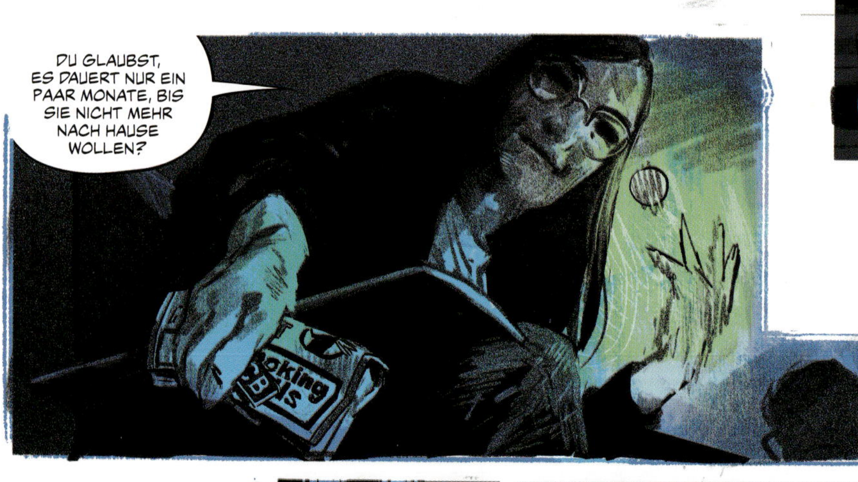
DU GLAUBST, ES DAUERT NUR EIN PAAR MONATE, BIS SIE NICHT MEHR NACH HAUSE WOLLEN?
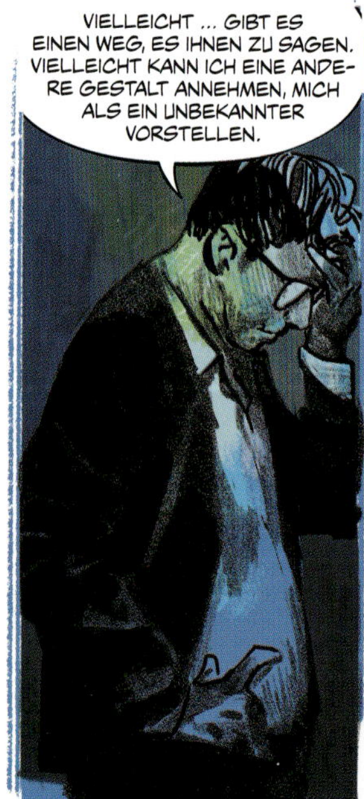
VIELLEICHT ... GIBT ES EINEN WEG, ES IHNEN ZU SAGEN. VIELLEICHT KANN ICH EINE ANDERE GESTALT ANNEHMEN, MICH ALS EIN UNBEKANNTER VORSTELLEN.
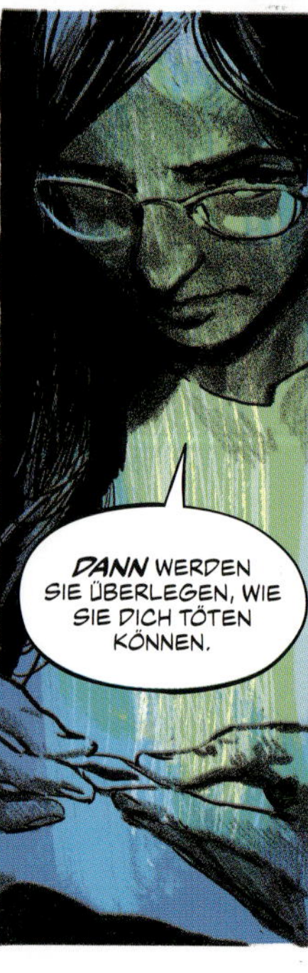
DANN WERDEN SIE ÜBERLEGEN, WIE SIE DICH TÖTEN KÖNNEN.
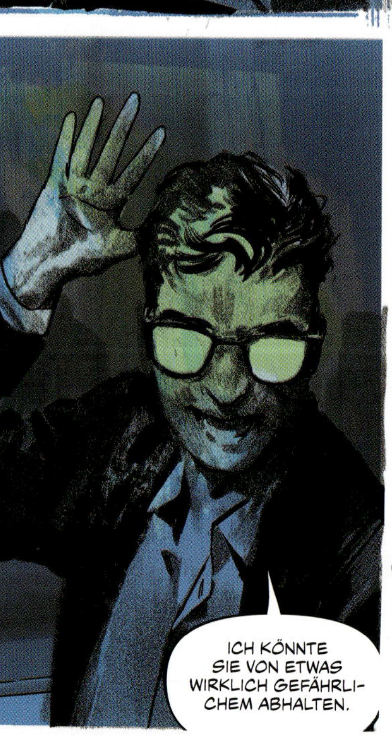
ICH KÖNNTE SIE VON ETWAS WIRKLICH GEFÄHRLICHEM ABHALTEN.
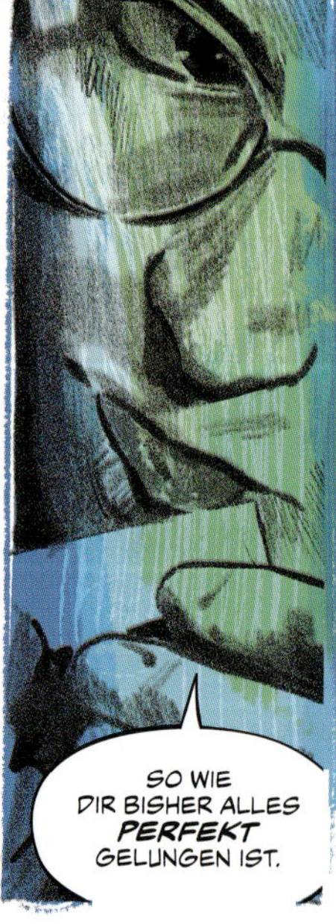
SO WIE DIR BISHER ALLES *PERFEKT* GELUNGEN IST.

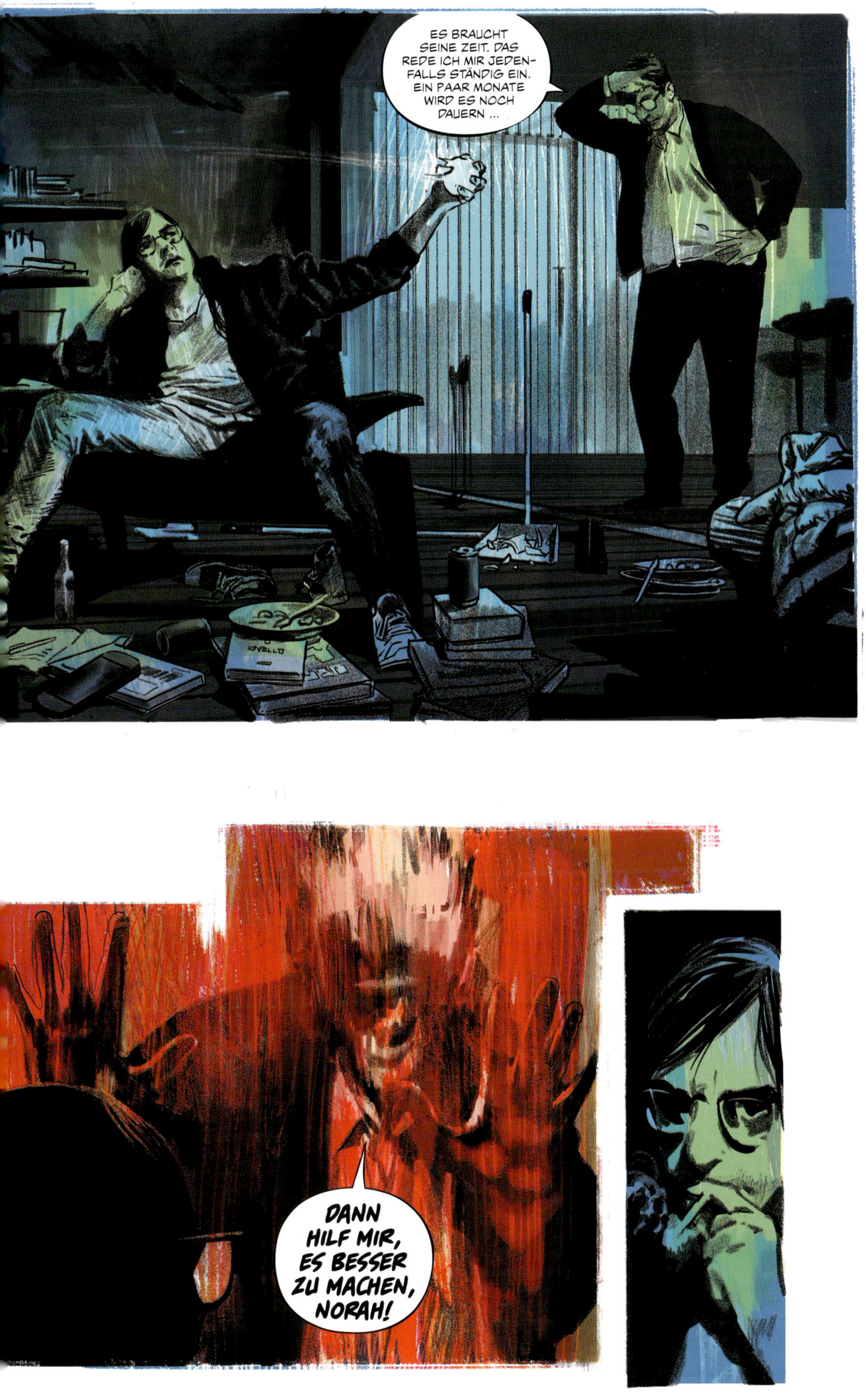

ES BRAUCHT SEINE ZEIT. DAS REDE ICH MIR JEDENFALLS STÄNDIG EIN. EIN PAAR MONATE WIRD ES NOCH DAUERN ...

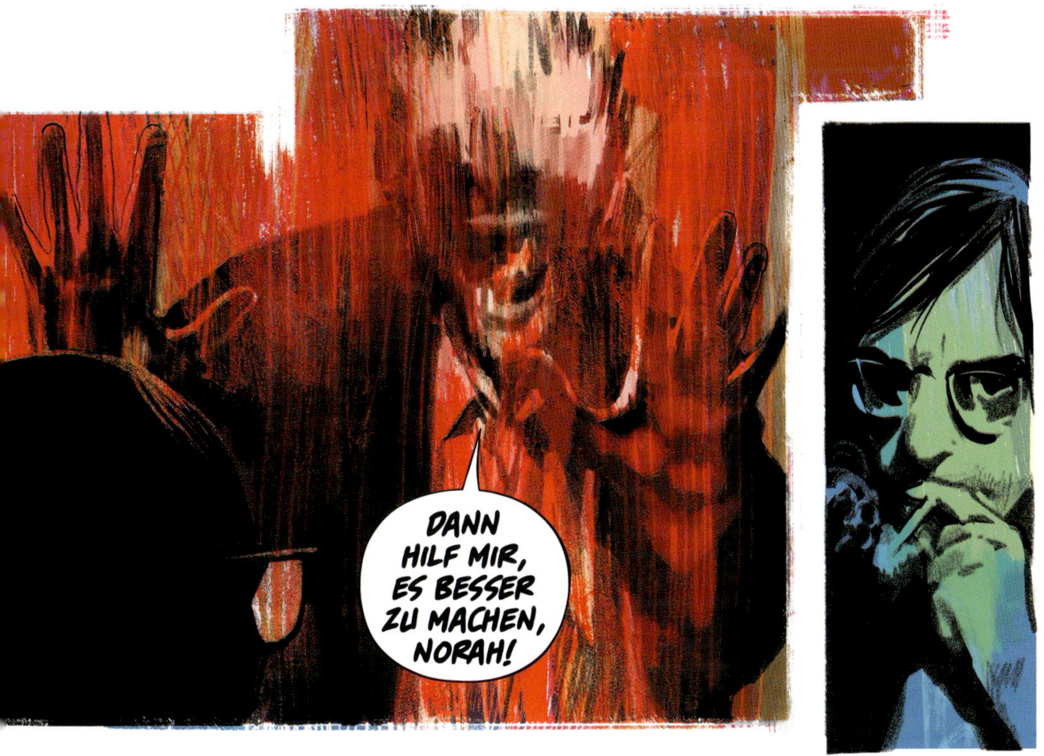
DANN HILF MIR, ES BESSER ZU MACHEN, NORAH!

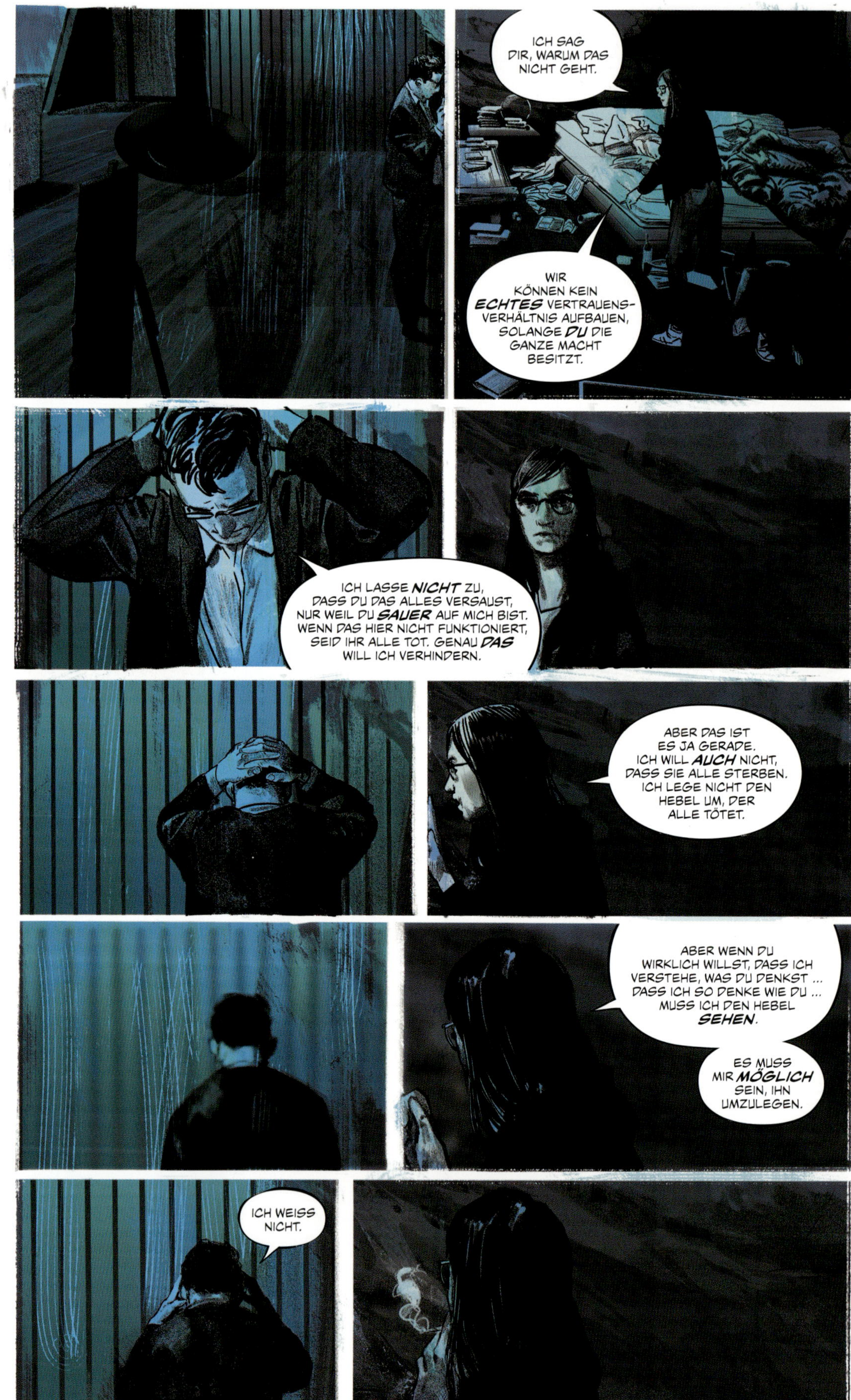
ICH SAG DIR, WARUM DAS NICHT GEHT.
WIR KÖNNEN KEIN ECHTES VERTRAUENSVERHÄLTNIS AUFBAUEN, SOLANGE DU DIE GANZE MACHT BESITZT.
ICH LASSE NICHT ZU, DASS DU DAS ALLES VERSAUST, NUR WEIL DU SAUER AUF MICH BIST. WENN DAS HIER NICHT FUNKTIONIERT, SEID IHR ALLE TOT. GENAU DAS WILL ICH VERHINDERN.
ABER DAS IST ES JA GERADE. ICH WILL AUCH NICHT, DASS SIE ALLE STERBEN. ICH LEGE NICHT DEN HEBEL UM, DER ALLE TÖTET.
ABER WENN DU WIRKLICH WILLST, DASS ICH VERSTEHE, WAS DU DENKST ... DASS ICH SO DENKE WIE DU ... MUSS ICH DEN HEBEL SEHEN.
ES MUSS MIR MÖGLICH SEIN, IHN UMZULEGEN.
ICH WEISS NICHT.

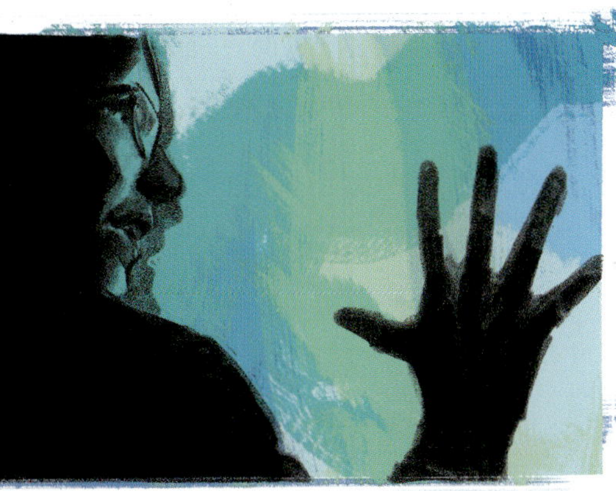
DU SAGST IMMER, WIE SEHR DU MICH SCHÄTZT. ICH SOLL DICH VERSTEHEN UND NACHVOLLZIEHEN, WARUM DU DIESE WICHTIGEN ENTSCHEIDUNGEN TRIFFST.
OFFENSICHTLICH GLAUBST DU, ICH TRÄFE AN DEINER STELLE DIE **GLEICHEN** ENTSCHEIDUNGEN. DOCH DU HAST ANGST, DICH ZU IRREN ... ANGST GENUG, DASS DU MEINE MEINUNG HÖREN WILLST.

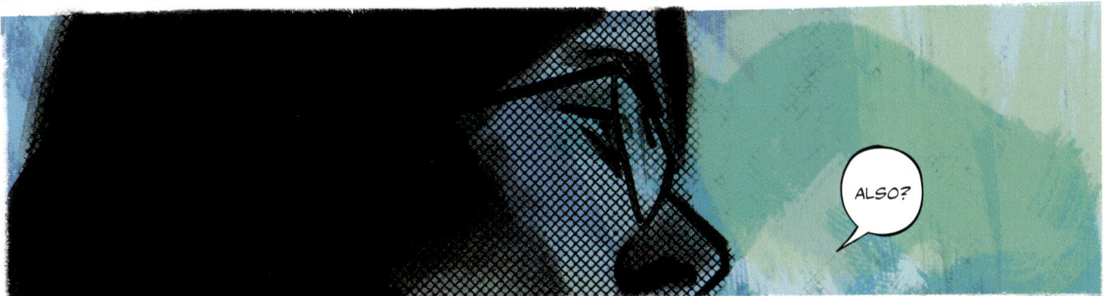
ALSO?

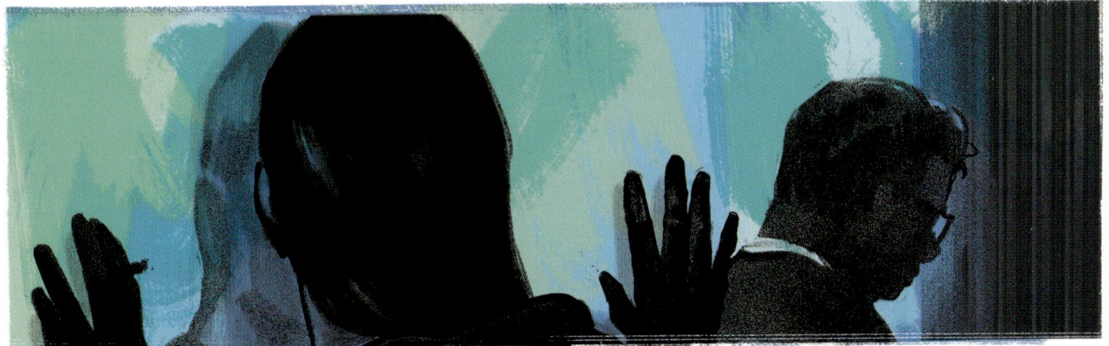

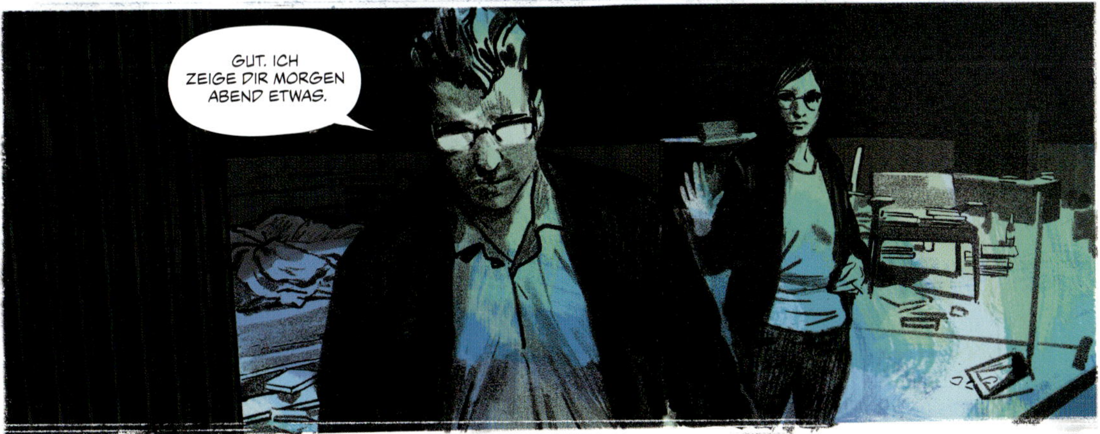
GUT. ICH ZEIGE DIR MORGEN ABEND ETWAS.

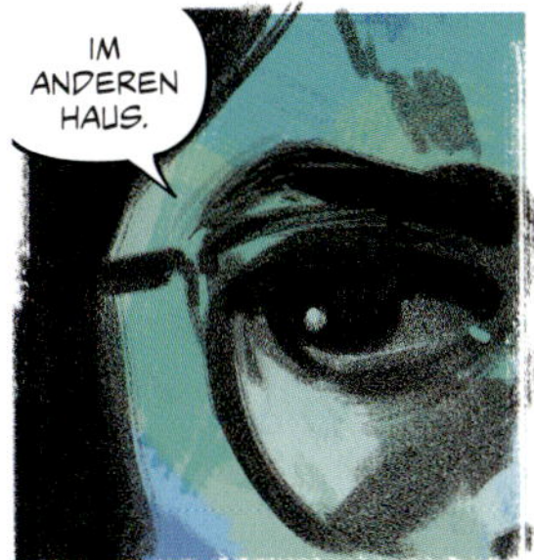
IM ANDEREN HAUS.

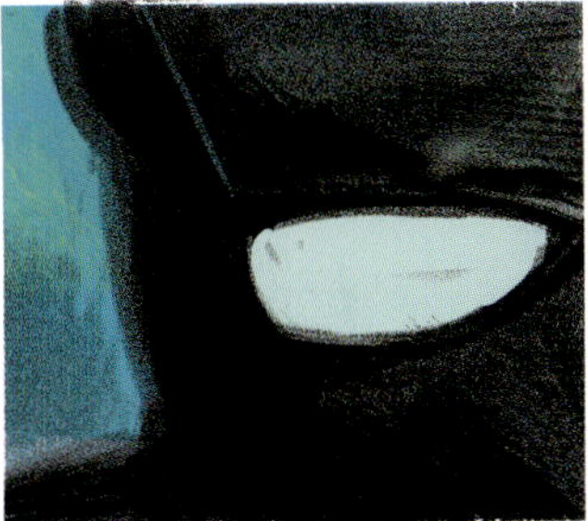

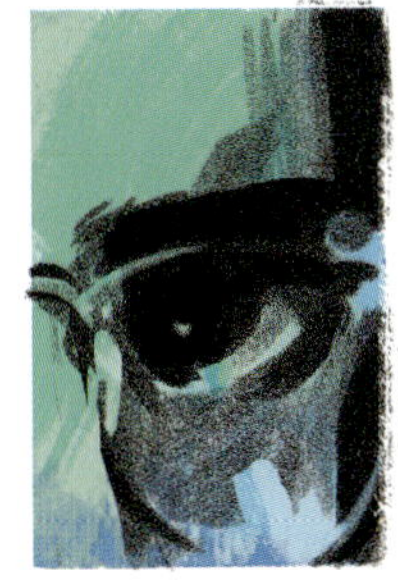

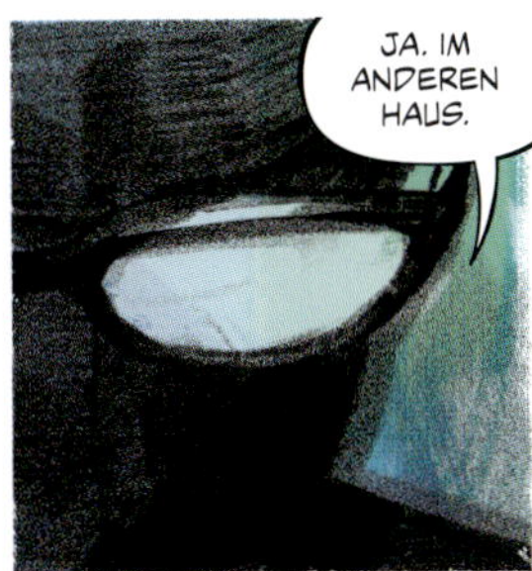
JA. IM ANDEREN HAUS.

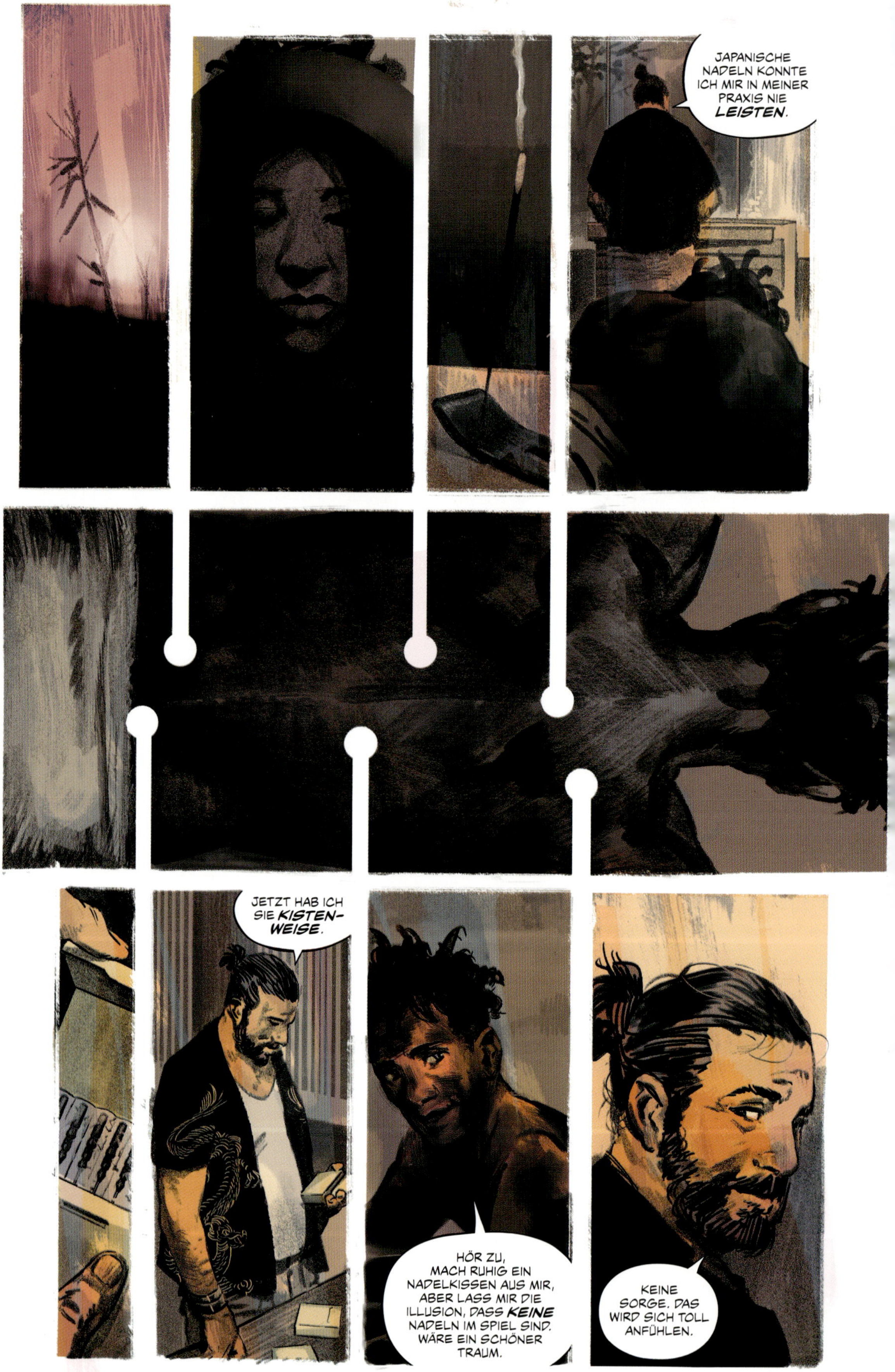

JAPANISCHE NADELN KONNTE ICH MIR IN MEINER PRAXIS NIE ***LEISTEN***.

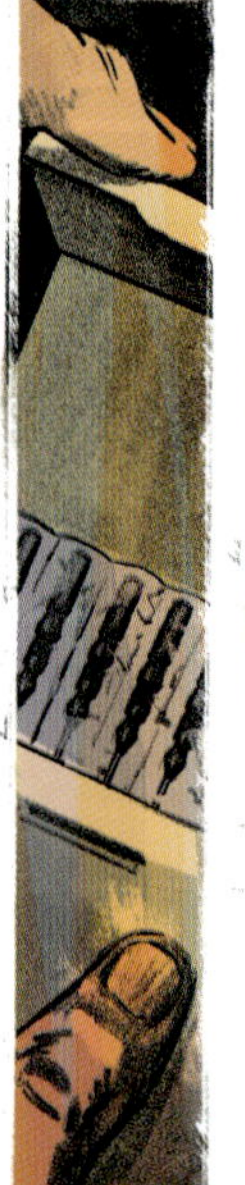

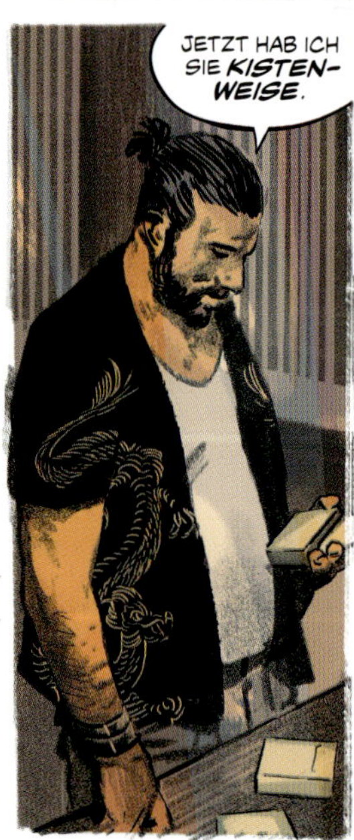

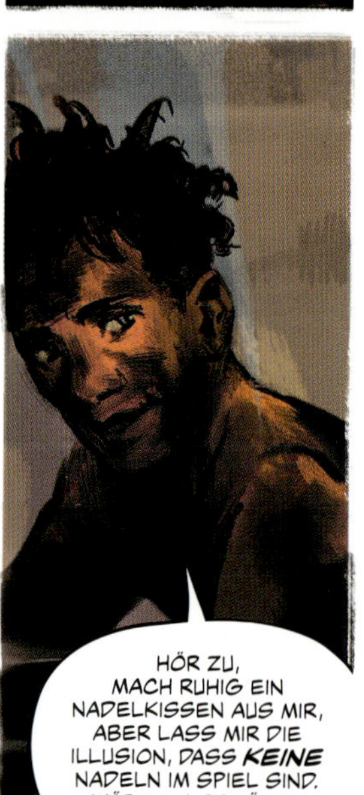

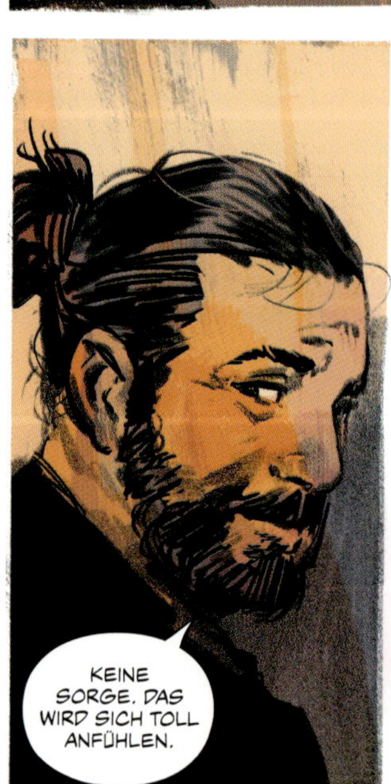

THERE IS A HOUSE ON THE OTHER SIDE OF THE LAKE WITH NO DOORS

AUF DER ANDEREN SEITE DES SEES GIBT ES EIN HAUS OHNE TÜREN

WE GOT CLOSE TO FUCKING UP HIS PLANS THERE

WIR WAREN KURZ DAVOR, SEINE PLÄNE DORT ZU VEREITELN

THAT'S WHY HE ERASED YOUR MEMORY

DESHALB HAT ER EUER GEDÄCHTNIS GELÖSCHT

GO TO THE OTHER HOUSE TONIGHT

GEH HEUTE ABEND ZU DEM ANDEREN HAUS

I WILL PROVIDE A MAP

ICH GEBE DIR EINE KARTE

WAIT FOR AN OPEN DOOR

WARTE AUF EINE OFFENE TÜR

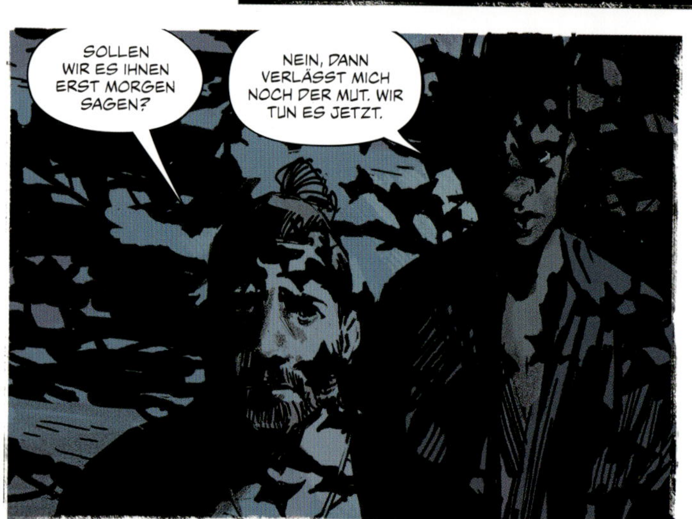

SOLLEN WIR ES IHNEN ERST MORGEN SAGEN?
NEIN, DANN VERLÄSST MICH NOCH DER MUT. WIR TUN ES JETZT.

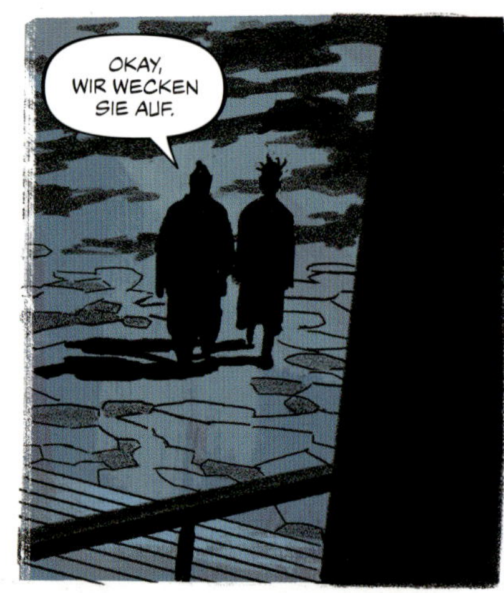

OKAY, WIR WECKEN SIE AUF.

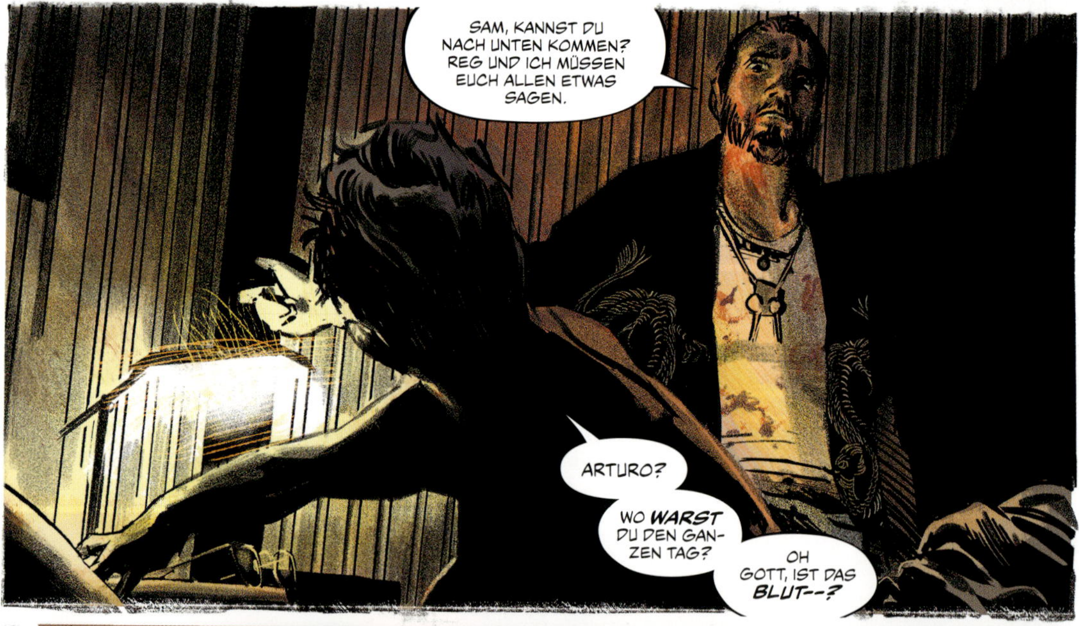

SAM, KANNST DU NACH UNTEN KOMMEN? REG UND ICH MÜSSEN EUCH ALLEN ETWAS SAGEN.
ARTURO?
WO **WARST** DU DEN GANZEN TAG?
OH GOTT, IST DAS **BLUT--?**

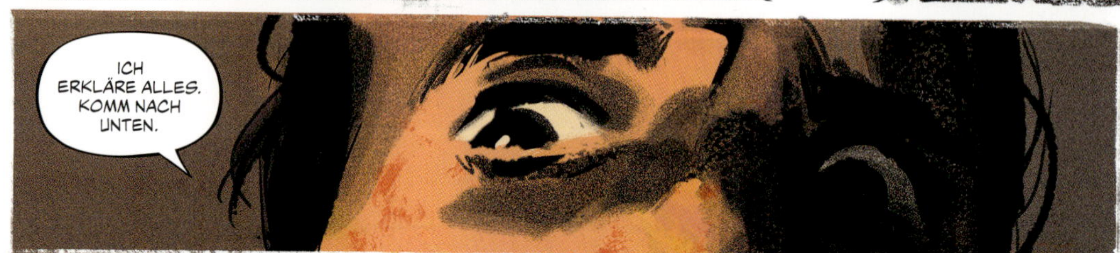

ICH ERKLÄRE ALLES. KOMM NACH UNTEN.

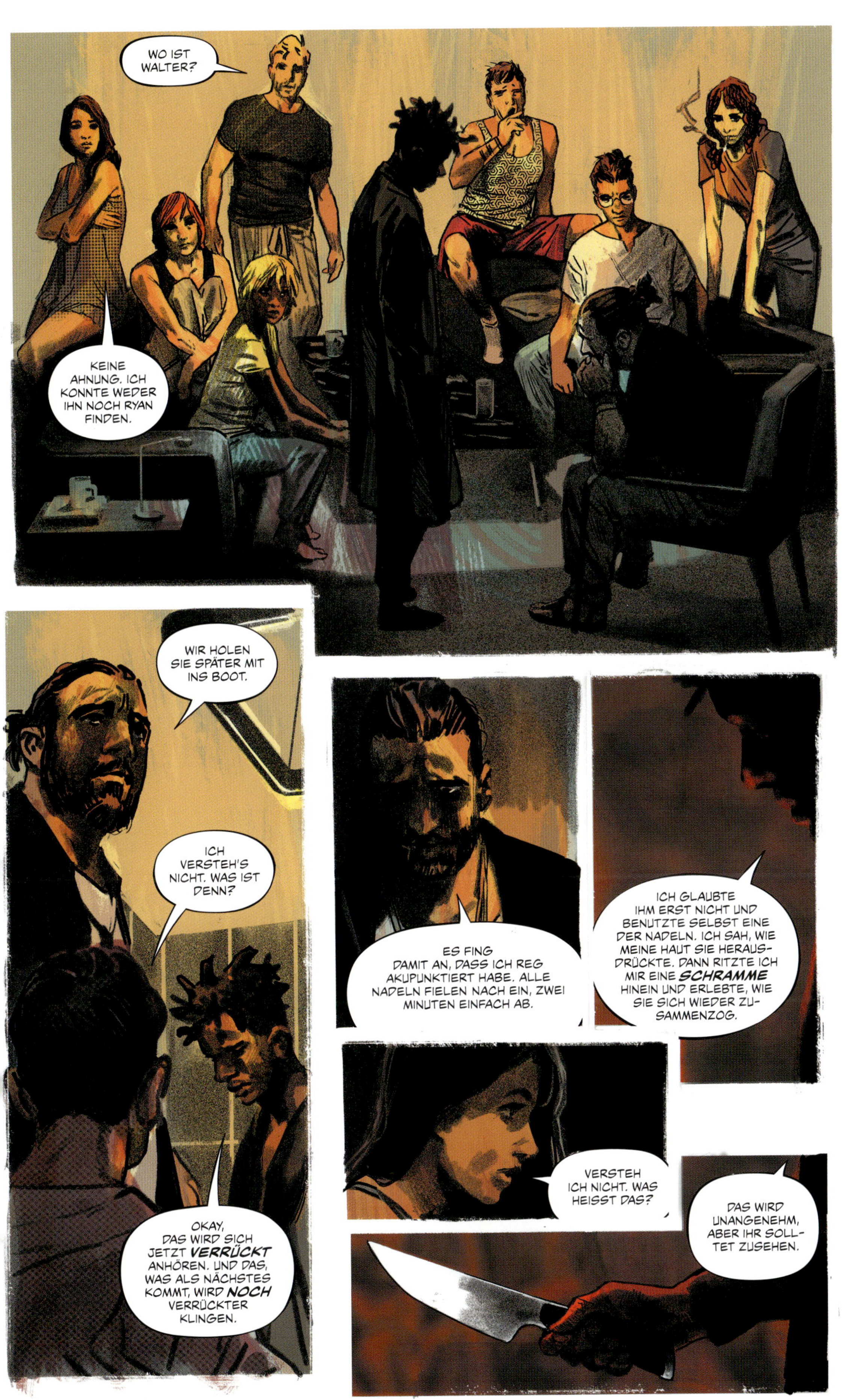
WO IST WALTER?
KEINE AHNUNG. ICH KONNTE WEDER IHN NOCH RYAN FINDEN.
WIR HOLEN SIE SPÄTER MIT INS BOOT.
ICH VERSTEH'S NICHT. WAS IST DENN?
OKAY, DAS WIRD SICH JETZT VERRÜCKT ANHÖREN. UND DAS, WAS ALS NÄCHSTES KOMMT, WIRD NOCH VERRÜCKTER KLINGEN.
ES FING DAMIT AN, DASS ICH REG AKUPUNKTIERT HABE. ALLE NADELN FIELEN NACH EIN, ZWEI MINUTEN EINFACH AB.
ICH GLAUBTE IHM ERST NICHT UND BENUTZTE SELBST EINE DER NADELN. ICH SAH, WIE MEINE HAUT SIE HERAUS-DRÜCKTE. DANN RITZTE ICH MIR EINE SCHRAMME HINEIN UND ERLEBTE, WIE SIE SICH WIEDER ZU-SAMMENZOG.
VERSTEH ICH NICHT. WAS HEISST DAS?
DAS WIRD UNANGENEHM, ABER IHR SOLL-TET ZUSEHEN.

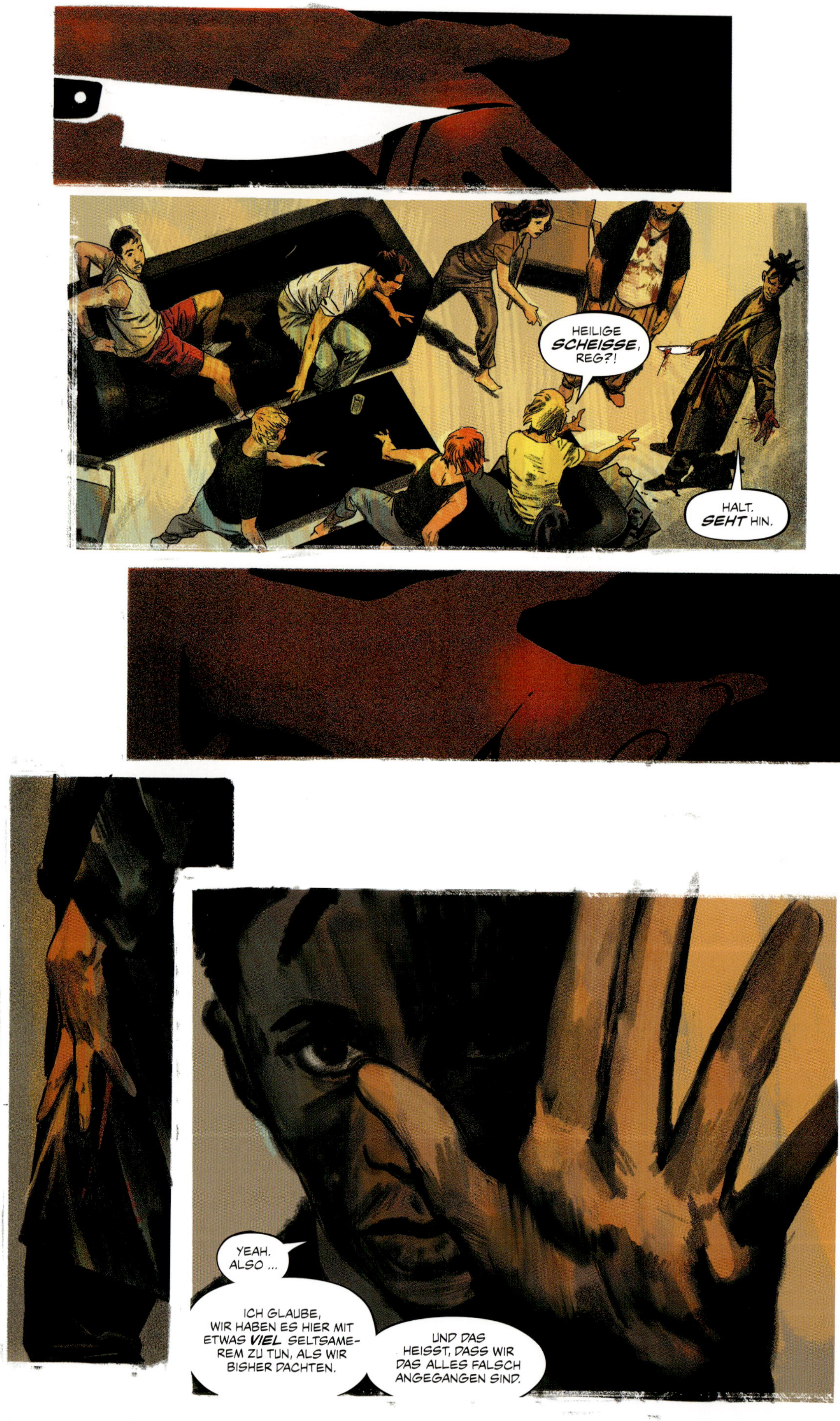

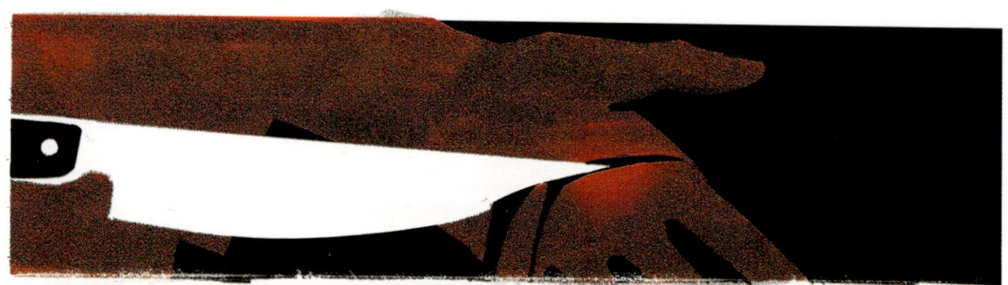

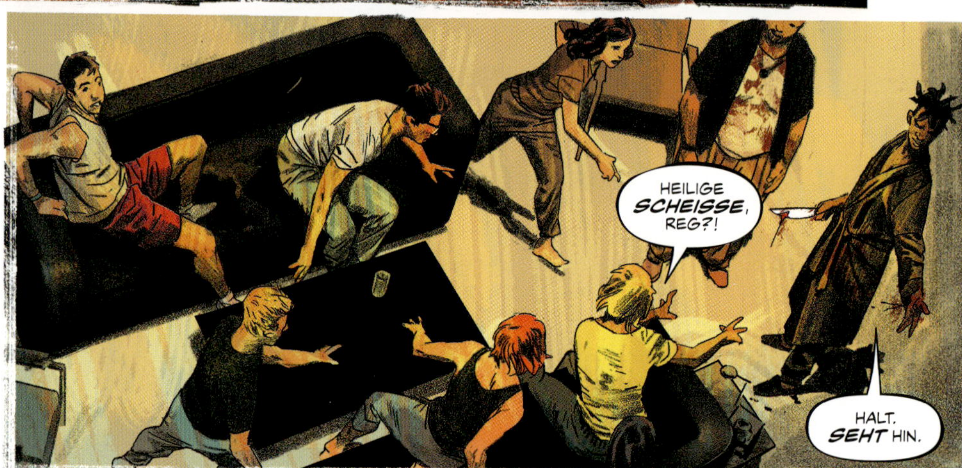
HEILIGE *SCHEISSE*, REG?!
HALT. *SEHT* HIN.

YEAH. ALSO ...
ICH GLAUBE, WIR HABEN ES HIER MIT ETWAS *VIEL* SELTSAME-REM ZU TUN, ALS WIR BISHER DACHTEN.
UND DAS HEISST, DASS WIR DAS ALLES FALSCH ANGEGANGEN SIND.

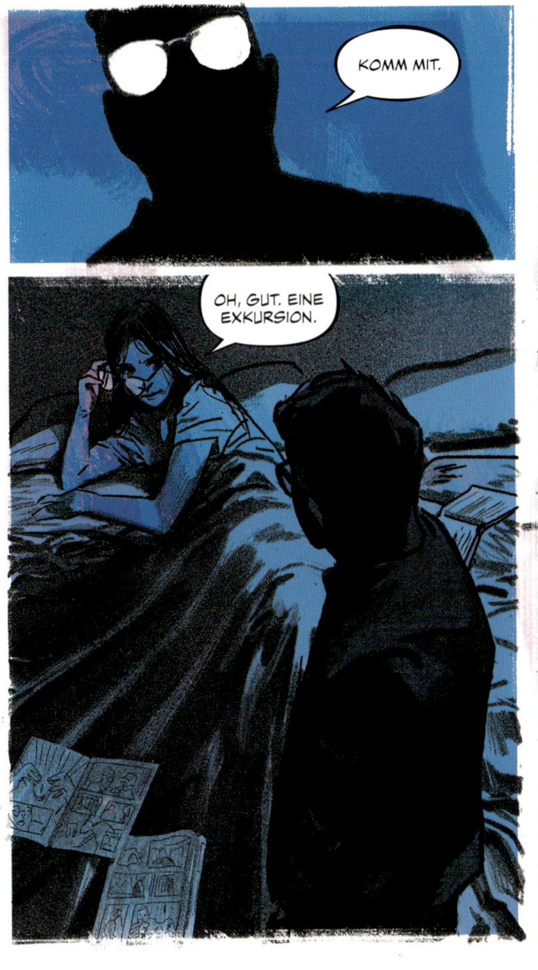
KOMM MIT.
OH, GUT. EINE EXKURSION.

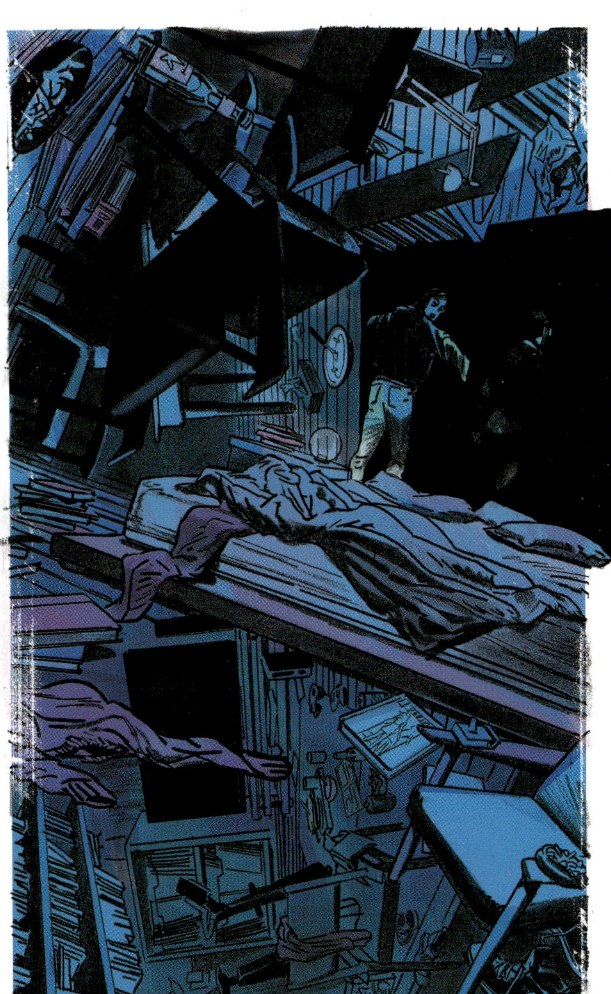

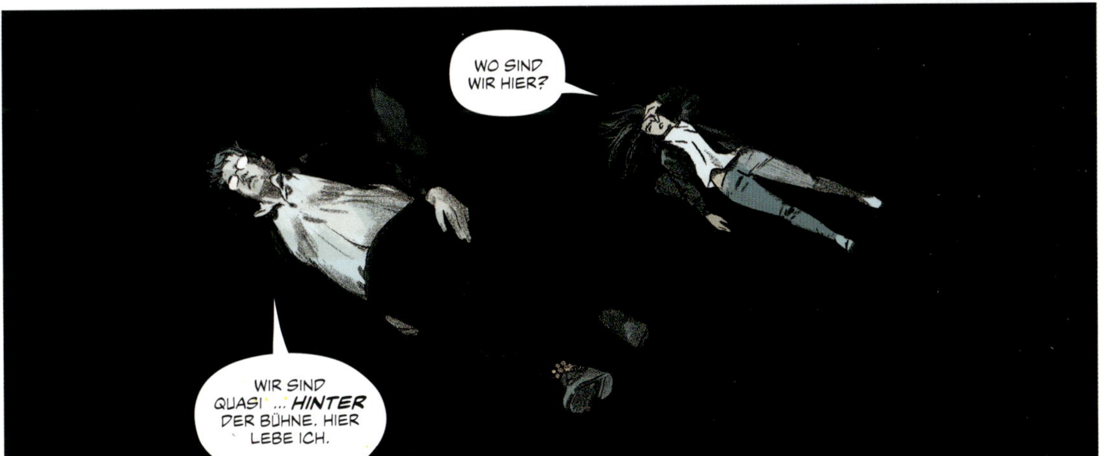
WO SIND WIR HIER?
WIR SIND QUASI ... HINTER DER BÜHNE. HIER LEBE ICH.

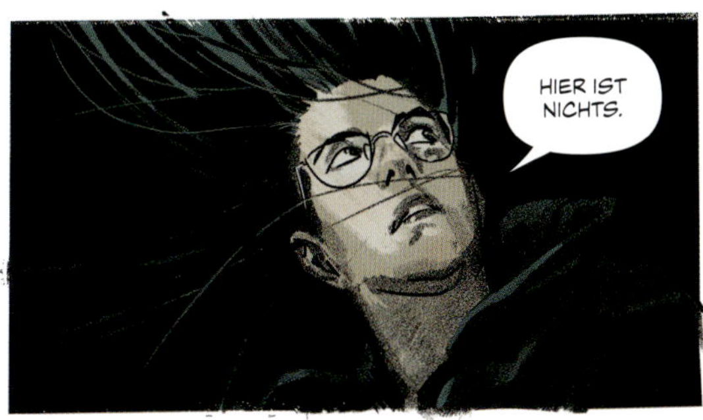
HIER IST NICHTS.

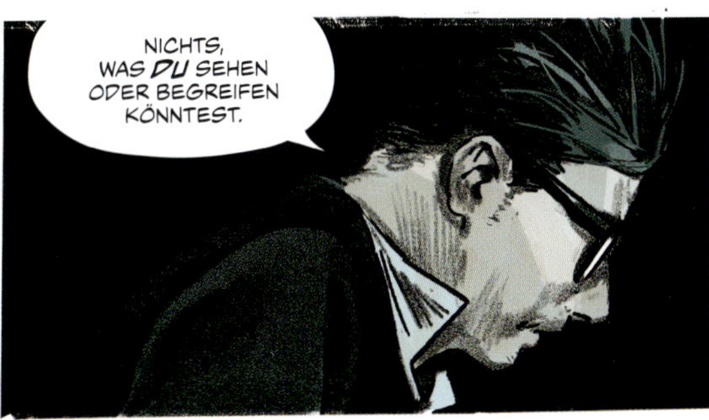
NICHTS, WAS DU SEHEN ODER BEGREIFEN KÖNNTEST.

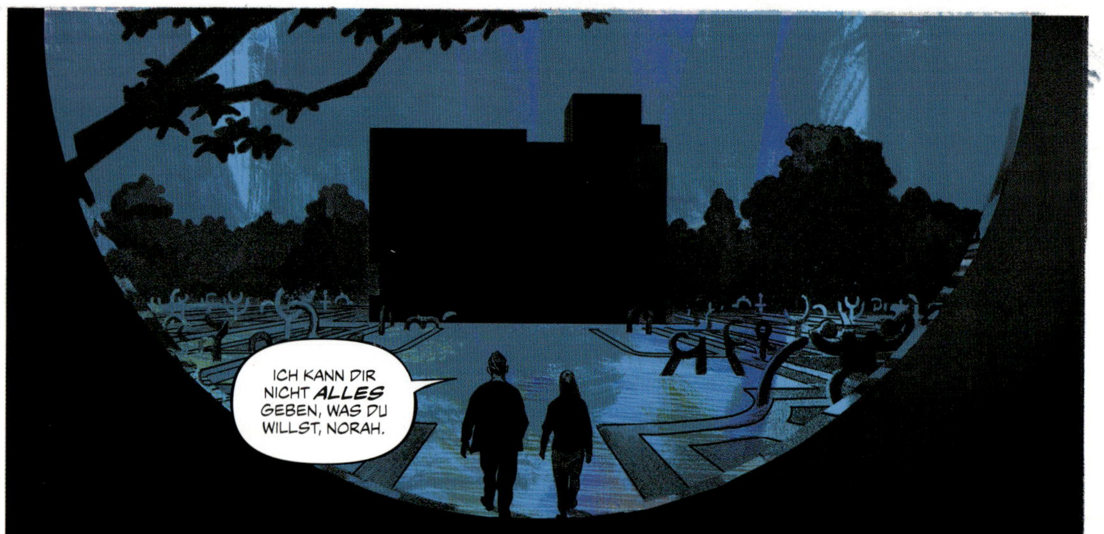
ICH KANN DIR NICHT ALLES GEBEN, WAS DU WILLST, NORAH.

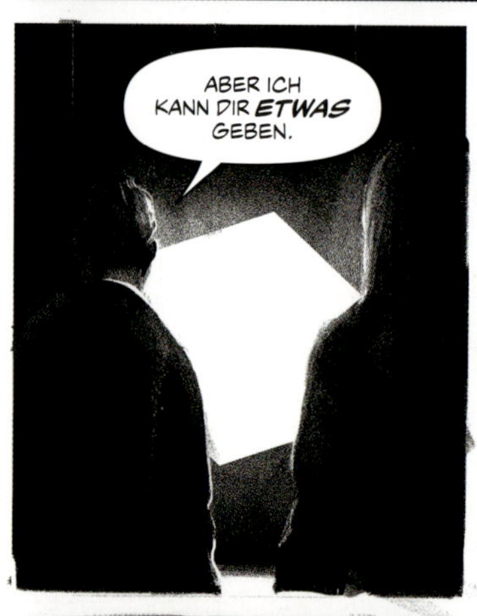
ABER ICH KANN DIR ETWAS GEBEN.

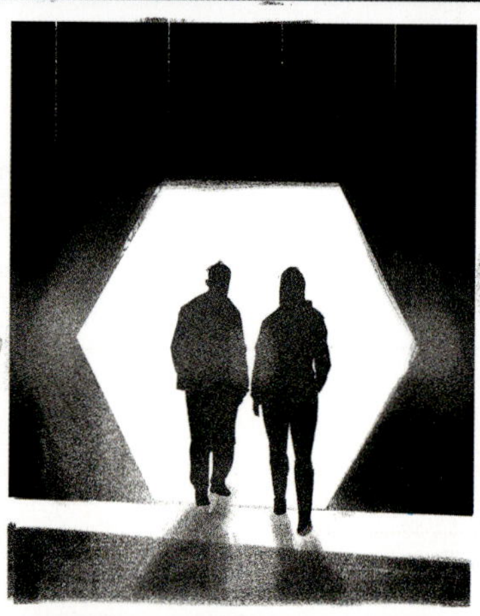

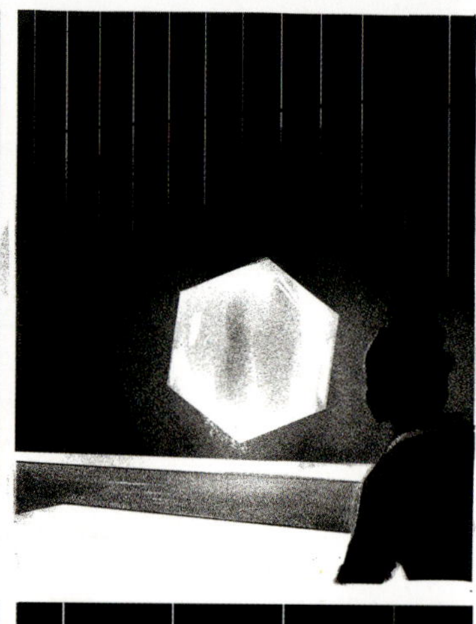

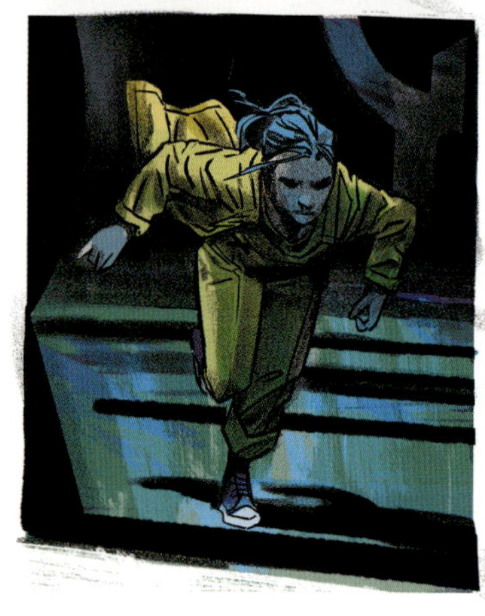

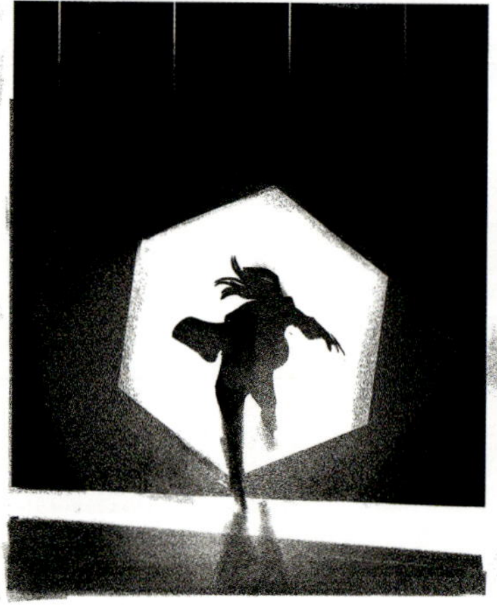

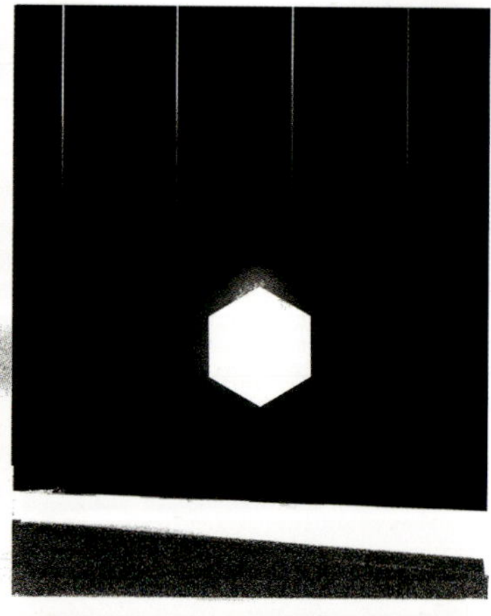

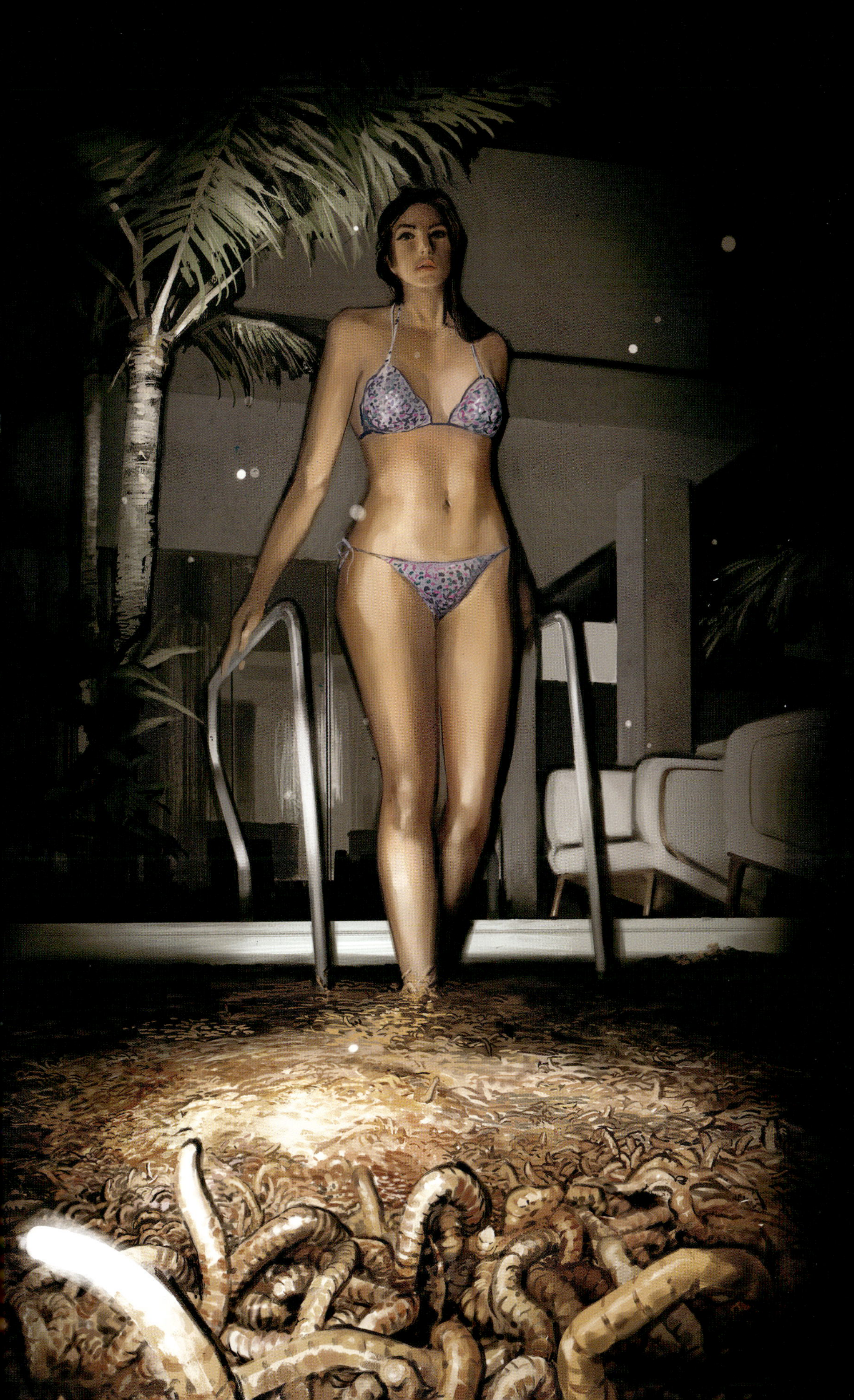

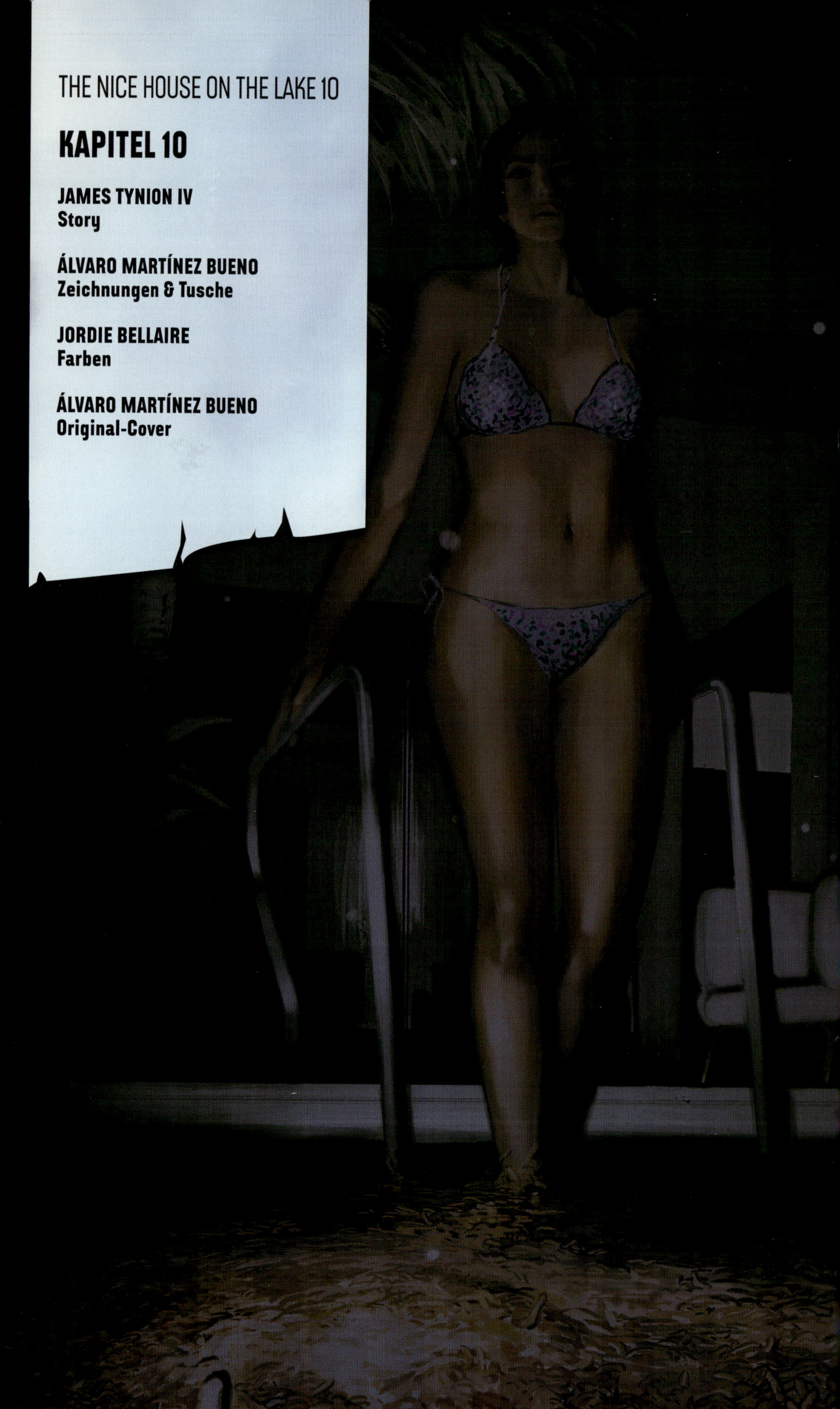
THE NICE HOUSE ON THE LAKE 10
KAPITEL 10
JAMES TYNION IV
Story
ÁLVARO MARTÍNEZ BUENO
Zeichnungen & Tusche
JORDIE BELLAIRE
Farben
ÁLVARO MARTÍNEZ BUENO
Original-Cover

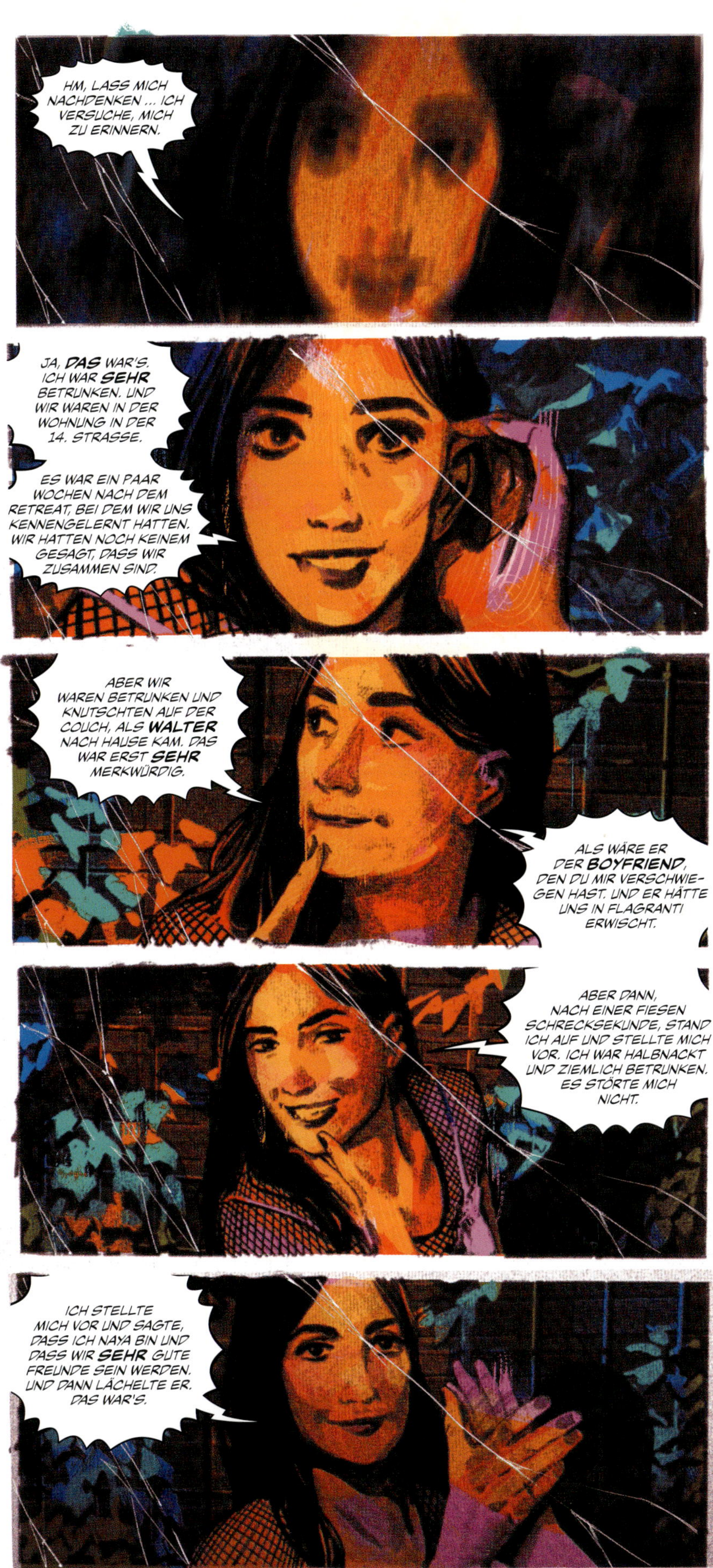
HM, LASS MICH NACHDENKEN ... ICH VERSUCHE, MICH ZU ERINNERN.
JA, DAS WAR'S. ICH WAR SEHR BETRUNKEN. UND WIR WAREN IN DER WOHNUNG IN DER 14. STRASSE.
ES WAR EIN PAAR WOCHEN NACH DEM RETREAT, BEI DEM WIR UNS KENNENGELERNT HATTEN. WIR HATTEN NOCH KEINEM GESAGT, DASS WIR ZUSAMMEN SIND.
ABER WIR WAREN BETRUNKEN UND KNUTSCHTEN AUF DER COUCH, ALS WALTER NACH HAUSE KAM. DAS WAR ERST SEHR MERKWÜRDIG.
ALS WÄRE ER DER BOYFRIEND, DEN DU MIR VERSCHWIEGEN HAST. UND ER HÄTTE UNS IN FLAGRANTI ERWISCHT.
ABER DANN, NACH EINER FIESEN SCHRECKSEKUNDE, STAND ICH AUF UND STELLTE MICH VOR. ICH WAR HALBNACKT UND ZIEMLICH BETRUNKEN. ES STÖRTE MICH NICHT.
ICH STELLTE MICH VOR UND SAGTE, DASS ICH NAYA BIN UND DASS WIR SEHR GUTE FREUNDE SEIN WERDEN. UND DANN LÄCHELTE ER. DAS WAR'S.

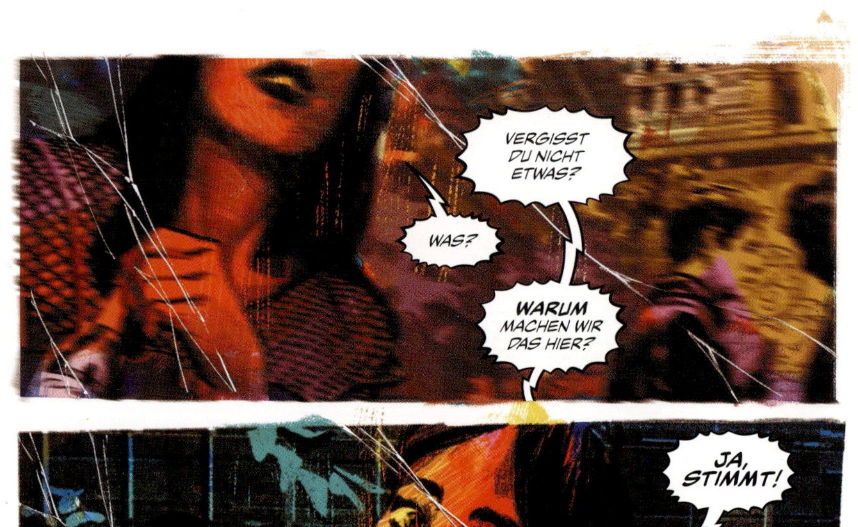
VERGISST DU NICHT ETWAS?
WAS?
WARUM MACHEN WIR DAS HIER?

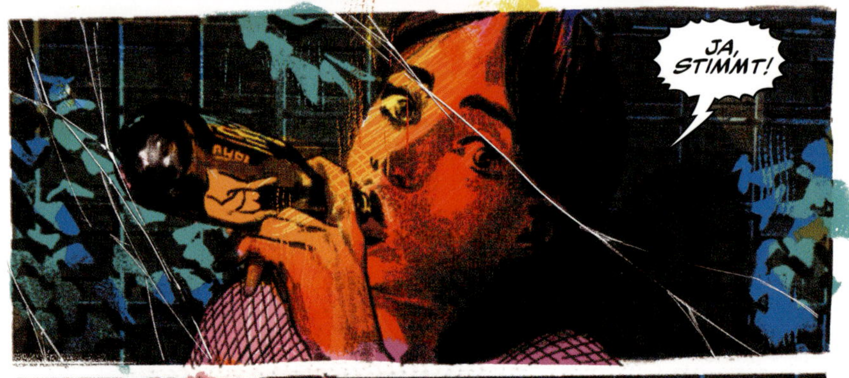
JA, STIMMT!

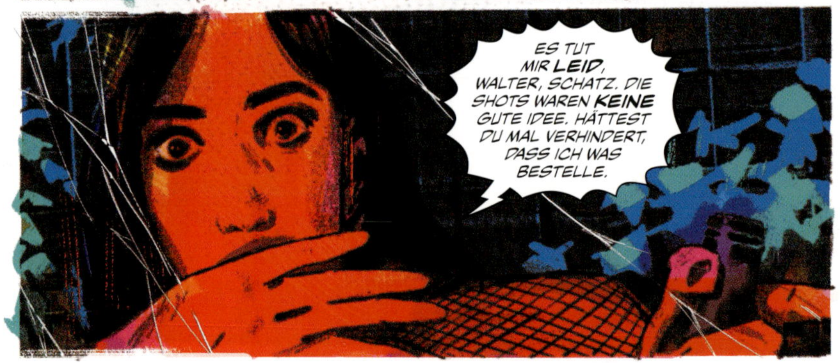
ES TUT MIR LEID, WALTER, SCHATZ. DIE SHOTS WAREN KEINE GUTE IDEE. HÄTTEST DU MAL VERHINDERT, DASS ICH WAS BESTELLE.

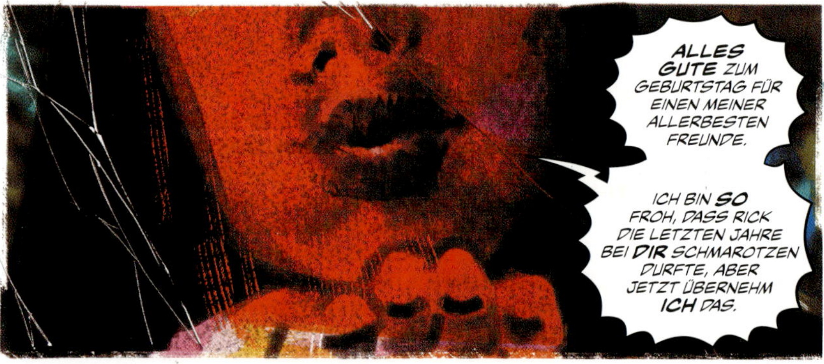
ALLES GUTE ZUM GEBURTSTAG FÜR EINEN MEINER ALLERBESTEN FREUNDE.
ICH BIN SO FROH, DASS RICK DIE LETZTEN JAHRE BEI DIR SCHMAROTZEN DURFTE, ABER JETZT ÜBERNEHM ICH DAS.

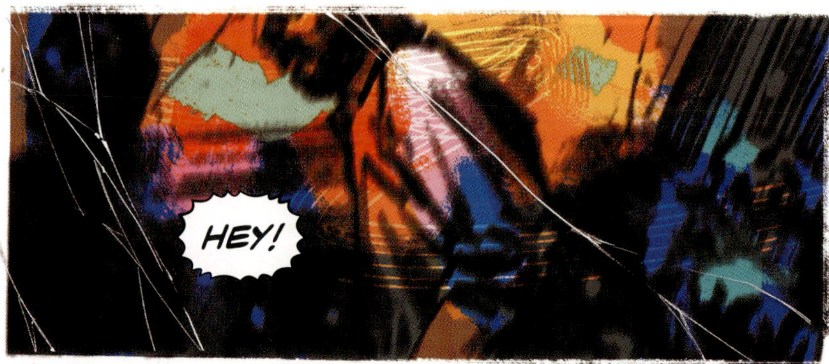
HEY!

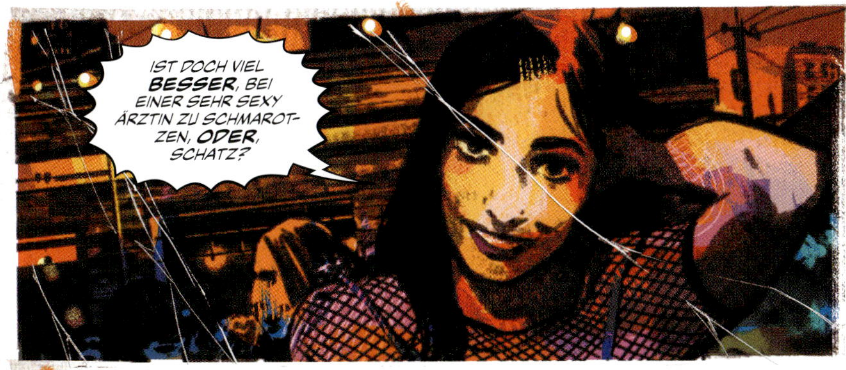
IST DOCH VIEL BESSER, BEI EINER SEHR SEXY ÄRZTIN ZU SCHMAROTZEN, ODER, SCHATZ?

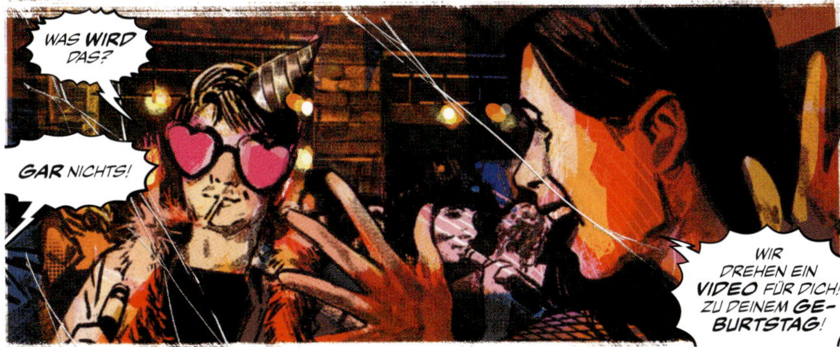
WAS WIRD DAS?
GAR NICHTS!
WIR DREHEN EIN VIDEO FÜR DICH! ZU DEINEM GEBURTSTAG!

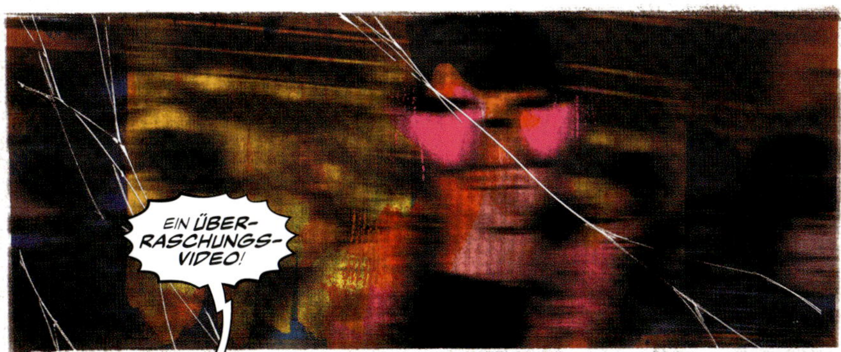
EIN ÜBERRASCHUNGSVIDEO!

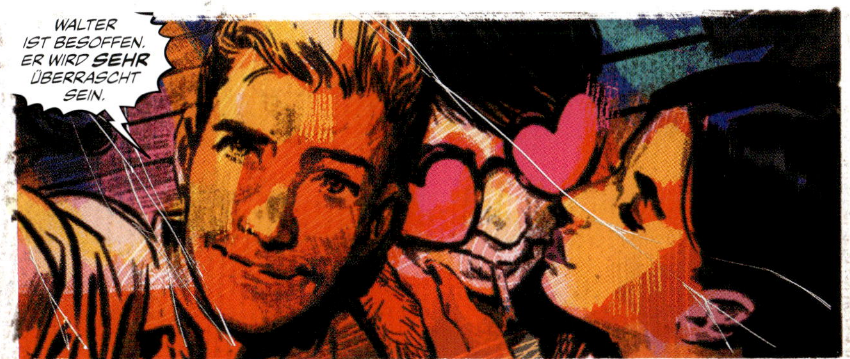
WALTER IST BESOFFEN. ER WIRD SEHR ÜBERRASCHT SEIN.

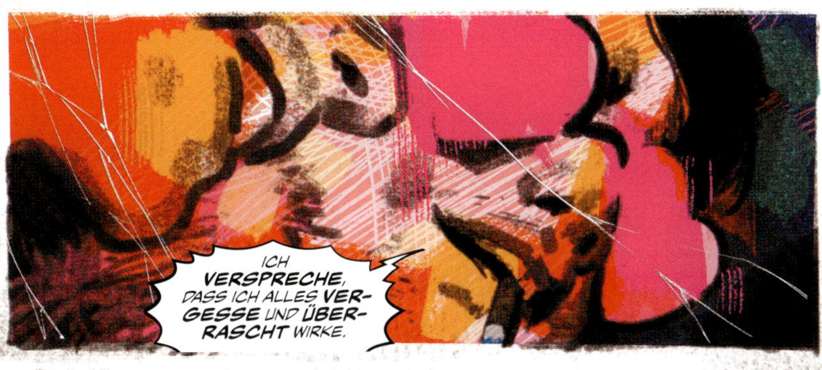
ICH VERSPRECHE, DASS ICH ALLES VERGESSE UND ÜBERRASCHT WIRKE.

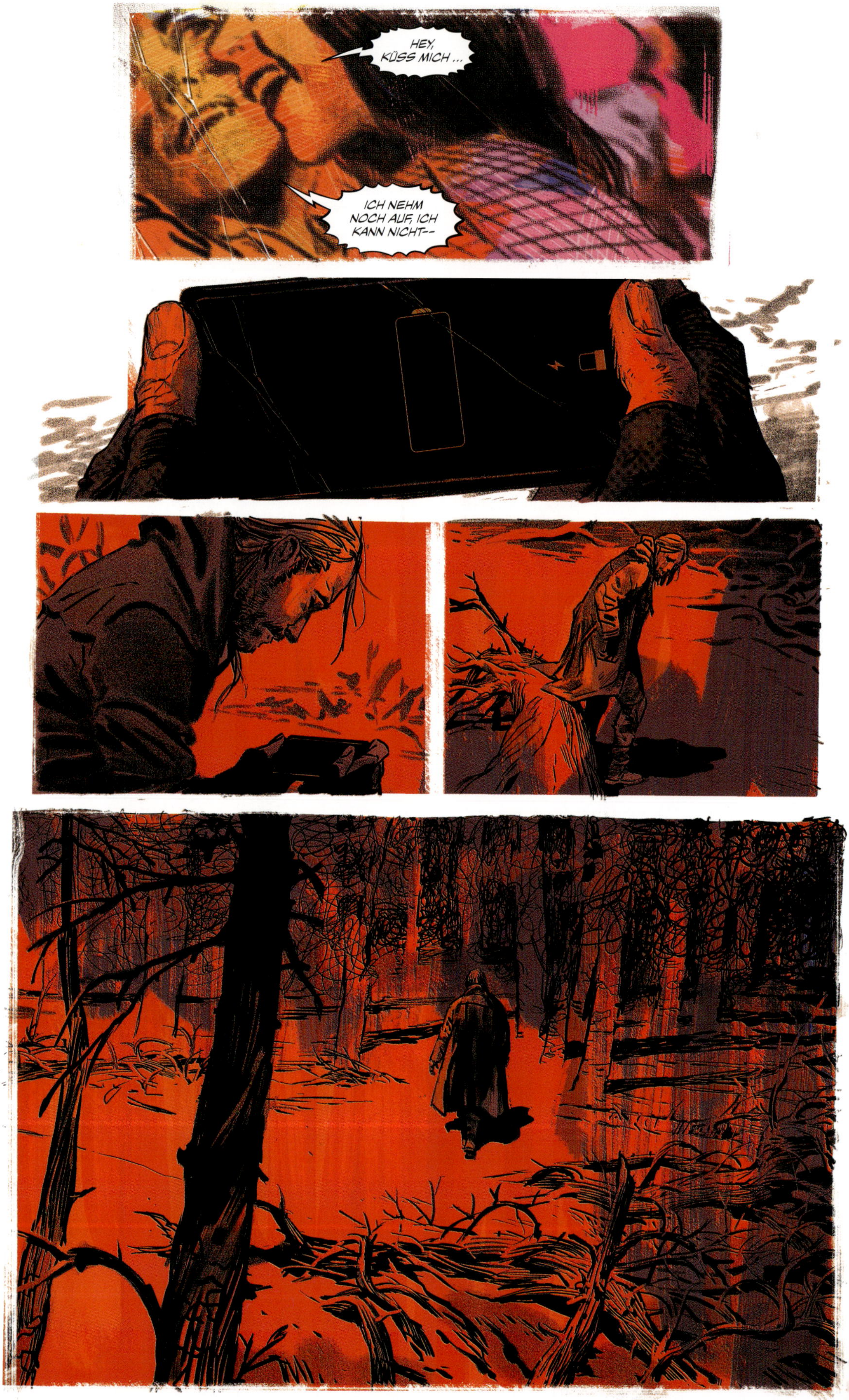

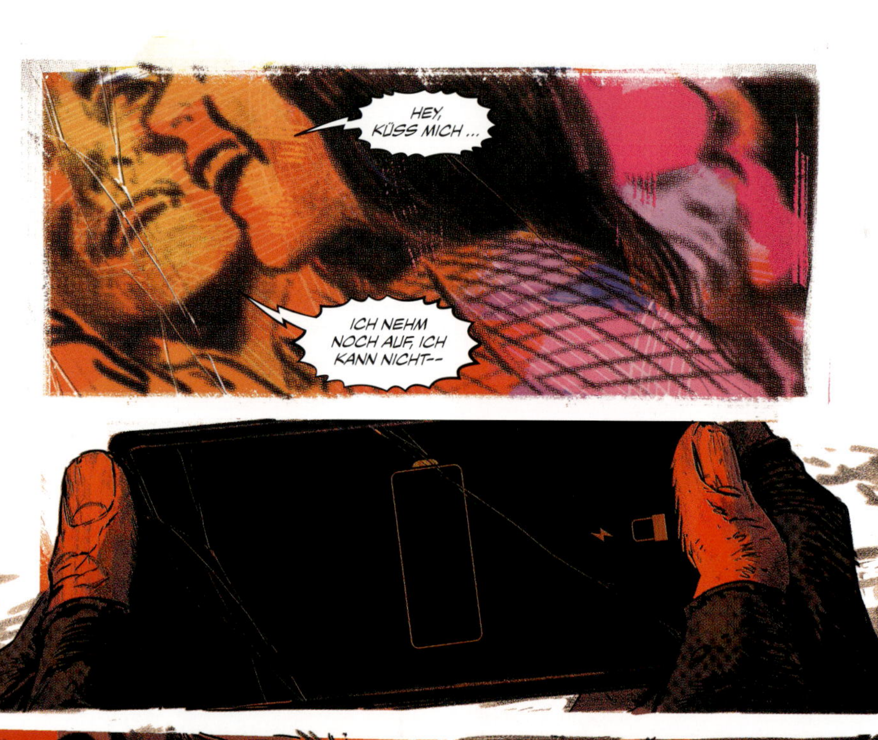
HEY, KÜSS MICH ...
ICH NEHM NOCH AUF, ICH KANN NICHT--

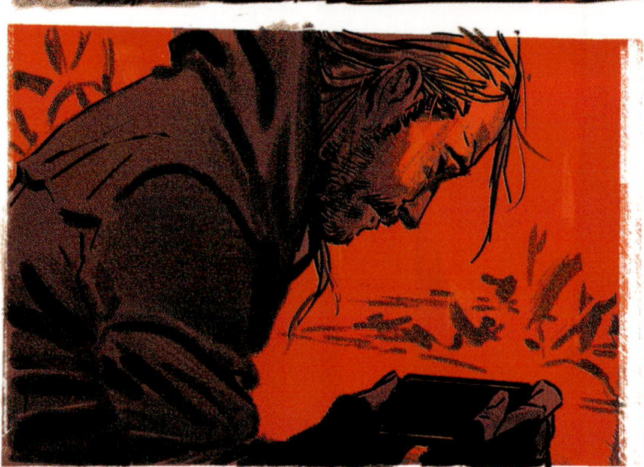

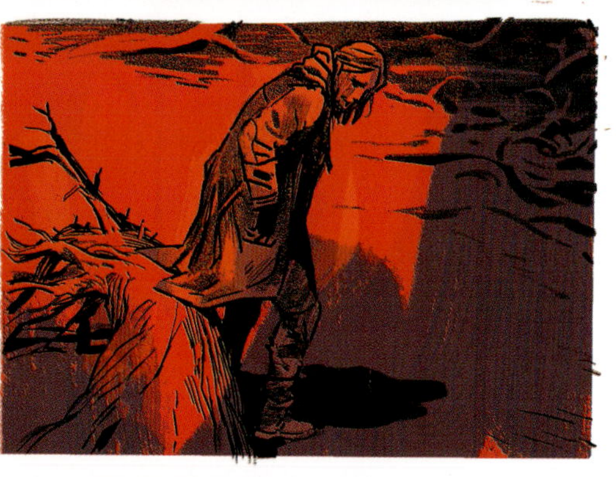

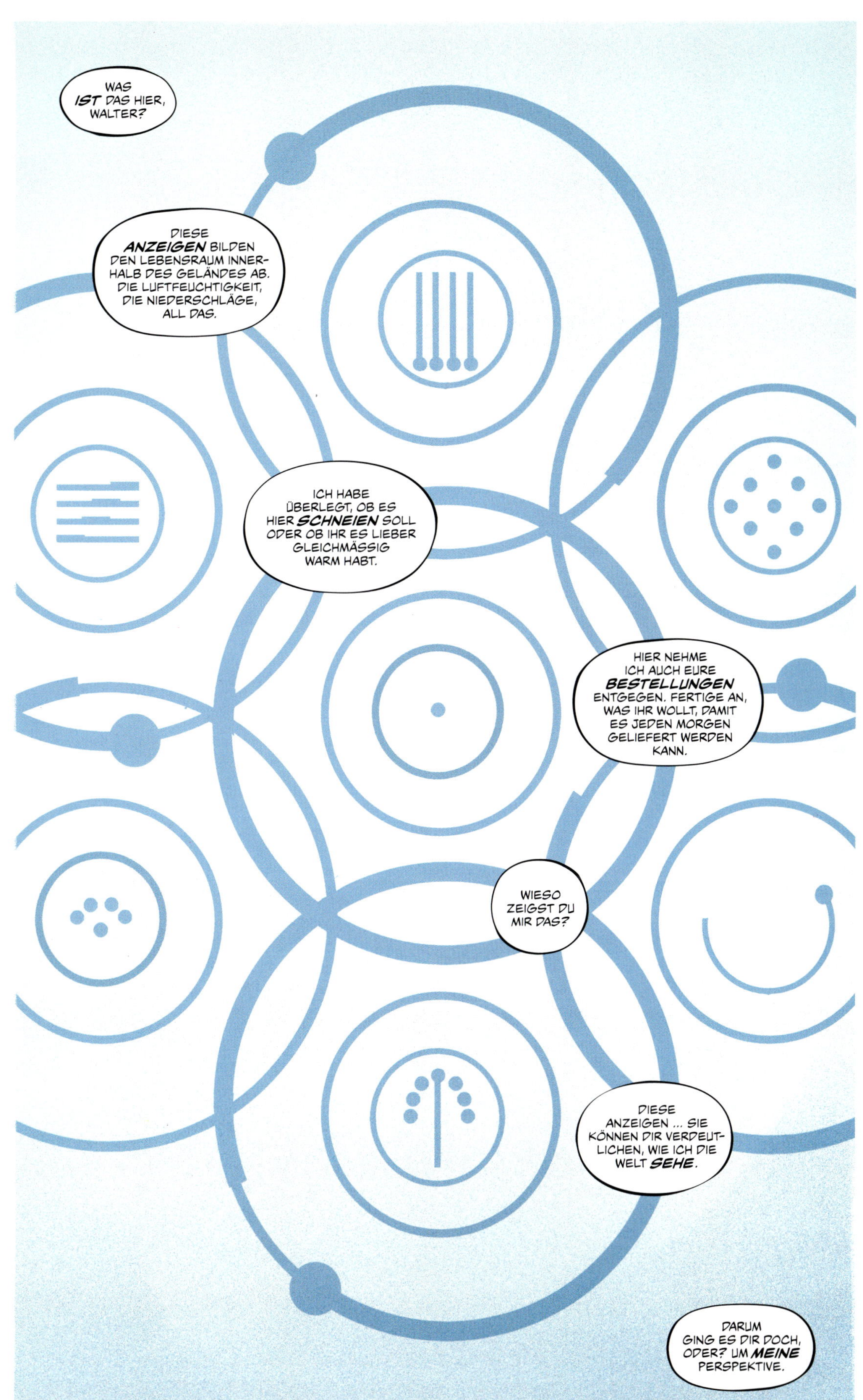
WAS *IST* DAS HIER, WALTER?
DIESE **ANZEIGEN** BILDEN DEN LEBENSRAUM INNERHALB DES GELÄNDES AB. DIE LUFTFEUCHTIGKEIT, DIE NIEDERSCHLÄGE, ALL DAS.
ICH HABE ÜBERLEGT, OB ES HIER **SCHNEIEN** SOLL ODER OB IHR ES LIEBER GLEICHMÄSSIG WARM HABT.
HIER NEHME ICH AUCH EURE **BESTELLUNGEN** ENTGEGEN. FERTIGE AN, WAS IHR WOLLT, DAMIT ES JEDEN MORGEN GELIEFERT WERDEN KANN.
WIESO ZEIGST DU MIR DAS?
DIESE ANZEIGEN ... SIE KÖNNEN DIR VERDEUTLICHEN, WIE ICH DIE WELT **SEHE**.
DARUM GING ES DIR DOCH, ODER? UM **MEINE** PERSPEKTIVE.

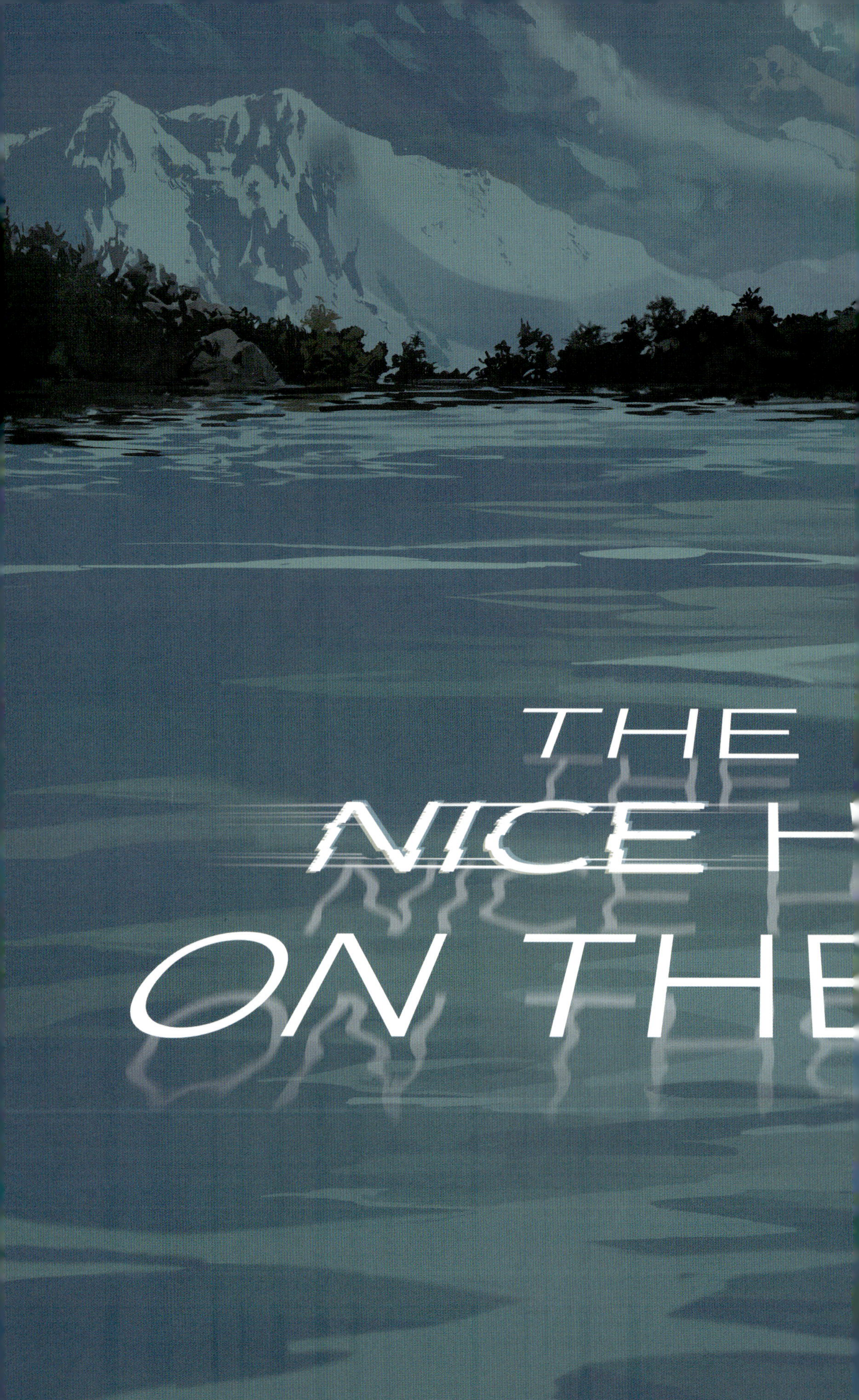
THE
NICE H
ON THE

OUSE
LAKE*
* DAS HAUS AM SEE

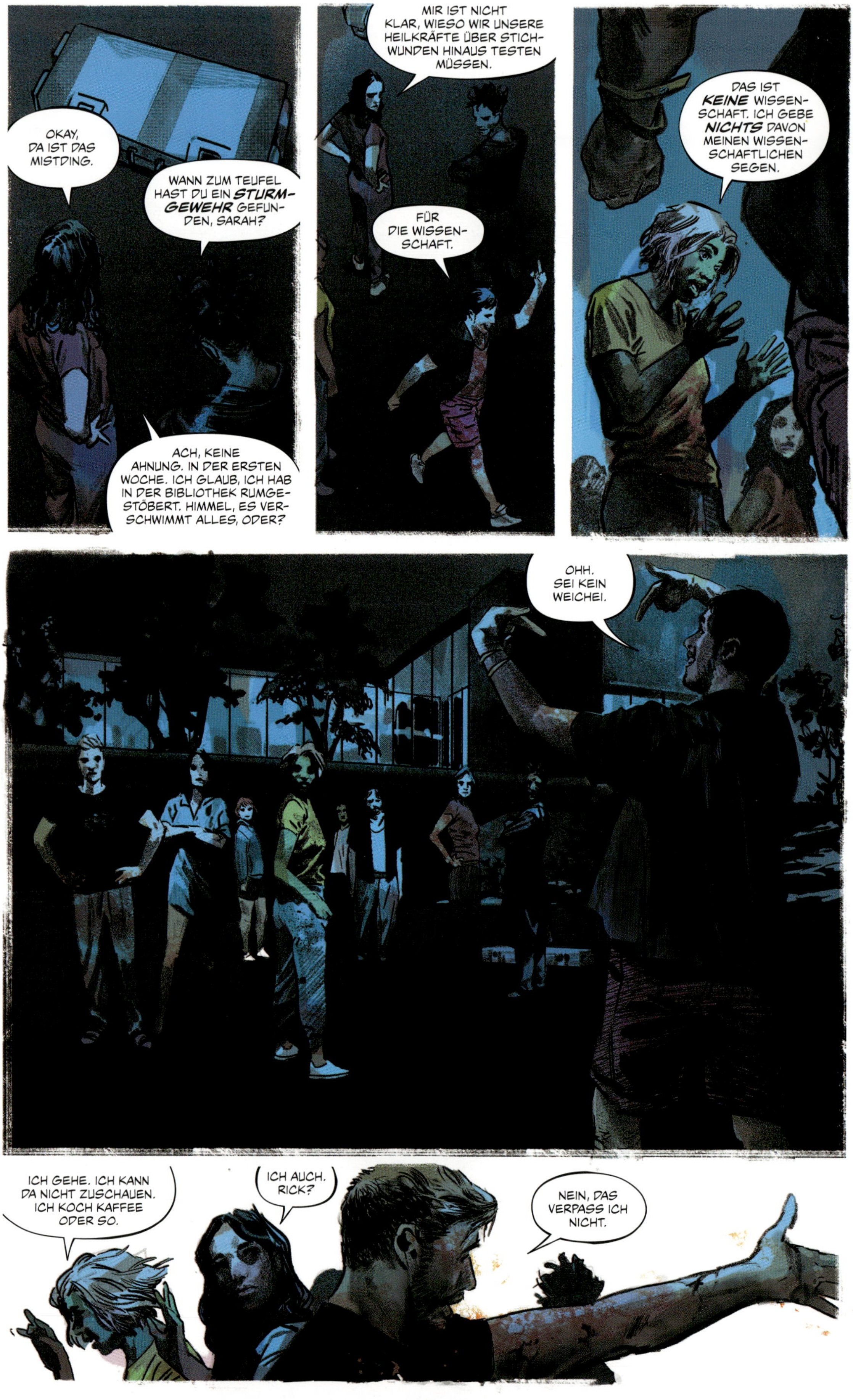

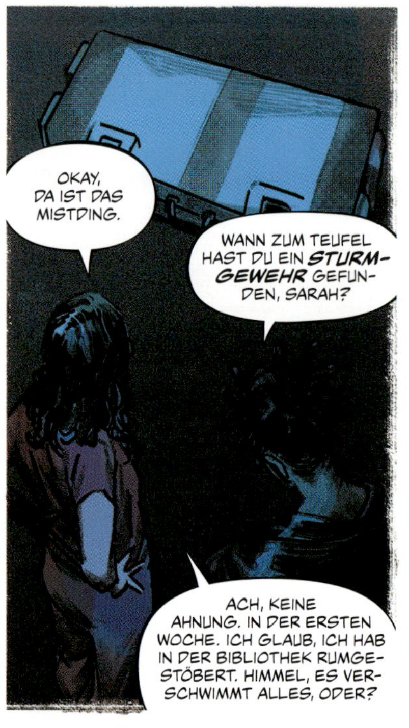
OKAY, DA IST DAS MISTDING.
WANN ZUM TEUFEL HAST DU EIN **STURMGEWEHR** GEFUNDEN, SARAH?
ACH, KEINE AHNUNG. IN DER ERSTEN WOCHE. ICH GLAUB, ICH HAB IN DER BIBLIOTHEK RUMGESTÖBERT. HIMMEL, ES VERSCHWIMMT ALLES, ODER?

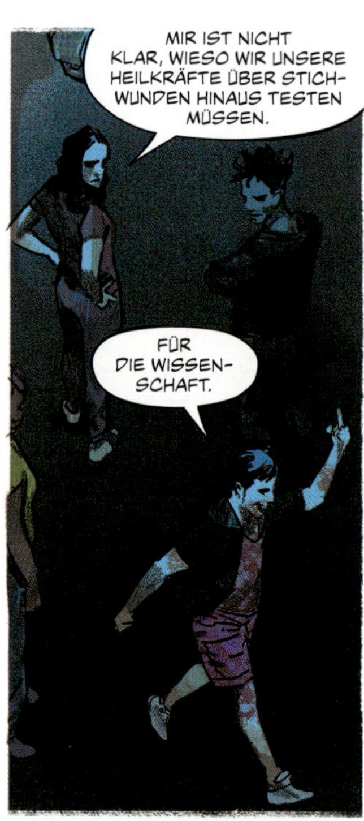
MIR IST NICHT KLAR, WIESO WIR UNSERE HEILKRÄFTE ÜBER STICHWUNDEN HINAUS TESTEN MÜSSEN.
FÜR DIE WISSENSCHAFT.

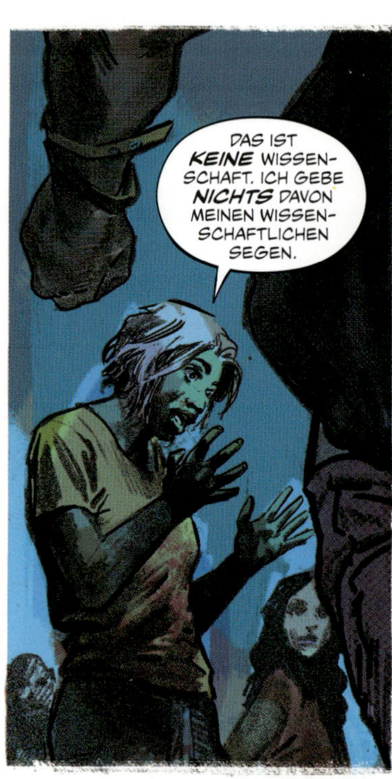
DAS IST **KEINE** WISSENSCHAFT. ICH GEBE **NICHTS** DAVON MEINEN WISSENSCHAFTLICHEN SEGEN.

OHH. SEI KEIN WEICHEI.

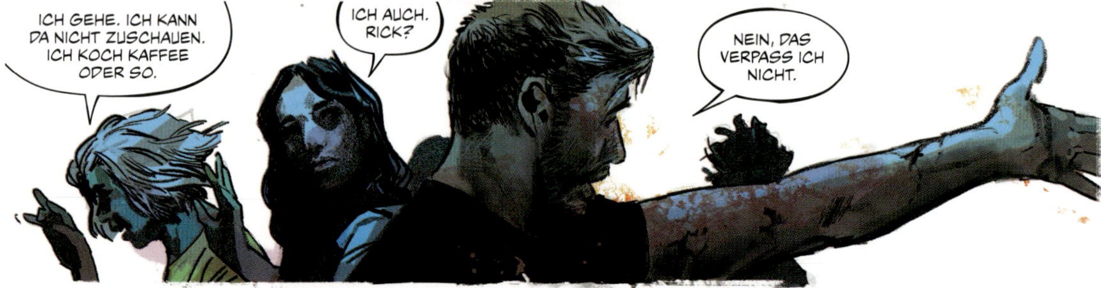
ICH GEHE. ICH KANN DA NICHT ZUSCHAUEN. ICH KOCH KAFFEE ODER SO.
ICH AUCH. RICK?
NEIN, DAS VERPASS ICH NICHT.

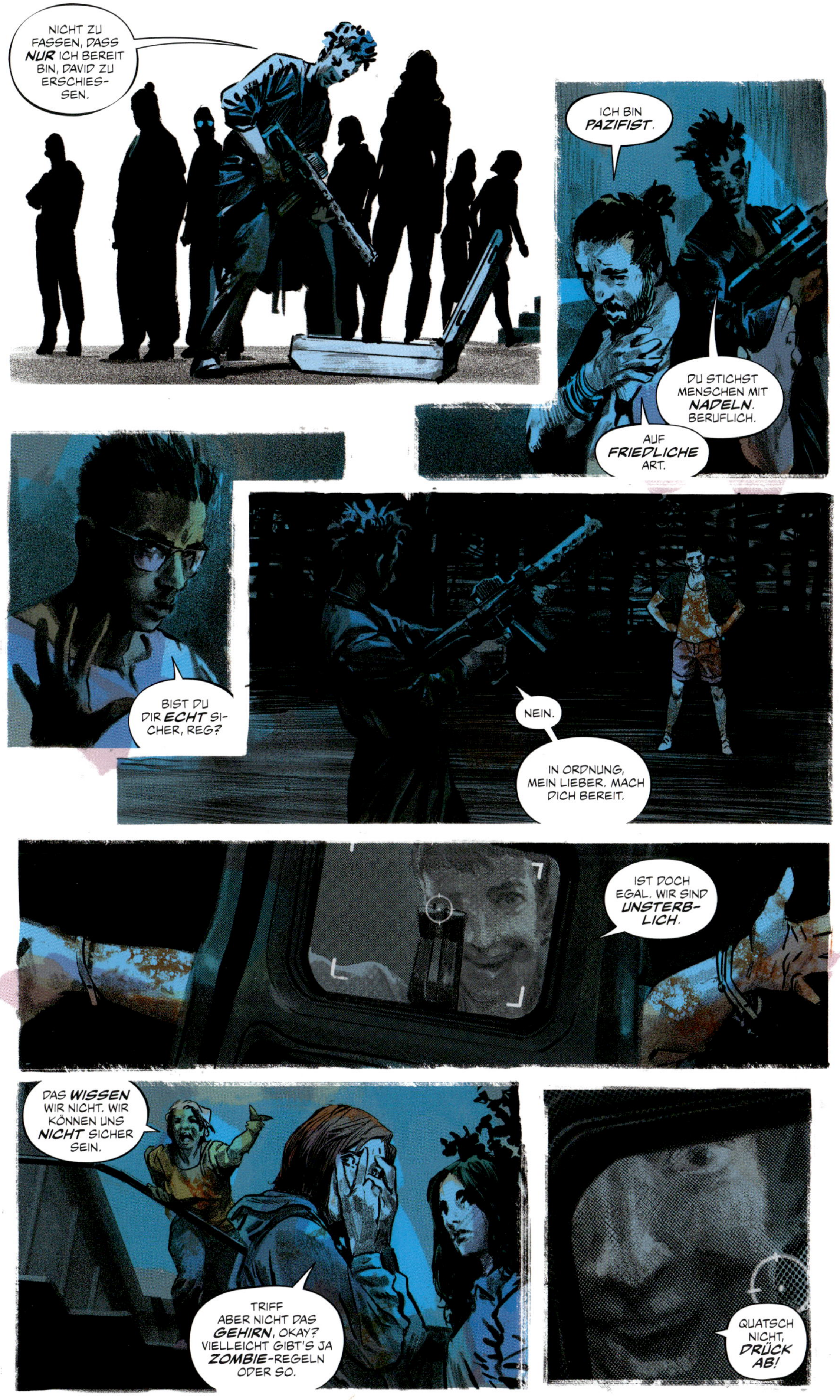

NICHT ZU FASSEN, DASS NUR ICH BEREIT BIN, DAVID ZU ERSCHIES-SEN.
ICH BIN PAZIFIST.
DU STICHST MENSCHEN MIT NADELN. BERUFLICH.
AUF FRIEDLICHE ART.
BIST DU DIR ECHT SI-CHER, REG?
NEIN.
IN ORDNUNG, MEIN LIEBER. MACH DICH BEREIT.

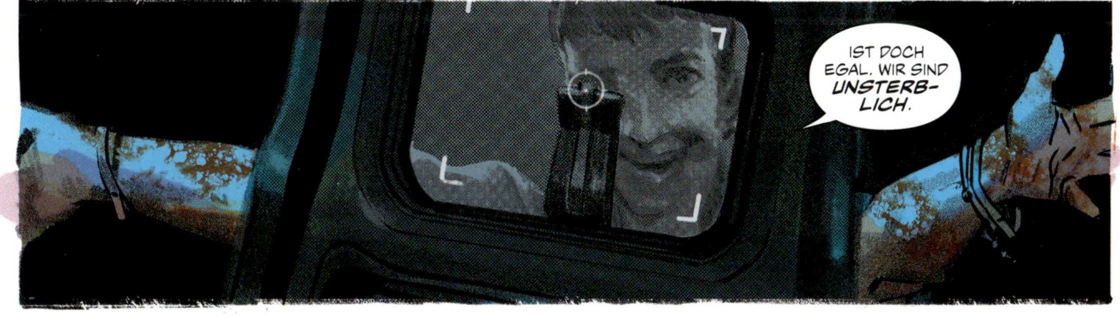

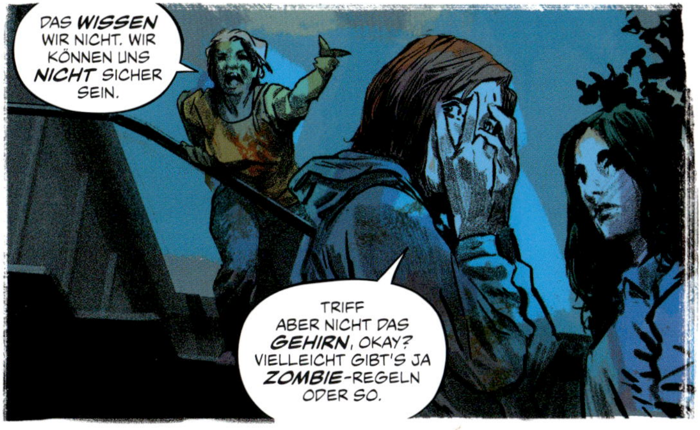

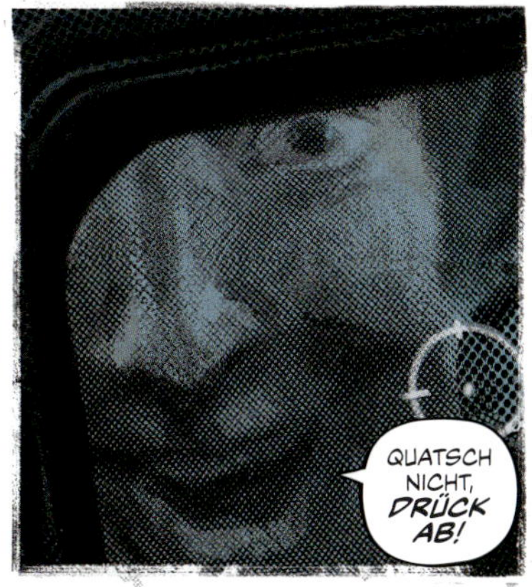

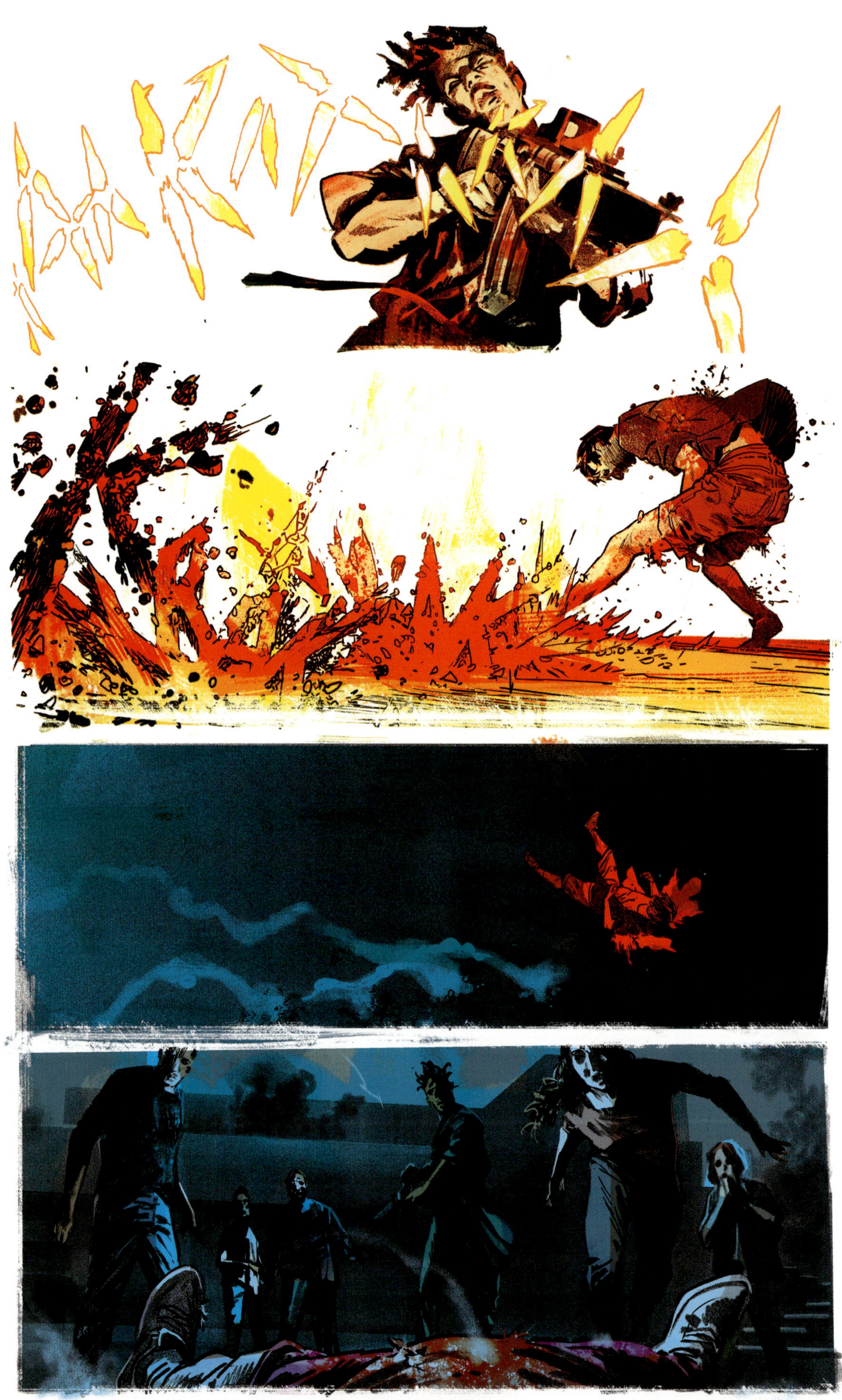

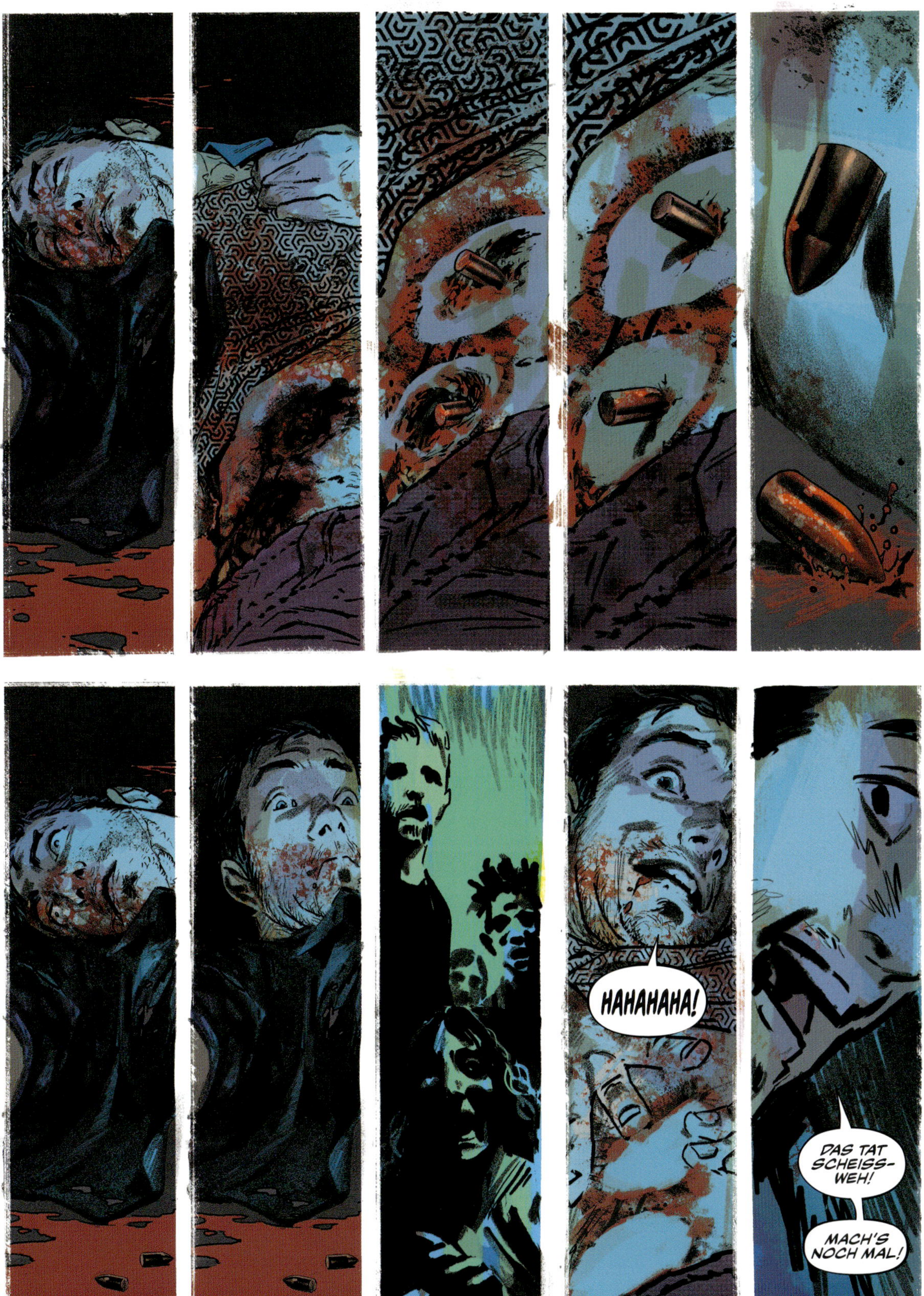
HAHAHAHA!
DAS TAT SCHEISS-WEH!
MACH'S NOCH MAL!

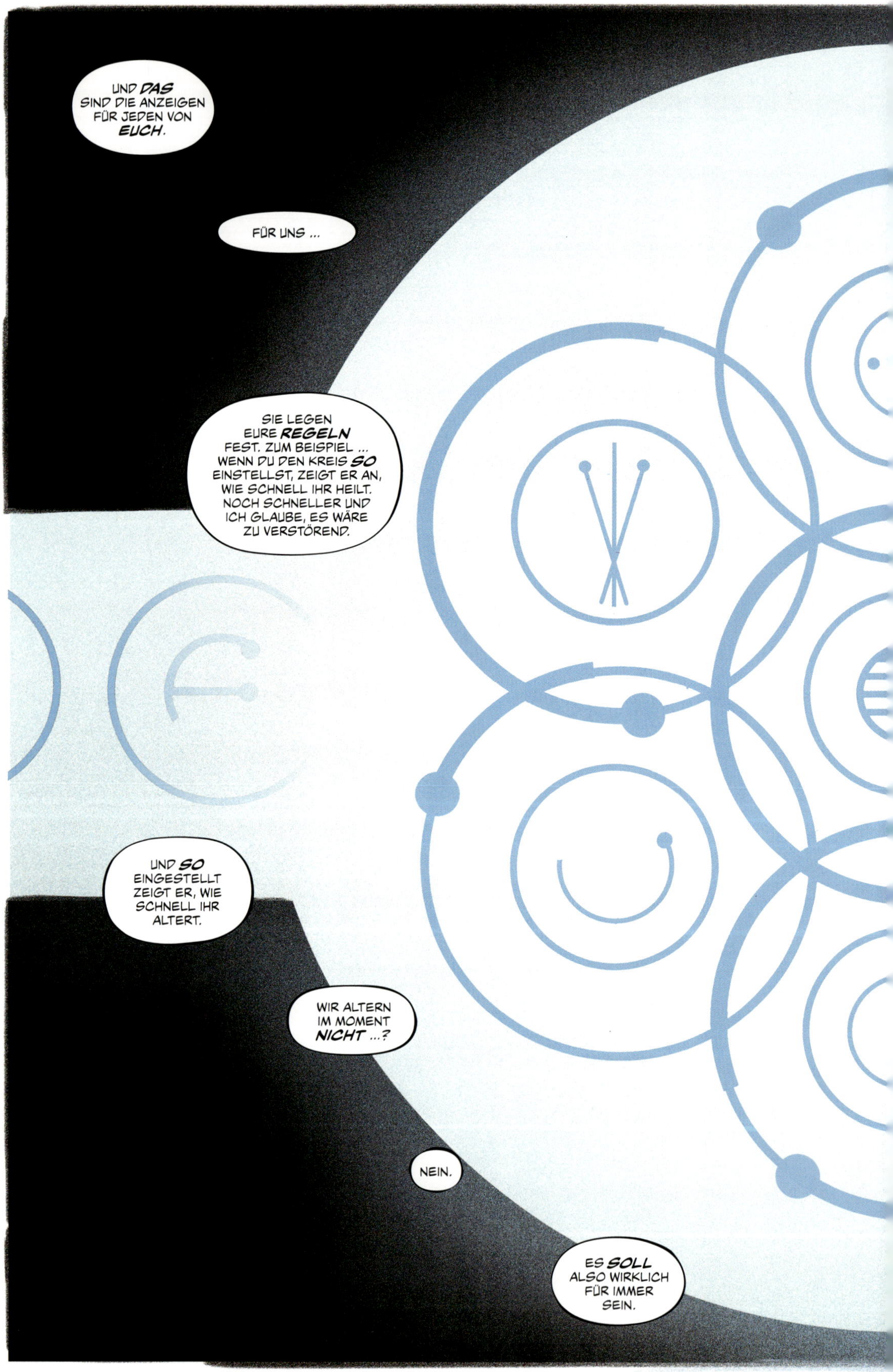

UND **DAS** SIND DIE ANZEIGEN FÜR JEDEN VON **EUCH**.

FÜR UNS ...

SIE LEGEN EURE **REGELN** FEST. ZUM BEISPIEL ... WENN DU DEN KREIS **SO** EINSTELLST, ZEIGT ER AN, WIE SCHNELL IHR HEILT. NOCH SCHNELLER UND ICH GLAUBE, ES WÄRE ZU VERSTÖREND.

UND **SO** EINGESTELLT ZEIGT ER, WIE SCHNELL IHR ALTERT.

WIR ALTERN IM MOMENT **NICHT** ...?

NEIN.

ES **SOLL** ALSO WIRKLICH FÜR IMMER SEIN.

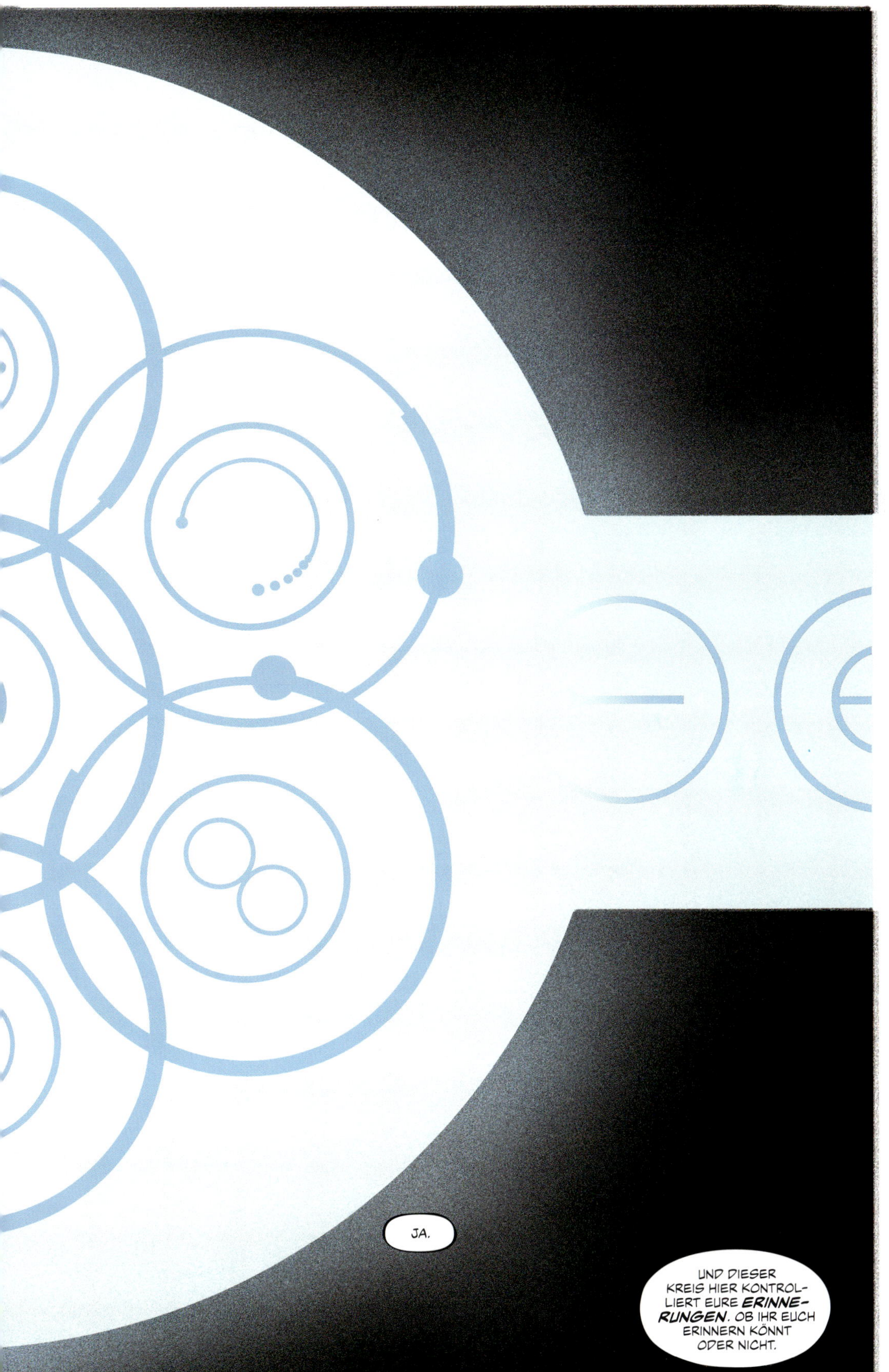
JA.
UND DIESER KREIS HIER KONTROLLIERT EURE **ERINNERUNGEN**. OB IHR EUCH ERINNERN KÖNNT ODER NICHT.

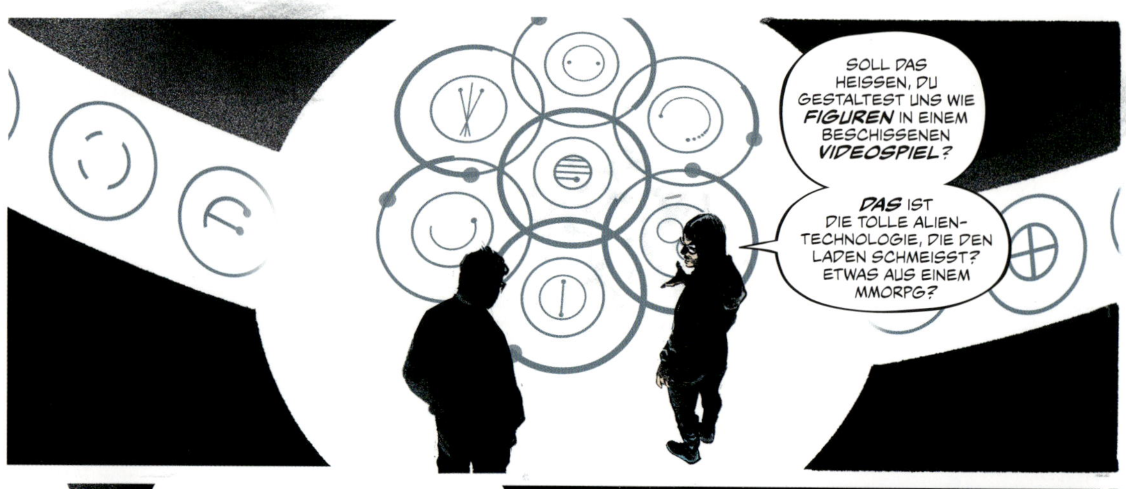
SOLL DAS HEISSEN, DU GESTALTEST UNS WIE FIGUREN IN EINEM BESCHISSENEN VIDEOSPIEL?
DAS IST DIE TOLLE ALIEN-TECHNOLOGIE, DIE DEN LADEN SCHMEISST? ETWAS AUS EINEM MMORPG?

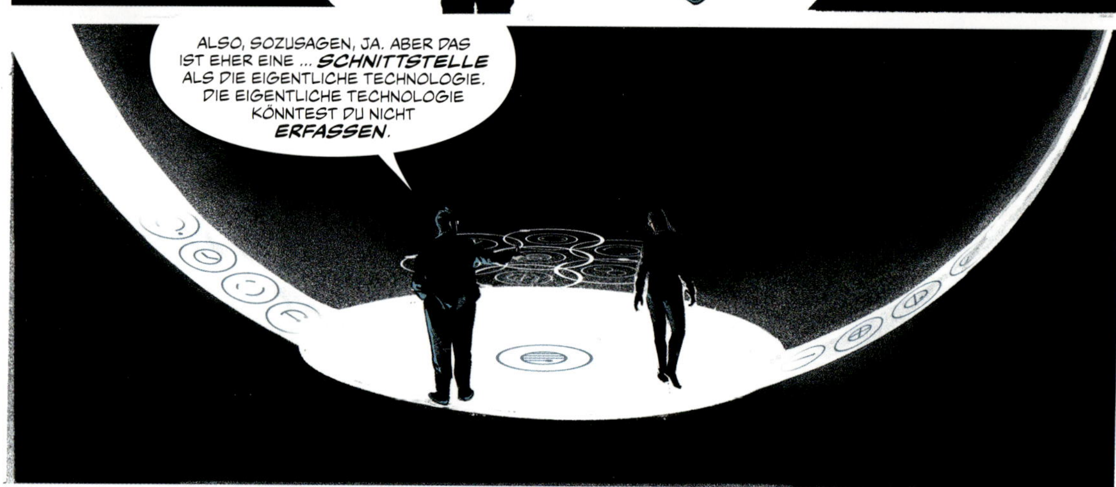
ALSO, SOZUSAGEN, JA. ABER DAS IST EHER EINE ... SCHNITTSTELLE ALS DIE EIGENTLICHE TECHNOLOGIE. DIE EIGENTLICHE TECHNOLOGIE KÖNNTEST DU NICHT ERFASSEN.

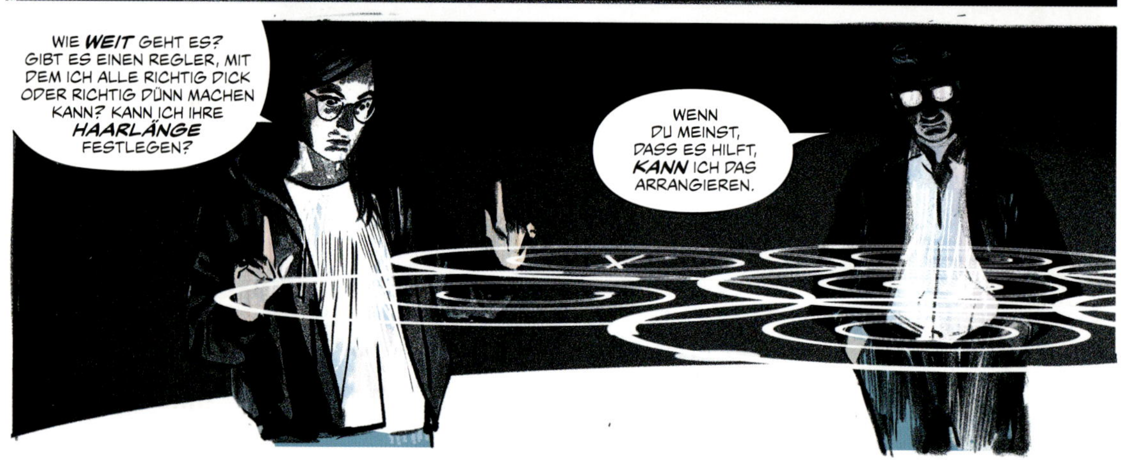
WIE WEIT GEHT ES? GIBT ES EINEN REGLER, MIT DEM ICH ALLE RICHTIG DICK ODER RICHTIG DÜNN MACHEN KANN? KANN ICH IHRE HAARLÄNGE FESTLEGEN?
WENN DU MEINST, DASS ES HILFT, KANN ICH DAS ARRANGIEREN.

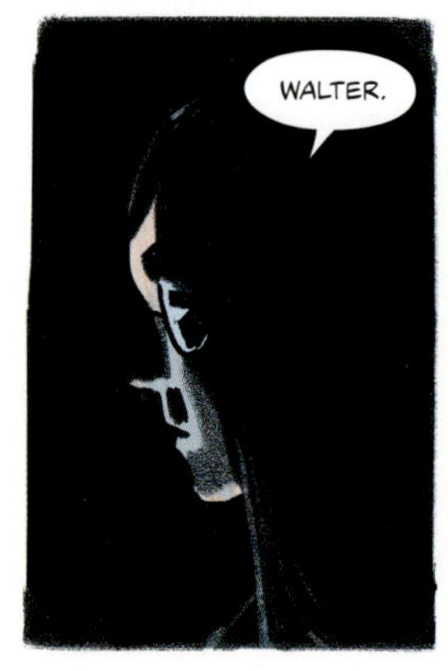
WALTER.

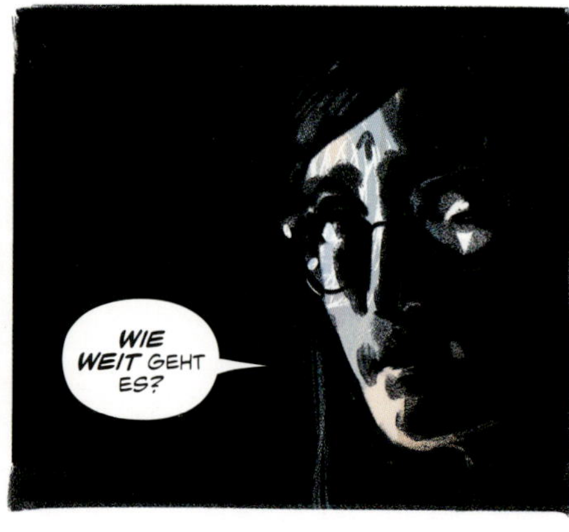
WIE WEIT GEHT ES?

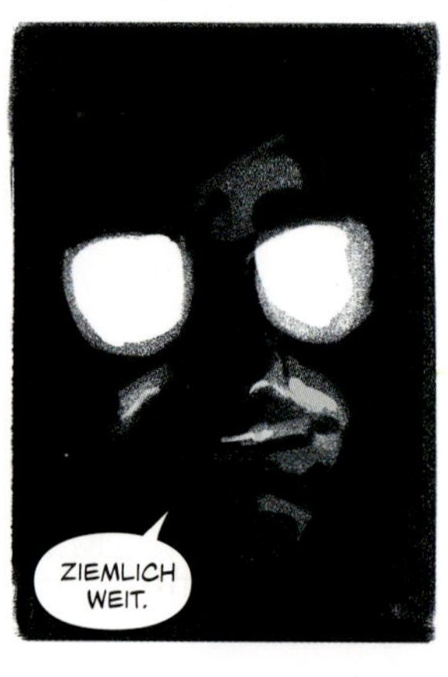
ZIEMLICH WEIT.

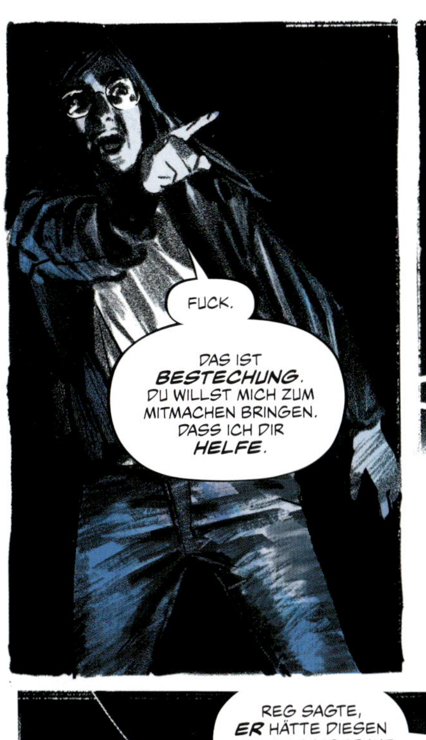
FUCK.
DAS IST BESTECHUNG. DU WILLST MICH ZUM MITMACHEN BRINGEN. DASS ICH DIR HELFE.
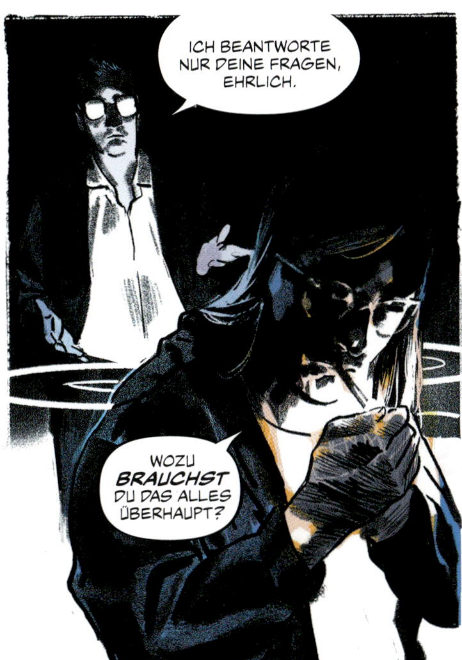
ICH BEANTWORTE NUR DEINE FRAGEN, EHRLICH.
WOZU BRAUCHST DU DAS ALLES ÜBERHAUPT?
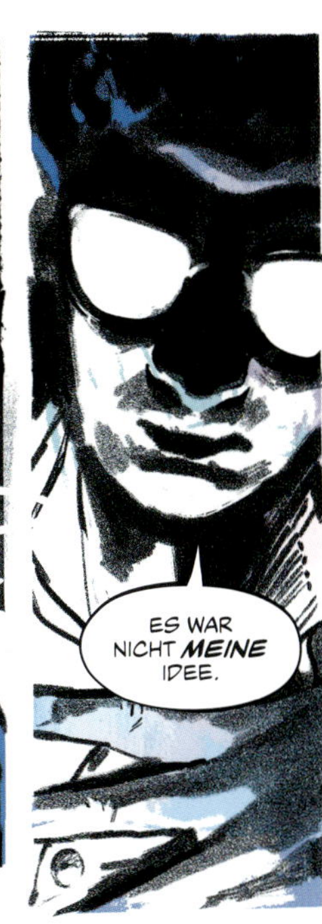
ES WAR NICHT MEINE IDEE.
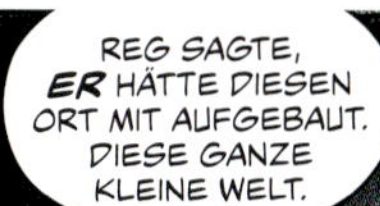
REG SAGTE, ER HÄTTE DIESEN ORT MIT AUFGEBAUT. DIESE GANZE KLEINE WELT.
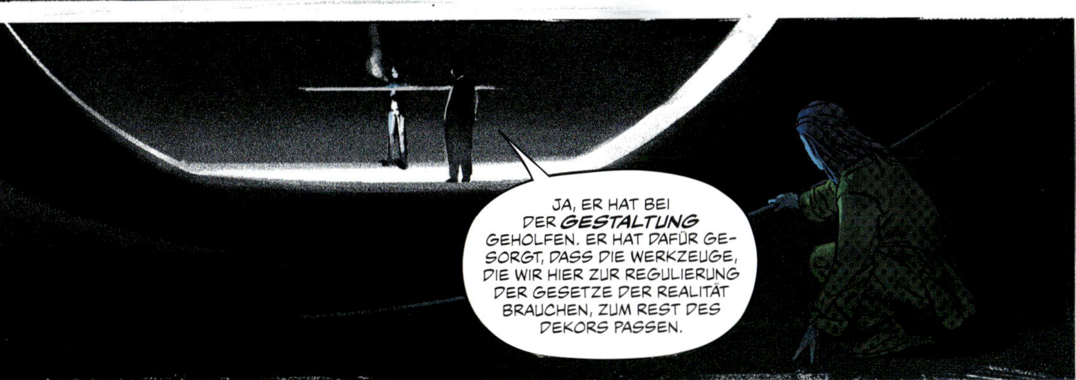
JA, ER HAT BEI DER GESTALTUNG GEHOLFEN. ER HAT DAFÜR GESORGT, DASS DIE WERKZEUGE, DIE WIR HIER ZUR REGULIERUNG DER GESETZE DER REALITÄT BRAUCHEN, ZUM REST DES DEKORS PASSEN.
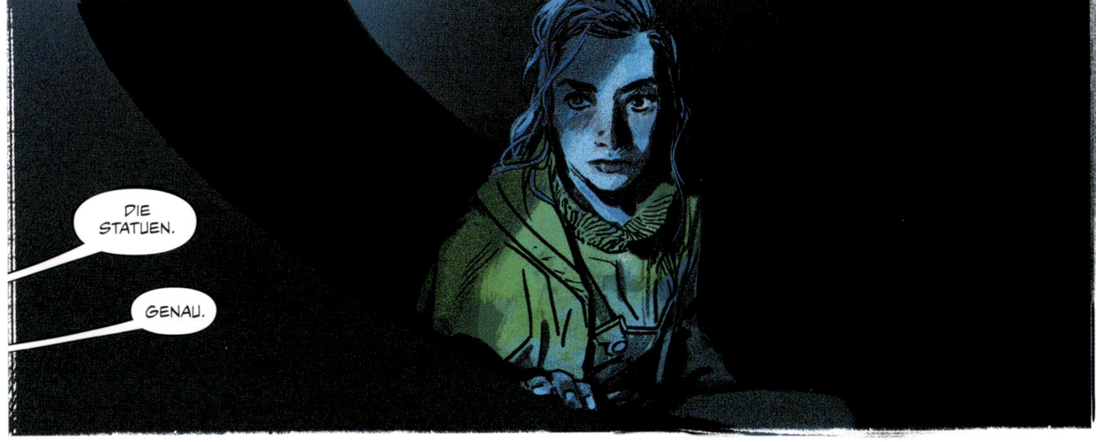
DIE STATUEN.
GENAU.

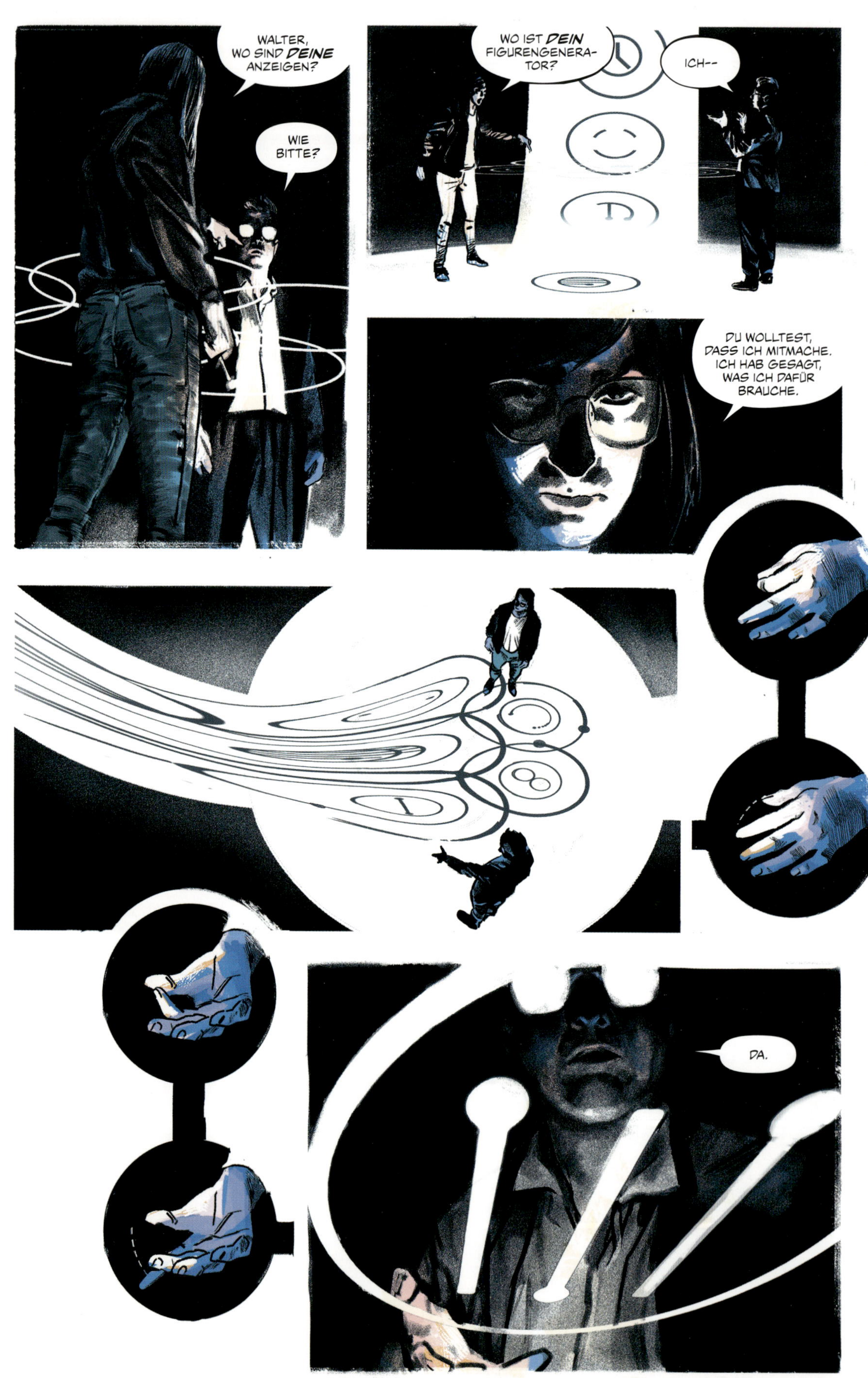
WALTER, WO SIND DEINE ANZEIGEN?
WIE BITTE?
WO IST DEIN FIGURENGENERATOR?
ICH--
DU WOLLTEST, DASS ICH MITMACHE. ICH HAB GESAGT, WAS ICH DAFÜR BRAUCHE.
DA.

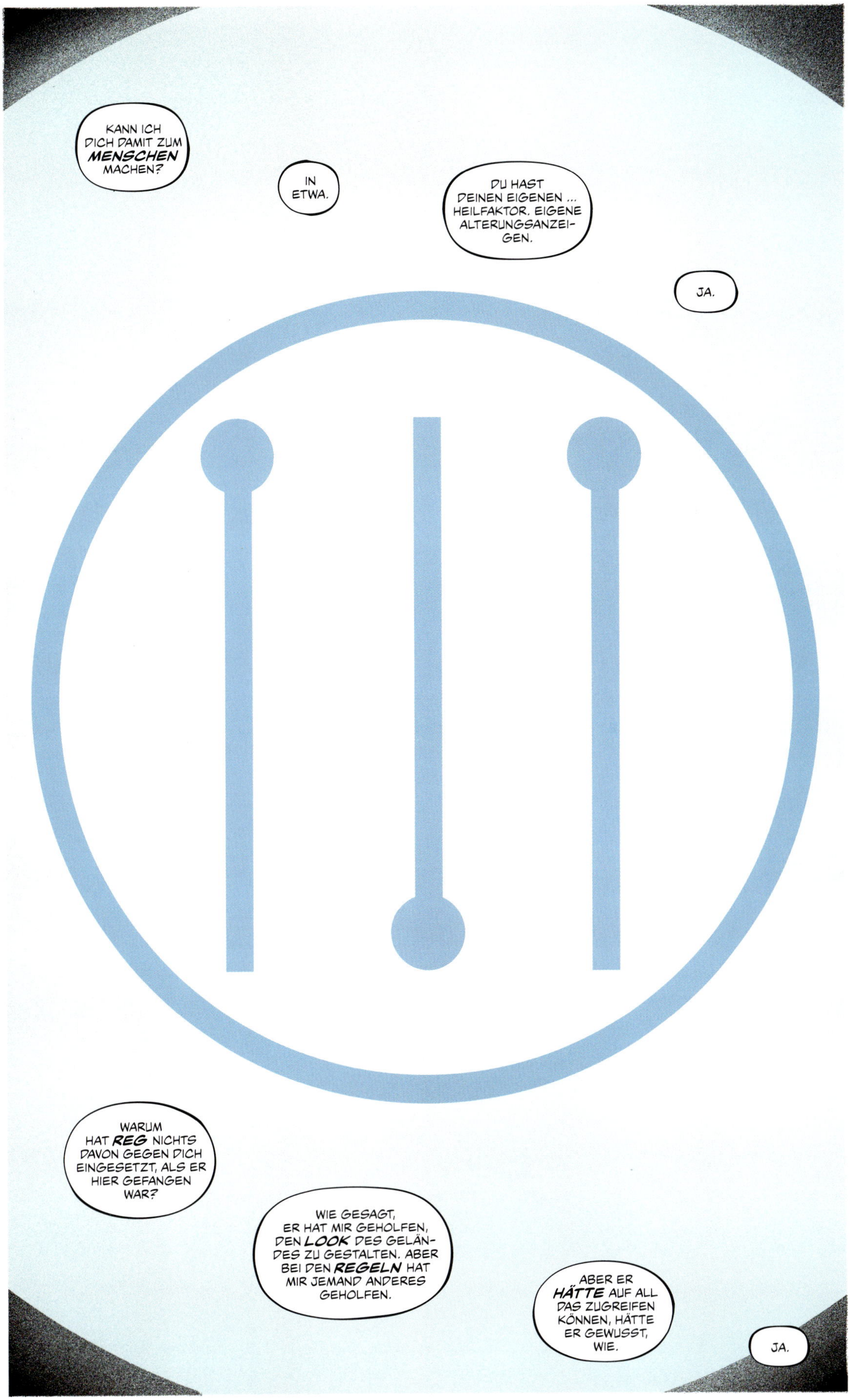

KANN ICH DICH DAMIT ZUM **MENSCHEN** MACHEN?

IN ETWA.

DU HAST DEINEN EIGENEN ... HEILFAKTOR. EIGENE ALTERUNGSANZEIGEN.

JA.

WARUM HAT **REG** NICHTS DAVON GEGEN DICH EINGESETZT, ALS ER HIER GEFANGEN WAR?

WIE GESAGT, ER HAT MIR GEHOLFEN, DEN **LOOK** DES GELÄNDES ZU GESTALTEN. ABER BEI DEN **REGELN** HAT MIR JEMAND ANDERES GEHOLFEN.

ABER ER **HÄTTE** AUF ALL DAS ZUGREIFEN KÖNNEN, HÄTTE ER GEWUSST, WIE.

JA.

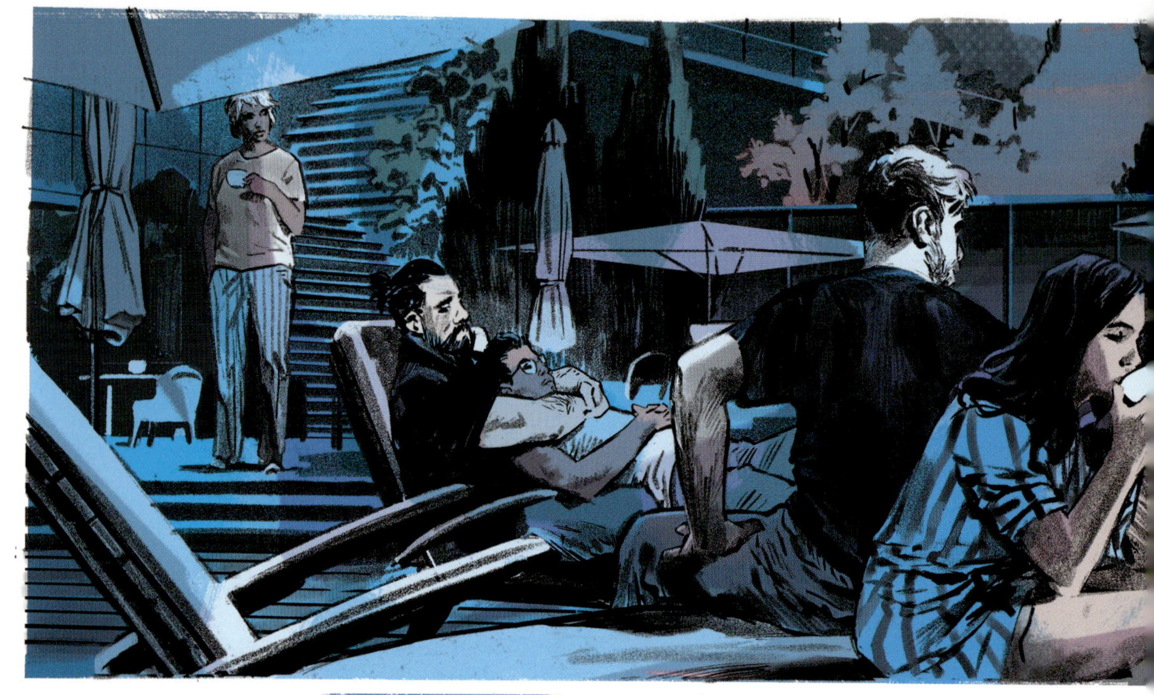
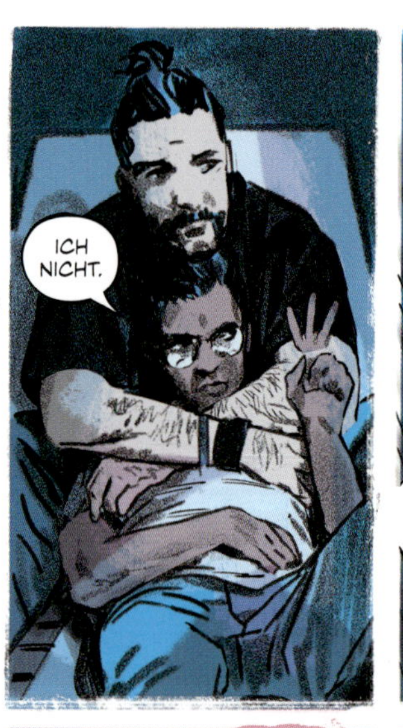
ICH NICHT.
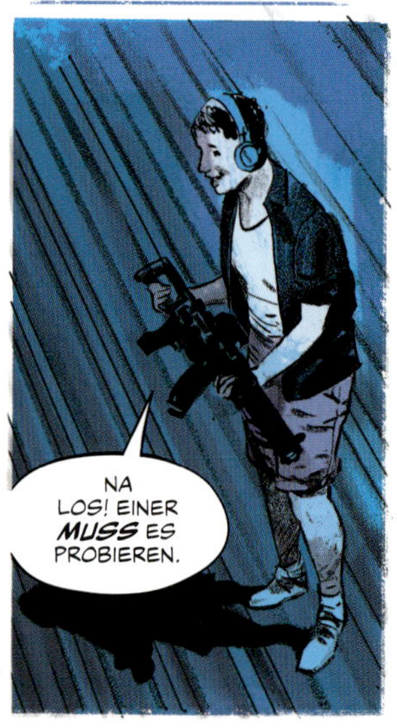
NA LOS! EINER MUSS ES PROBIEREN.
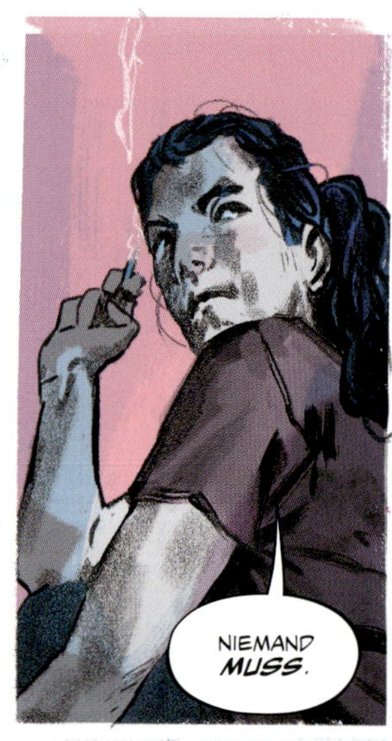
NIEMAND MUSS.
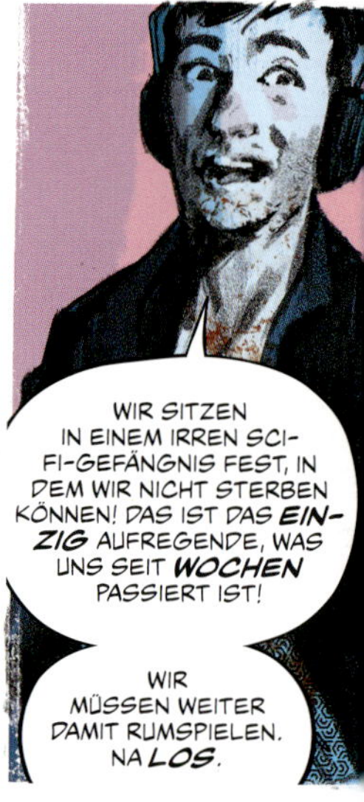
WIR SITZEN IN EINEM IRREN SCI-FI-GEFÄNGNIS FEST, IN DEM WIR NICHT STERBEN KÖNNEN! DAS IST DAS EINZIG AUFREGENDE, WAS UNS SEIT WOCHEN PASSIERT IST!
WIR MÜSSEN WEITER DAMIT RUMSPIELEN. NA LOS.
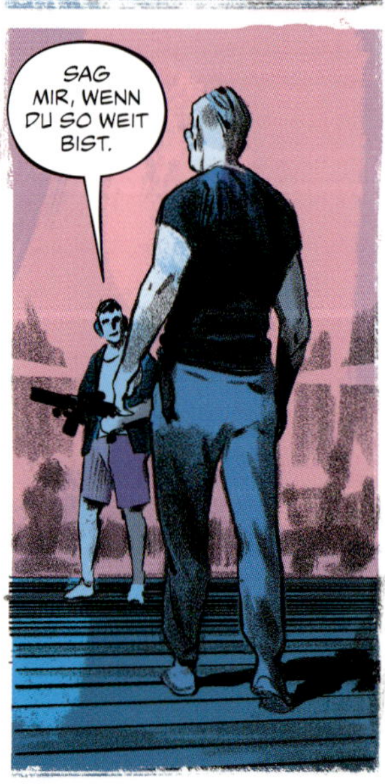
SAG MIR, WENN DU SO WEIT BIST.
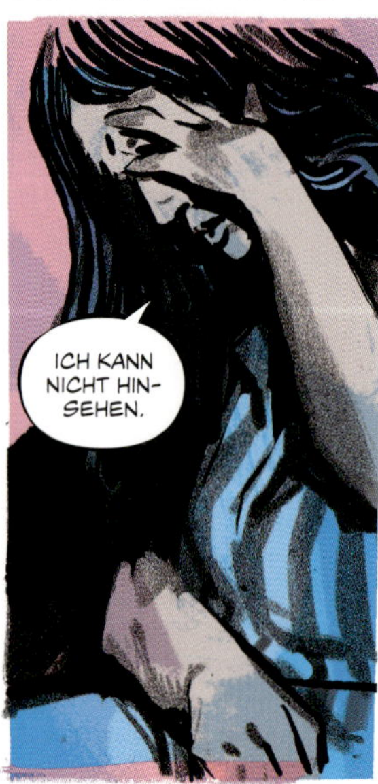
ICH KANN NICHT HINSEHEN.
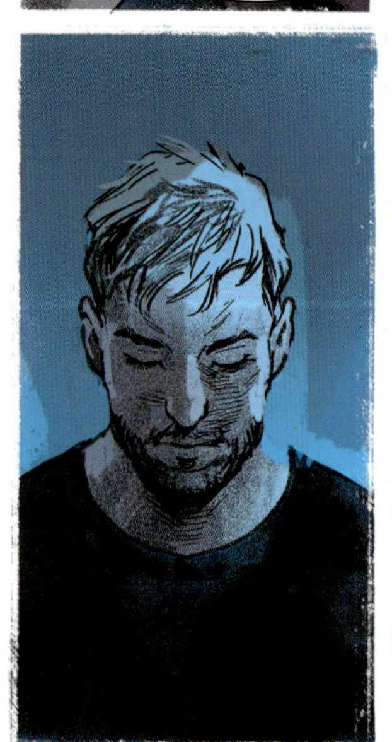
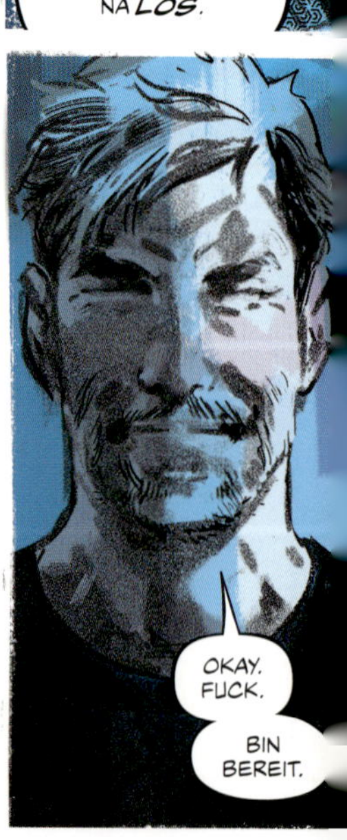
OKAY. FUCK.
BIN BEREIT.

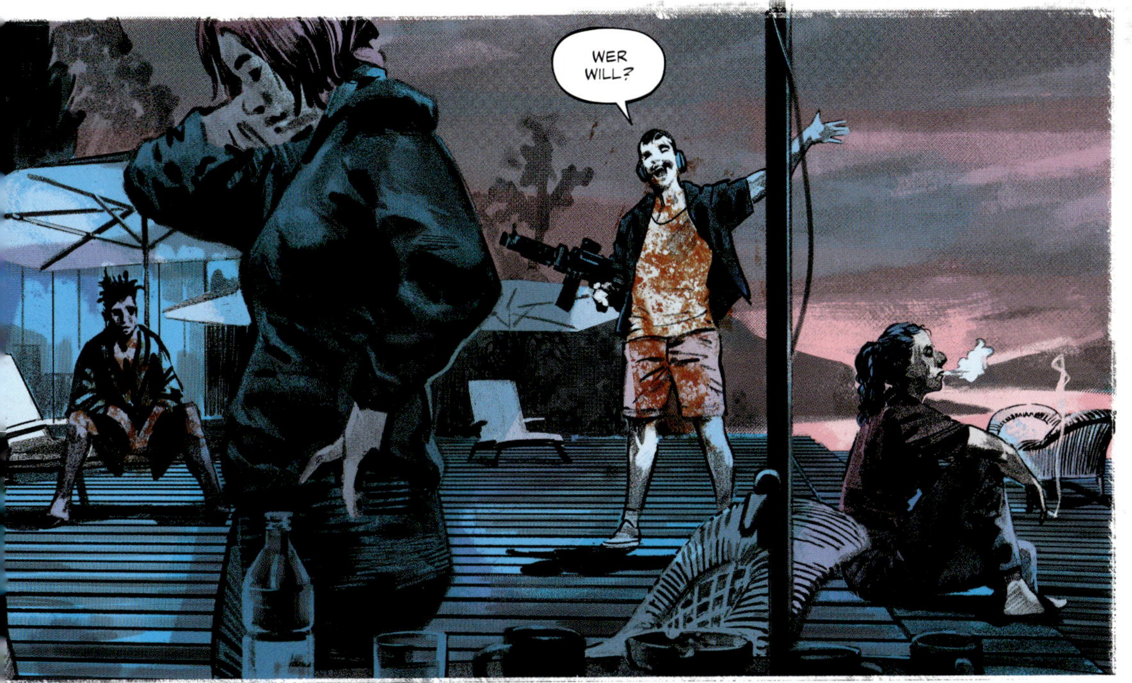
WER WILL?
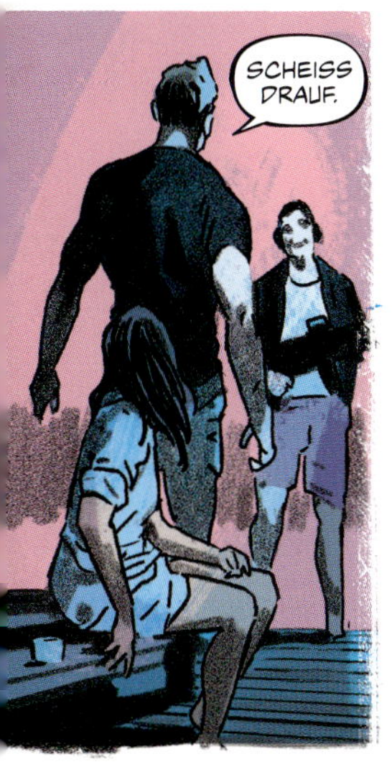
SCHEISS DRAUF.
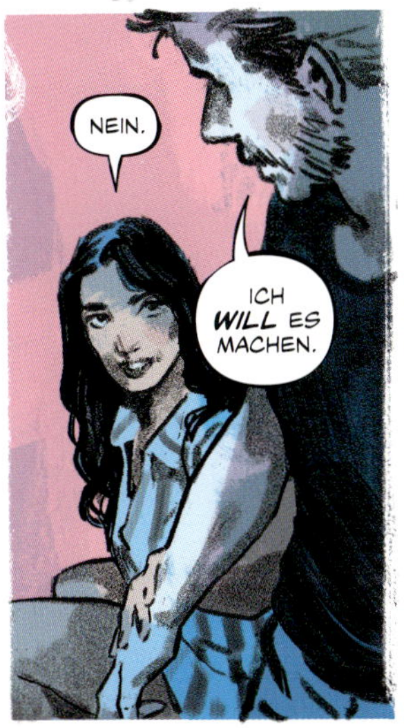
NEIN.
ICH *WILL* ES MACHEN.
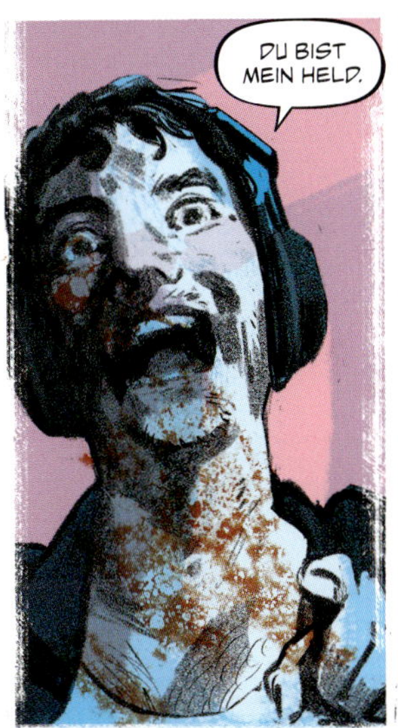
DU BIST MEIN HELD.
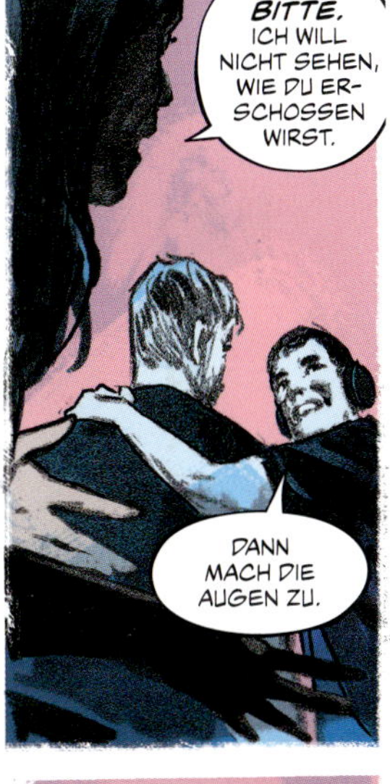
BITTE, ICH WILL NICHT SEHEN, WIE DU ERSCHOSSEN WIRST.
DANN MACH DIE AUGEN ZU.
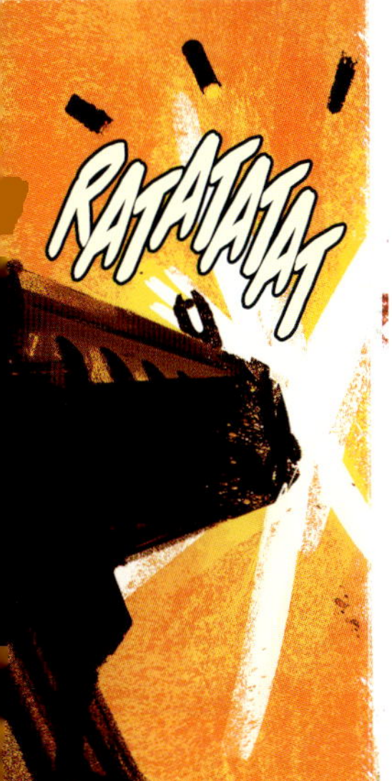
RATATATAT

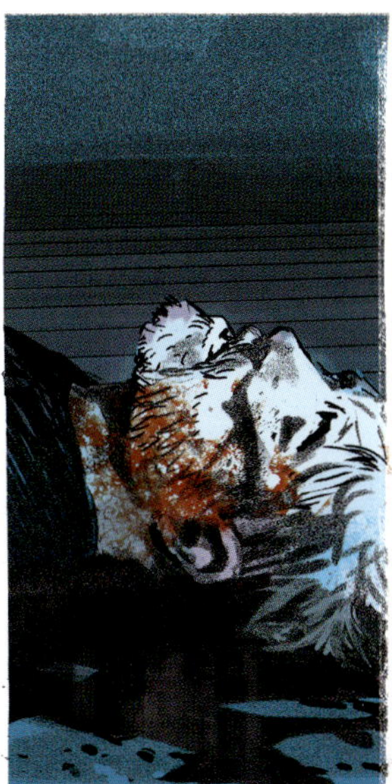
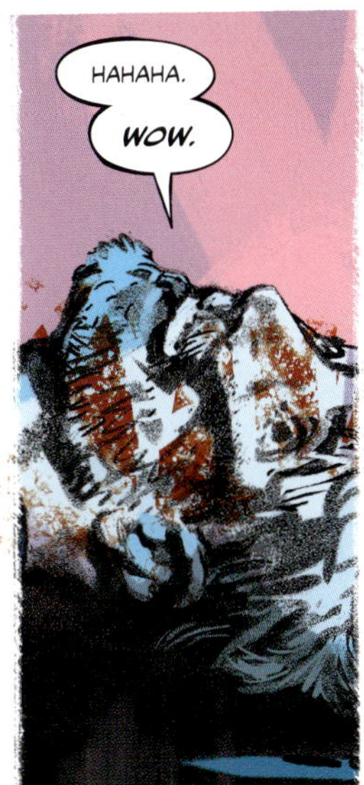
HAHAHA.
WOW.

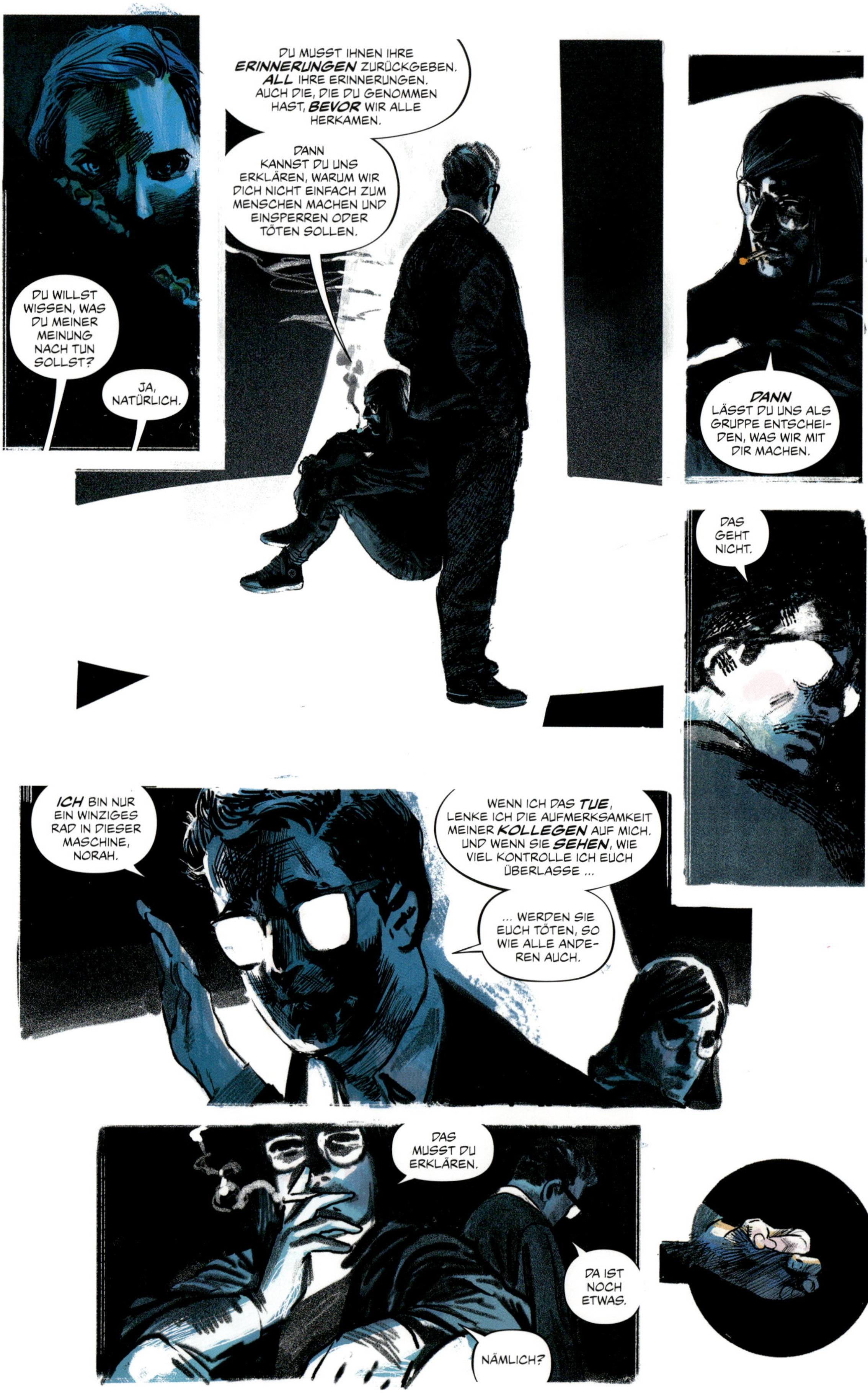

DU WILLST WISSEN, WAS DU MEINER MEINUNG NACH TUN SOLLST?

JA, NATÜRLICH.

DU MUSST IHNEN IHRE ***ERINNERUNGEN*** ZURÜCKGEBEN. ***ALL*** IHRE ERINNERUNGEN. AUCH DIE, DIE DU GENOMMEN HAST, ***BEVOR*** WIR ALLE HERKAMEN.

DANN KANNST DU UNS ERKLÄREN, WARUM WIR DICH NICHT EINFACH ZUM MENSCHEN MACHEN UND EINSPERREN ODER TÖTEN SOLLEN.

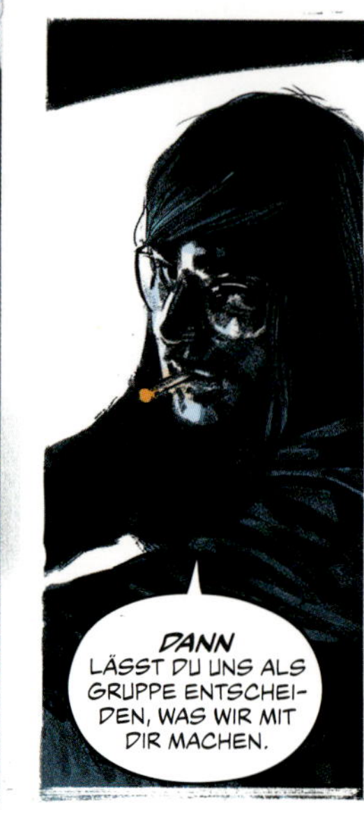

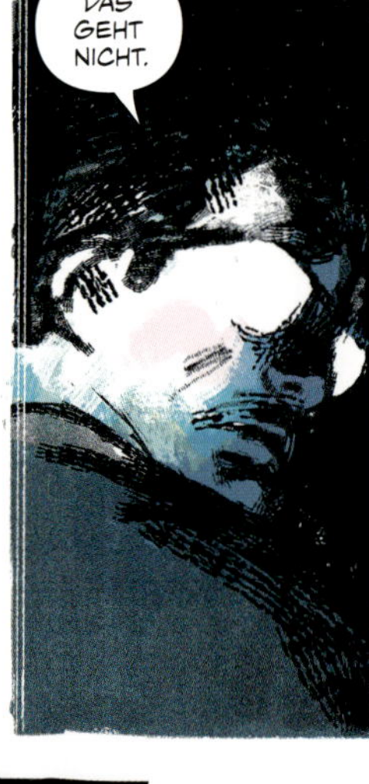

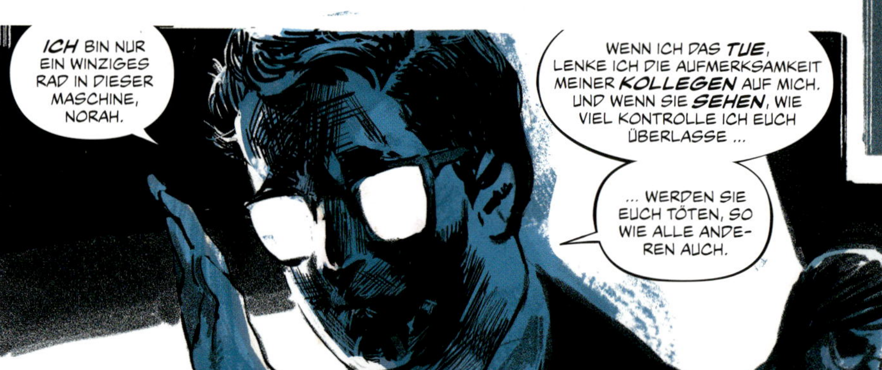

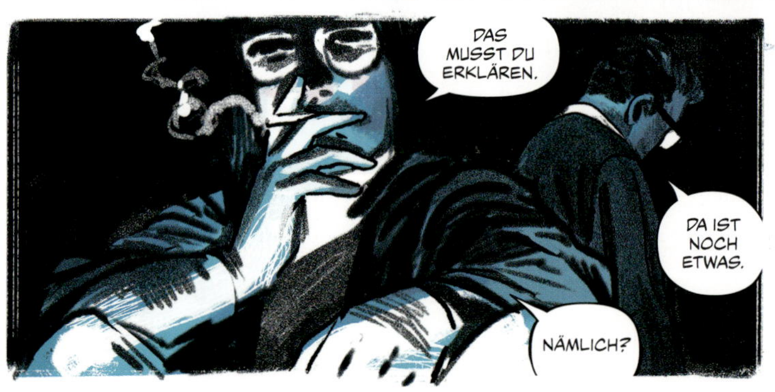

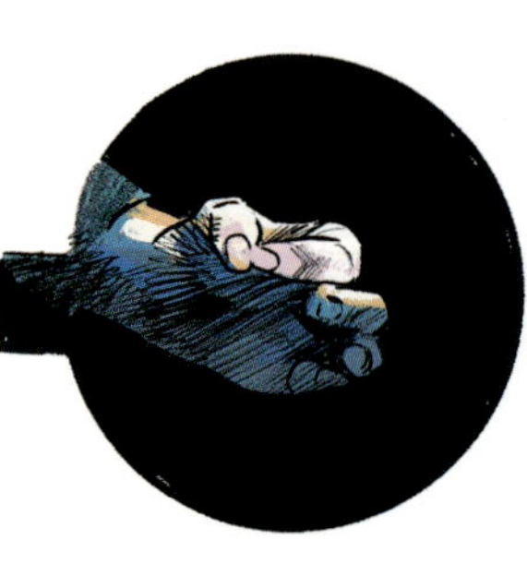

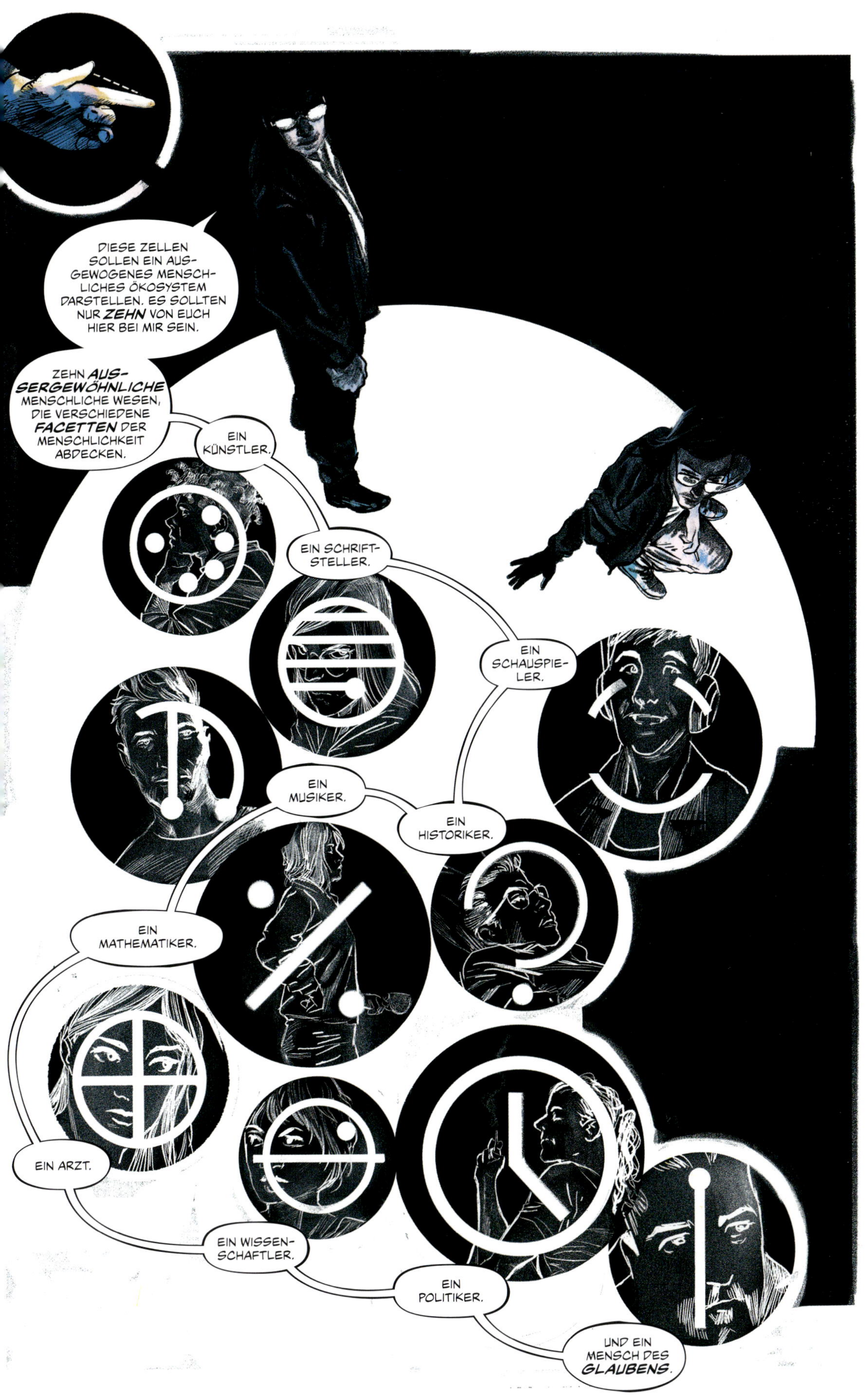

DIESE ZELLEN SOLLEN EIN AUSGEWOGENES MENSCHLICHES ÖKOSYSTEM DARSTELLEN. ES SOLLTEN NUR ZEHN VON EUCH HIER BEI MIR SEIN.
ZEHN AUSSERGEWÖHNLICHE MENSCHLICHE WESEN, DIE VERSCHIEDENE FACETTEN DER MENSCHLICHKEIT ABDECKEN.
EIN KÜNSTLER.
EIN SCHRIFTSTELLER.
EIN SCHAUSPIELER.
EIN MUSIKER.
EIN HISTORIKER.
EIN MATHEMATIKER.
EIN ARZT.
EIN WISSENSCHAFTLER.
EIN POLITIKER.
UND EIN MENSCH DES GLAUBENS.

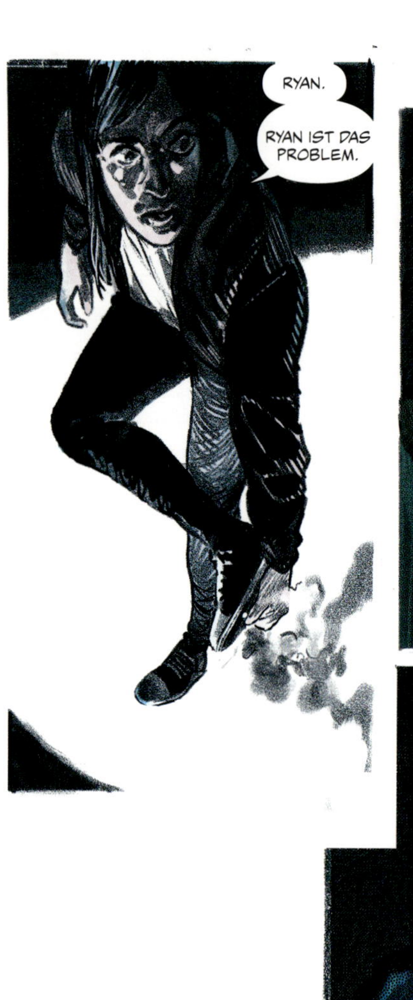
RYAN.
RYAN IST DAS PROBLEM.

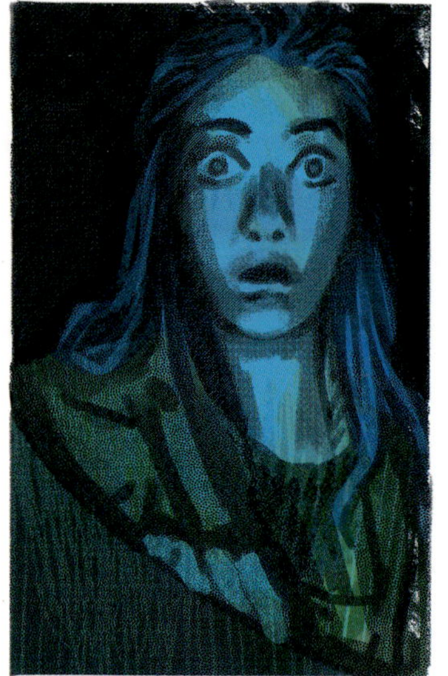

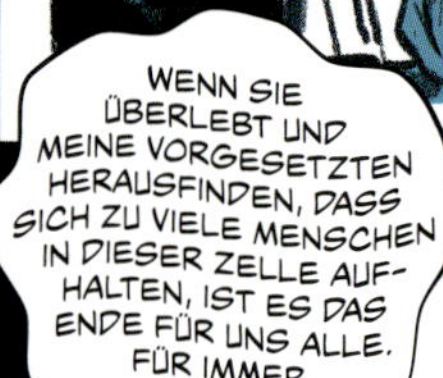
ALS REG NICHT MEHR KOOPERIERTE ... DA FIEL MIR AUF, DASS ER EINE ART FÄHRTE HINTERLASSEN HAT, DIE IHM ZUGANG ZU DIESEM ORT VERSCHAFFT.
ICH HATTE KEINE ZEIT, HERAUSZUFINDEN, WIE ER DAS ANGESTELLT HAT. ICH MUSSTE IHN VERSTECKEN ... UND BRAUCHTE EINEN KÜNSTLER. ALSO WÄHLTE ICH EINEN AUS.
WENN SIE ÜBERLEBT UND MEINE VORGESETZTEN HERAUSFINDEN, DASS SICH ZU VIELE MENSCHEN IN DIESER ZELLE AUFHALTEN, IST ES DAS ENDE FÜR UNS ALLE. FÜR IMMER.
HIMMEL, WALTER ...

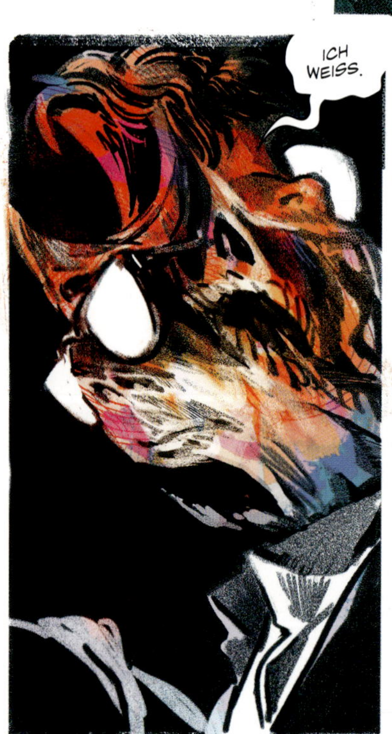
ICH WEISS.

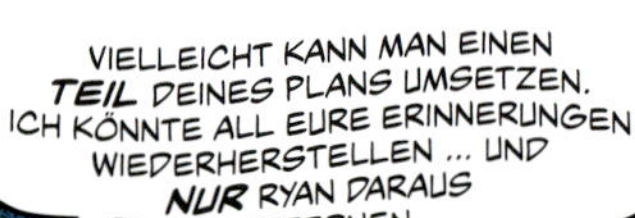
VIELLEICHT KANN MAN EINEN TEIL DEINES PLANS UMSETZEN. ICH KÖNNTE ALL EURE ERINNERUNGEN WIEDERHERSTELLEN ... UND NUR RYAN DARAUS ENTFERNEN.

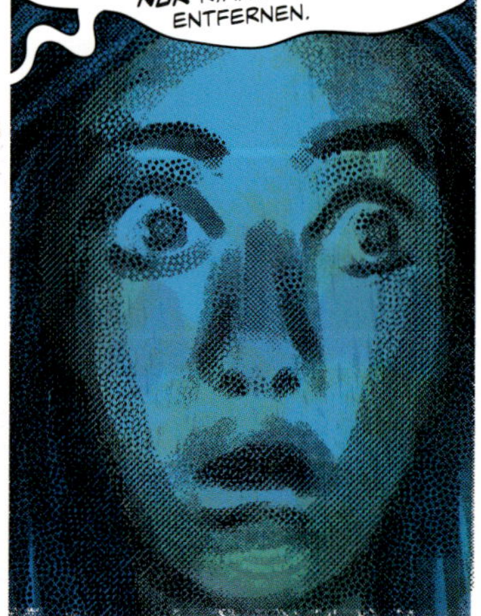

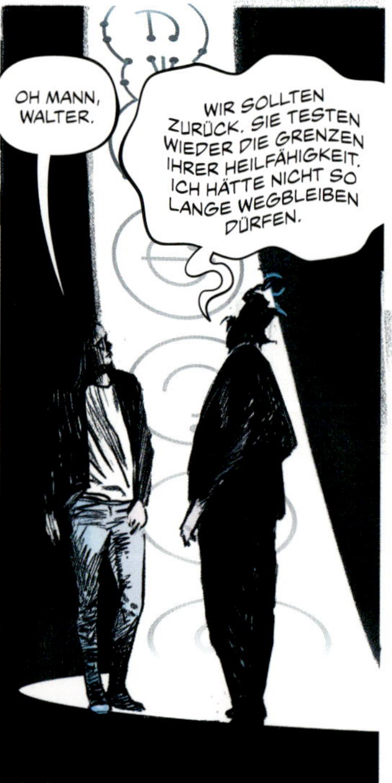
OH MANN, WALTER.
WIR SOLLTEN ZURÜCK. SIE TESTEN WIEDER DIE GRENZEN IHRER HEILFÄHIGKEIT. ICH HÄTTE NICHT SO LANGE WEGBLEIBEN DÜRFEN.

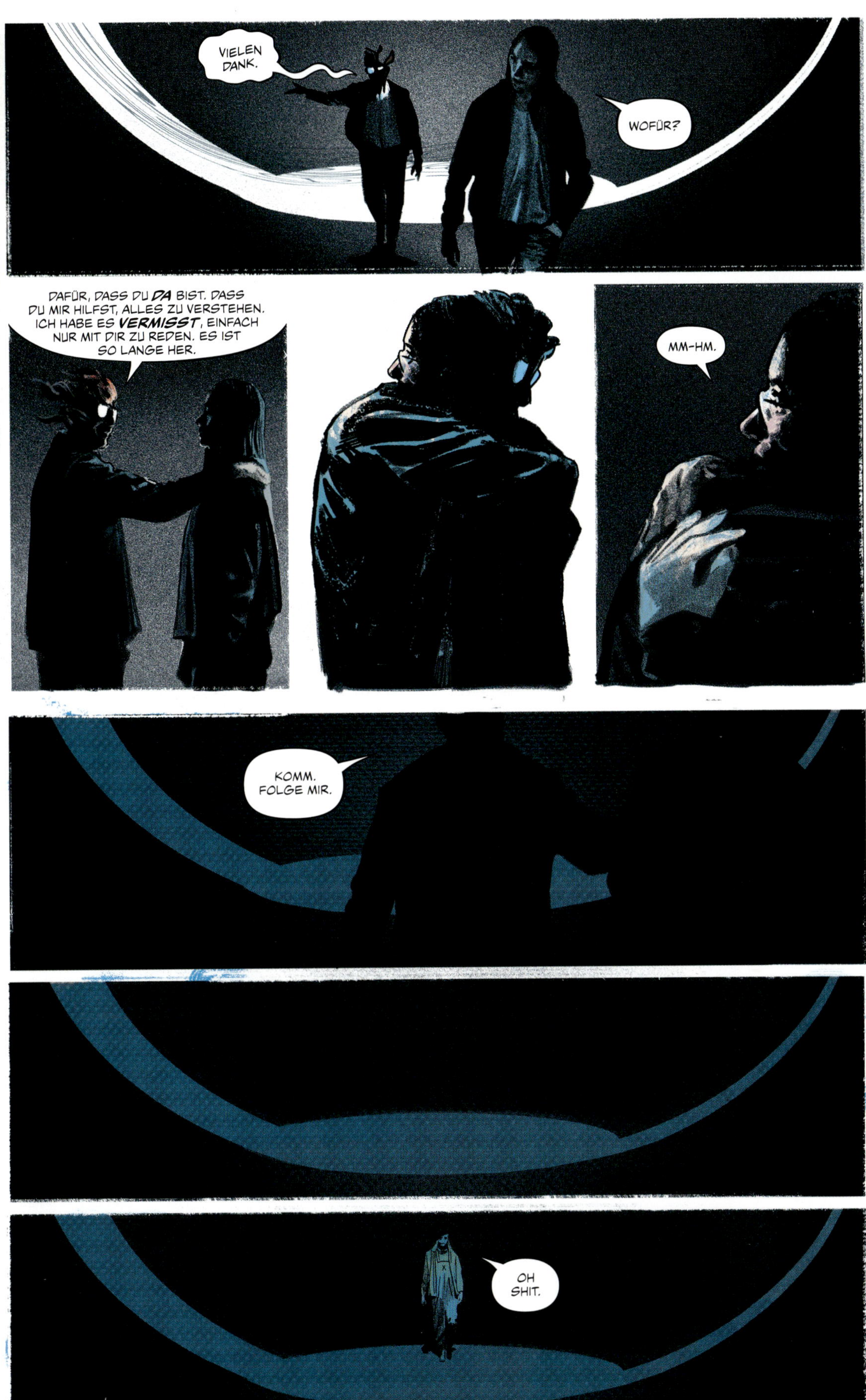
VIELEN DANK.
WOFÜR?
DAFÜR, DASS DU DA BIST. DASS DU MIR HILFST, ALLES ZU VERSTEHEN. ICH HABE ES VERMISST, EINFACH NUR MIT DIR ZU REDEN. ES IST SO LANGE HER.
MM-HM.
KOMM. FOLGE MIR.
OH SHIT.

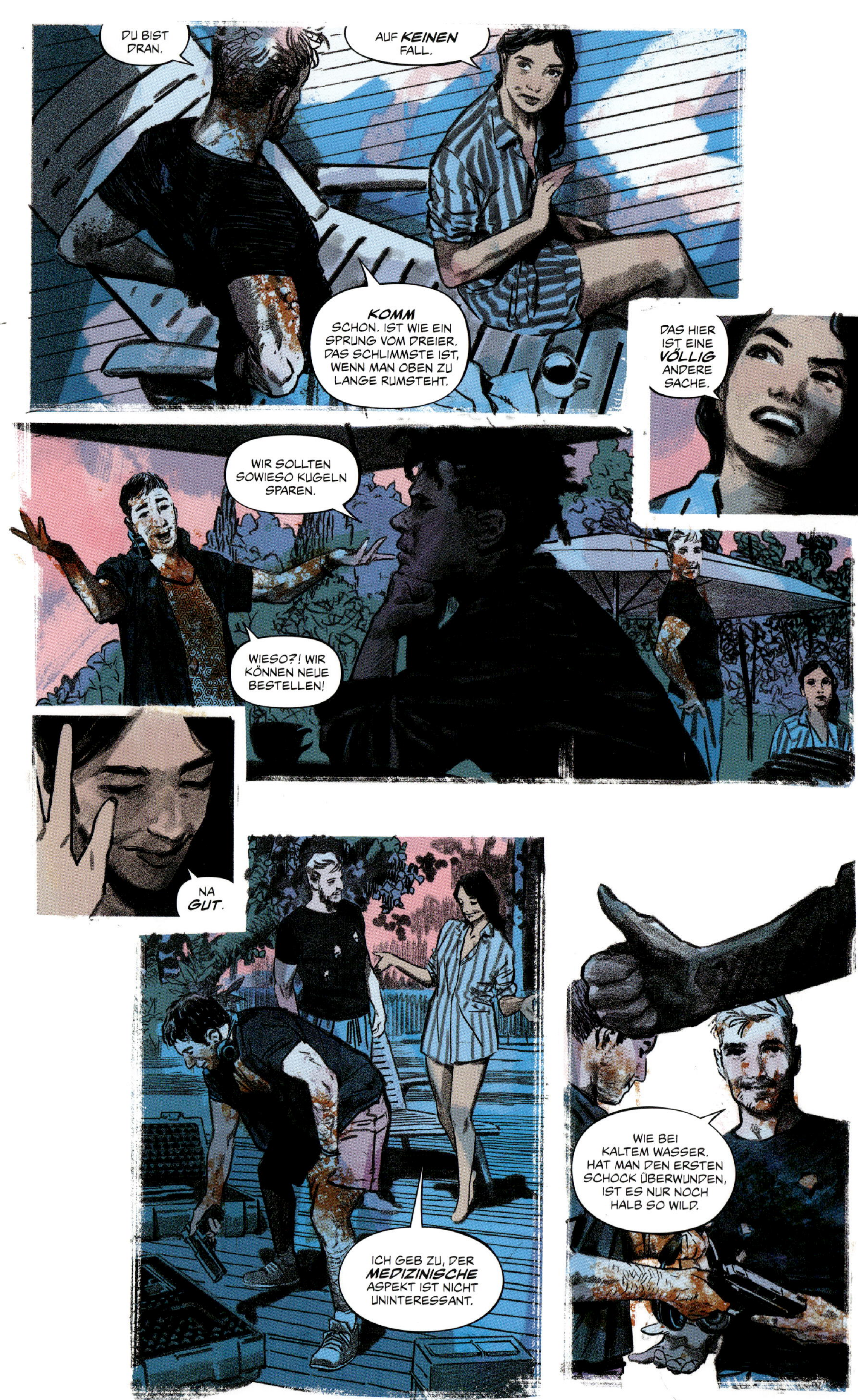
DU BIST DRAN.
AUF KEINEN FALL.
KOMM SCHON. IST WIE EIN SPRUNG VOM DREIER. DAS SCHLIMMSTE IST, WENN MAN OBEN ZU LANGE RUMSTEHT.
DAS HIER IST EINE VÖLLIG ANDERE SACHE.
WIR SOLLTEN SOWIESO KUGELN SPAREN.
WIESO?! WIR KÖNNEN NEUE BESTELLEN!
NA GUT.
ICH GEB ZU, DER MEDIZINISCHE ASPEKT IST NICHT UNINTERESSANT.
WIE BEI KALTEM WASSER. HAT MAN DEN ERSTEN SCHOCK ÜBERWUNDEN, IST ES NUR NOCH HALB SO WILD.

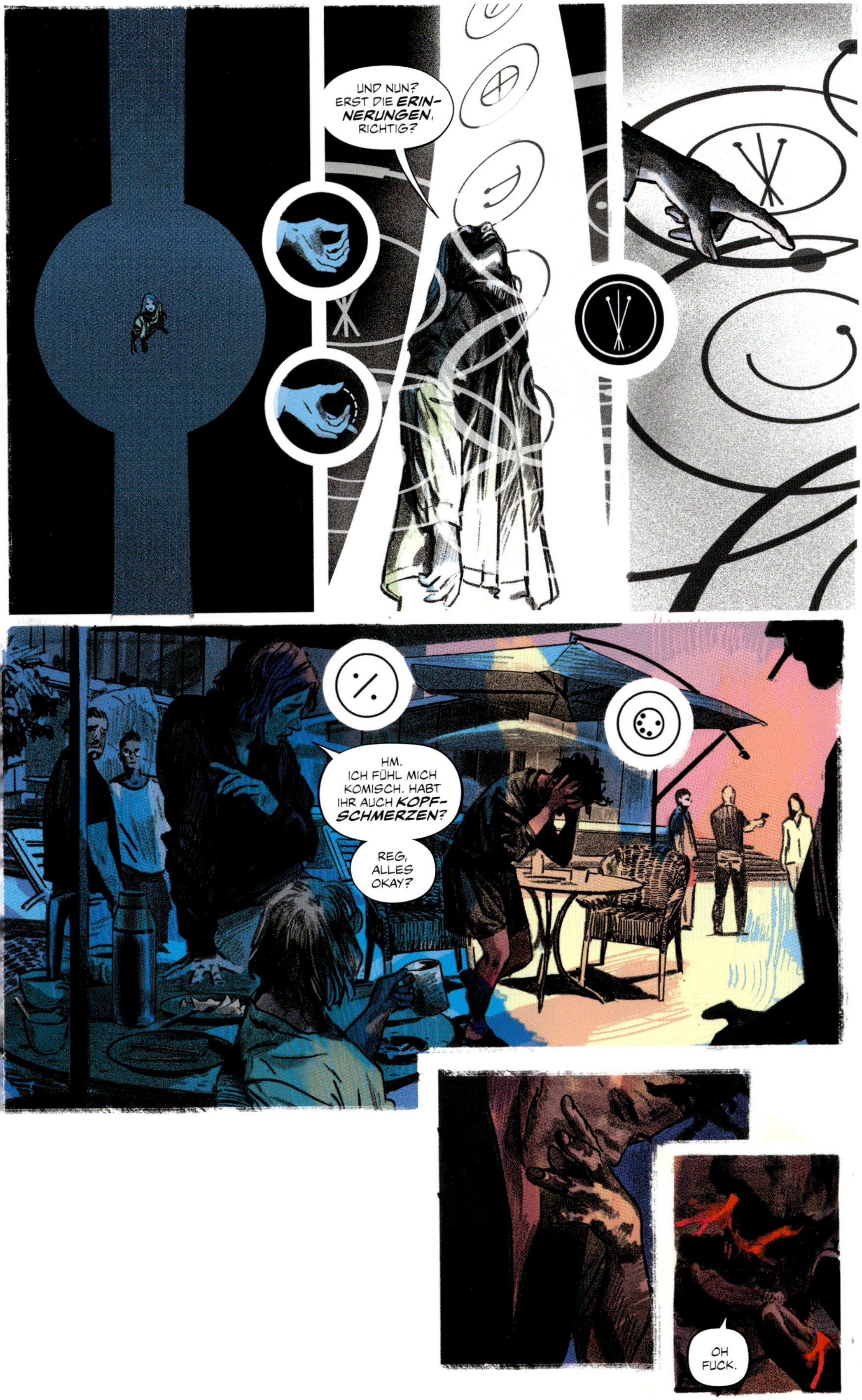

UND NUN? ERST DIE ERINNERUNGEN, RICHTIG?

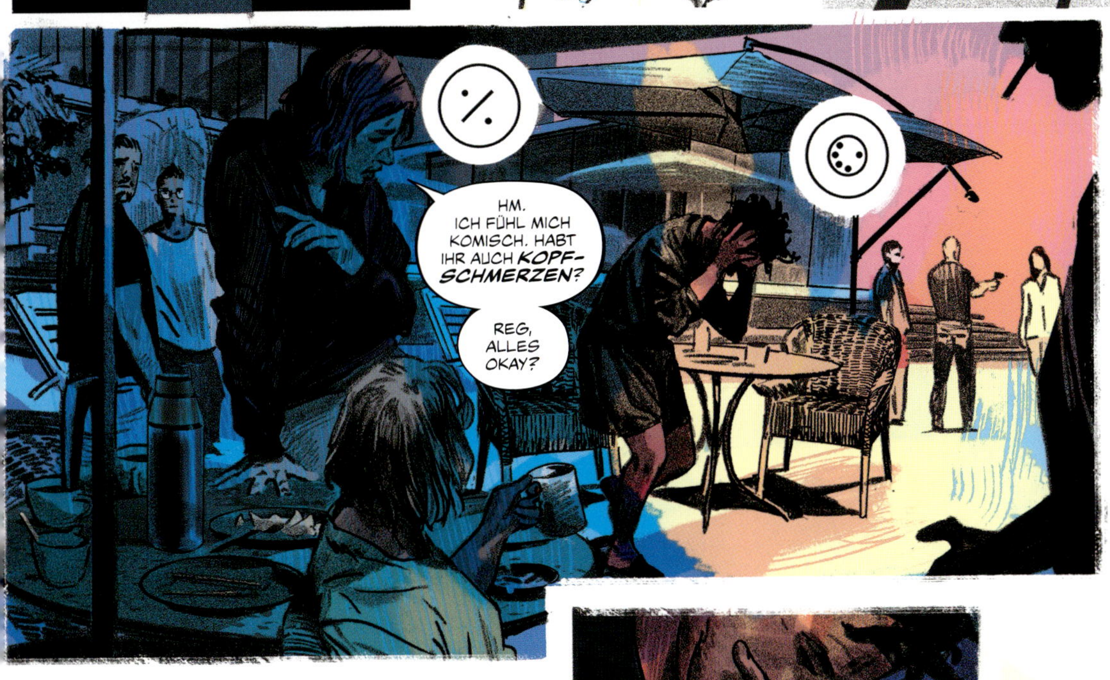
HM. ICH FÜHL MICH KOMISCH. HABT IHR AUCH KOPFSCHMERZEN?
REG, ALLES OKAY?

OH FUCK.

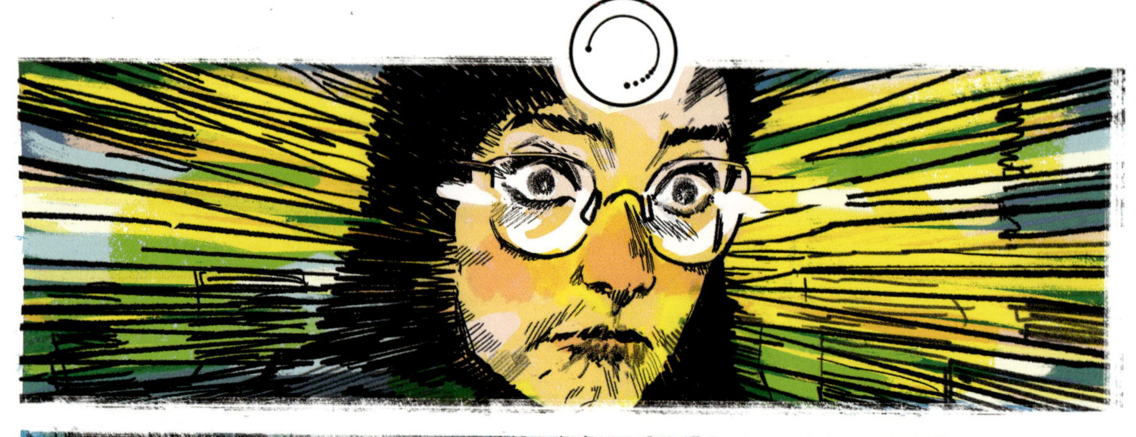

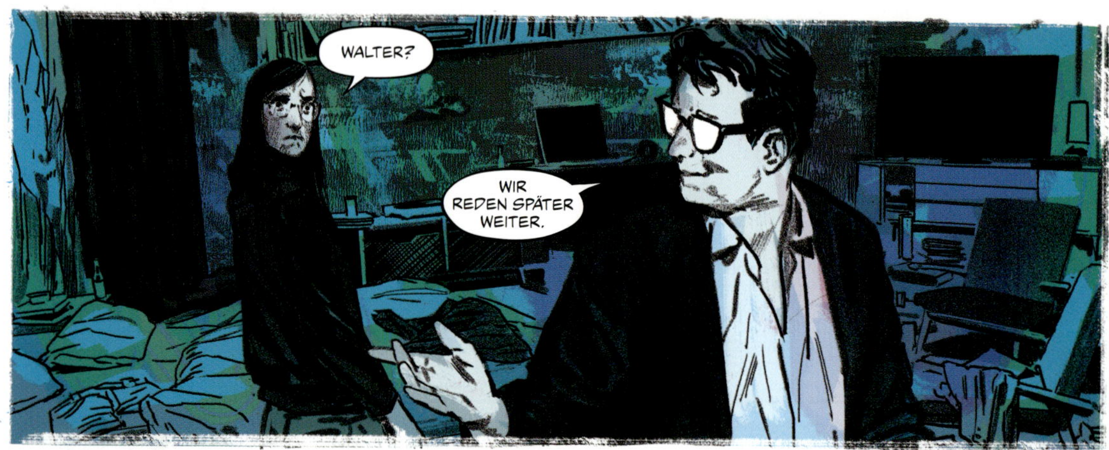
WALTER?
WIR REDEN SPÄTER WEITER.

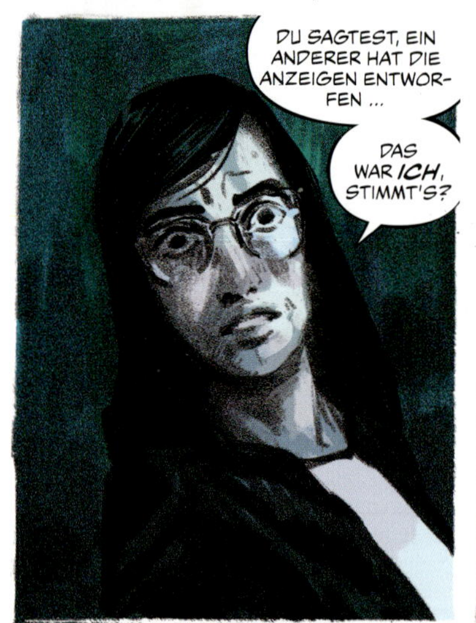
DU SAGTEST, EIN ANDERER HAT DIE ANZEIGEN ENTWORFEN ...
DAS WAR *ICH*, STIMMT'S?

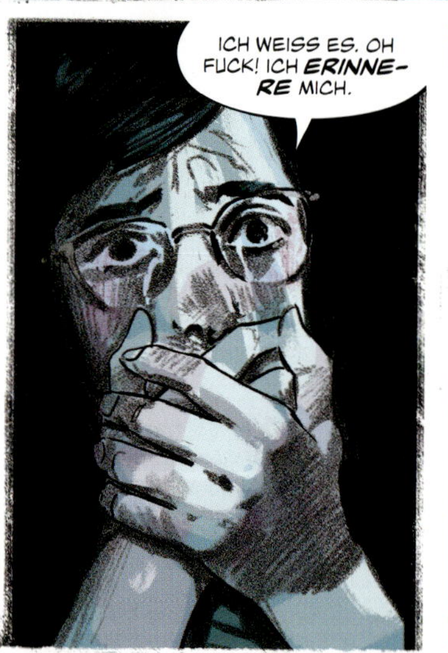
ICH WEISS ES. OH FUCK! ICH *ERINNERE* MICH.

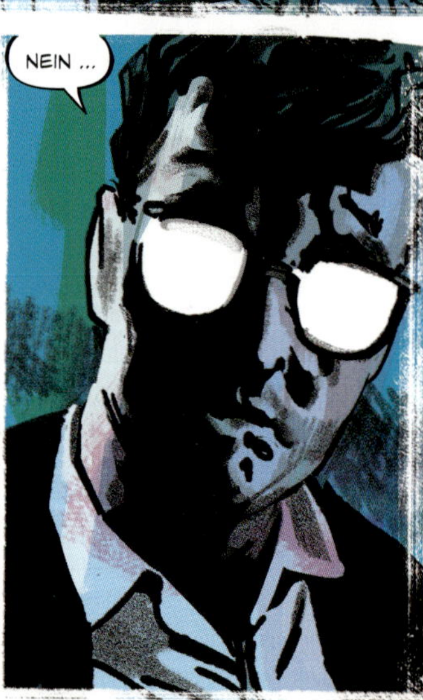
NEIN ...

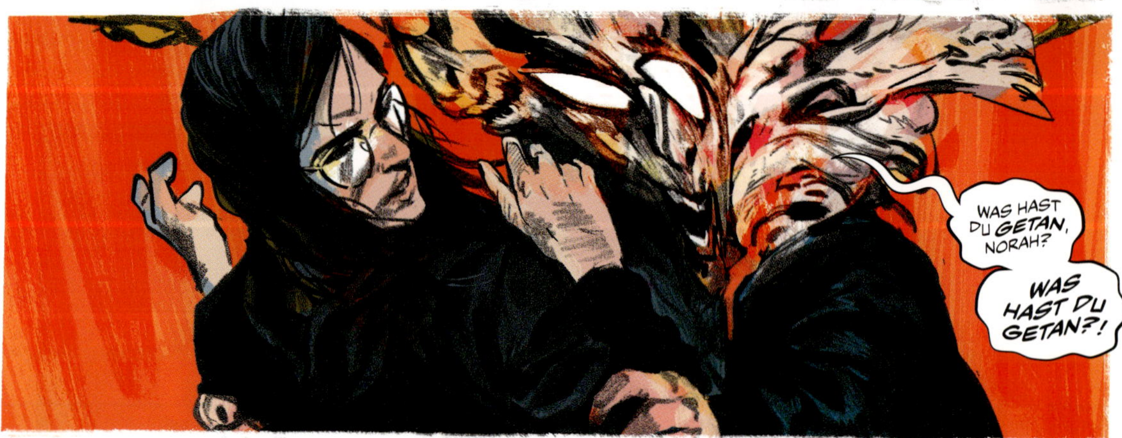
WAS HAST DU *GETAN*, NORAH?
WAS HAST DU GETAN?!

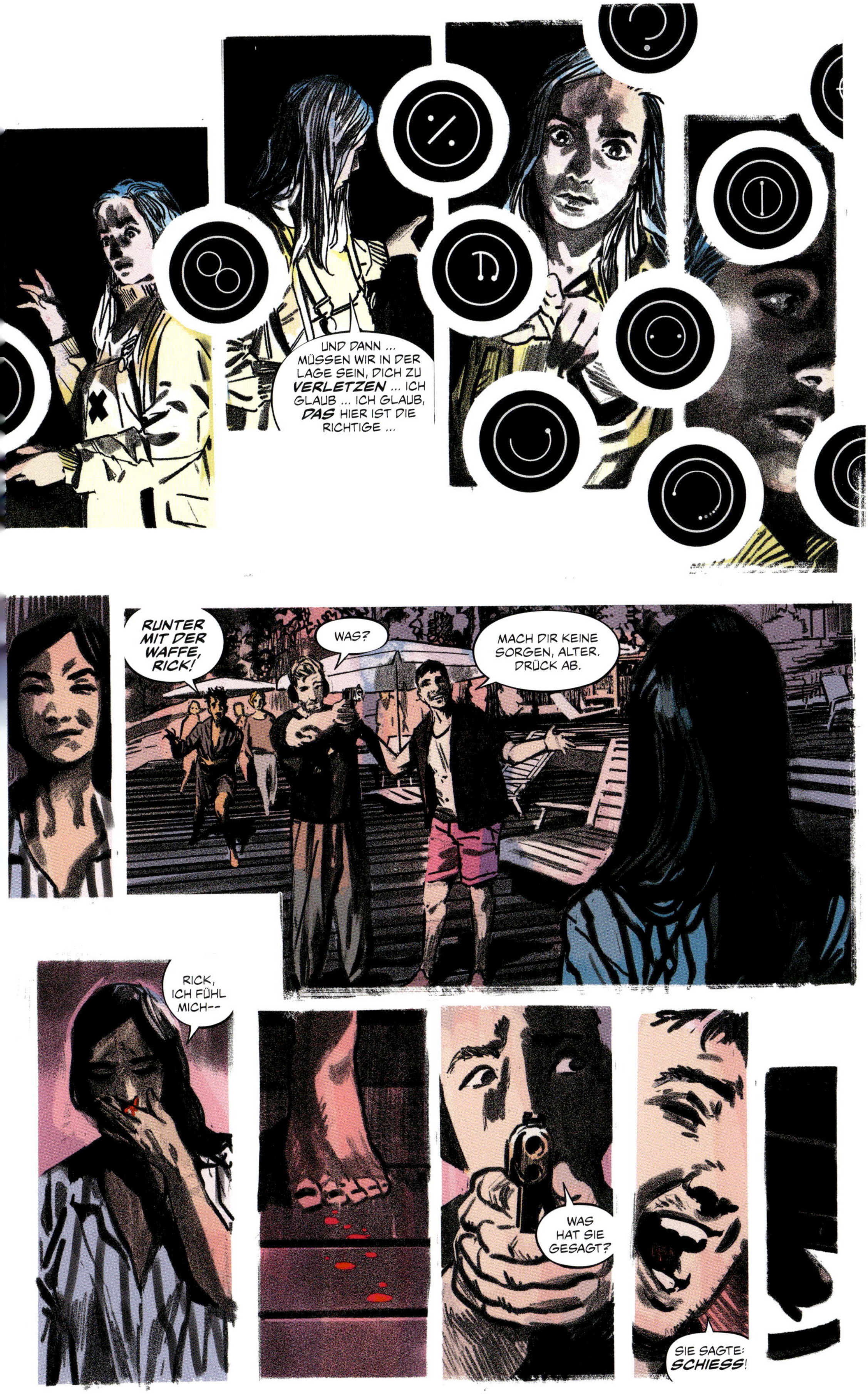

UND DANN ... MÜSSEN WIR IN DER LAGE SEIN, DICH ZU **VERLETZEN** ... ICH GLAUB ... ICH GLAUB, **DAS** HIER IST DIE RICHTIGE ...

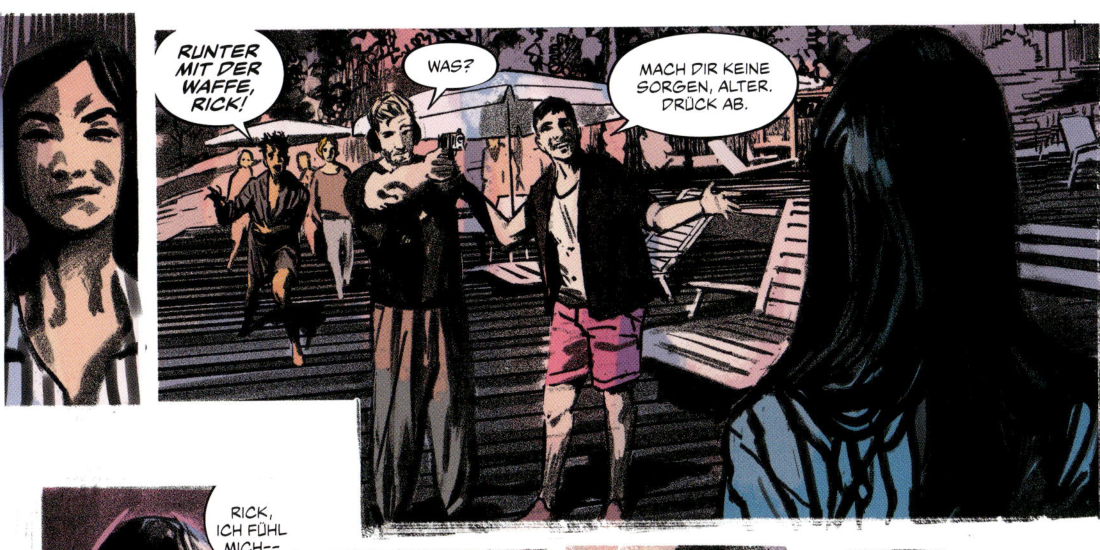

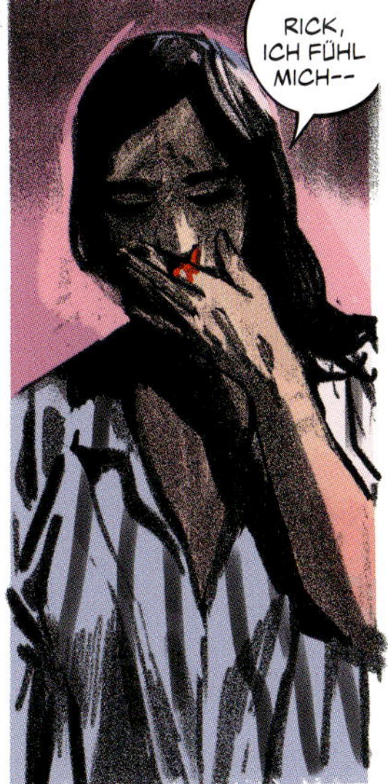

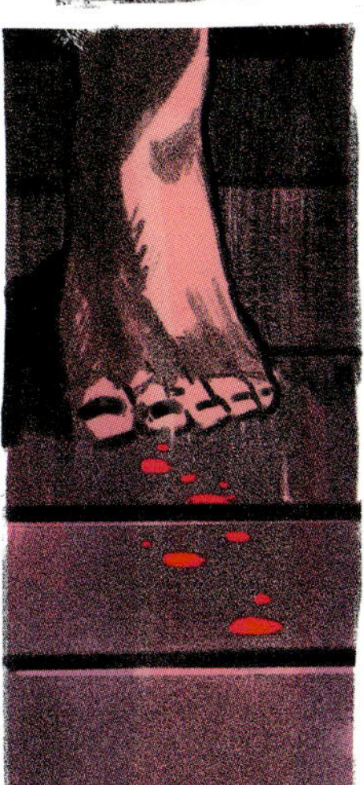

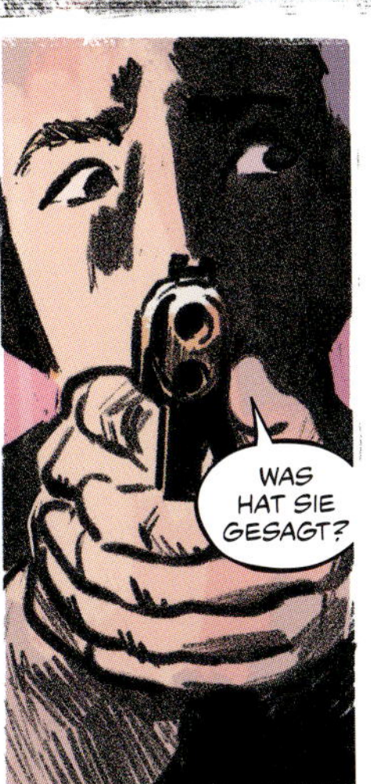

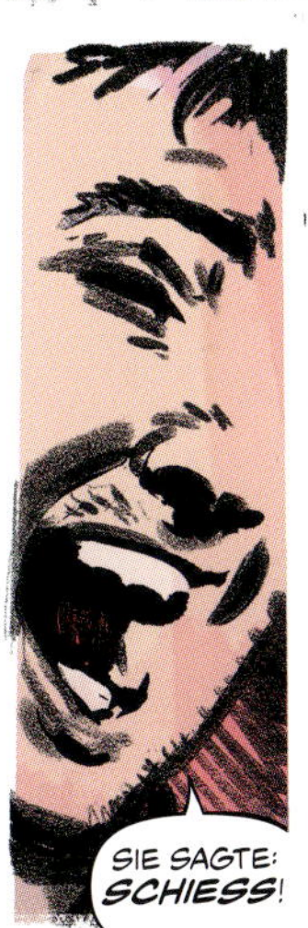

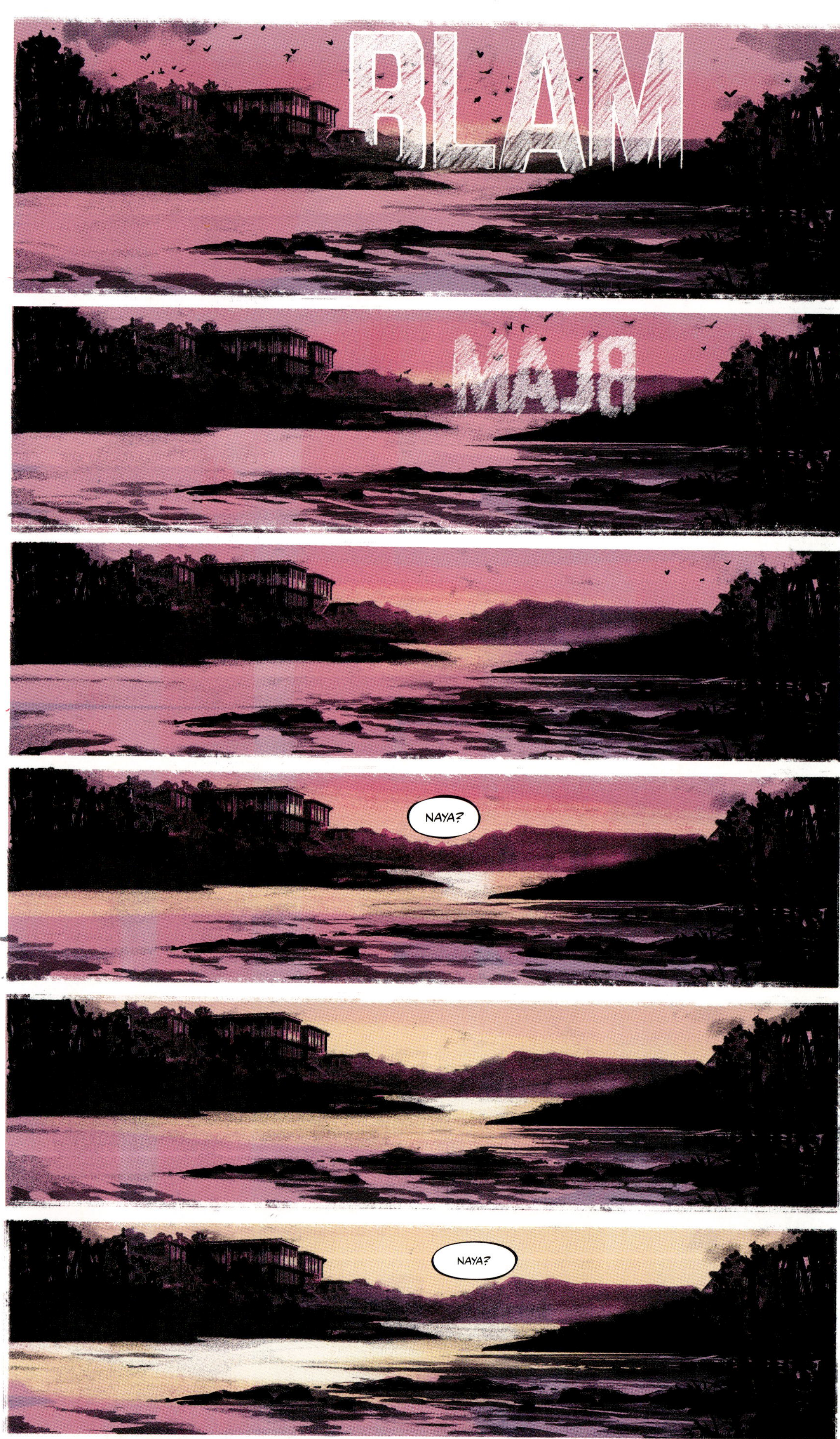
BLAM
BLAM
NAYA?
NAYA?

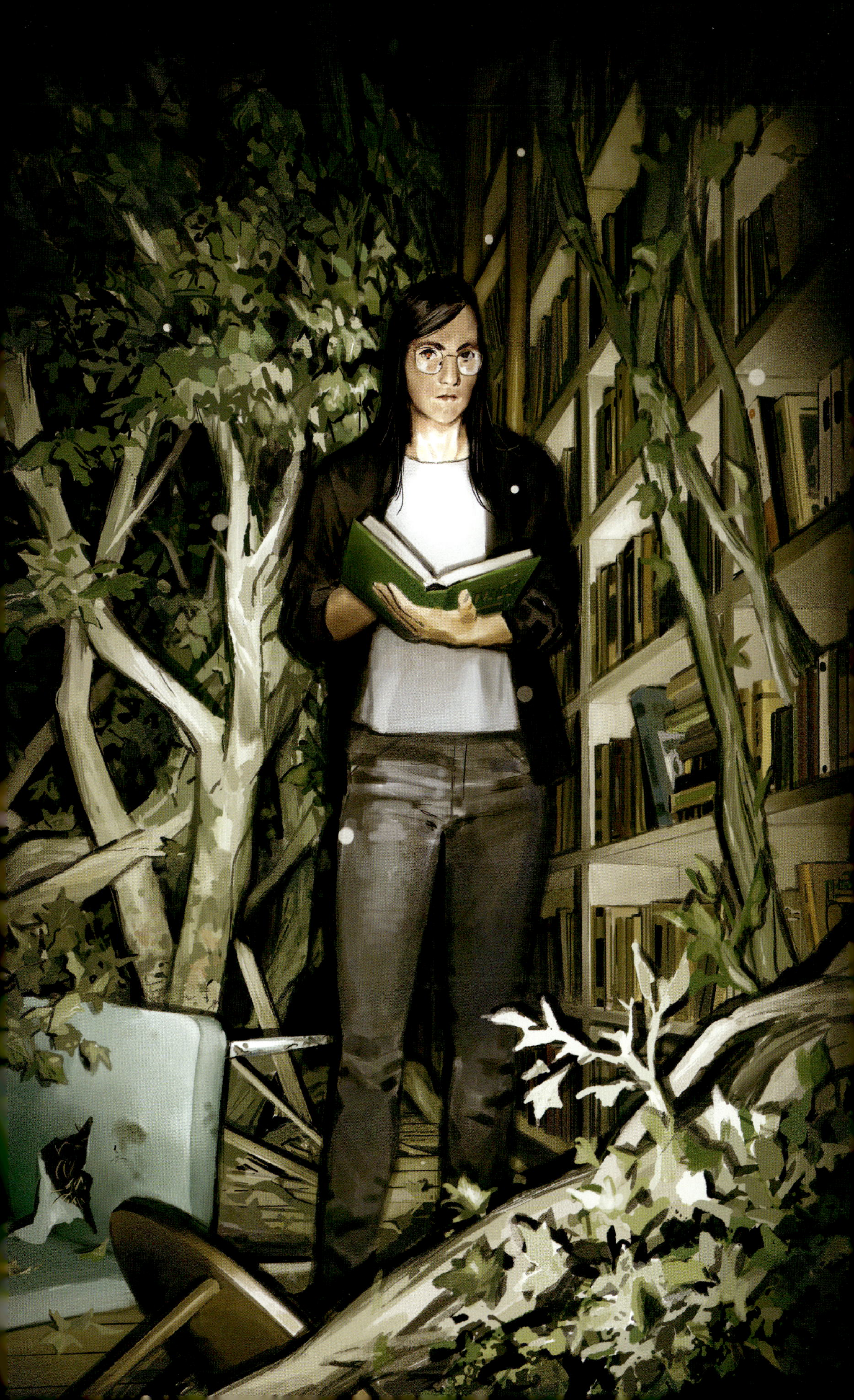

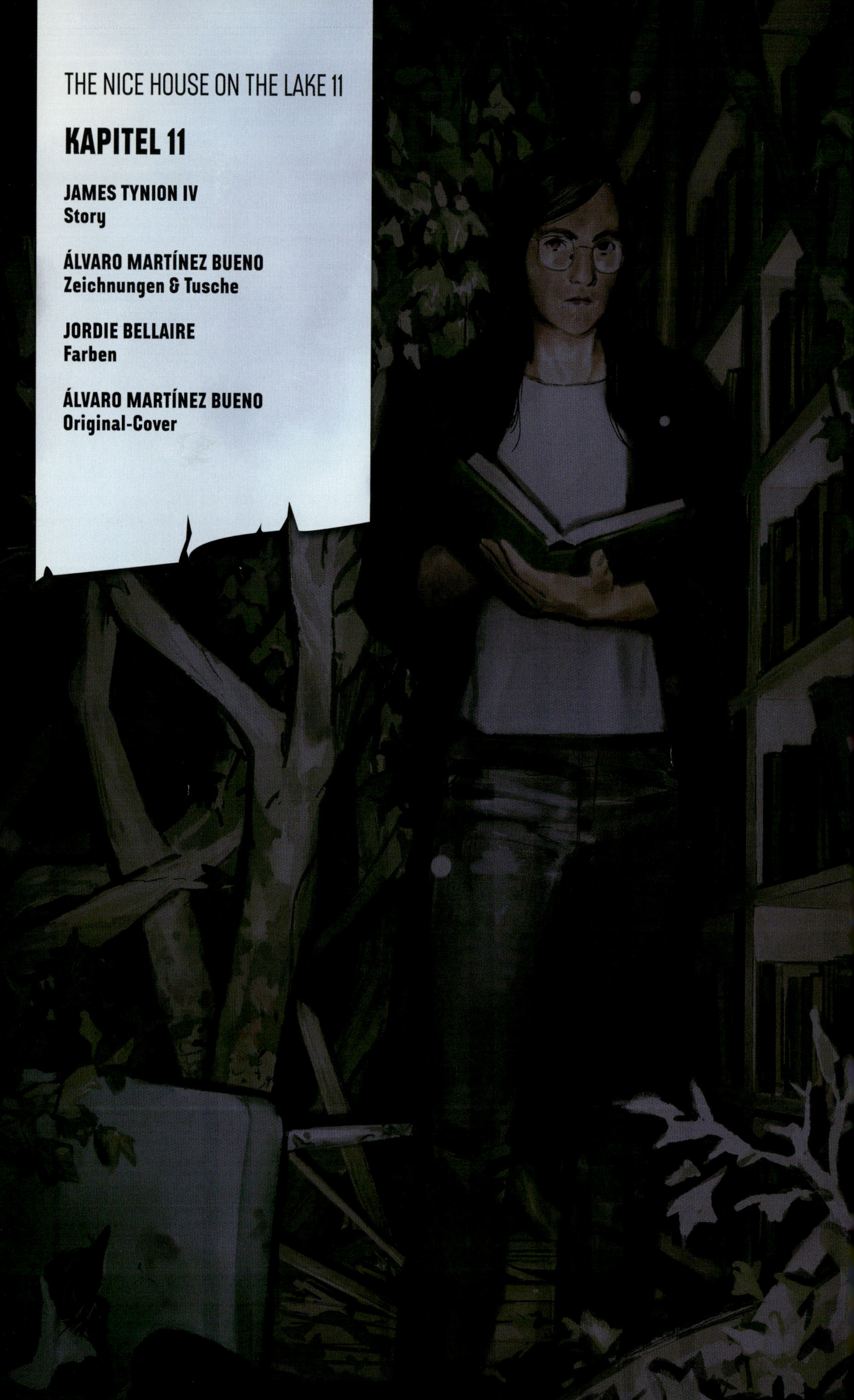
THE NICE HOUSE ON THE LAKE 11
KAPITEL 11
JAMES TYNION IV
Story
ÁLVARO MARTÍNEZ BUENO
Zeichnungen & Tusche
JORDIE BELLAIRE
Farben
ÁLVARO MARTÍNEZ BUENO
Original-Cover

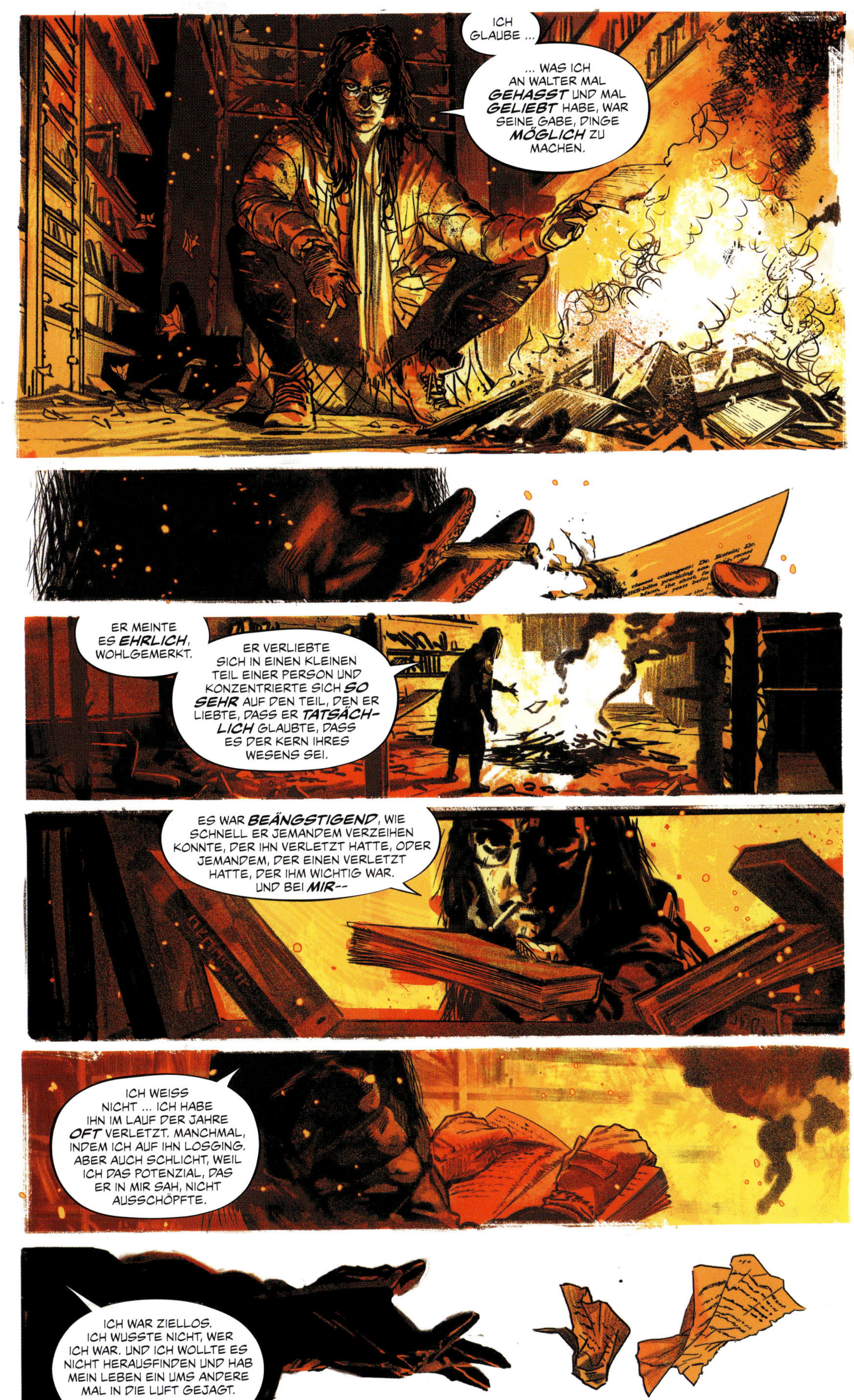
ICH GLAUBE ...
... WAS ICH AN WALTER MAL GEHASST UND MAL GELIEBT HABE, WAR SEINE GABE, DINGE MÖGLICH ZU MACHEN.
ER MEINTE ES EHRLICH, WOHLGEMERKT.
ER VERLIEBTE SICH IN EINEN KLEINEN TEIL EINER PERSON UND KONZENTRIERTE SICH SO SEHR AUF DEN TEIL, DEN ER LIEBTE, DASS ER TATSÄCHLICH GLAUBTE, DASS ES DER KERN IHRES WESENS SEI.
ES WAR BEÄNGSTIGEND, WIE SCHNELL ER JEMANDEM VERZEIHEN KONNTE, DER IHN VERLETZT HATTE, ODER JEMANDEM, DER EINEN VERLETZT HATTE, DER IHM WICHTIG WAR. UND BEI MIR--
ICH WEISS NICHT ... ICH HABE IHN IM LAUF DER JAHRE OFT VERLETZT. MANCHMAL, INDEM ICH AUF IHN LOSGING. ABER AUCH SCHLICHT, WEIL ICH DAS POTENZIAL, DAS ER IN MIR SAH, NICHT AUSSCHÖPFTE.
ICH WAR ZIELLOS. ICH WUSSTE NICHT, WER ICH WAR. UND ICH WOLLTE ES NICHT HERAUSFINDEN UND HAB MEIN LEBEN EIN UMS ANDERE MAL IN DIE LUFT GEJAGT.

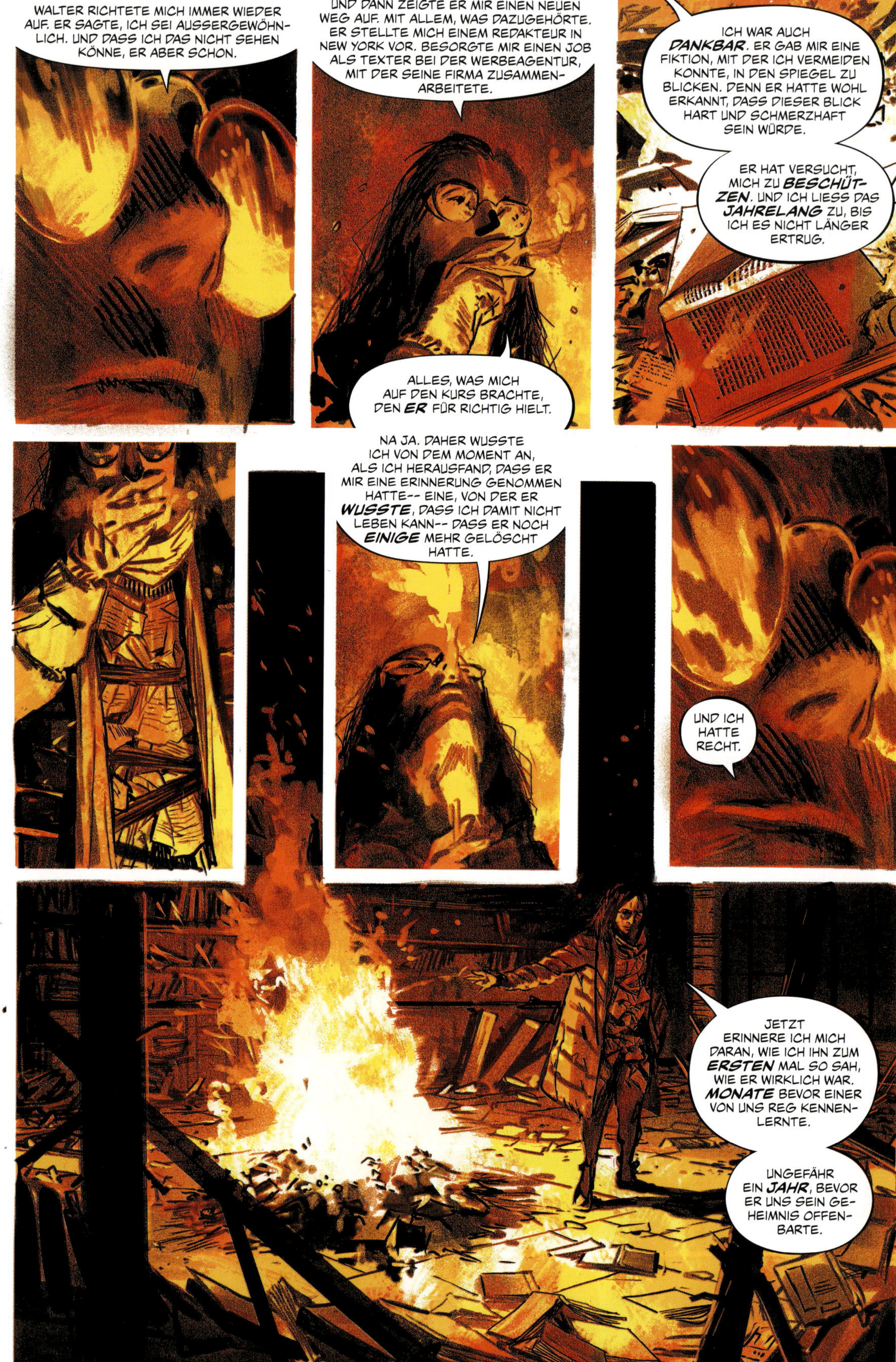
WALTER RICHTETE MICH IMMER WIEDER AUF. ER SAGTE, ICH SEI AUSSERGEWÖHNLICH. UND DASS ICH DAS NICHT SEHEN KÖNNE, ER ABER SCHON.
UND DANN ZEIGTE ER MIR EINEN NEUEN WEG AUF. MIT ALLEM, WAS DAZUGEHÖRTE. ER STELLTE MICH EINEM REDAKTEUR IN NEW YORK VOR. BESORGTE MIR EINEN JOB ALS TEXTER BEI DER WERBEAGENTUR, MIT DER SEINE FIRMA ZUSAMMENARBEITETE.
ALLES, WAS MICH AUF DEN KURS BRACHTE, DEN ER FÜR RICHTIG HIELT.
ICH WAR AUCH DANKBAR. ER GAB MIR EINE FIKTION, MIT DER ICH VERMEIDEN KONNTE, IN DEN SPIEGEL ZU BLICKEN. DENN ER HATTE WOHL ERKANNT, DASS DIESER BLICK HART UND SCHMERZHAFT SEIN WÜRDE.
ER HAT VERSUCHT, MICH ZU BESCHÜTZEN. UND ICH LIESS DAS JAHRELANG ZU, BIS ICH ES NICHT LÄNGER ERTRUG.
NA JA. DAHER WUSSTE ICH VON DEM MOMENT AN, ALS ICH HERAUSFAND, DASS ER MIR EINE ERINNERUNG GENOMMEN HATTE-- EINE, VON DER ER WUSSTE, DASS ICH DAMIT NICHT LEBEN KANN-- DASS ER NOCH EINIGE MEHR GELÖSCHT HATTE.
UND ICH HATTE RECHT.
JETZT ERINNERE ICH MICH DARAN, WIE ICH IHN ZUM ERSTEN MAL SO SAH, WIE ER WIRKLICH WAR. MONATE BEVOR EINER VON UNS REG KENNENLERNTE.
UNGEFÄHR EIN JAHR, BEVOR ER UNS SEIN GEHEIMNIS OFFENBARTE.

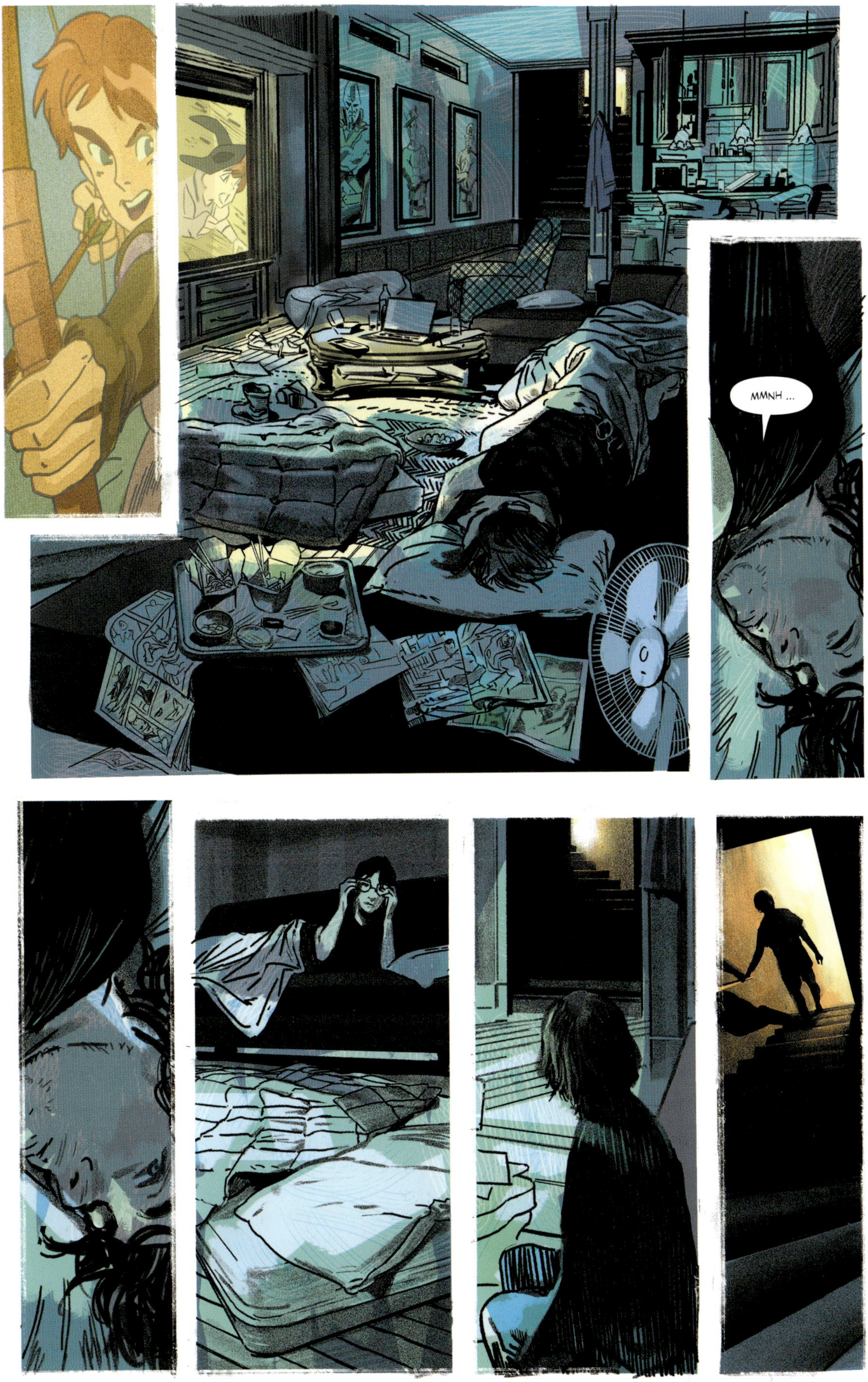

MMNH ...

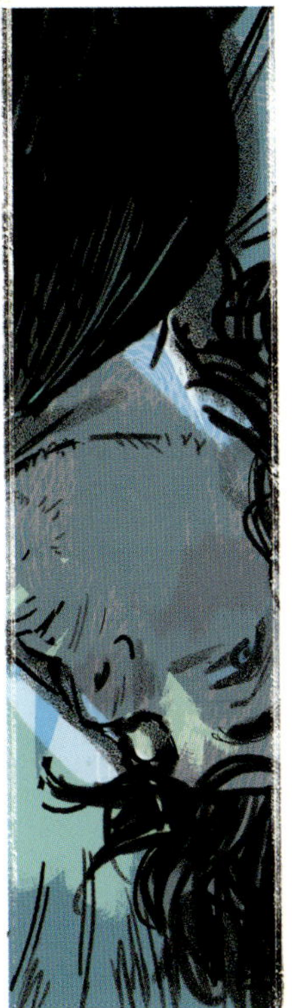

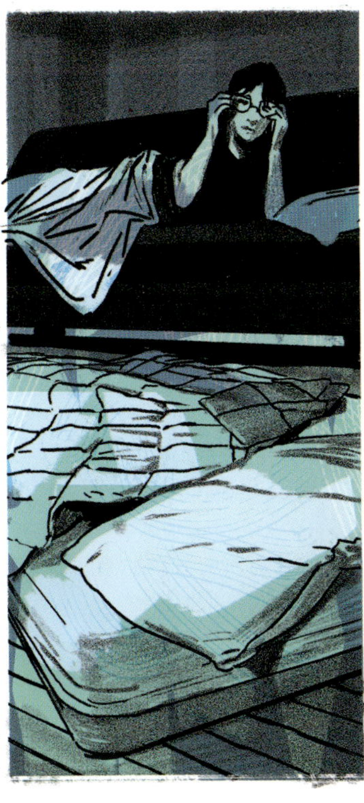

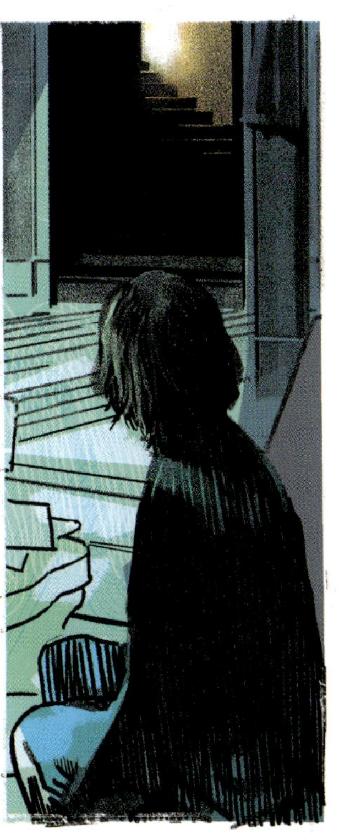

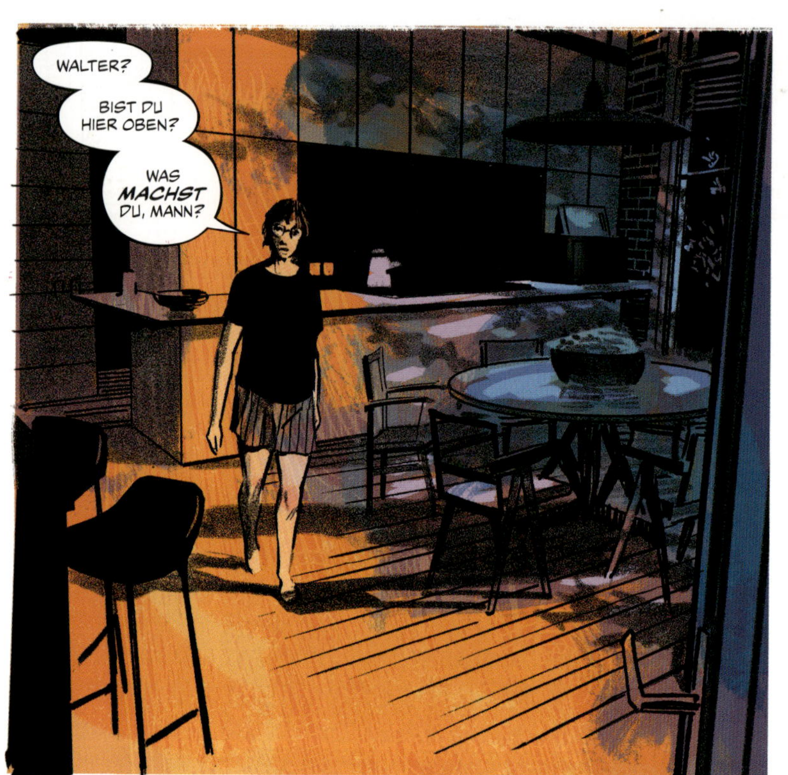
WALTER?
BIST DU HIER OBEN?
WAS *MACHST* DU, MANN?

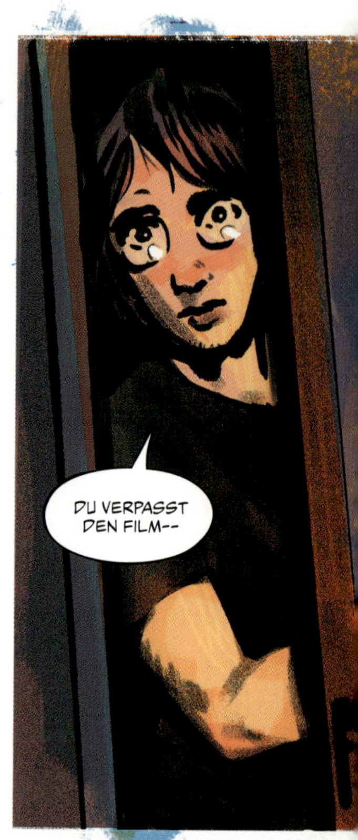
DU VERPASST DEN FILM--

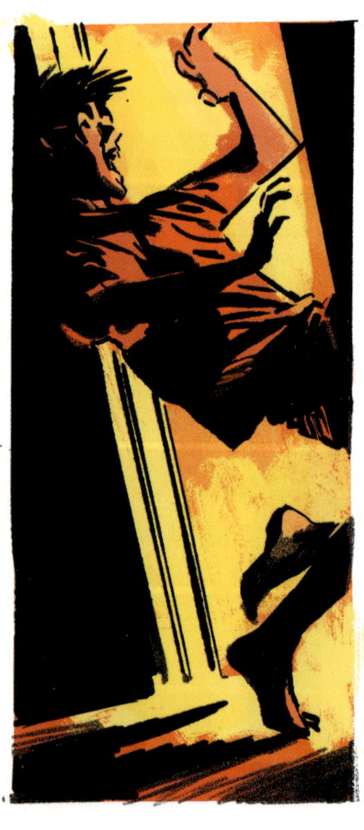

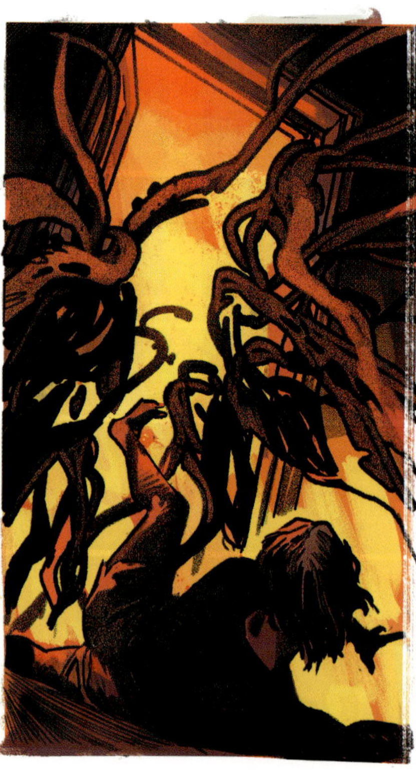

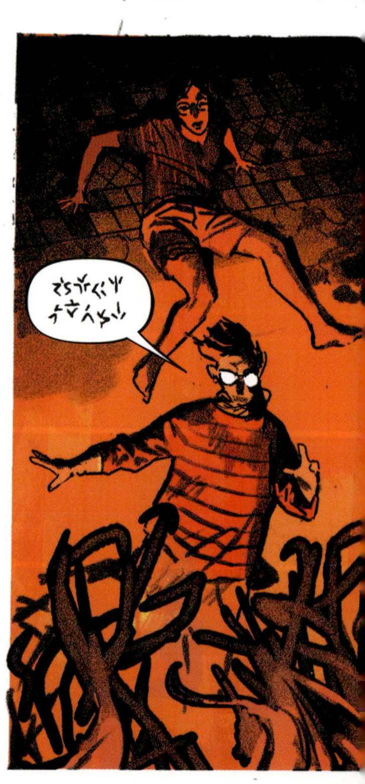

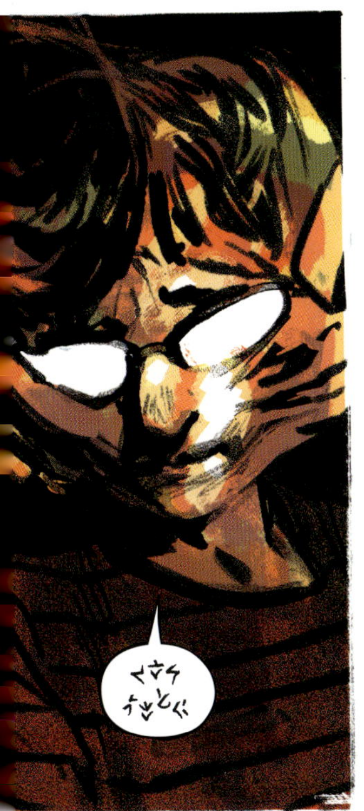

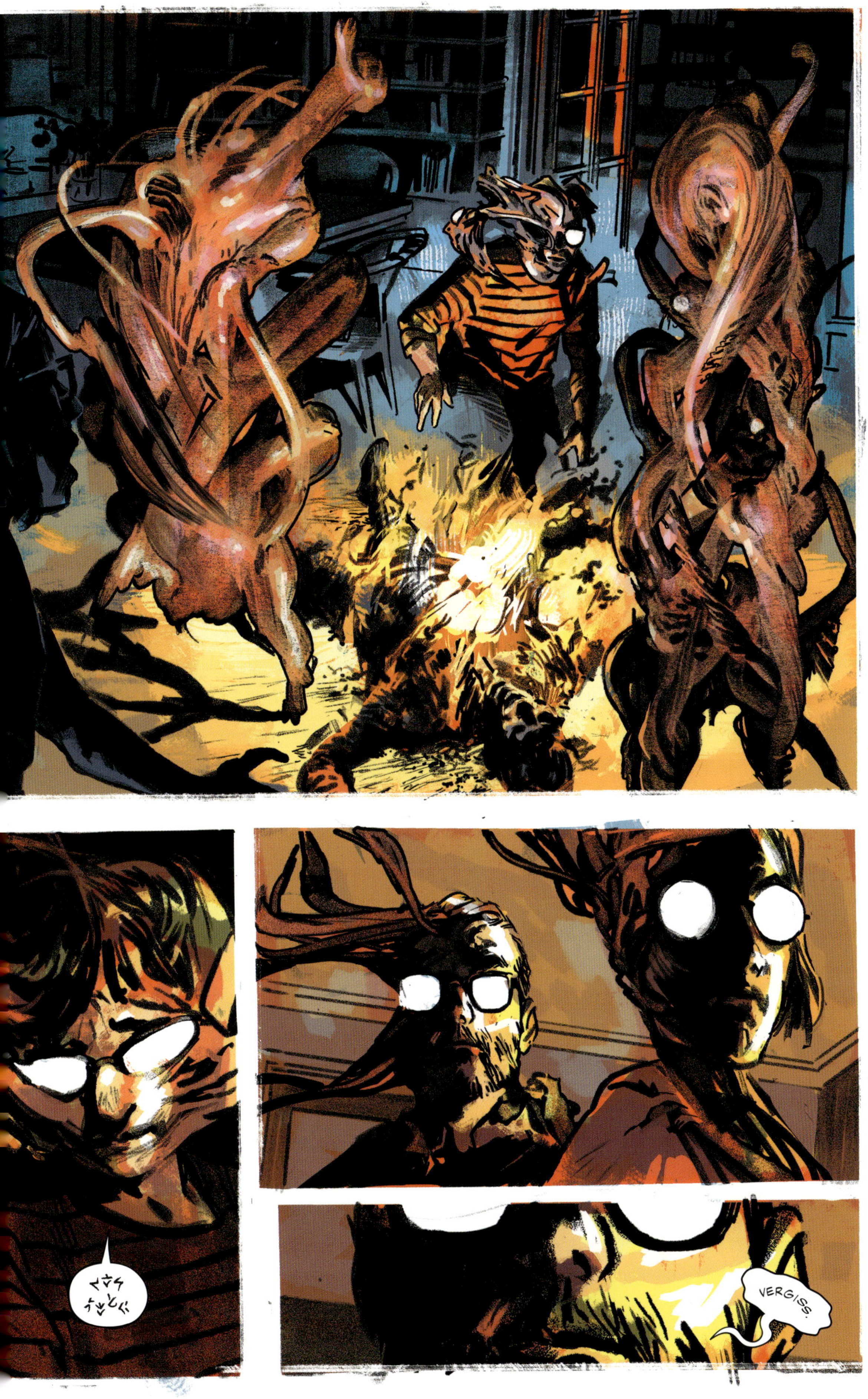

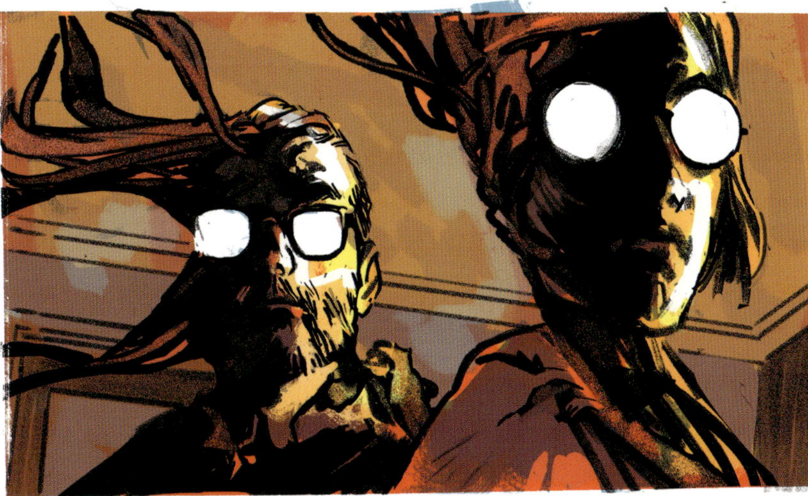

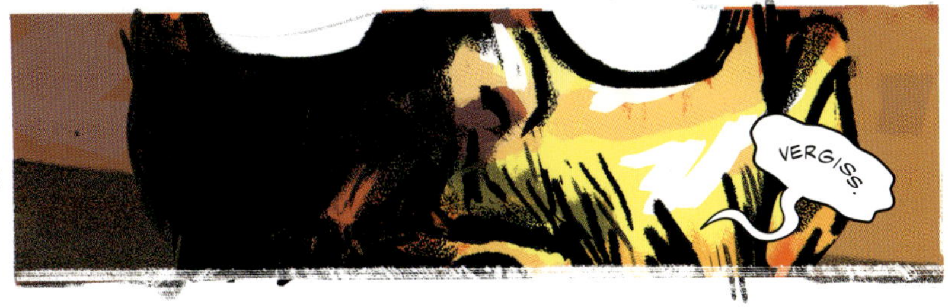
VERGISS.

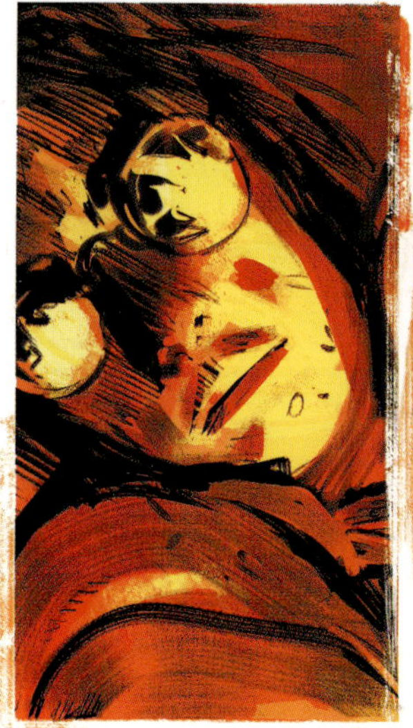

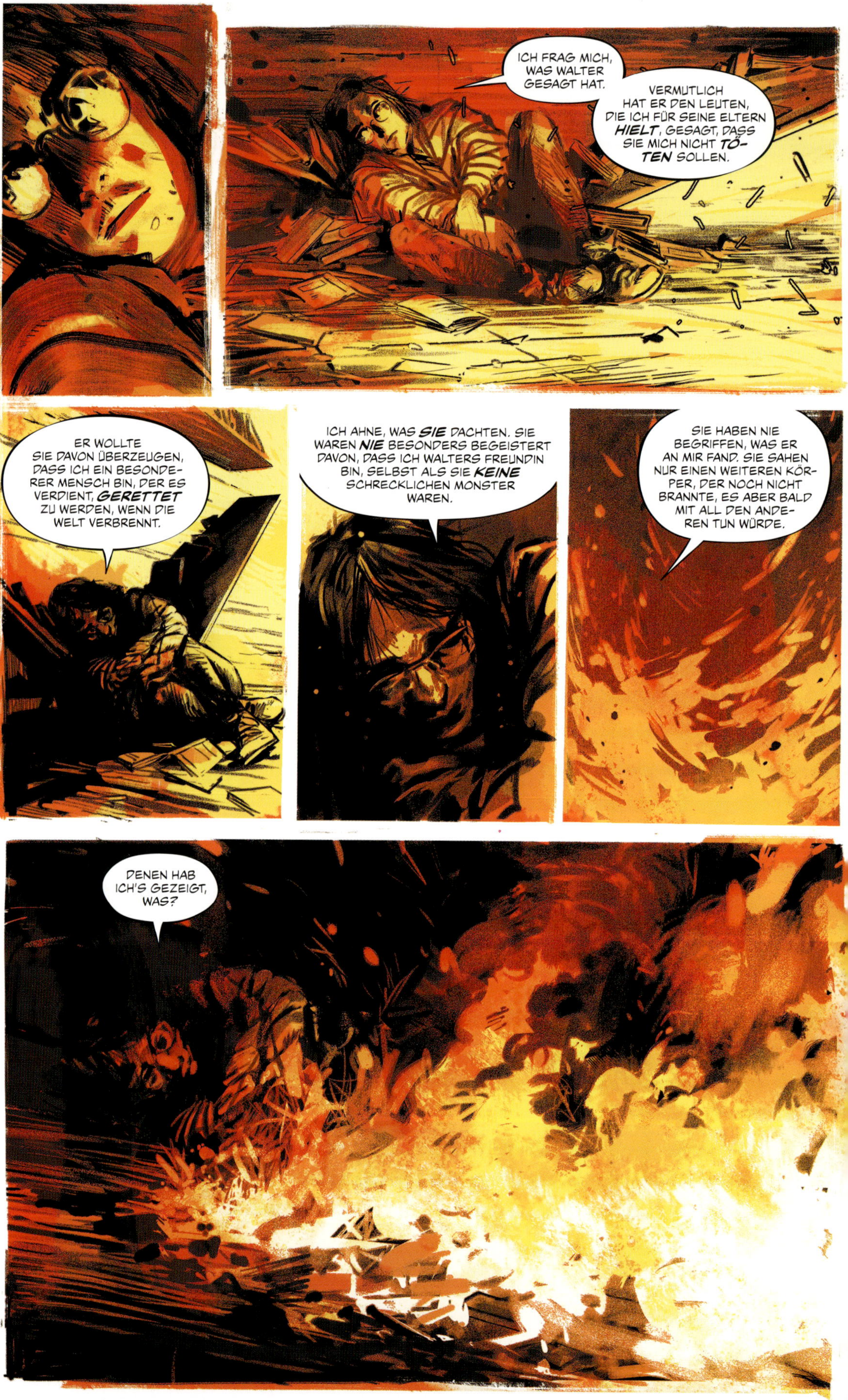

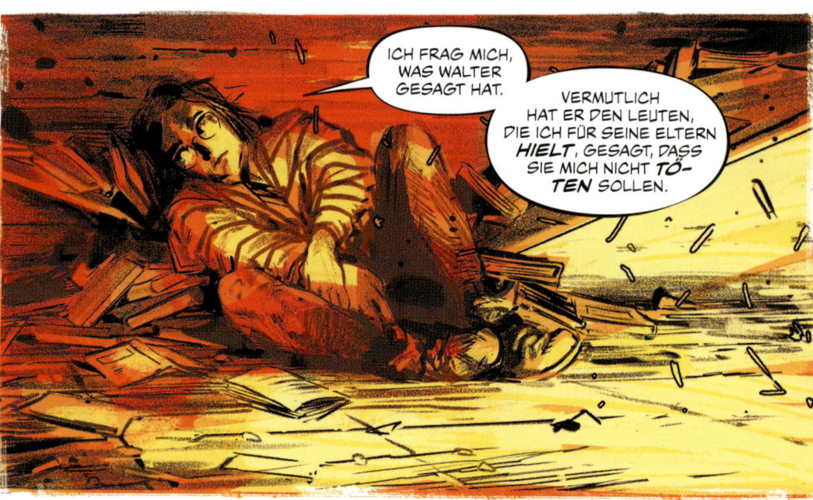

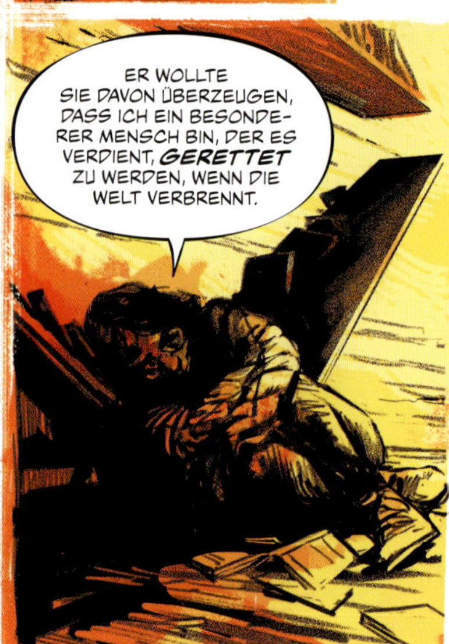

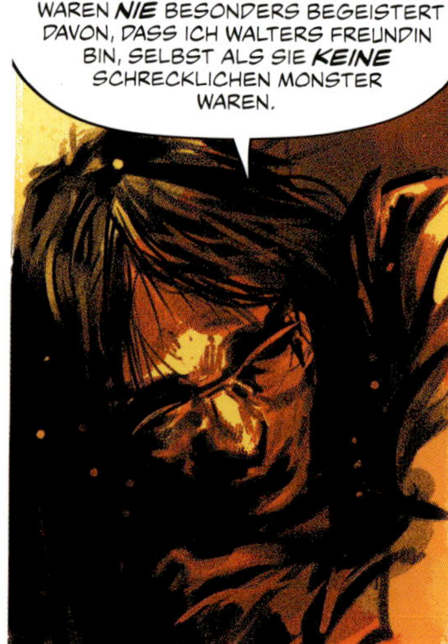

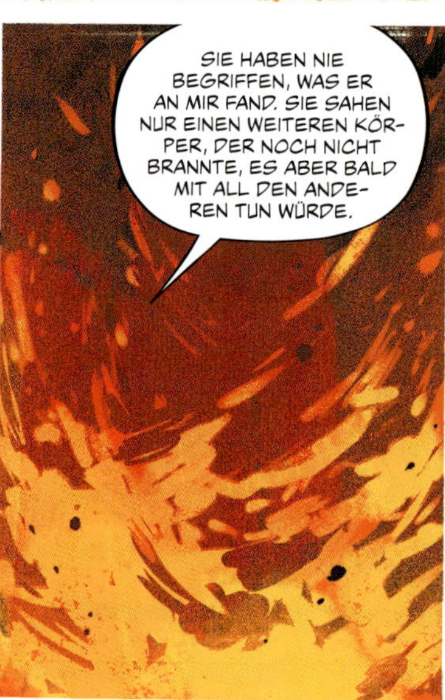

DENEN HAB ICH'S GEZEIGT, WAS?

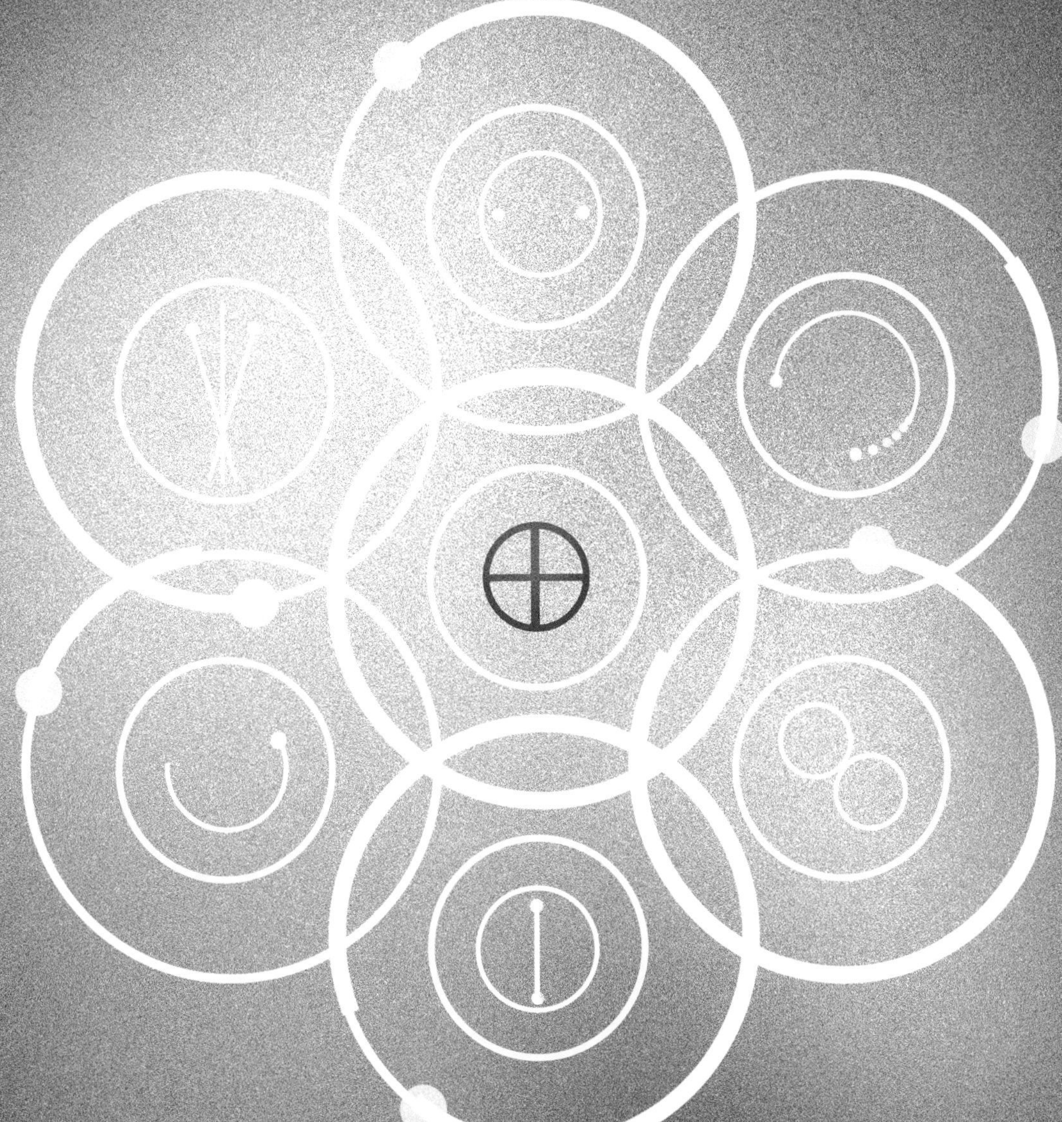
HALT ... WAS IST GERADE PASSIERT?
WAS HAB ICH GETAN?

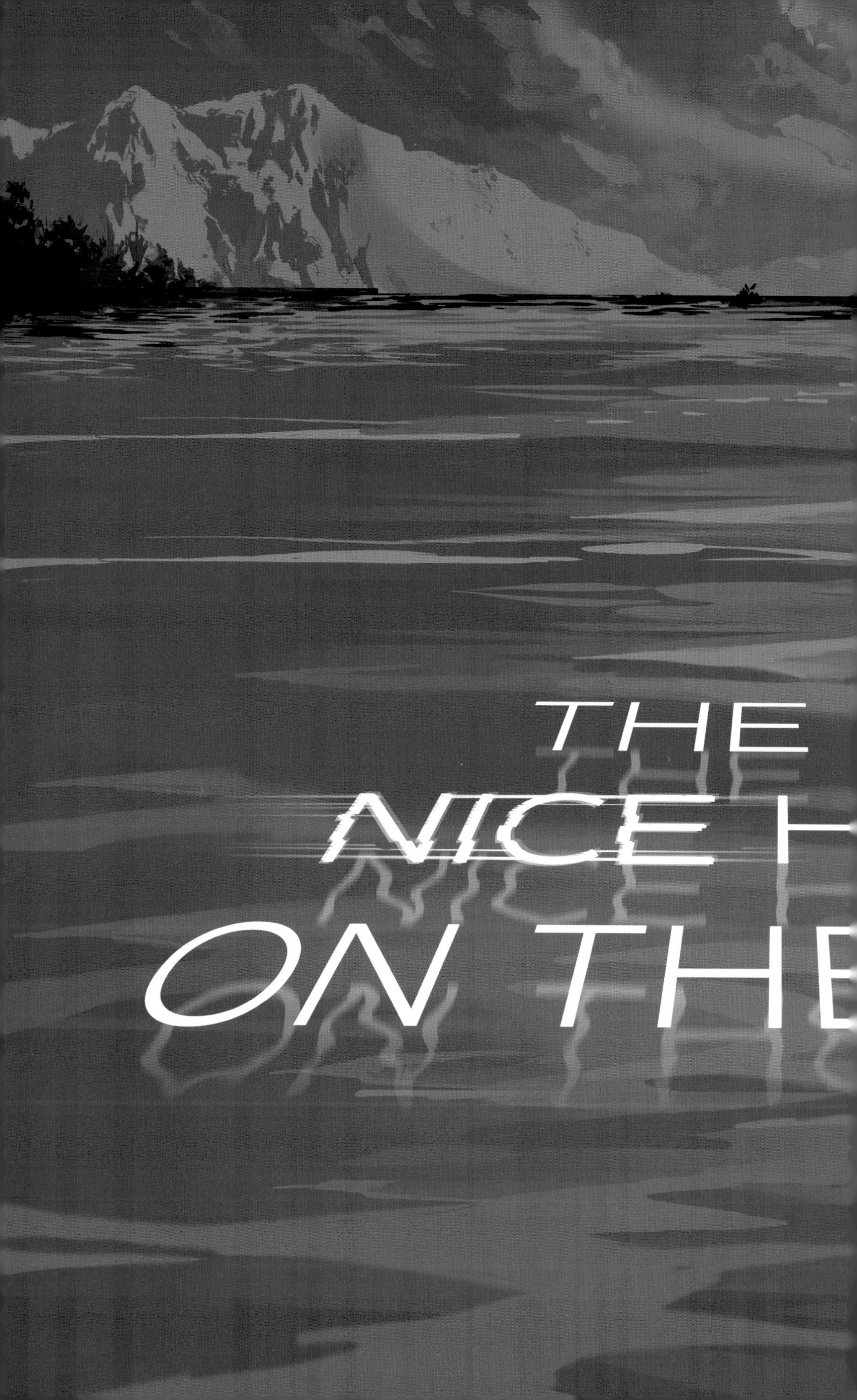

THE

NICE H

ON THE

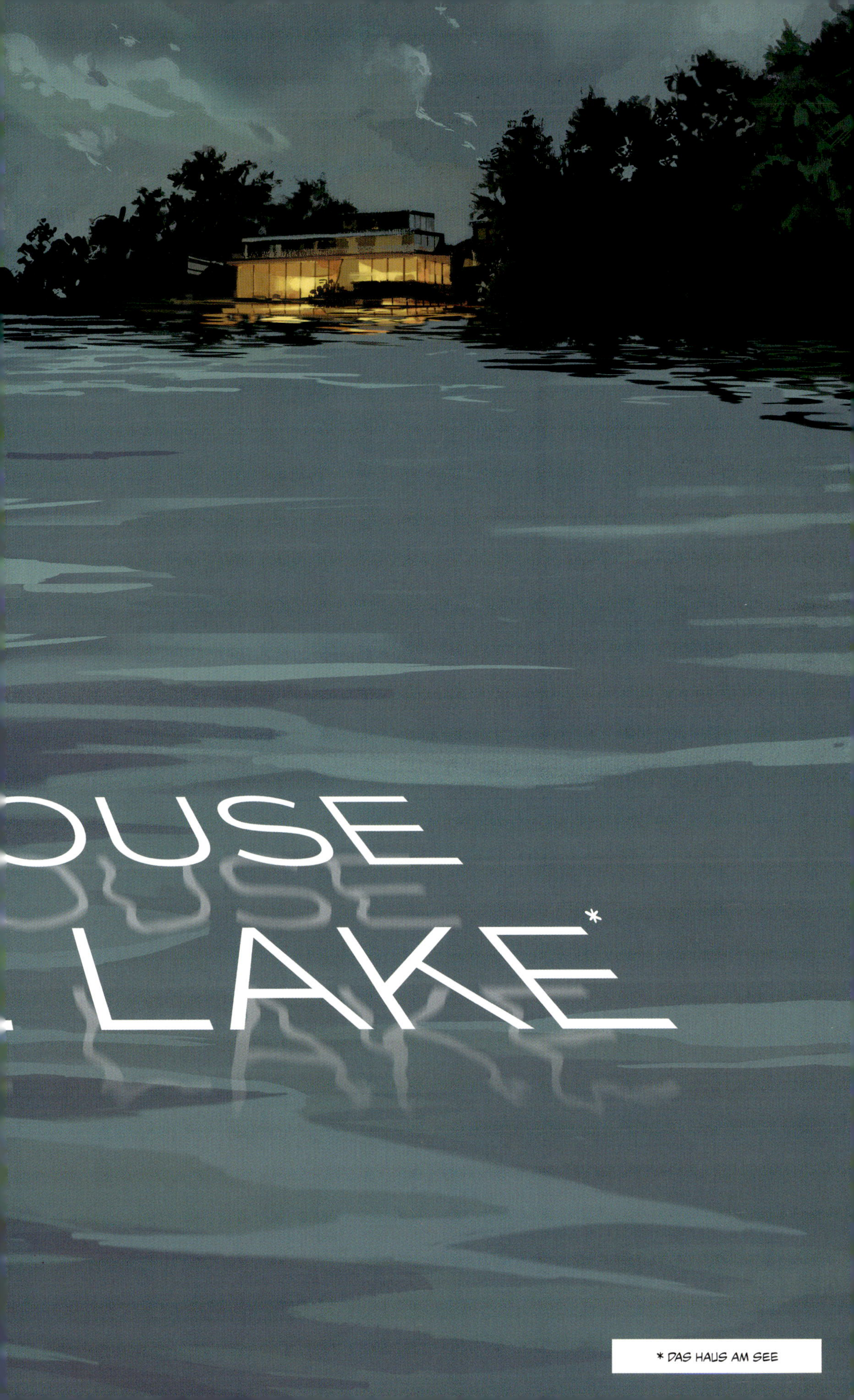

OUSE

LAKE*

* DAS HAUS AM SEE

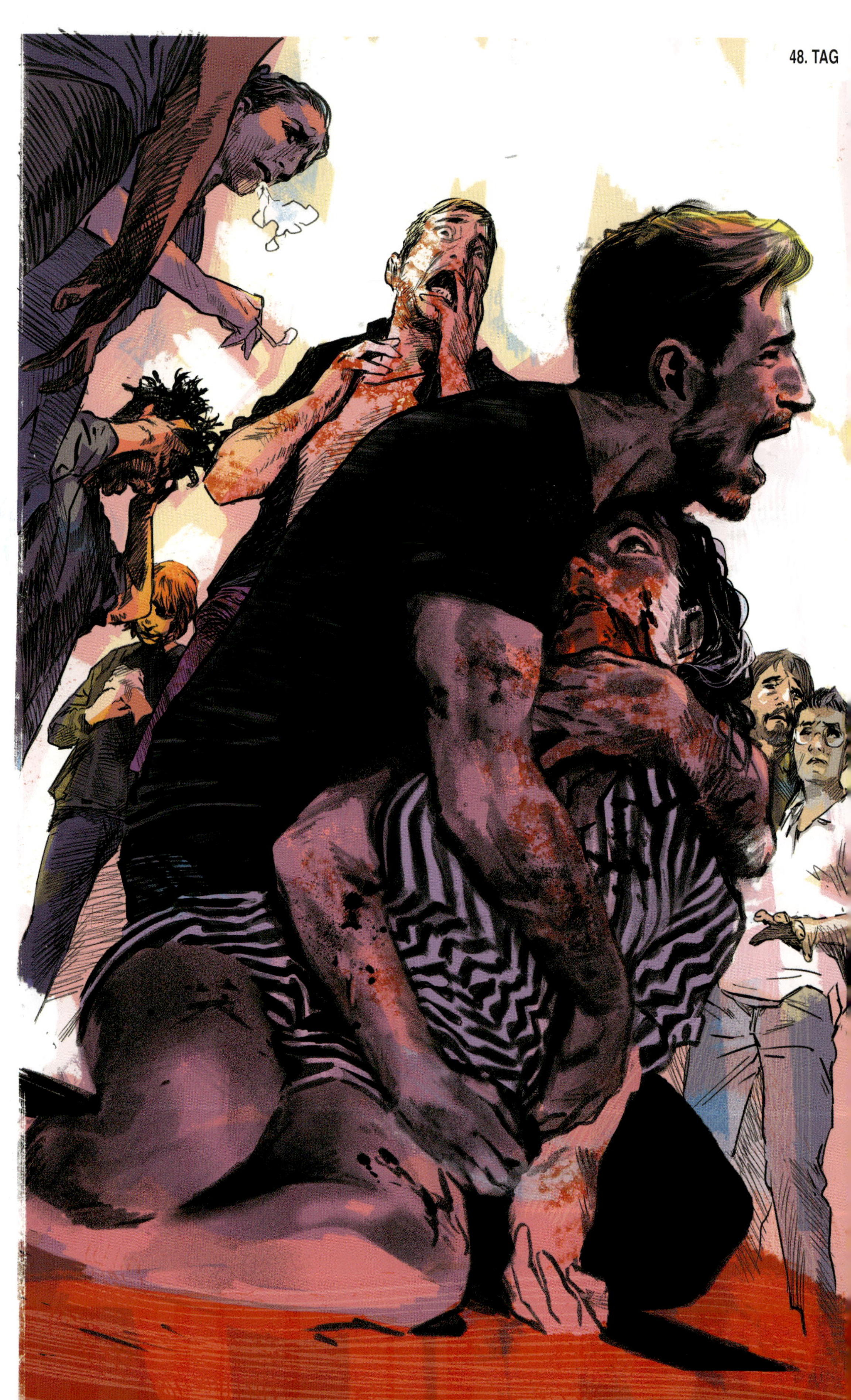
48. TAG

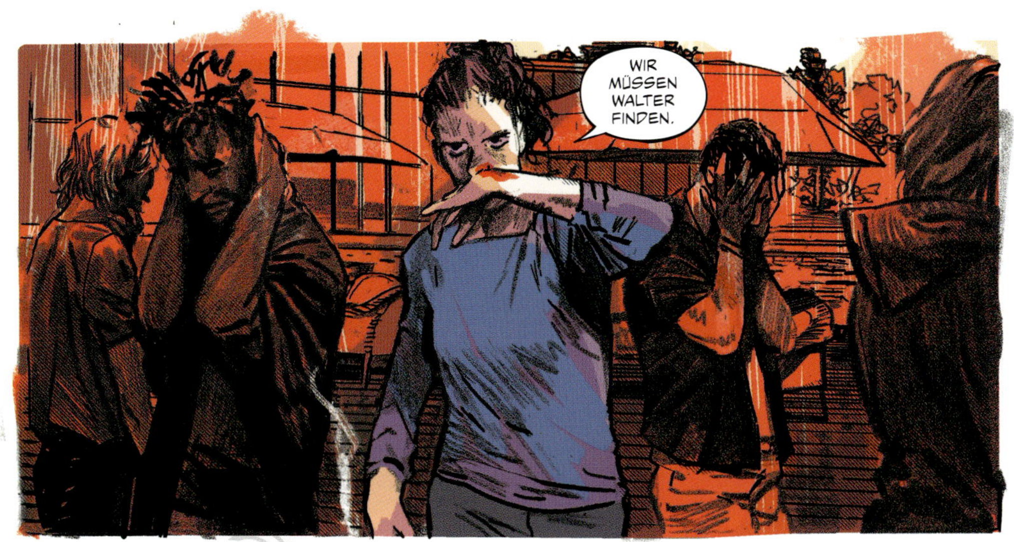
WIR MÜSSEN WALTER FINDEN.

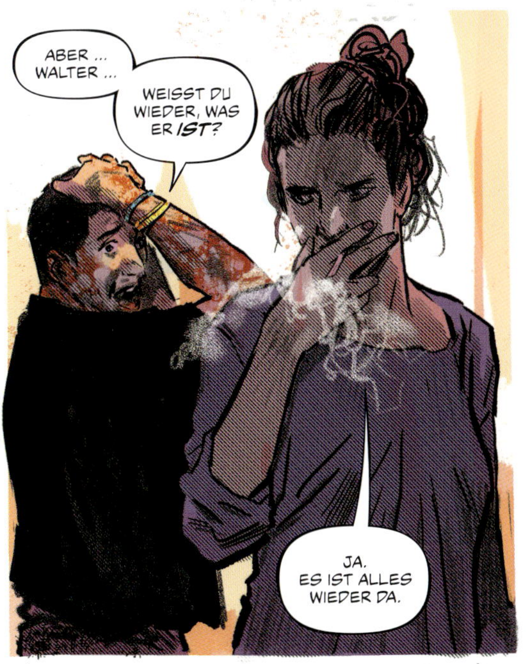
ABER ... WALTER ...
WEISST DU WIEDER, WAS ER *IST*?
JA. ES IST ALLES WIEDER DA.

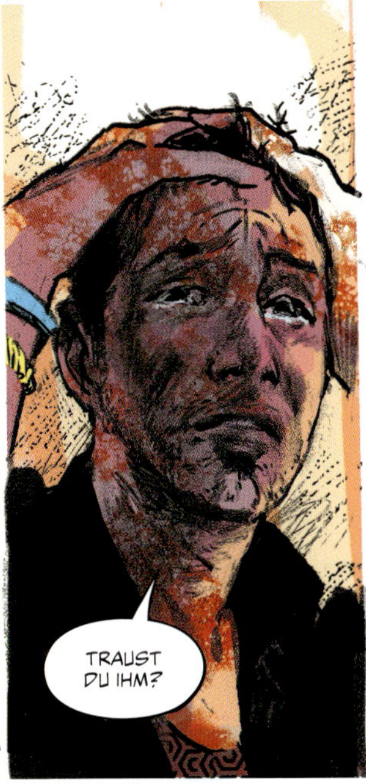
TRAUST DU IHM?

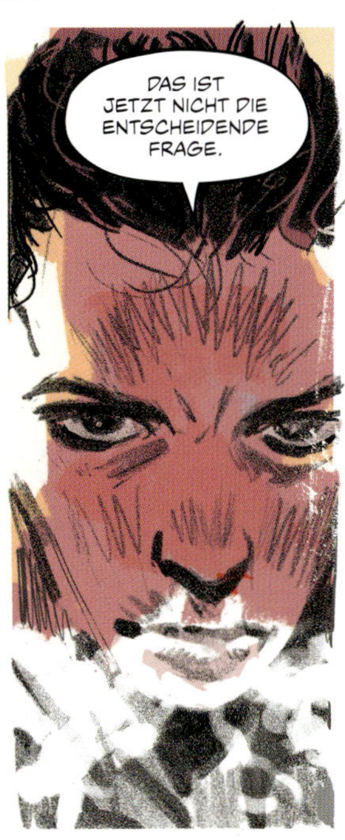
DAS IST JETZT NICHT DIE ENTSCHEIDENDE FRAGE.

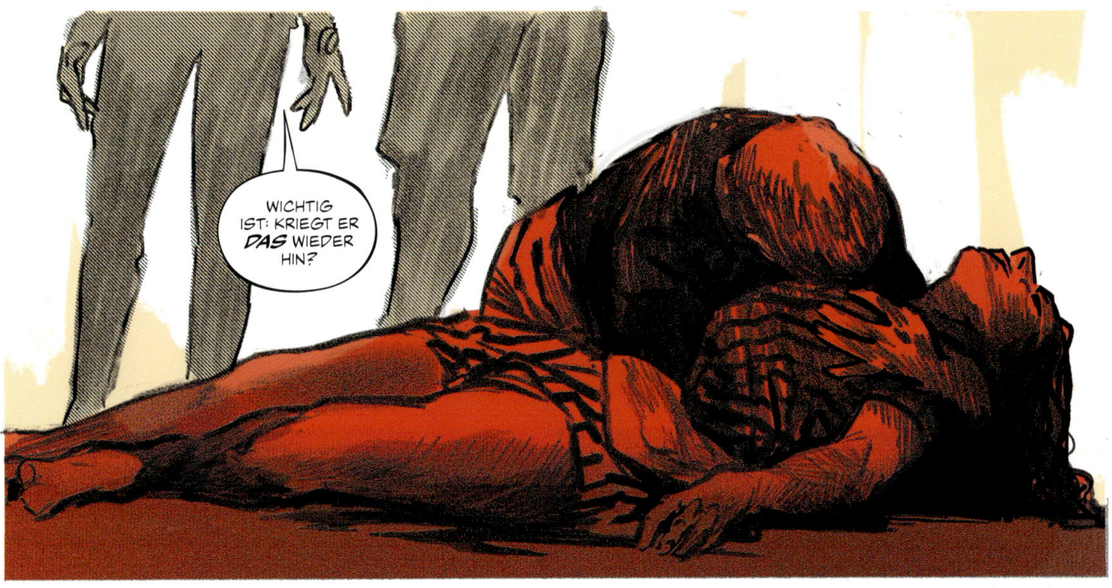
WICHTIG IST: KRIEGT ER *DAS* WIEDER HIN?

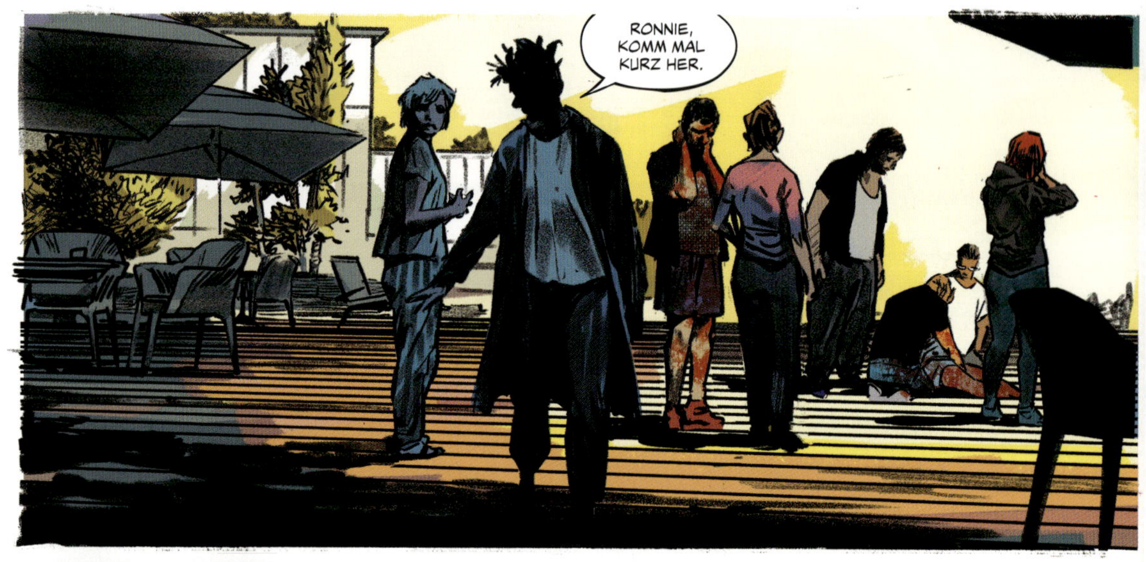
RONNIE, KOMM MAL KURZ HER.

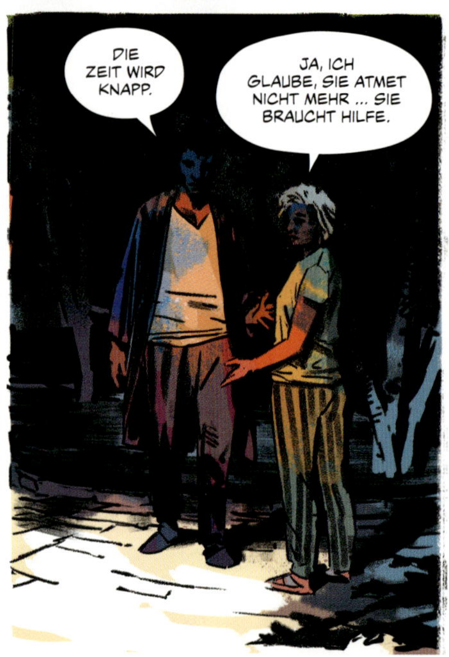
DIE ZEIT WIRD KNAPP.
JA, ICH GLAUBE, SIE ATMET NICHT MEHR ... SIE BRAUCHT HILFE.

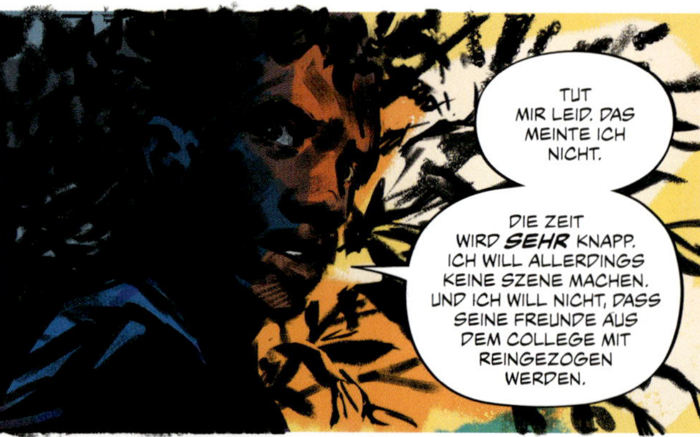
TUT MIR LEID. DAS MEINTE ICH NICHT.
DIE ZEIT WIRD SEHR KNAPP. ICH WILL ALLERDINGS KEINE SZENE MACHEN. UND ICH WILL NICHT, DASS SEINE FREUNDE AUS DEM COLLEGE MIT REINGEZOGEN WERDEN.

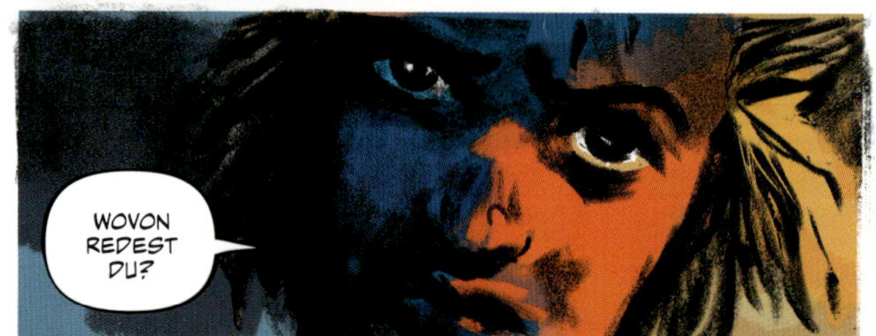
WOVON REDEST DU?

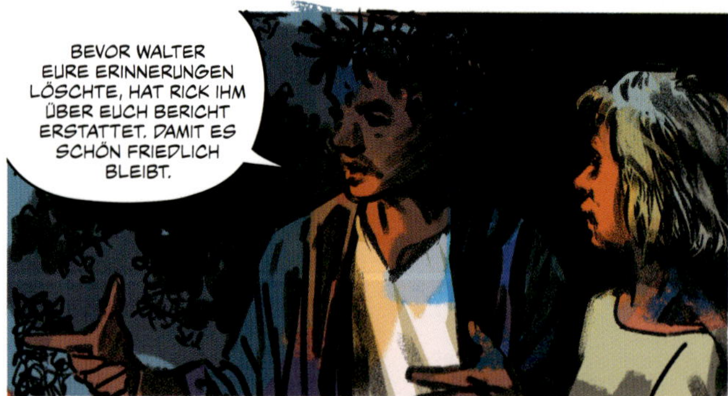
BEVOR WALTER EURE ERINNERUNGEN LÖSCHTE, HAT RICK IHM ÜBER EUCH BERICHT ERSTATTET. DAMIT ES SCHÖN FRIEDLICH BLEIBT.

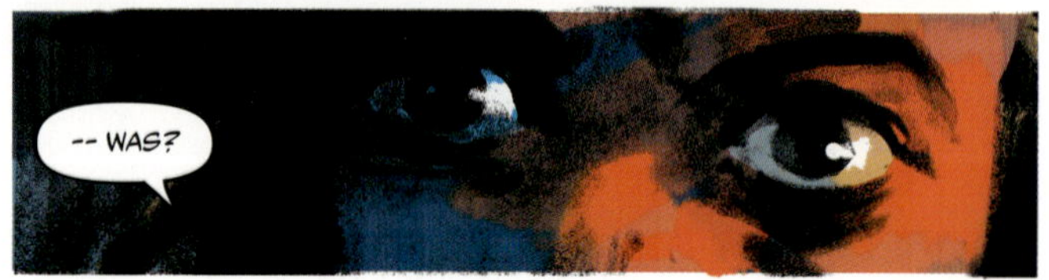
-- WAS?

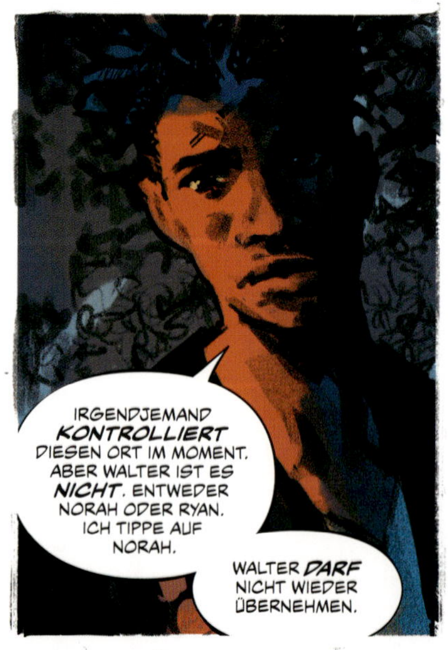
IRGENDJEMAND KONTROLLIERT DIESEN ORT IM MOMENT. ABER WALTER IST ES NICHT. ENTWEDER NORAH ODER RYAN. ICH TIPPE AUF NORAH.
WALTER DARF NICHT WIEDER ÜBERNEHMEN.

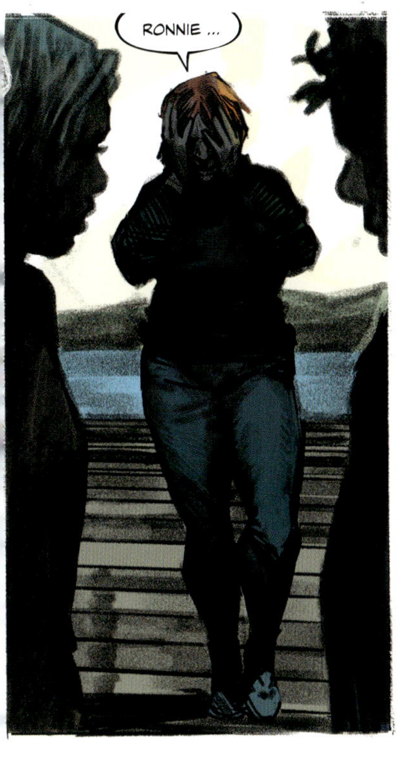
RONNIE ...

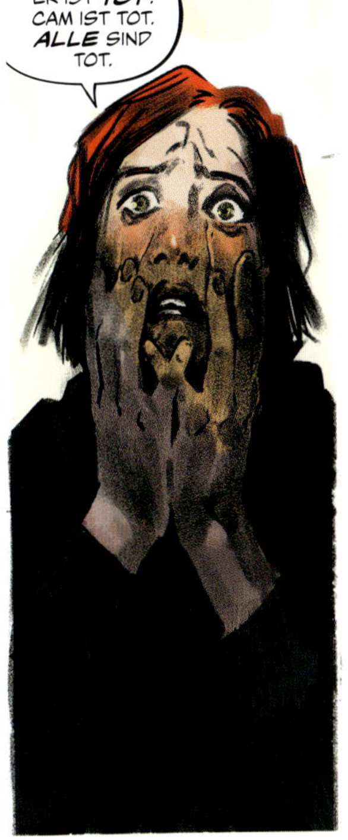
ER IST TOT. CAM IST TOT. ALLE SIND TOT.

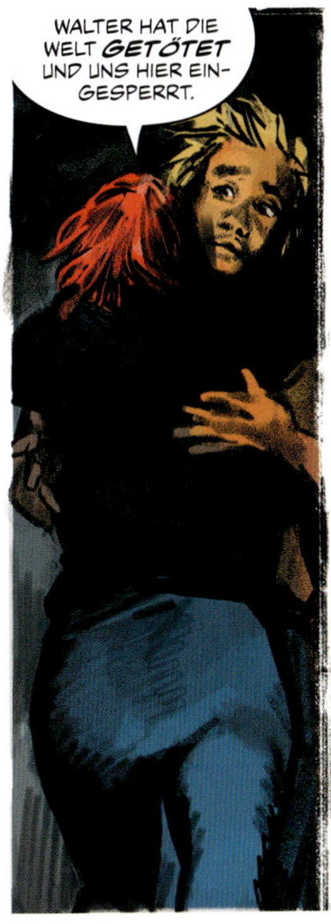
WALTER HAT DIE WELT GETÖTET UND UNS HIER EINGESPERRT.

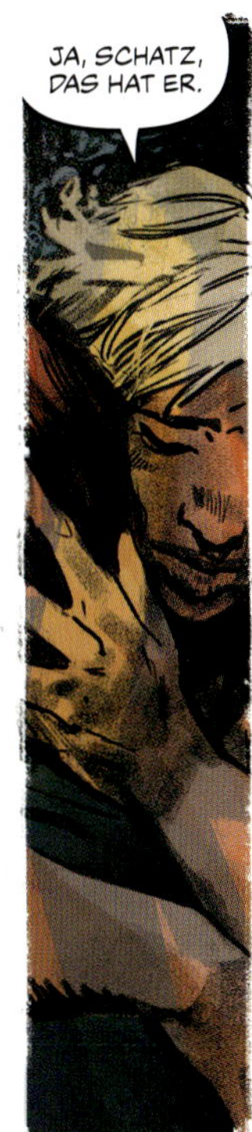
JA, SCHATZ, DAS HAT ER.

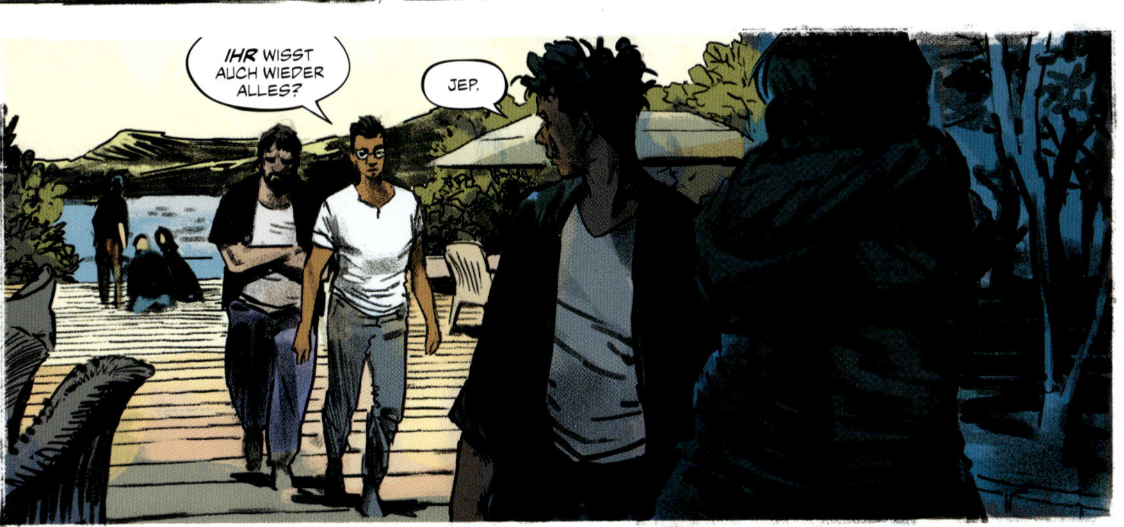
IHR WISST AUCH WIEDER ALLES?
JEP.

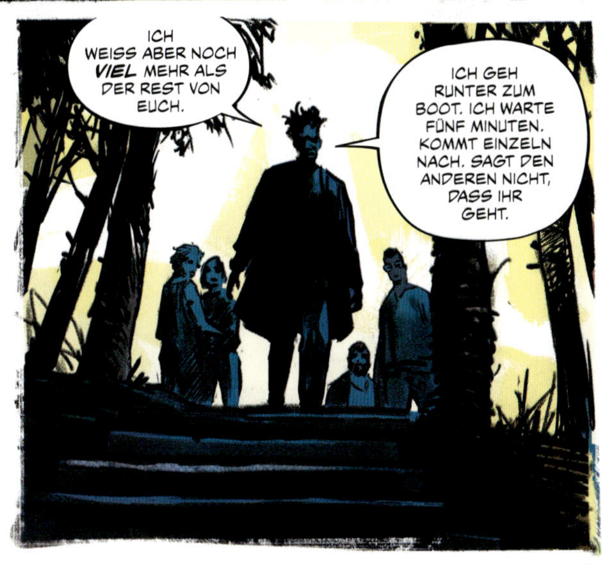
ICH WEISS ABER NOCH VIEL MEHR ALS DER REST VON EUCH.
ICH GEH RUNTER ZUM BOOT. ICH WARTE FÜNF MINUTEN. KOMMT EINZELN NACH. SAGT DEN ANDEREN NICHT, DASS IHR GEHT.

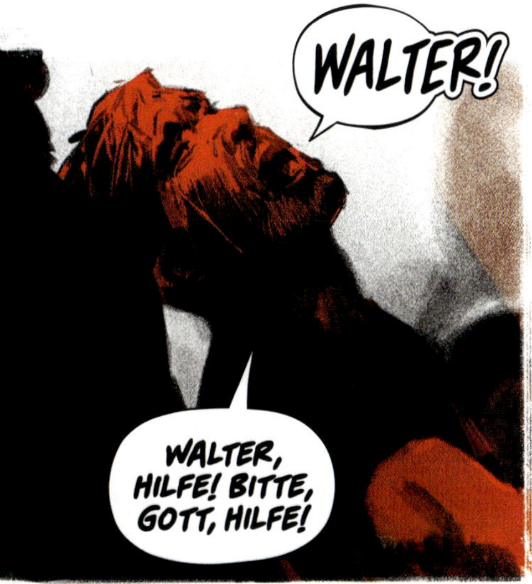
WALTER!
WALTER, HILFE! BITTE, GOTT, HILFE!

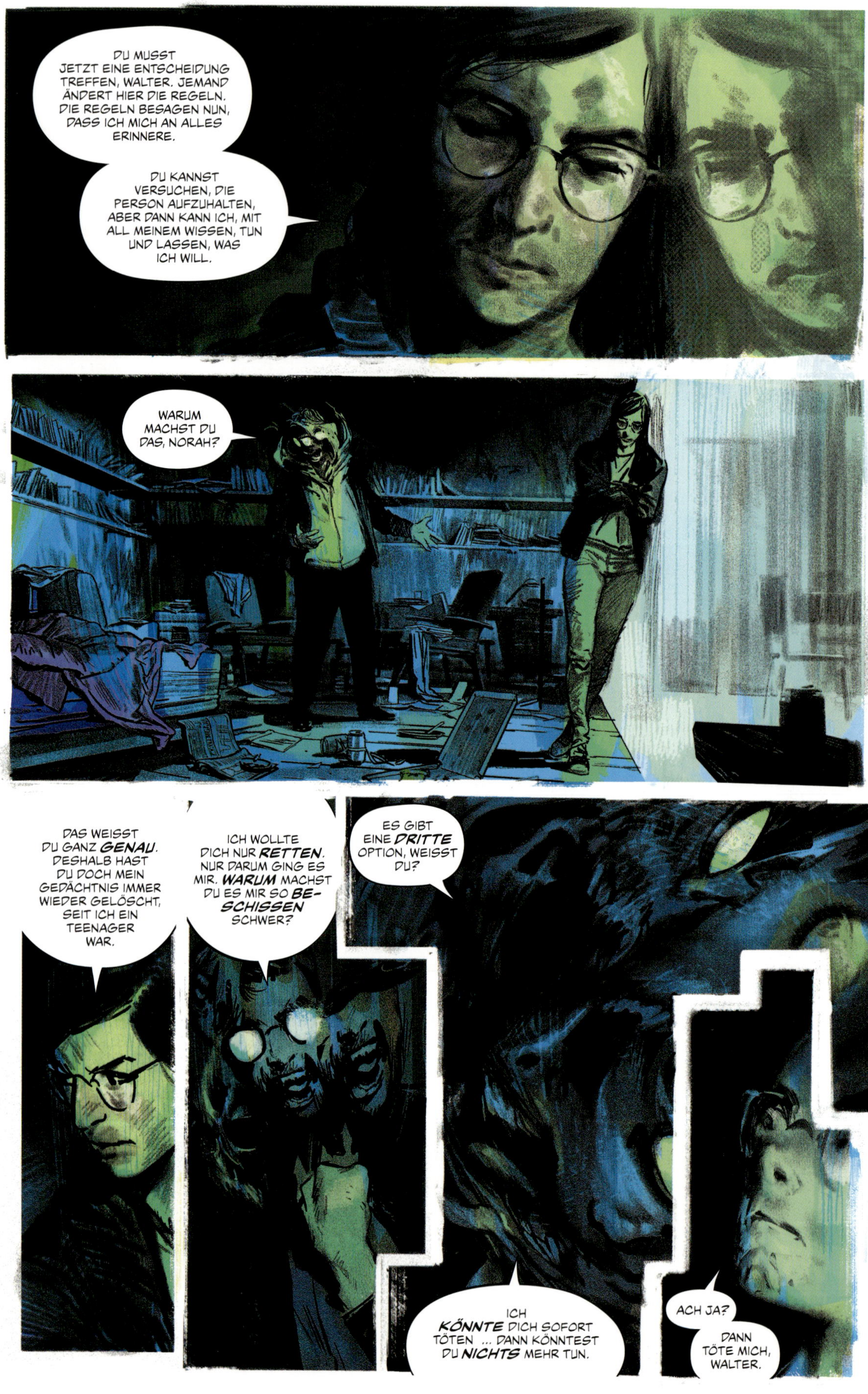

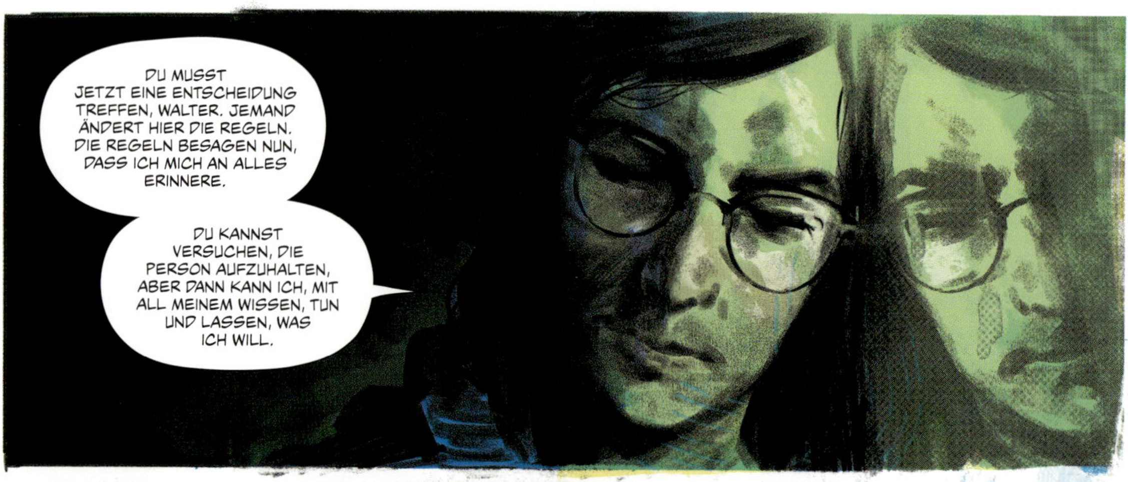
DU MUSST JETZT EINE ENTSCHEIDUNG TREFFEN, WALTER. JEMAND ÄNDERT HIER DIE REGELN. DIE REGELN BESAGEN NUN, DASS ICH MICH AN ALLES ERINNERE.
DU KANNST VERSUCHEN, DIE PERSON AUFZUHALTEN, ABER DANN KANN ICH, MIT ALL MEINEM WISSEN, TUN UND LASSEN, WAS ICH WILL.

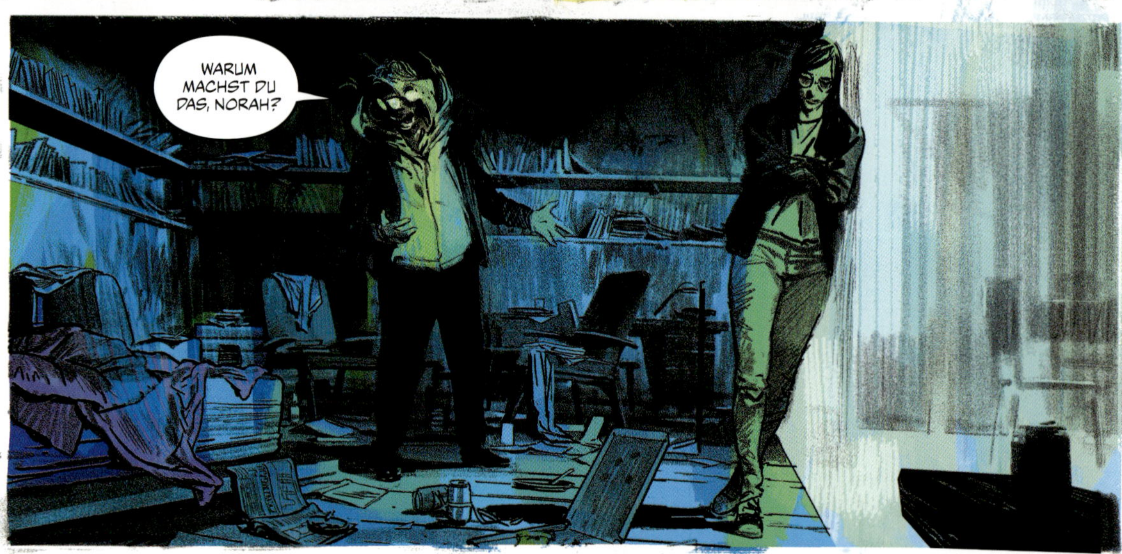
WARUM MACHST DU DAS, NORAH?

DAS WEISST DU GANZ **GENAU**. DESHALB HAST DU DOCH MEIN GEDÄCHTNIS IMMER WIEDER GELÖSCHT, SEIT ICH EIN TEENAGER WAR.
ICH WOLLTE DICH NUR **RETTEN**. NUR DARUM GING ES MIR. **WARUM** MACHST DU ES MIR SO **BESCHISSEN** SCHWER?
ES GIBT EINE **DRITTE** OPTION, WEISST DU?
ICH **KÖNNTE** DICH SOFORT TÖTEN ... DANN KÖNNTEST DU **NICHTS** MEHR TUN.
ACH JA?
DANN TÖTE MICH, WALTER.

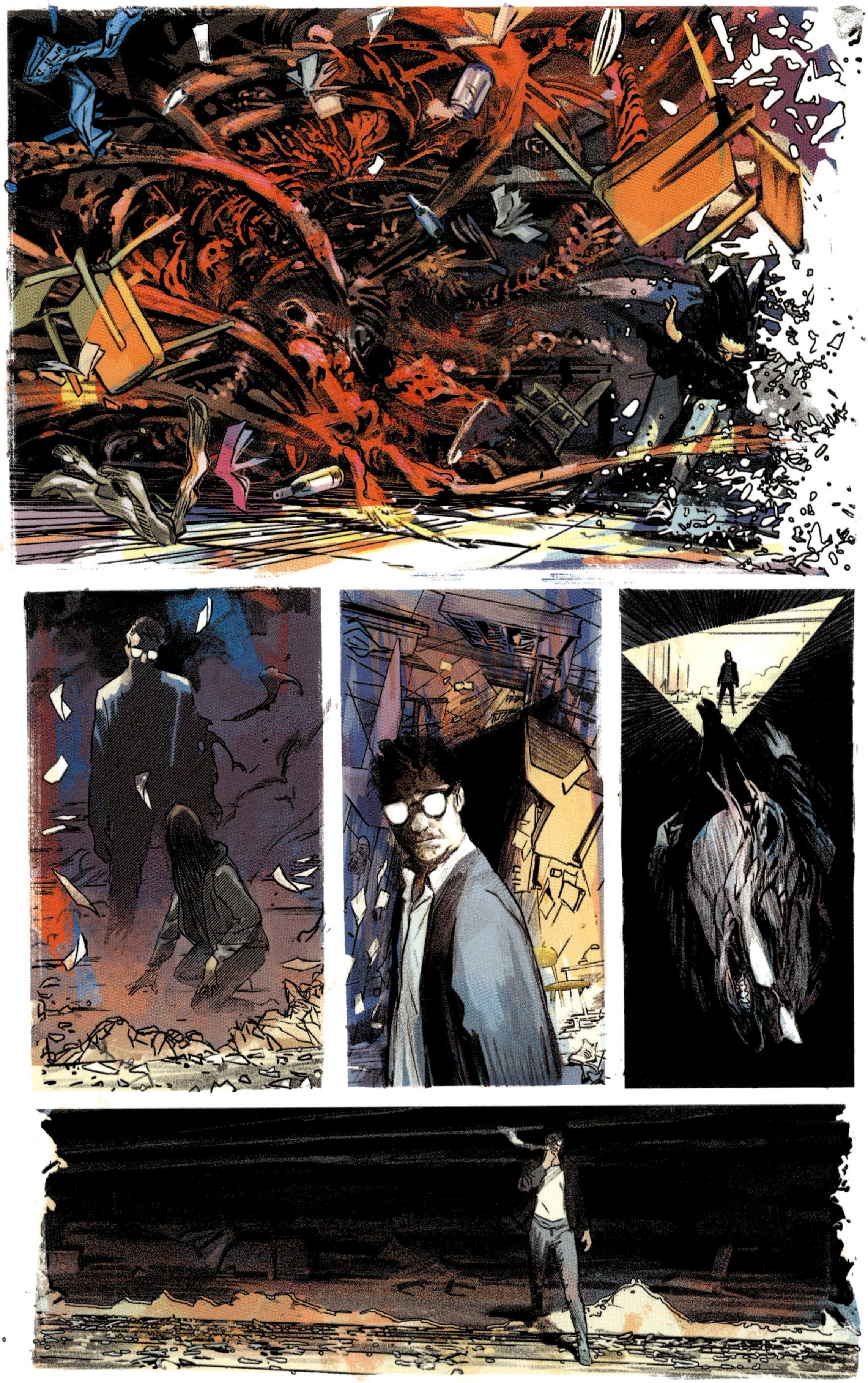

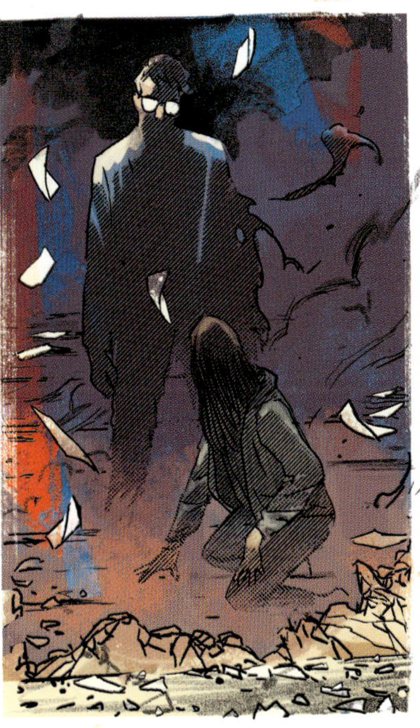
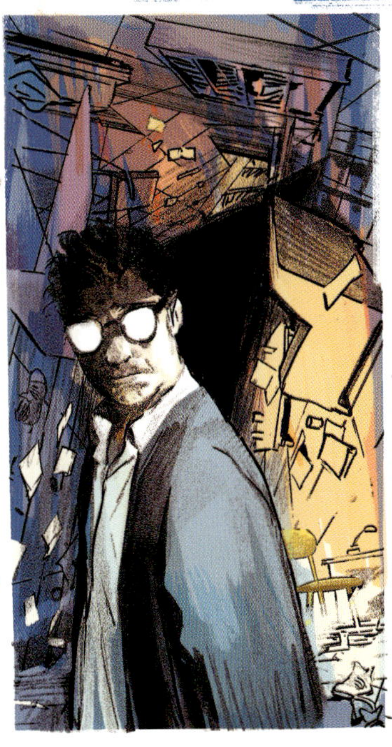
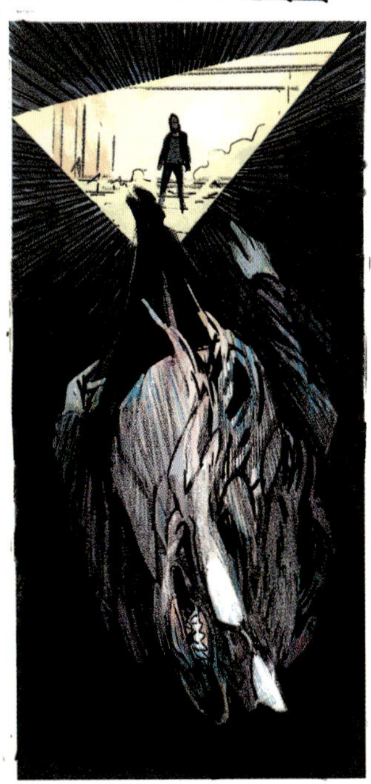
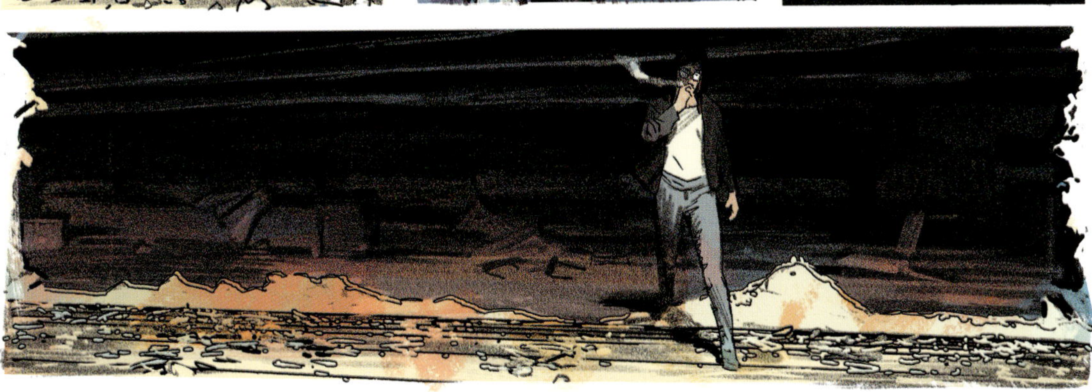

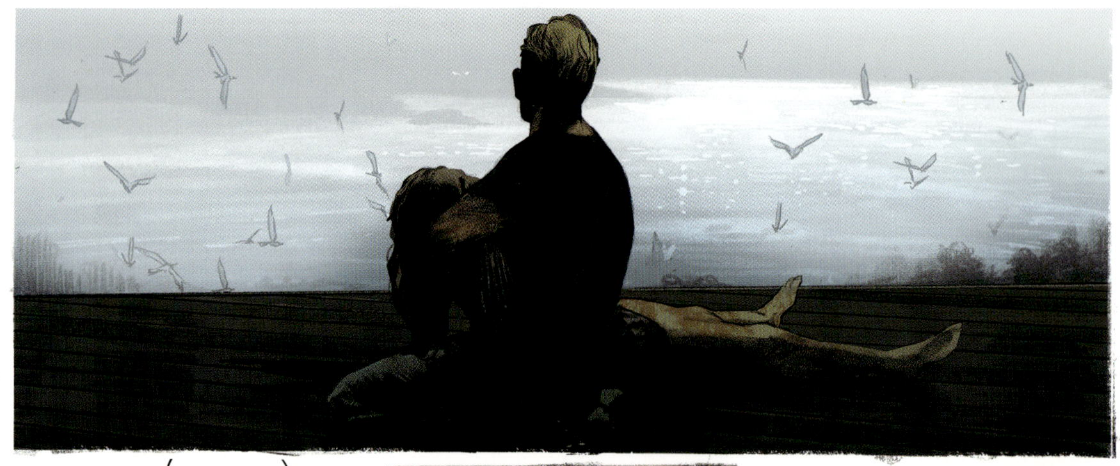

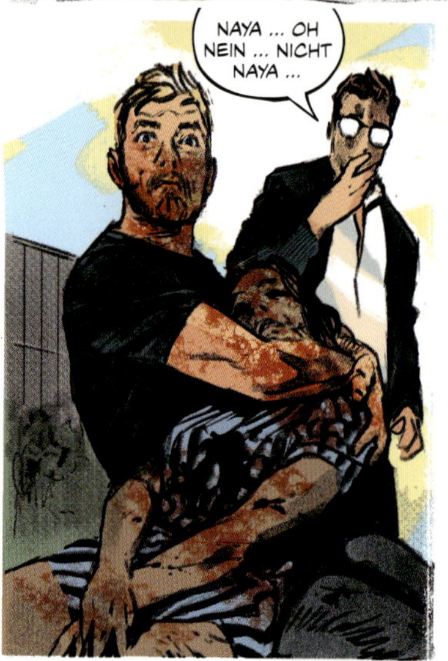
NAYA ... OH NEIN ... NICHT NAYA ...

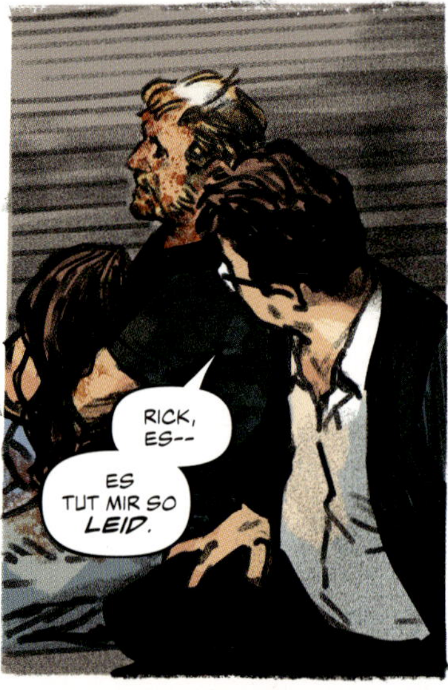
RICK, ES--
ES TUT MIR SO LEID.

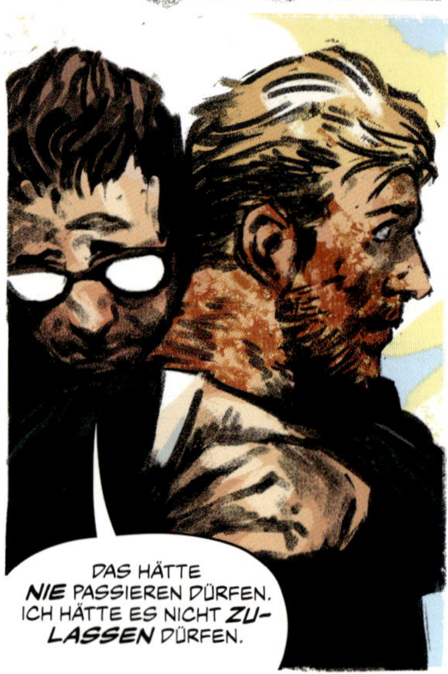
DAS HÄTTE NIE PASSIEREN DÜRFEN. ICH HÄTTE ES NICHT ZULASSEN DÜRFEN.

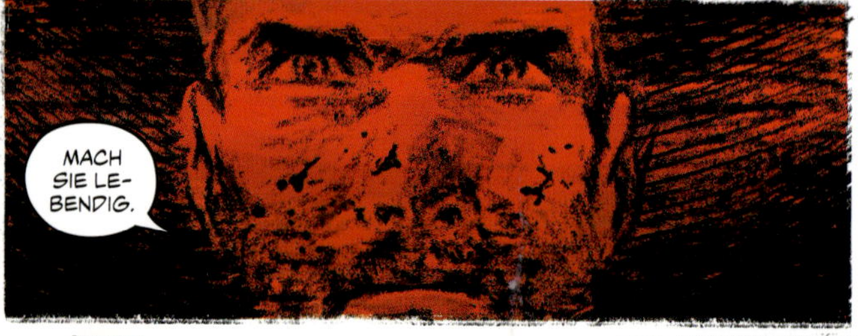
MACH SIE LEBENDIG.

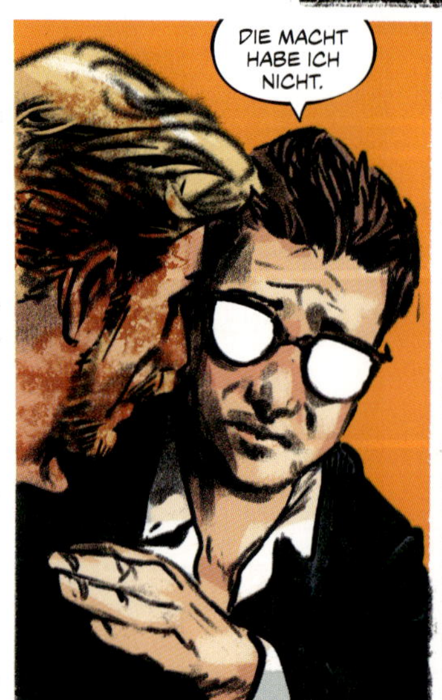
DIE MACHT HABE ICH NICHT.

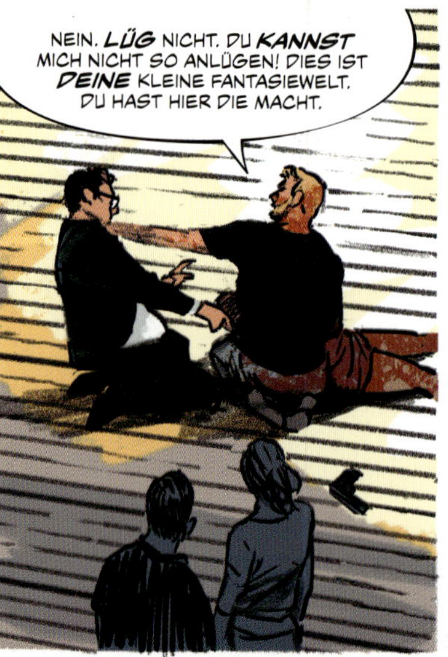
NEIN. LÜG NICHT. DU KANNST MICH NICHT SO ANLÜGEN! DIES IST DEINE KLEINE FANTASIEWELT. DU HAST HIER DIE MACHT.

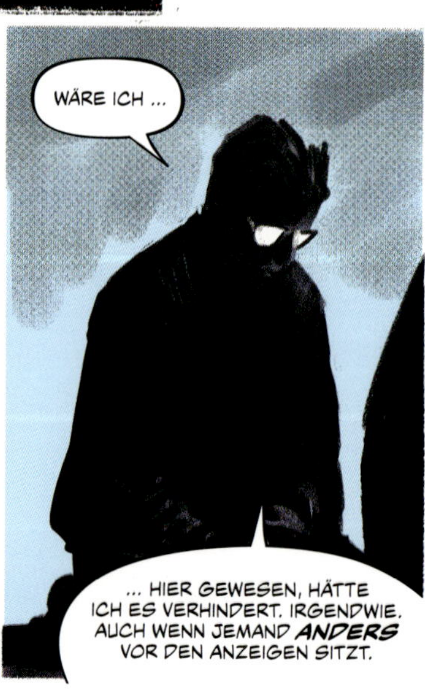
WÄRE ICH ...
... HIER GEWESEN, HÄTTE ICH ES VERHINDERT. IRGENDWIE. AUCH WENN JEMAND ANDERS VOR DEN ANZEIGEN SITZT.

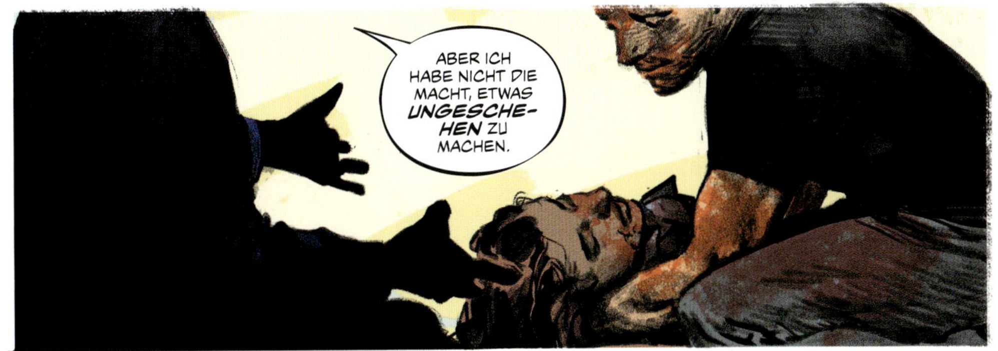
ABER ICH HABE NICHT DIE MACHT, ETWAS **UNGESCHE-HEN** ZU MACHEN.

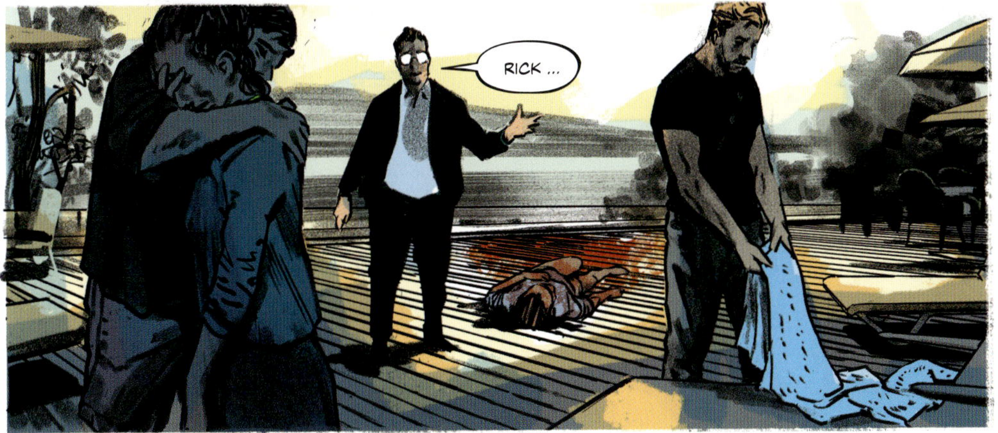
RICK ...

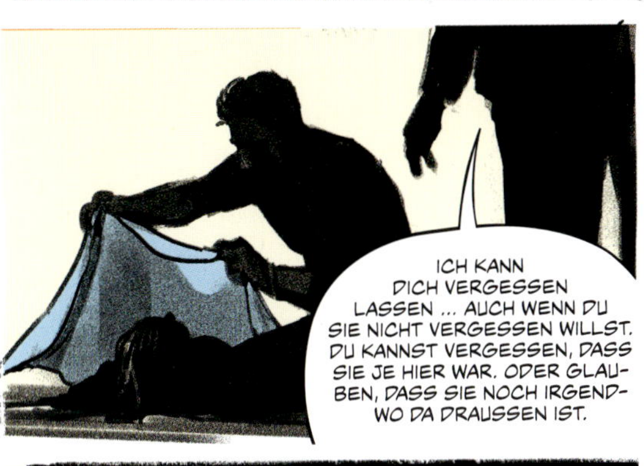
ICH KANN DICH VERGESSEN LASSEN ... AUCH WENN DU SIE NICHT VERGESSEN WILLST. DU KANNST VERGESSEN, DASS SIE JE HIER WAR. ODER GLAU-BEN, DASS SIE NOCH IRGEND-WO DA DRAUSSEN IST.

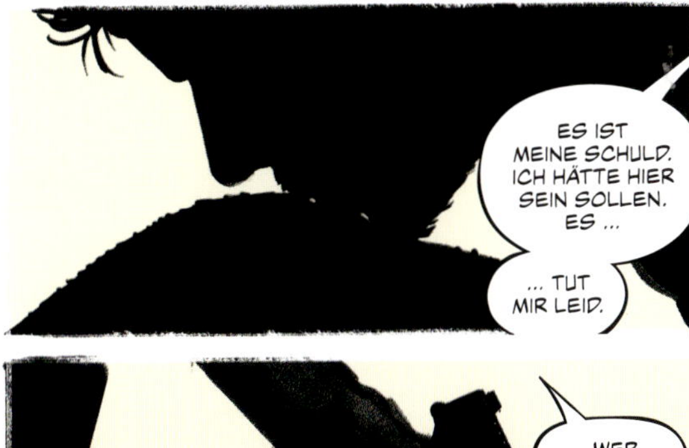
ES IST MEINE SCHULD. ICH HÄTTE HIER SEIN SOLLEN. ES ...
... TUT MIR LEID.

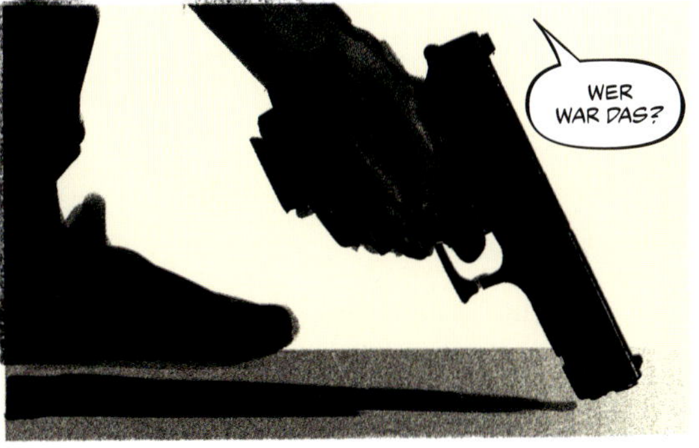
WER WAR DAS?

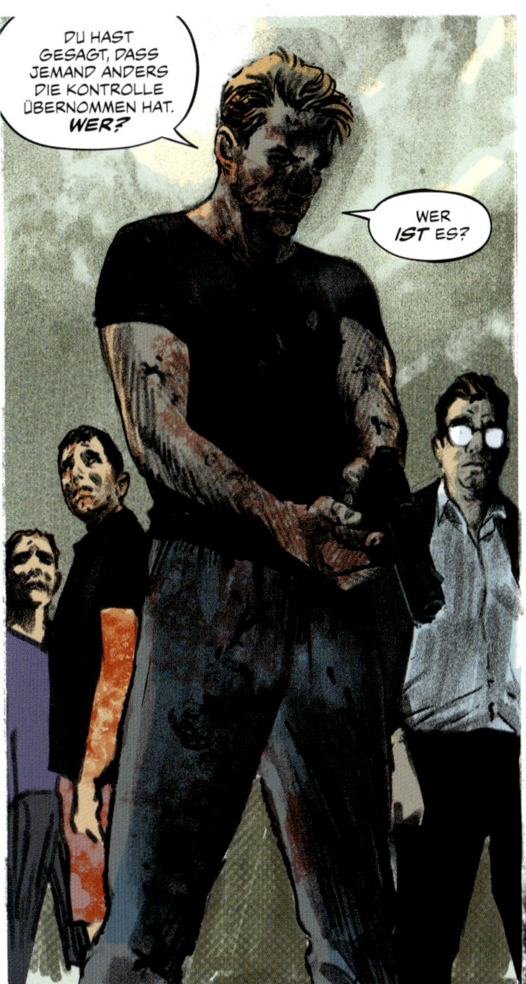
DU HAST GESAGT, DASS JEMAND ANDERS DIE KONTROLLE ÜBERNOMMEN HAT. **WER?**
WER **IST** ES?

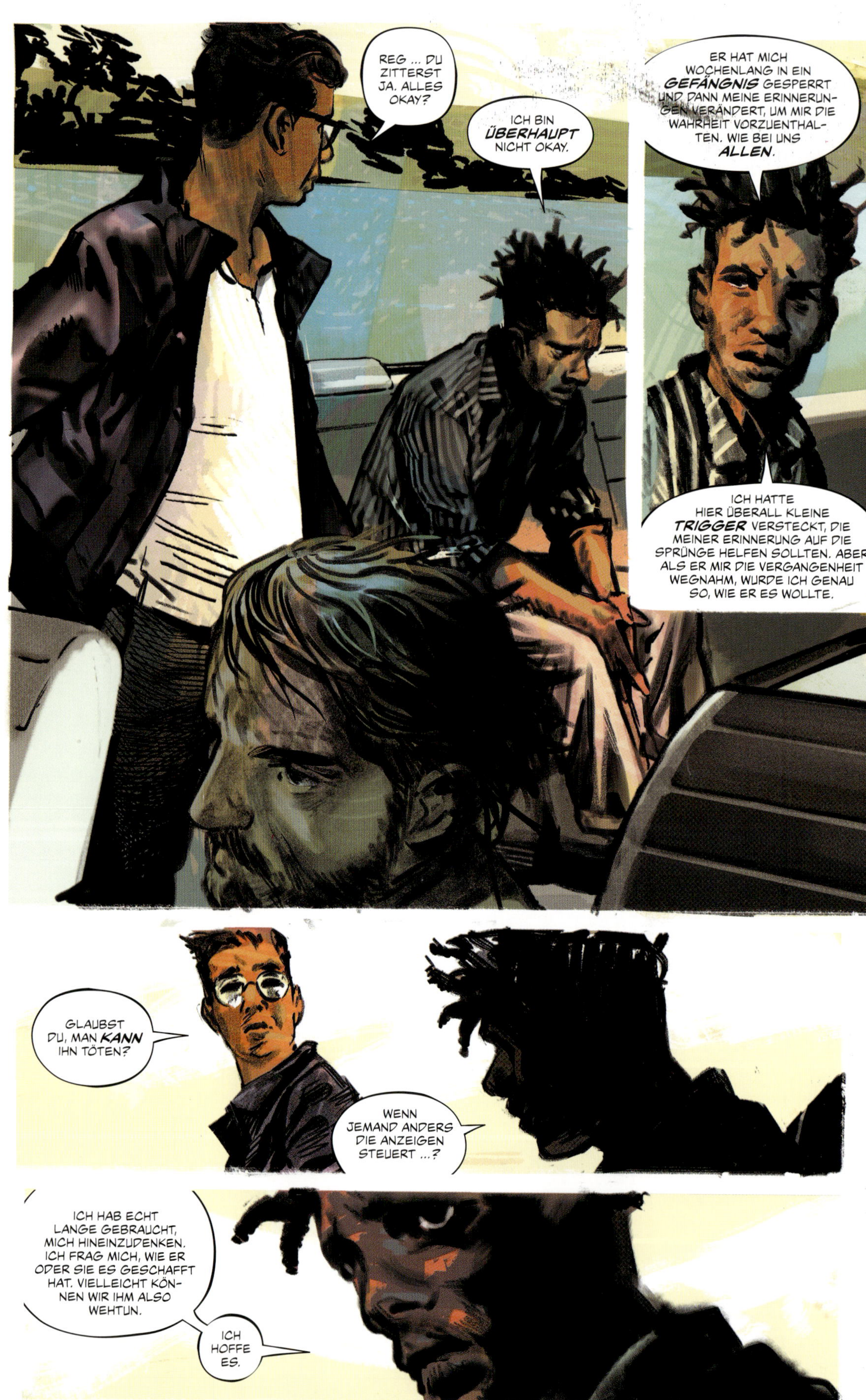
REG ... DU ZITTERST JA. ALLES OKAY?
ICH BIN ÜBERHAUPT NICHT OKAY.
ER HAT MICH WOCHENLANG IN EIN GEFÄNGNIS GESPERRT UND DANN MEINE ERINNERUNGEN VERÄNDERT, UM MIR DIE WAHRHEIT VORZUENTHALTEN. WIE BEI UNS ALLEN.
ICH HATTE HIER ÜBERALL KLEINE TRIGGER VERSTECKT, DIE MEINER ERINNERUNG AUF DIE SPRÜNGE HELFEN SOLLTEN. ABER ALS ER MIR DIE VERGANGENHEIT WEGNAHM, WURDE ICH GENAU SO, WIE ER ES WOLLTE.
GLAUBST DU, MAN KANN IHN TÖTEN?
WENN JEMAND ANDERS DIE ANZEIGEN STEUERT ...?
ICH HAB ECHT LANGE GEBRAUCHT, MICH HINEINZUDENKEN. ICH FRAG MICH, WIE ER ODER SIE ES GESCHAFFT HAT. VIELLEICHT KÖNNEN WIR IHM ALSO WEHTUN.
ICH HOFFE ES.

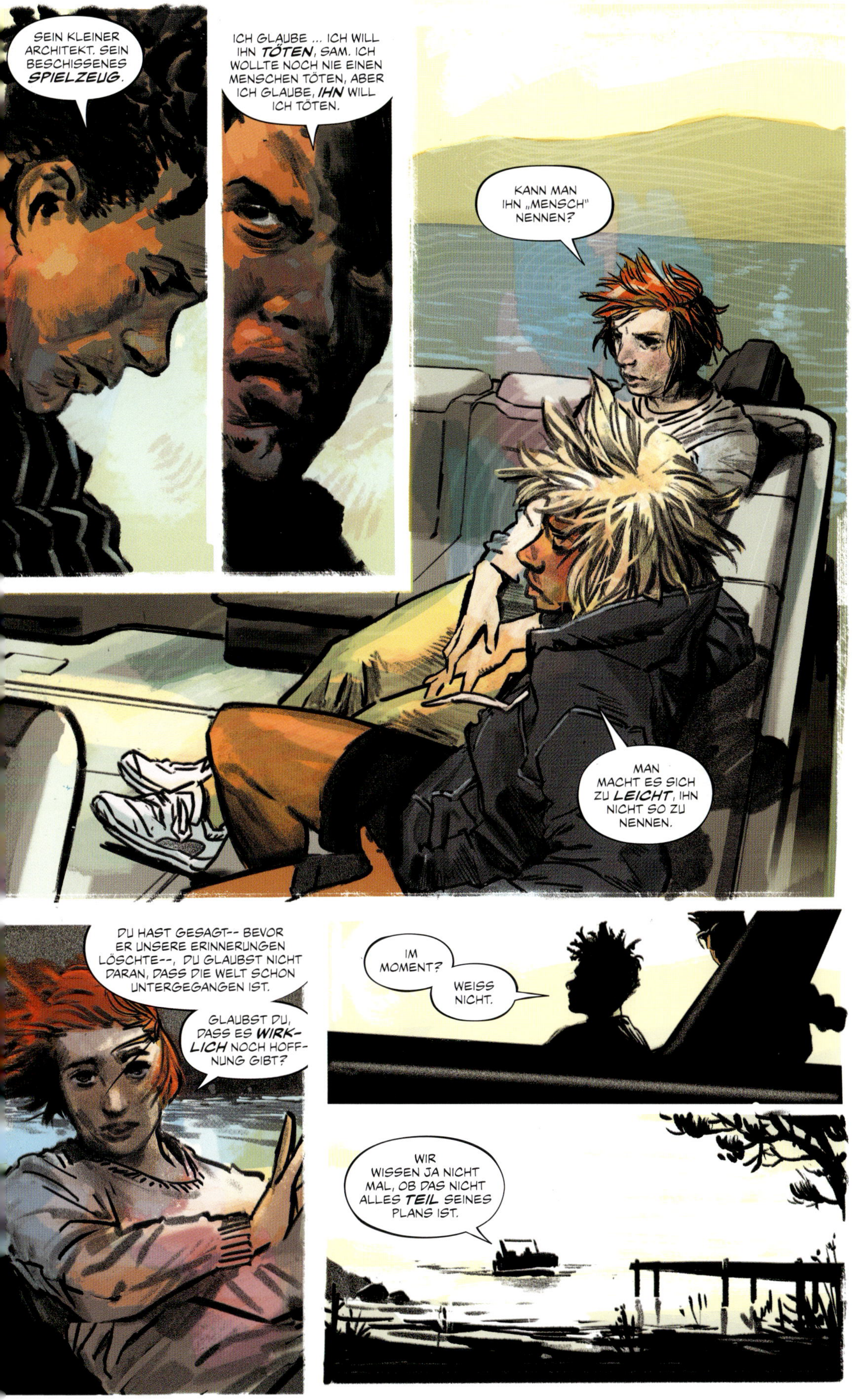

SEIN KLEINER ARCHITEKT. SEIN BESCHISSENES ***SPIELZEUG***.

ICH GLAUBE ... ICH WILL IHN ***TÖTEN***, SAM. ICH WOLLTE NOCH NIE EINEN MENSCHEN TÖTEN, ABER ICH GLAUBE, ***IHN*** WILL ICH TÖTEN.

KANN MAN IHN „MENSCH" NENNEN?

MAN MACHT ES SICH ZU ***LEICHT***, IHN NICHT SO ZU NENNEN.

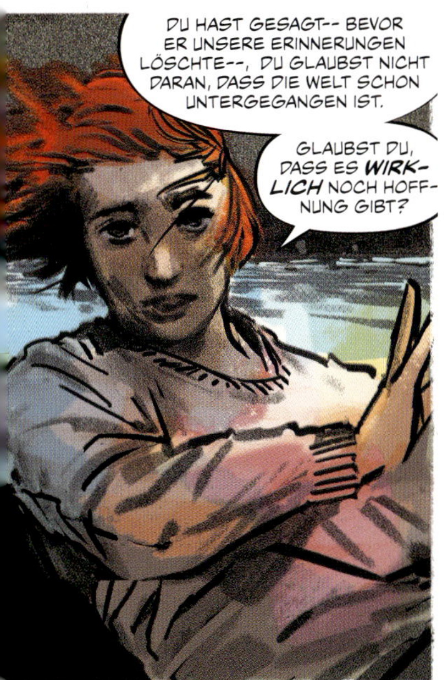

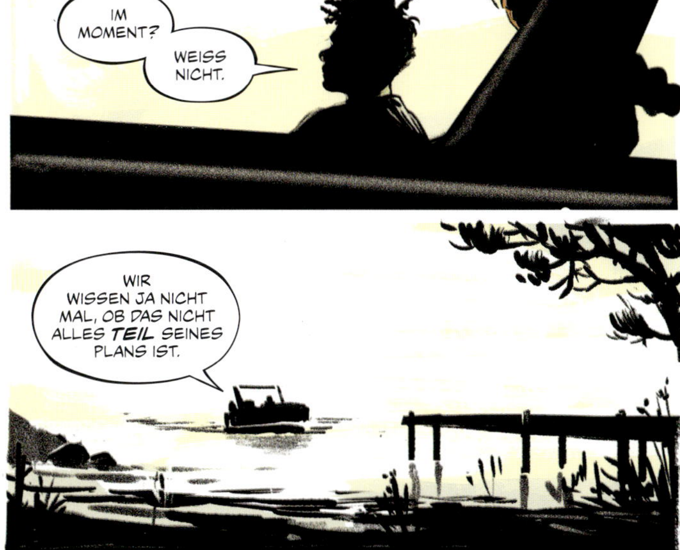

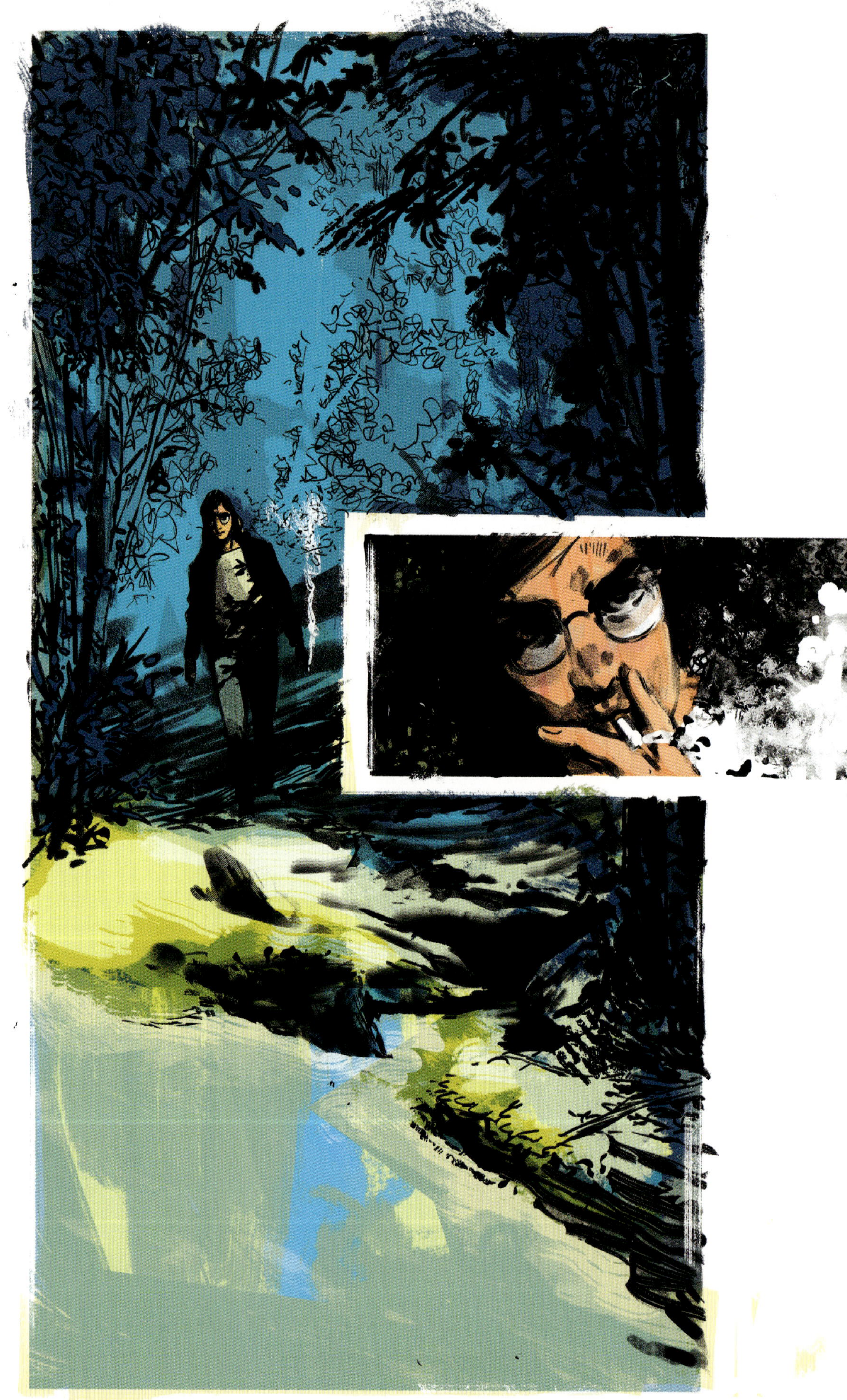

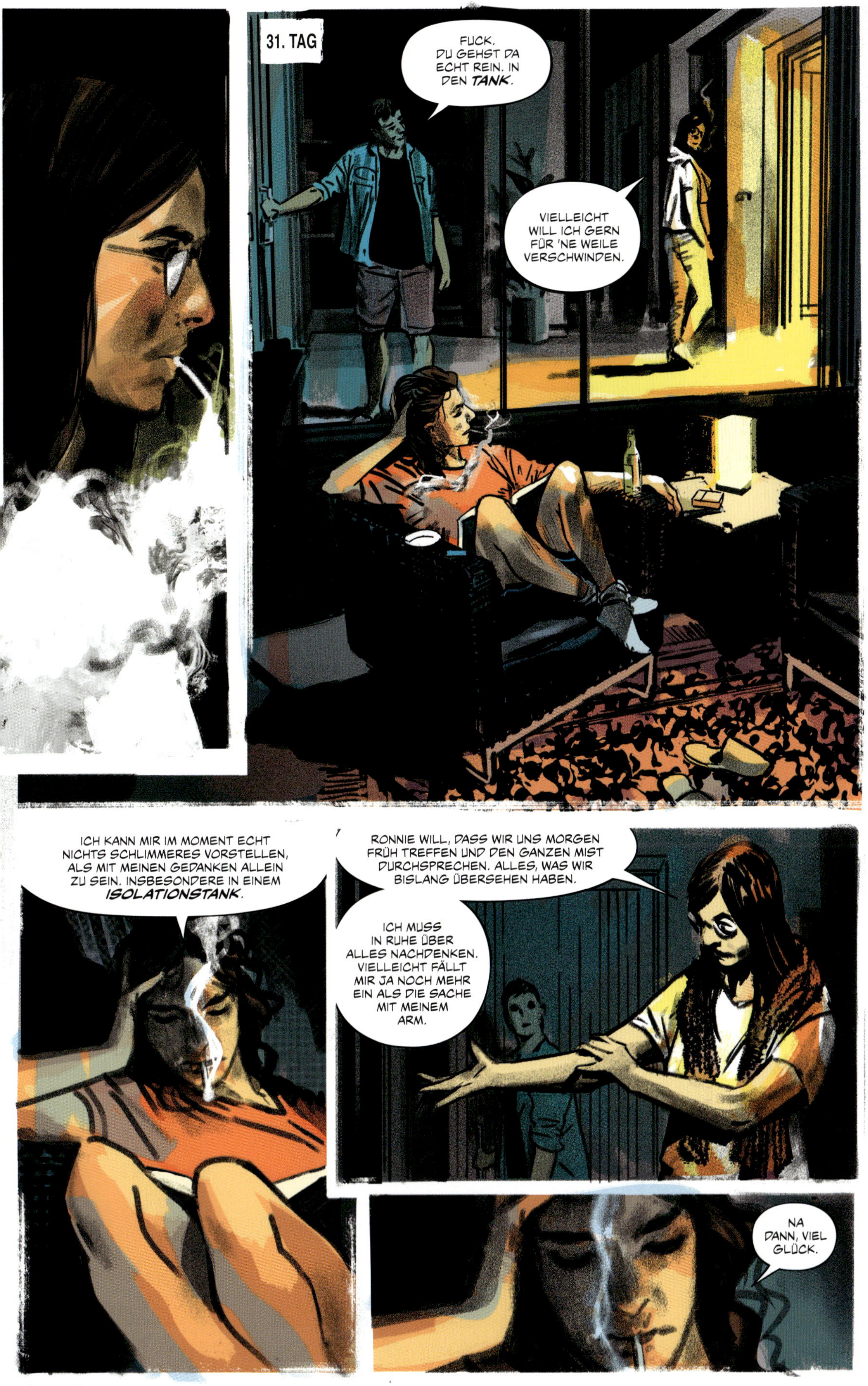

31. TAG

FUCK. DU GEHST DA ECHT REIN. IN DEN *TANK*.

VIELLEICHT WILL ICH GERN FÜR 'NE WEILE VERSCHWINDEN.

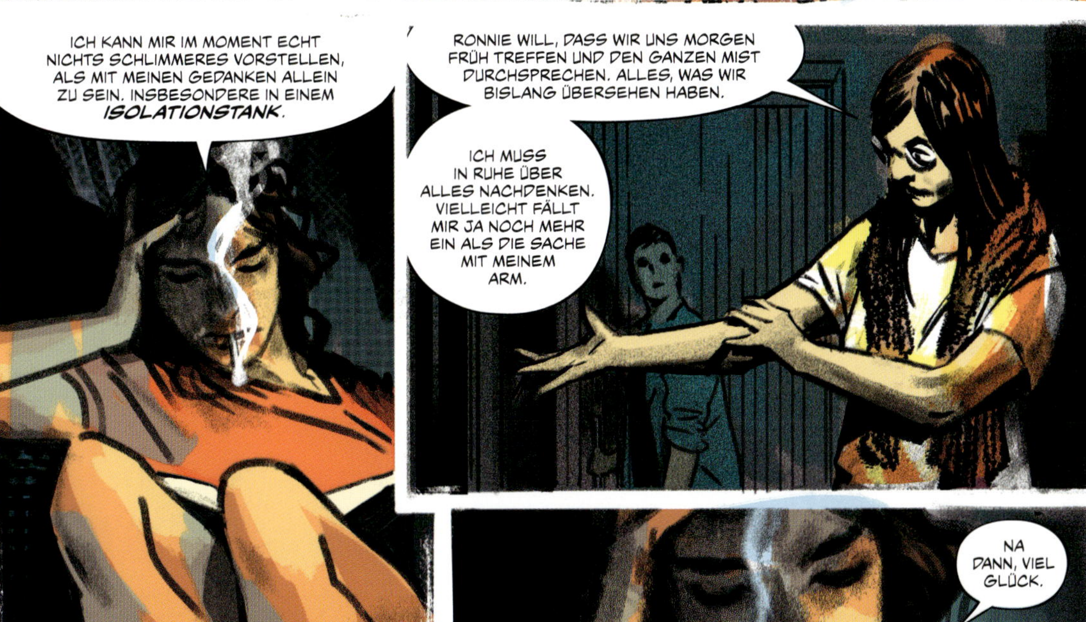

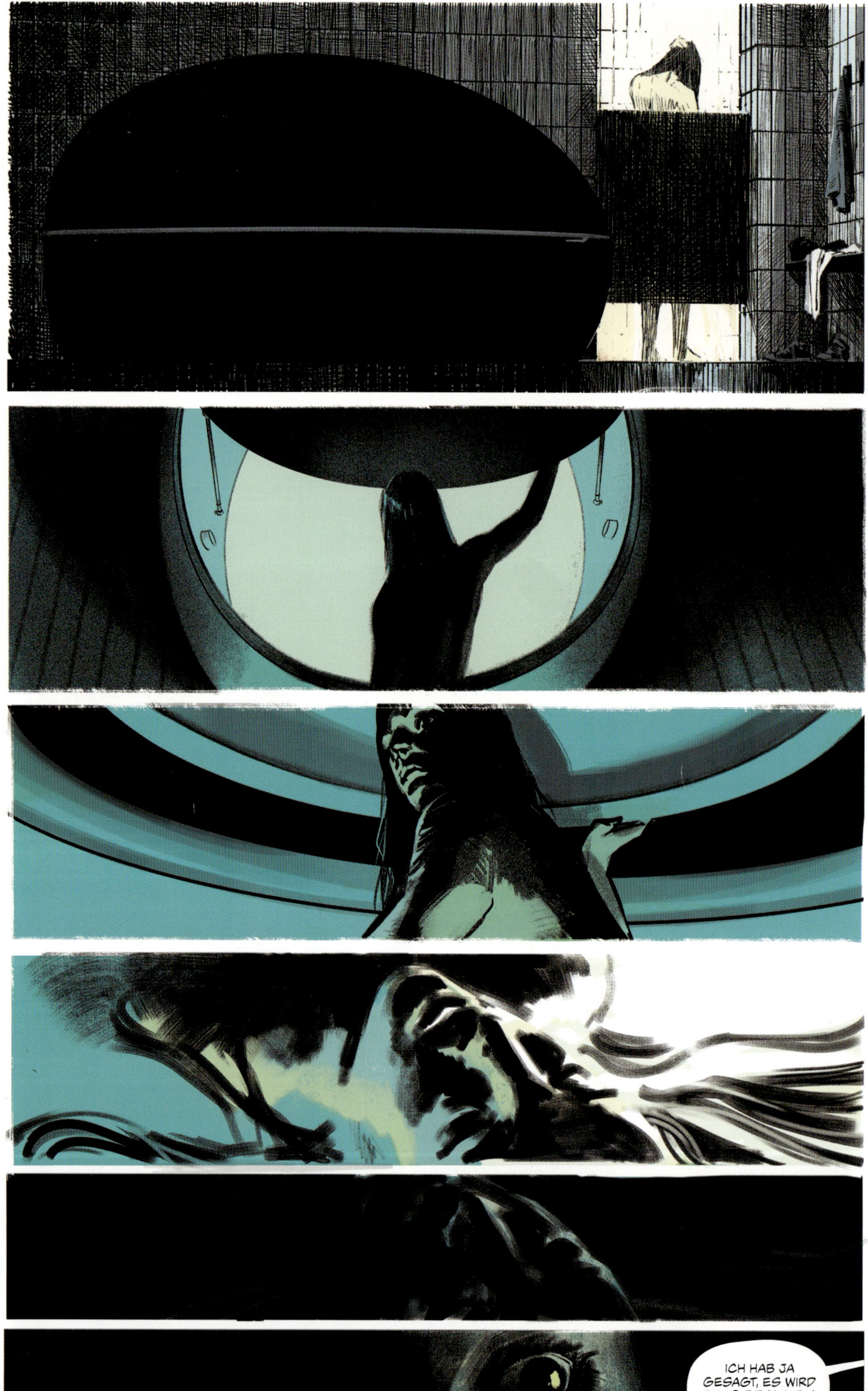
ICH HAB JA GESAGT, ES WIRD DIR GEFALLEN, NORAH.

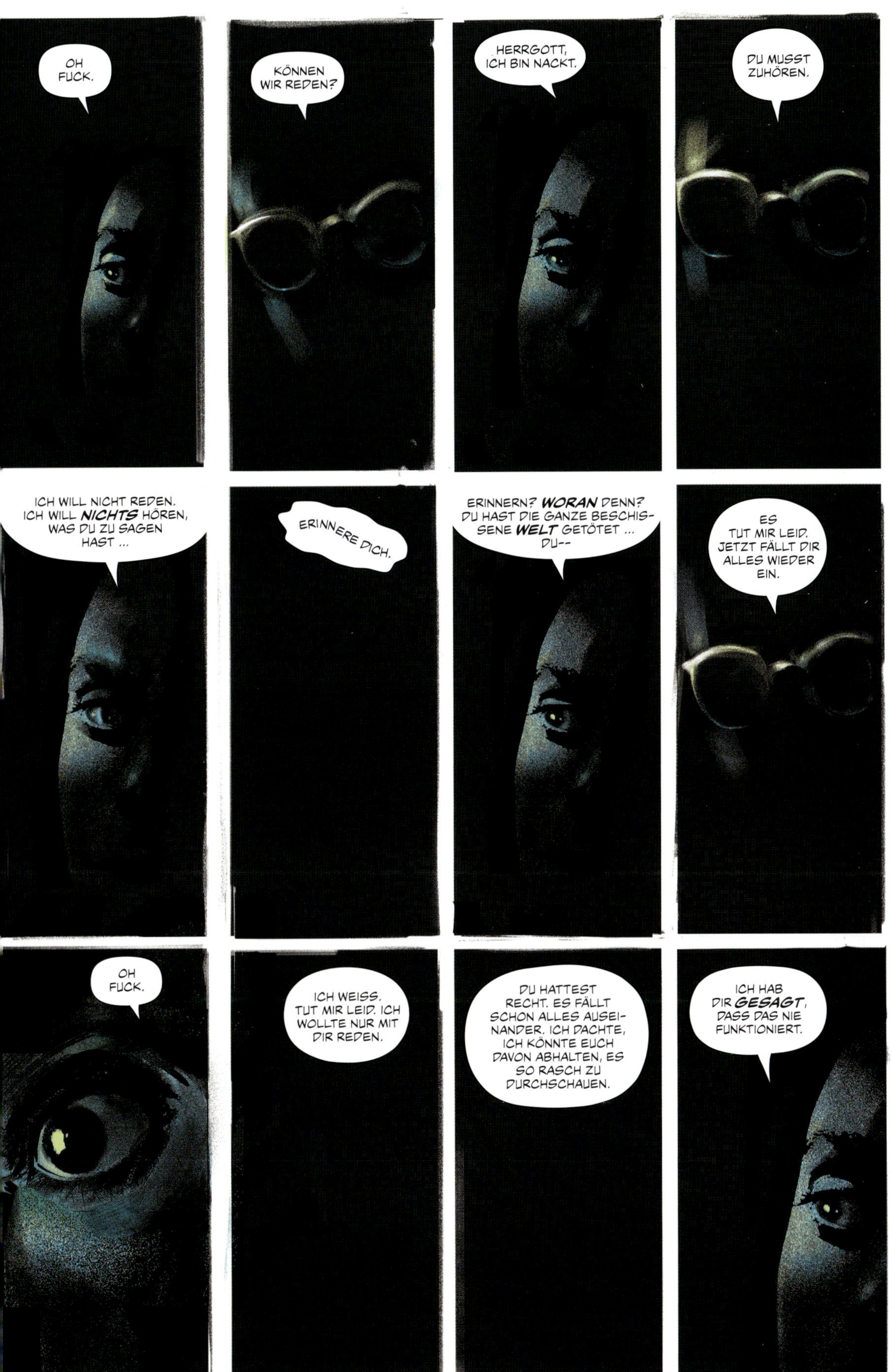
OH FUCK.
KÖNNEN WIR REDEN?
HERRGOTT, ICH BIN NACKT.
DU MUSST ZUHÖREN.
ICH WILL NICHT REDEN. ICH WILL NICHTS HÖREN, WAS DU ZU SAGEN HAST ...
ERINNERE DICH.
ERINNERN? WORAN DENN? DU HAST DIE GANZE BESCHIS-SENE WELT GETÖTET ... DU--
ES TUT MIR LEID. JETZT FÄLLT DIR ALLES WIEDER EIN.
OH FUCK.
ICH WEISS. TUT MIR LEID. ICH WOLLTE NUR MIT DIR REDEN.
DU HATTEST RECHT. ES FÄLLT SCHON ALLES AUSEI-NANDER. ICH DACHTE, ICH KÖNNTE EUCH DAVON ABHALTEN, ES SO RASCH ZU DURCHSCHAUEN.
ICH HAB DIR GESAGT, DASS DAS NIE FUNKTIONIERT.

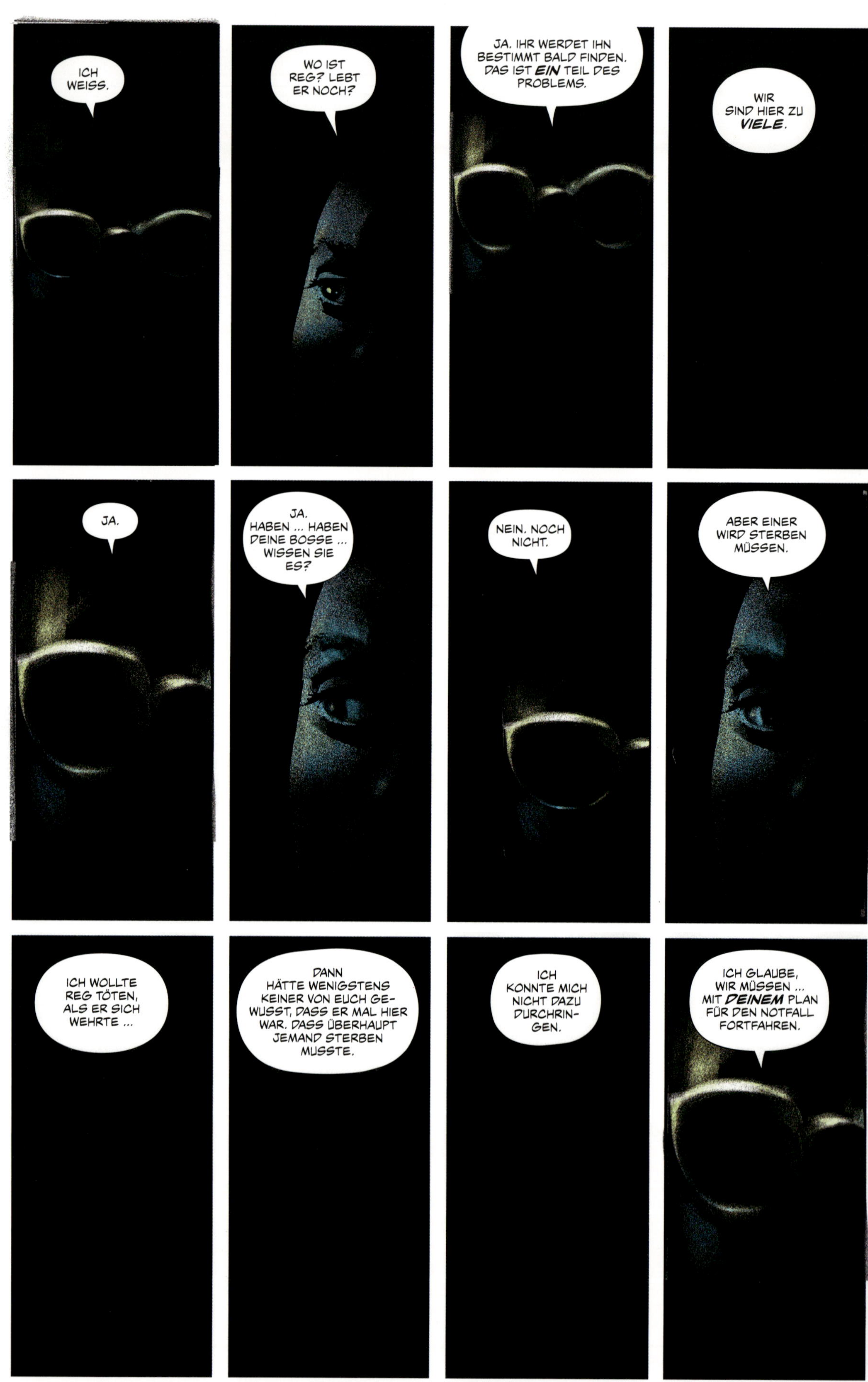
ICH WEISS.
WO IST REG? LEBT ER NOCH?
JA. IHR WERDET IHN BESTIMMT BALD FINDEN. DAS IST EIN TEIL DES PROBLEMS.
WIR SIND HIER ZU VIELE.
JA.
JA. HABEN ... HABEN DEINE BOSSE ... WISSEN SIE ES?
NEIN. NOCH NICHT.
ABER EINER WIRD STERBEN MÜSSEN.
ICH WOLLTE REG TÖTEN, ALS ER SICH WEHRTE ...
DANN HÄTTE WENIGSTENS KEINER VON EUCH GEWUSST, DASS ER MAL HIER WAR. DASS ÜBERHAUPT JEMAND STERBEN MUSSTE.
ICH KONNTE MICH NICHT DAZU DURCHRINGEN.
ICH GLAUBE, WIR MÜSSEN ... MIT DEINEM PLAN FÜR DEN NOTFALL FORTFAHREN.

ICH MACH DA NICHT MIT, NICHT OHNE DEN GANZEN KONTEXT. NICHT OHNE DIE JAHRELANGEN GESPRÄCHE, DIE AUF DIESEN PUNKT ***HINGEFÜHRT*** HABEN.

DESHALB BRAUCHE ICH DEINE HILFE, UM EUCH--

MEIN PROBLEM BEI DIESEM BESCHISSENEN PROJEKT IST ***IMMER*** DASSELBE. DAS PROBLEM BIST ***DU***, WALTER.

DU MUSST UNS ***SAGEN***, DASS WIR NICHT NACH HAUSE KÖNNEN, OB ES NUN STIMMT ODER NICHT. NUR SO KÖNNEN WIR HIER WEITERLEBEN.

WIR MÜSSEN DAVON ÜBERZEUGT SEIN, ES AUCH ***OHNE*** DEINE HILFE ZU SCHAFFEN. OHNE ***DEINE*** LENKENDE HAND. SONST VERWEIGERN WIR UNS ALLE VERWEIGERN, EINER NACH DEM ANDEREN.

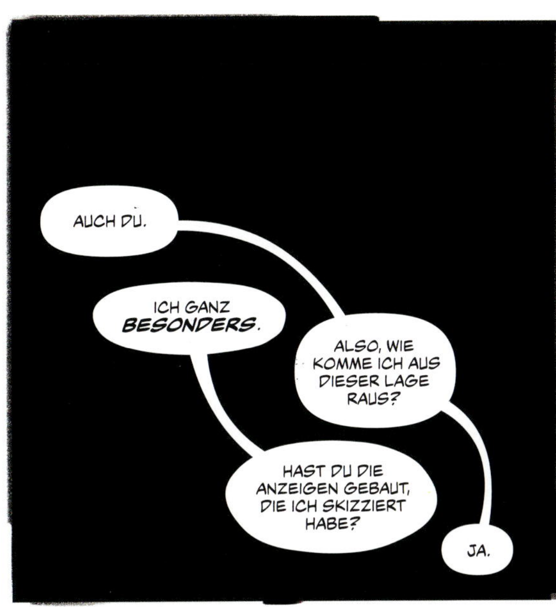

DU VERLIERST DIE KONTROLLE. DU MUSST SIE KURZ WIEDER ***ÜBERNEHMEN*** ... UND DU MUSST VERSUCHEN, ***MICH*** AUF DEINE SEITE ZU ZIEHEN, INDEM DU MICH GLAUBEN LÄSST, DASS ICH DIE KONTROLLE HABE.

SAG MIR, DASS DU MEINE HILFE BRAUCHST. ICH WERDE DIR ***ÜBELNEHMEN***, DASS DU SO LANGE NICHT DARUM GEBETEN HAST. UND ICH WERDE ES DIR ***HEIMZAHLEN*** WOLLEN.

ZEIG MIR, MIT WELCHEN KONTROLLEN ICH DICH TÖTEN KANN, UND DANN LASS MICH ***MACHEN***. SELBST WENN ICH NICHT ABDRÜCKE ... SOBALD ICH WEISS, WIE ES GEHT ...

ES IST NUR EINE FRAGE DER ZEIT.

WAS IST MIT DER ÜBERZÄHLIGEN PERSON?

WENN WIR VERSUCHEN, DICH ZU TÖTEN, KANNST DU EINEN VON UNS AUFS KORN NEHMEN. ODER WIR ZIEHEN STROHHALME, SOBALD DU TOT BIST.

ABER WENN WIR NUR NOCH ZU ZEHNT SIND UND DEN GANZEN LADEN SELBST MANAGEN KÖNNEN ...

DAS KÖNNTE KLAPPEN. ICH GLAUBE, SO KRIEGST DU DAS, WONACH WIR SUCHEN.

SITZT MAN AN DER STEUERUNG, HAT MAN ZUGRIFF AUF SEINE ERINNERUNGEN. DU WIRST DICH ALSO ***HIERAN*** ERINNERN.

ABER WER SAGT MIR, DASS DU KEINEN ***EINWEIHST***?

DU MUSST EINFACH DARAUF VERTRAUEN, DASS MIR UNSER ALLER ÜBERLEBEN ***WICHTIGER*** IST, ALS DICH EIN WEITERES MAL ZU ÄRGERN, WALTER.

UND ***DU*** MUSST DARAUF VERTRAUEN, DASS ICH BEREIT BIN ZU STERBEN.

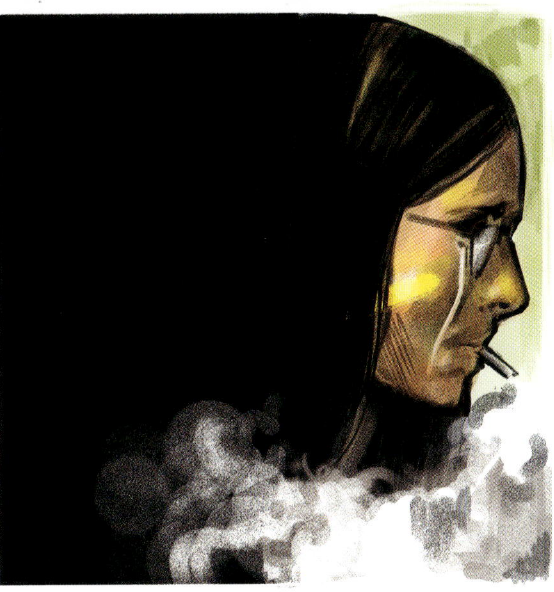

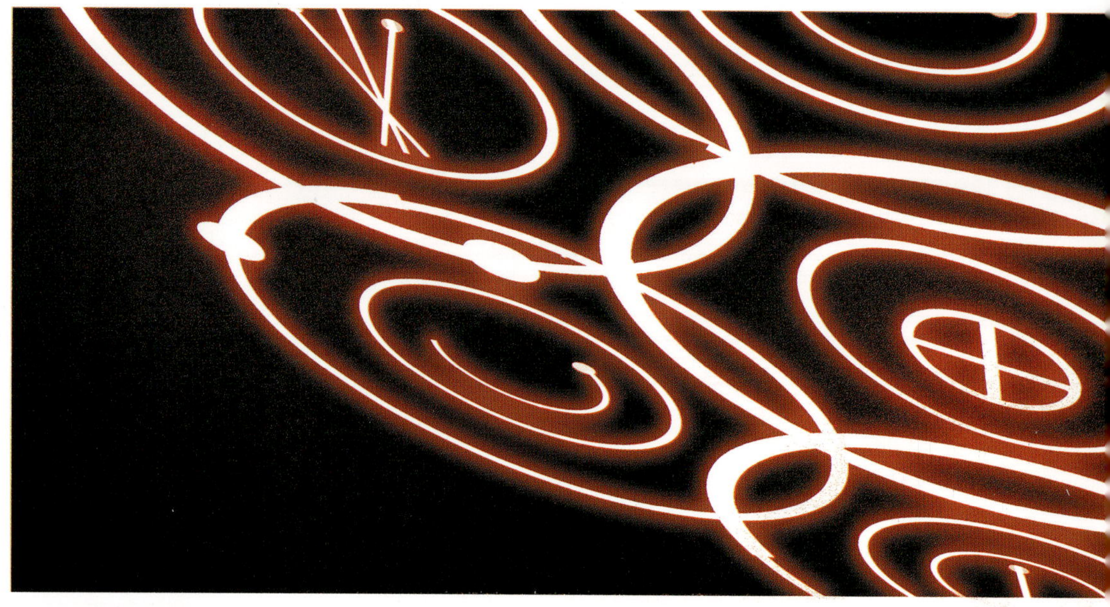

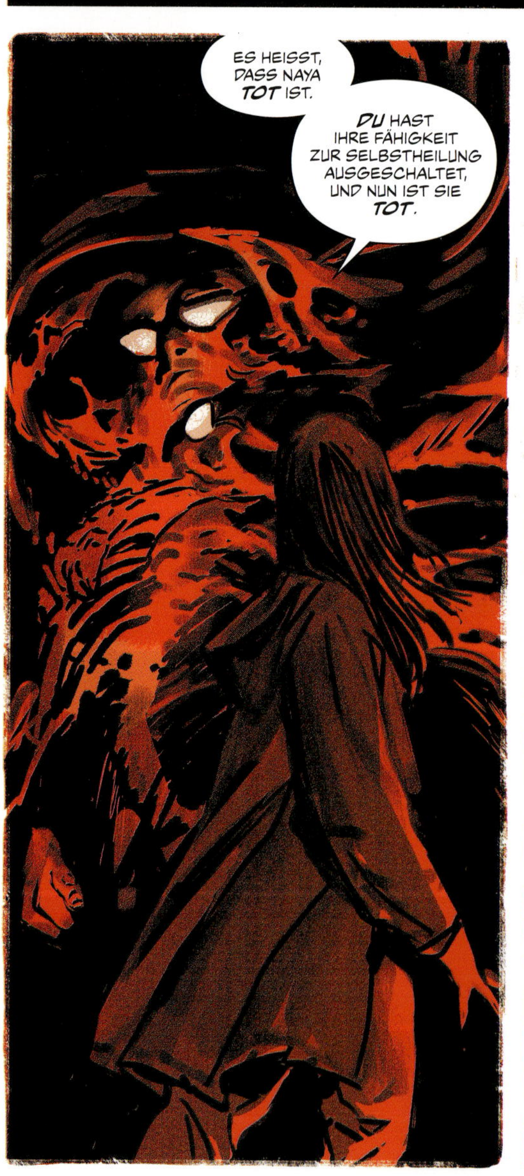
ES HEISST, DASS NAYA TOT IST.
DU HAST IHRE FÄHIGKEIT ZUR SELBSTHEILUNG AUSGESCHALTET, UND NUN IST SIE TOT.

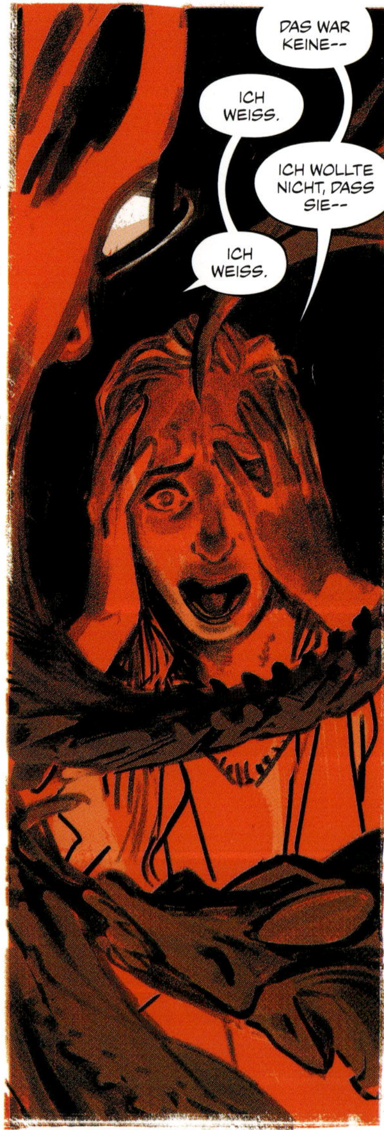
DAS WAR KEINE--
ICH WEISS.
ICH WOLLTE NICHT, DASS SIE--
ICH WEISS.

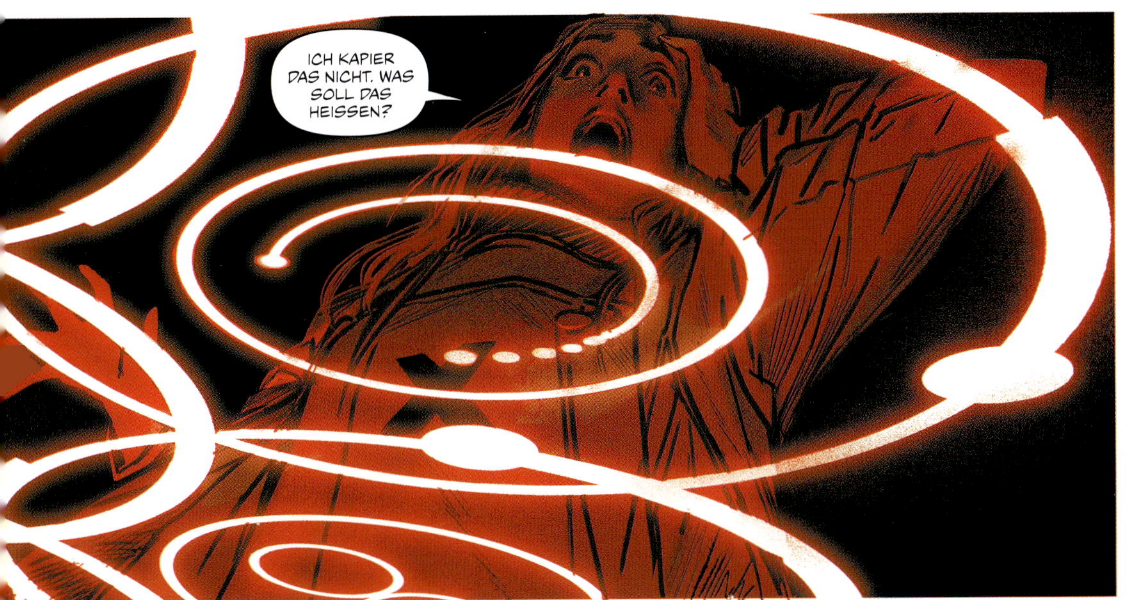
ICH KAPIER DAS NICHT. WAS SOLL DAS HEISSEN?

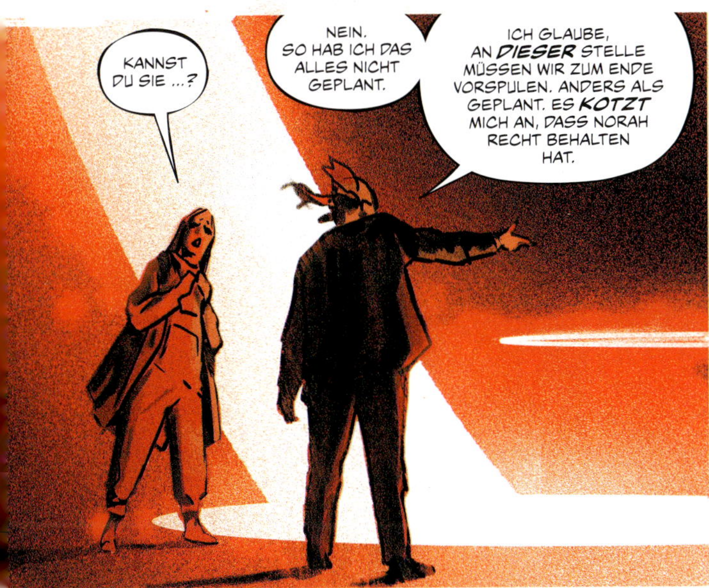
KANNST DU SIE ...?
NEIN. SO HAB ICH DAS ALLES NICHT GEPLANT.
ICH GLAUBE, AN *DIESER* STELLE MÜSSEN WIR ZUM ENDE VORSPULEN. ANDERS ALS GEPLANT. ES *KOTZT* MICH AN, DASS NORAH RECHT BEHALTEN HAT.

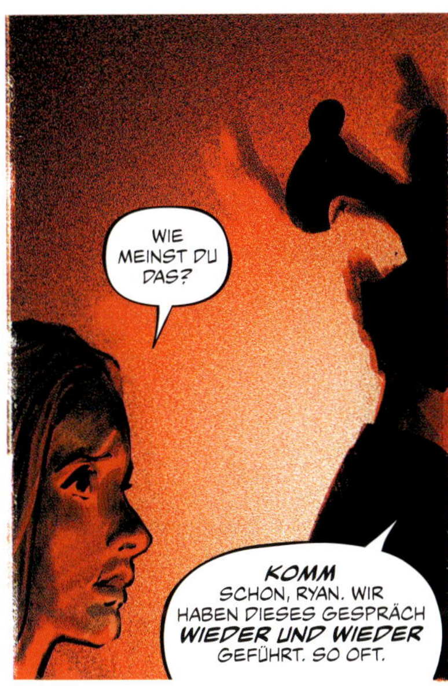
WIE MEINST DU DAS?
KOMM SCHON, RYAN. WIR HABEN DIESES GESPRÄCH *WIEDER UND WIEDER* GEFÜHRT. SO OFT.

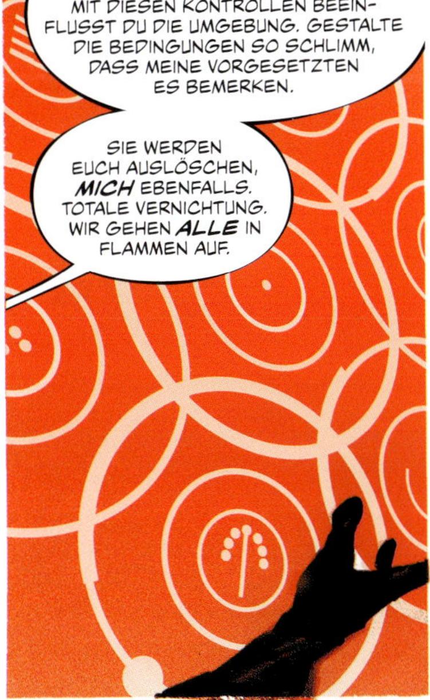
MIT DIESEN KONTROLLEN BEEINFLUSST DU DIE UMGEBUNG. GESTALTE DIE BEDINGUNGEN SO SCHLIMM, DASS MEINE VORGESETZTEN ES BEMERKEN.
SIE WERDEN EUCH AUSLÖSCHEN, *MICH* EBENFALLS. TOTALE VERNICHTUNG. WIR GEHEN *ALLE* IN FLAMMEN AUF.

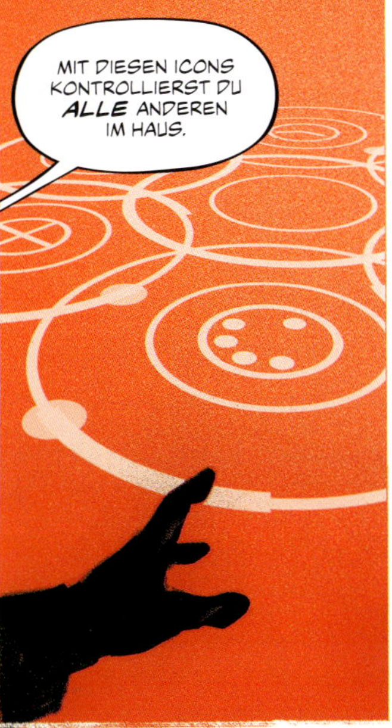
MIT DIESEN ICONS KONTROLLIERST DU *ALLE* ANDEREN IM HAUS.

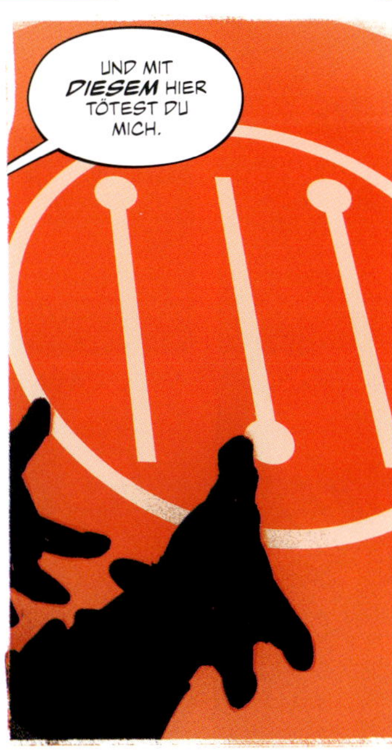
UND MIT *DIESEM* HIER TÖTEST DU MICH.

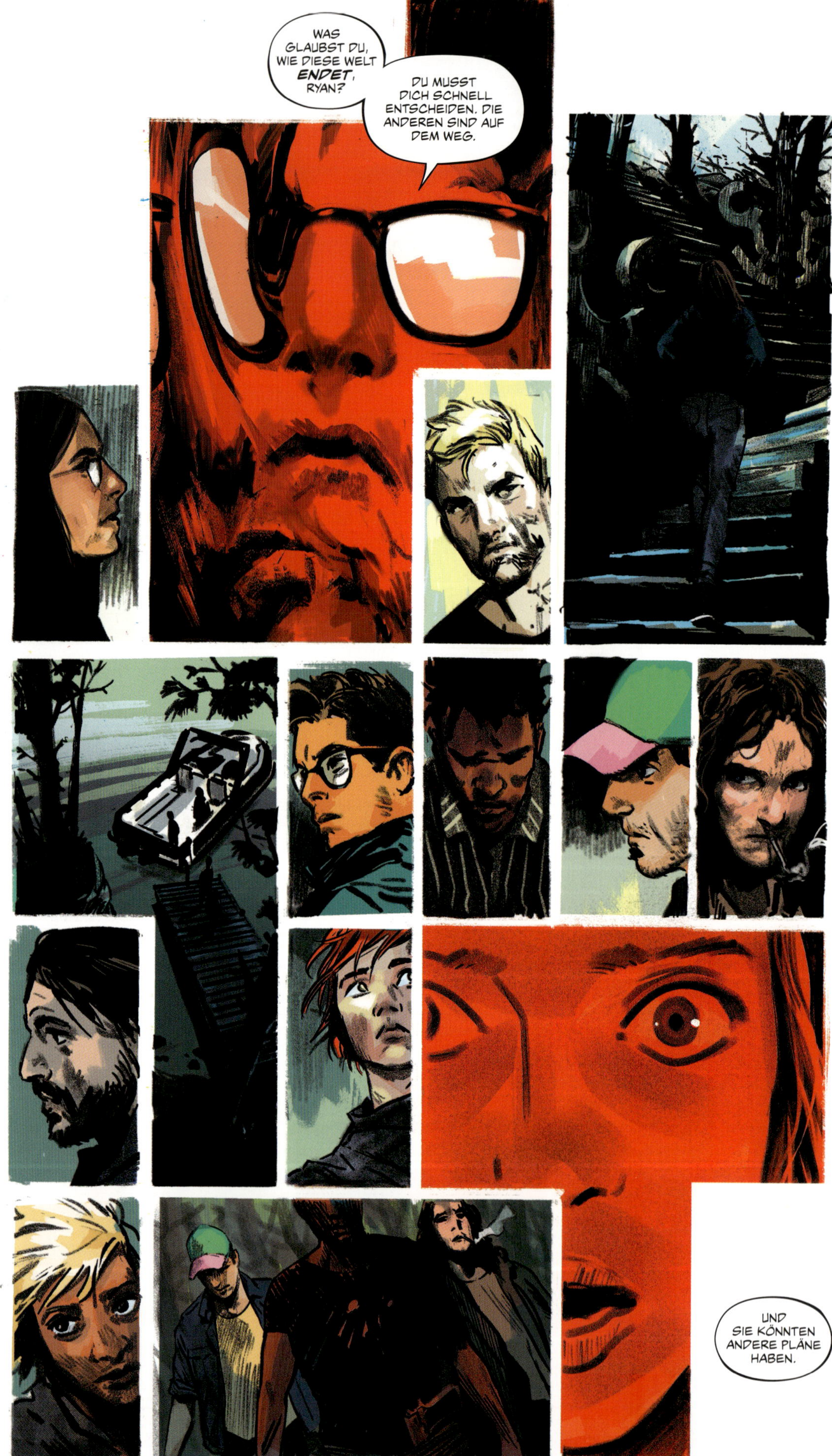
WAS GLAUBST DU, WIE DIESE WELT *ENDET*, RYAN?
DU MUSST DICH SCHNELL ENTSCHEIDEN. DIE ANDEREN SIND AUF DEM WEG.
UND SIE KÖNNTEN ANDERE PLÄNE HABEN.

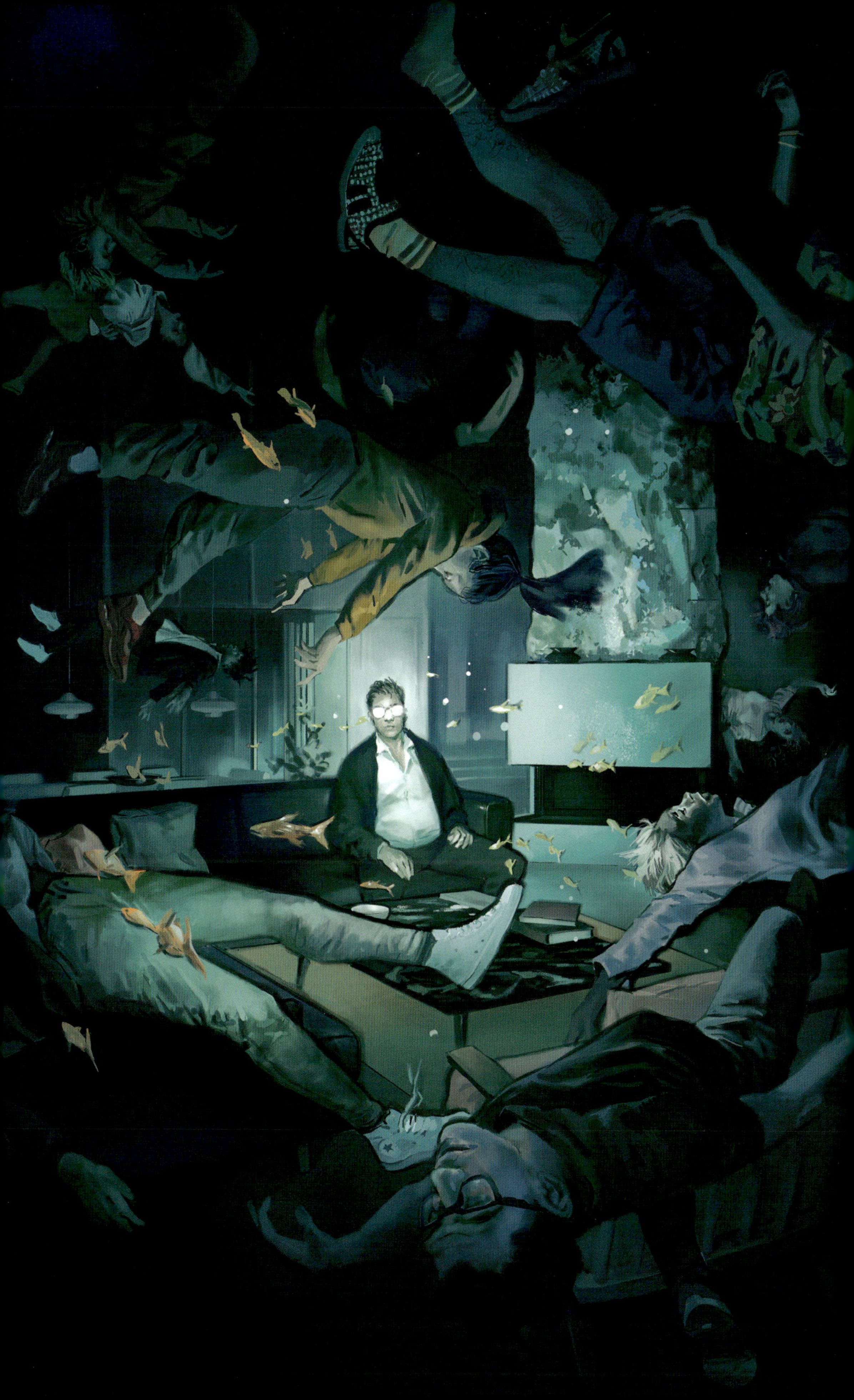

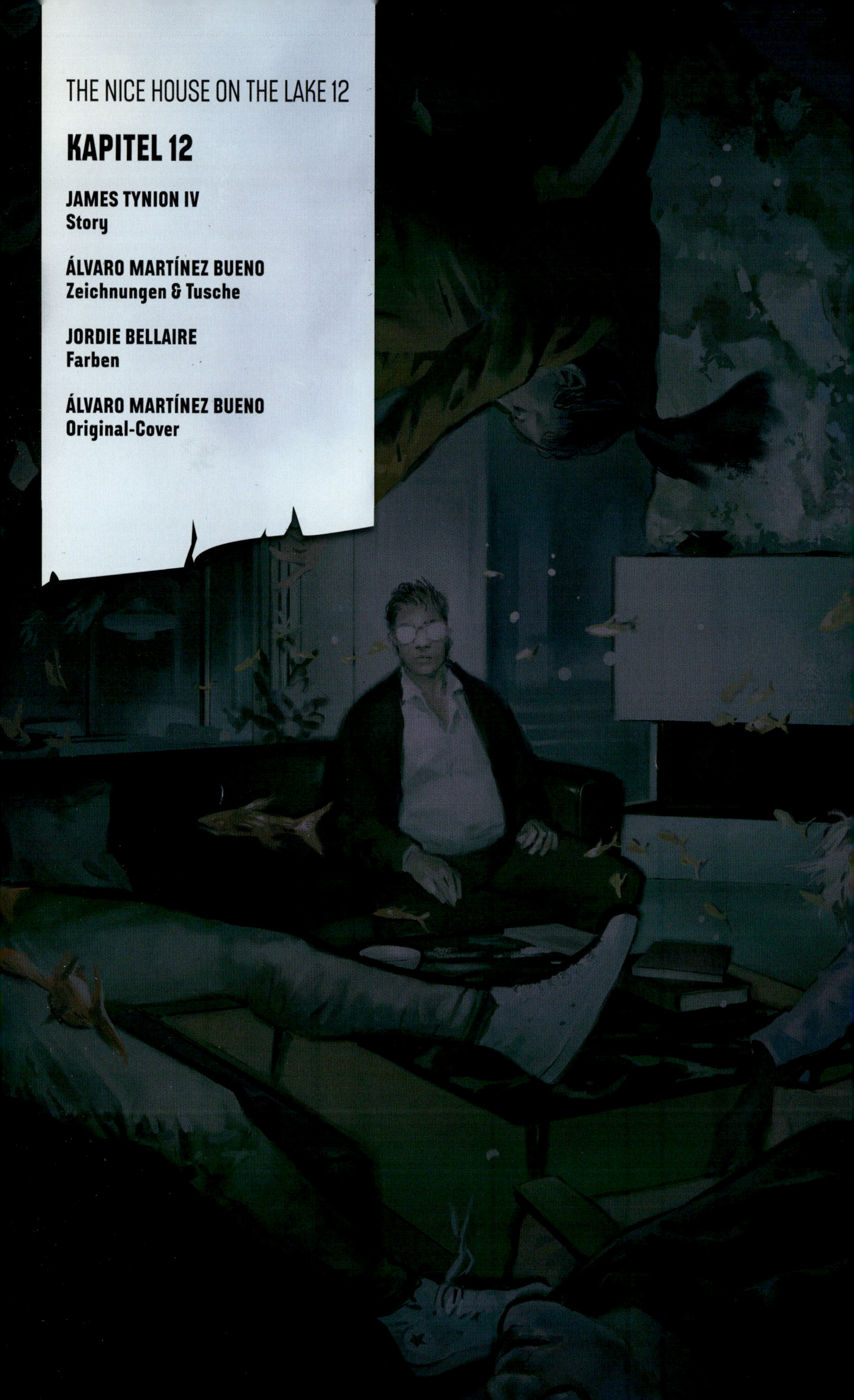
THE NICE HOUSE ON THE LAKE 12
KAPITEL 12
JAMES TYNION IV
Story
ÁLVARO MARTÍNEZ BUENO
Zeichnungen & Tusche
JORDIE BELLAIRE
Farben
ÁLVARO MARTÍNEZ BUENO
Original-Cover

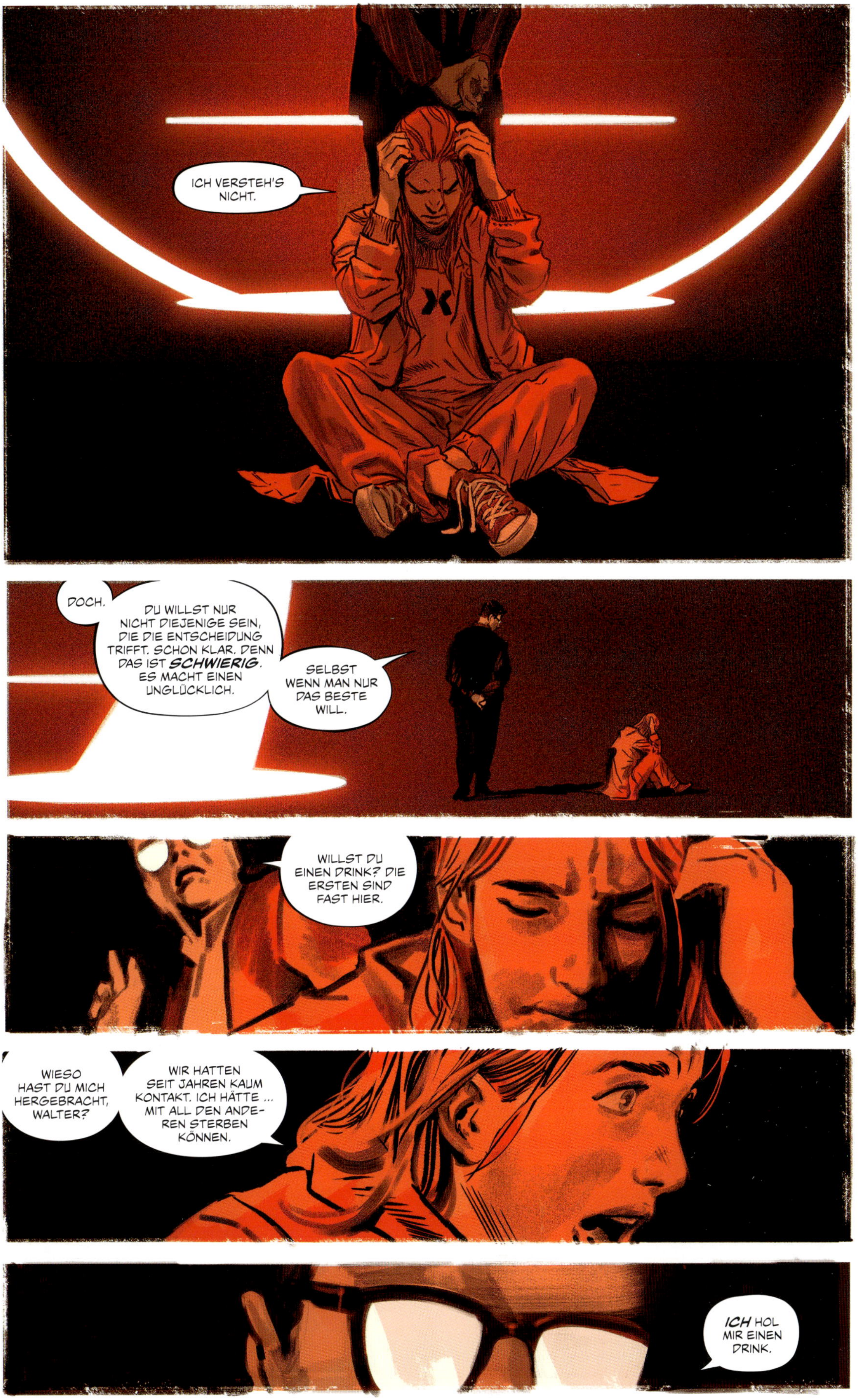

ICH VERSTEH'S NICHT.

DOCH.

DU WILLST NUR NICHT DIEJENIGE SEIN, DIE DIE ENTSCHEIDUNG TRIFFT. SCHON KLAR. DENN DAS IST ***SCHWIERIG***. ES MACHT EINEN UNGLÜCKLICH.

SELBST WENN MAN NUR DAS BESTE WILL.

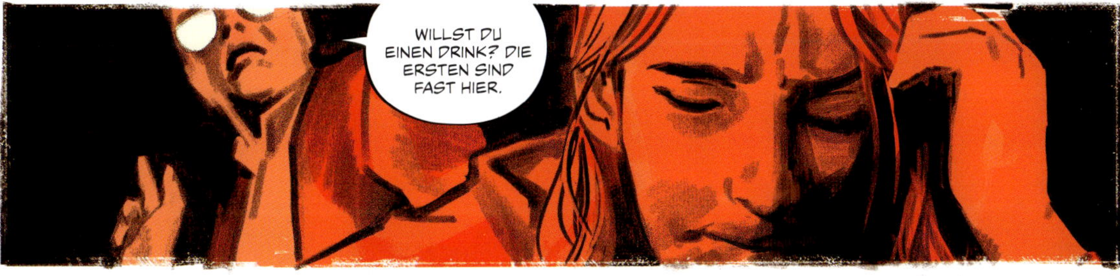

WIESO HAST DU MICH HERGEBRACHT, WALTER?

WIR HATTEN SEIT JAHREN KAUM KONTAKT. ICH HÄTTE ... MIT ALL DEN ANDEREN STERBEN KÖNNEN.

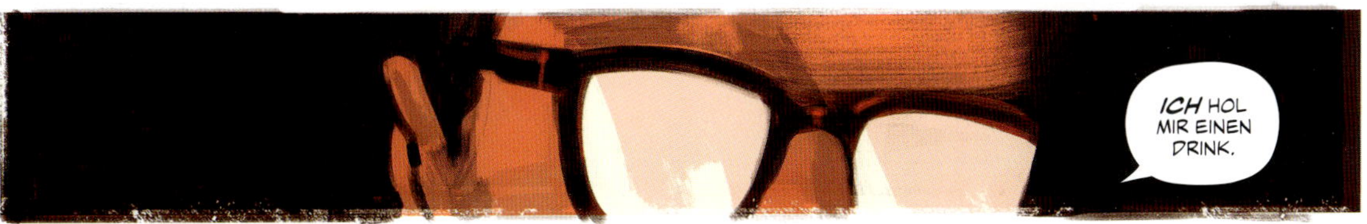

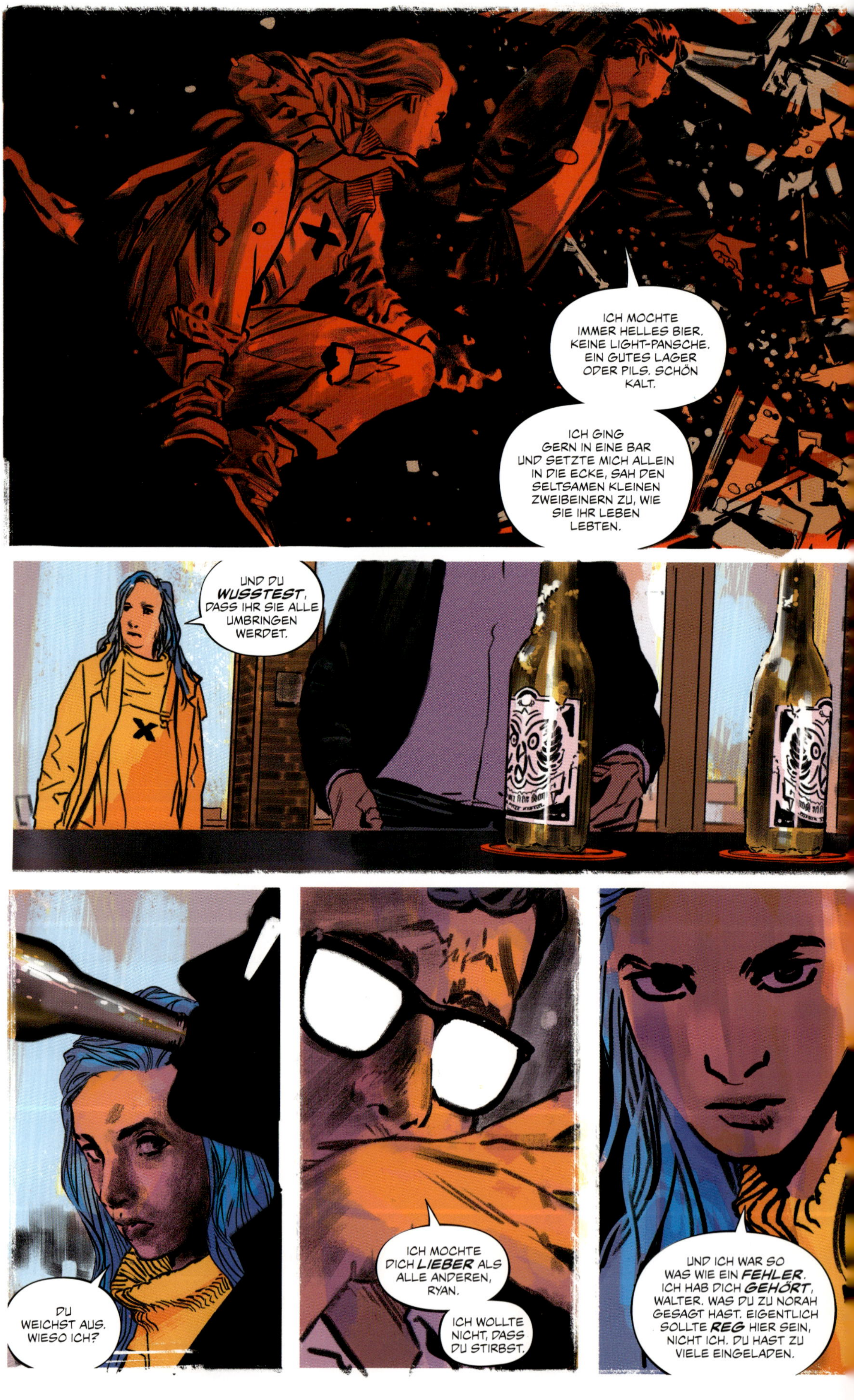

ICH MOCHTE IMMER HELLES BIER. KEINE LIGHT-PANSCHE. EIN GUTES LAGER ODER PILS. SCHÖN KALT.
ICH GING GERN IN EINE BAR UND SETZTE MICH ALLEIN IN DIE ECKE, SAH DEN SELTSAMEN KLEINEN ZWEIBEINERN ZU, WIE SIE IHR LEBEN LEBTEN.

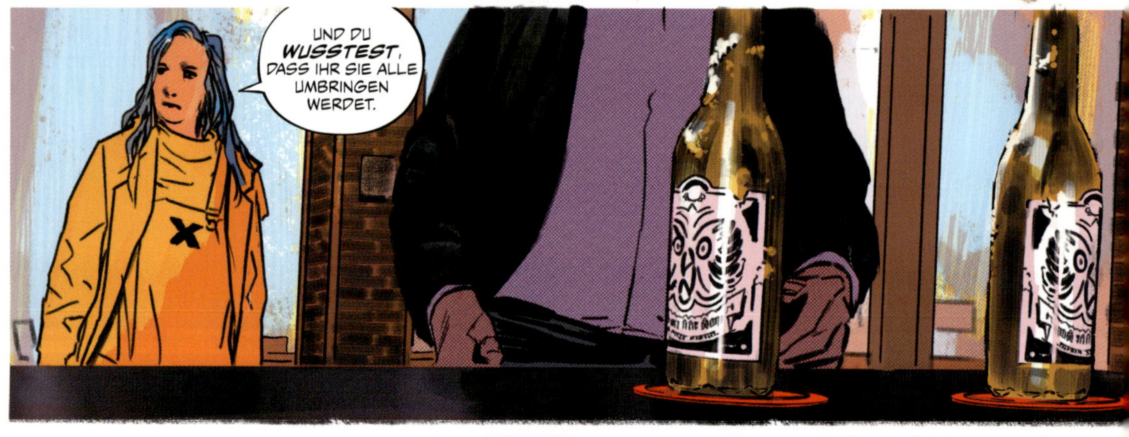

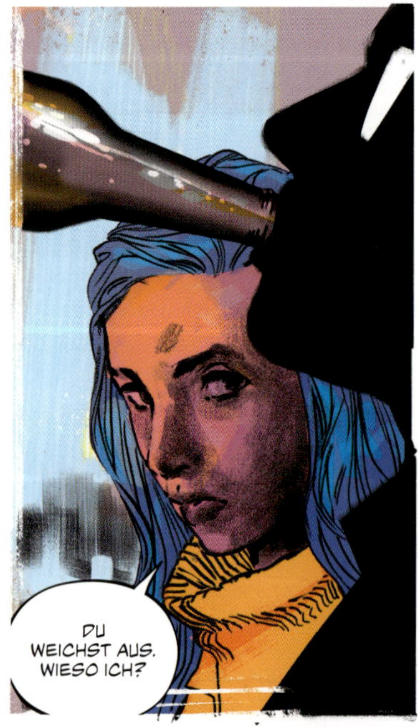

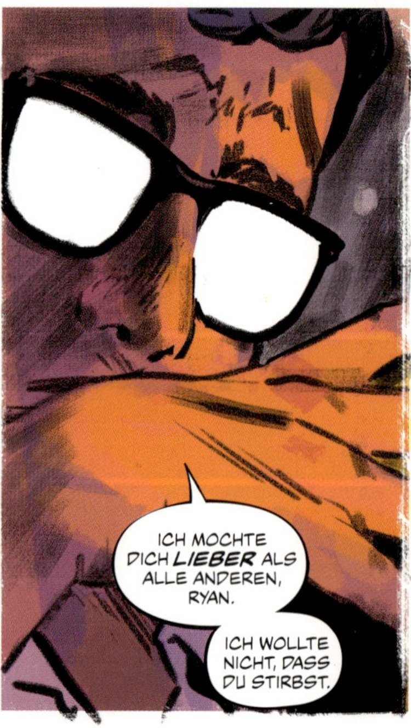

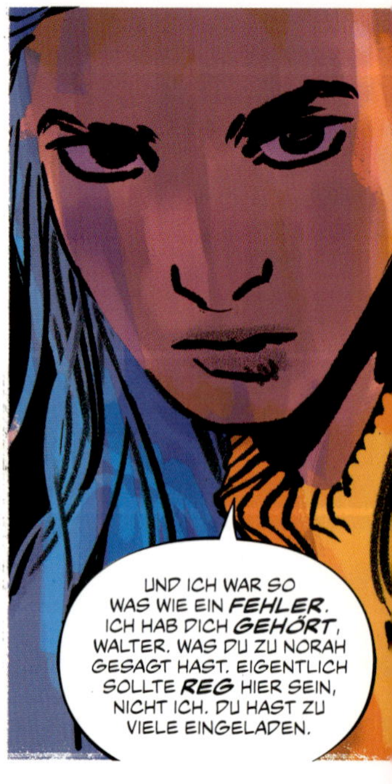

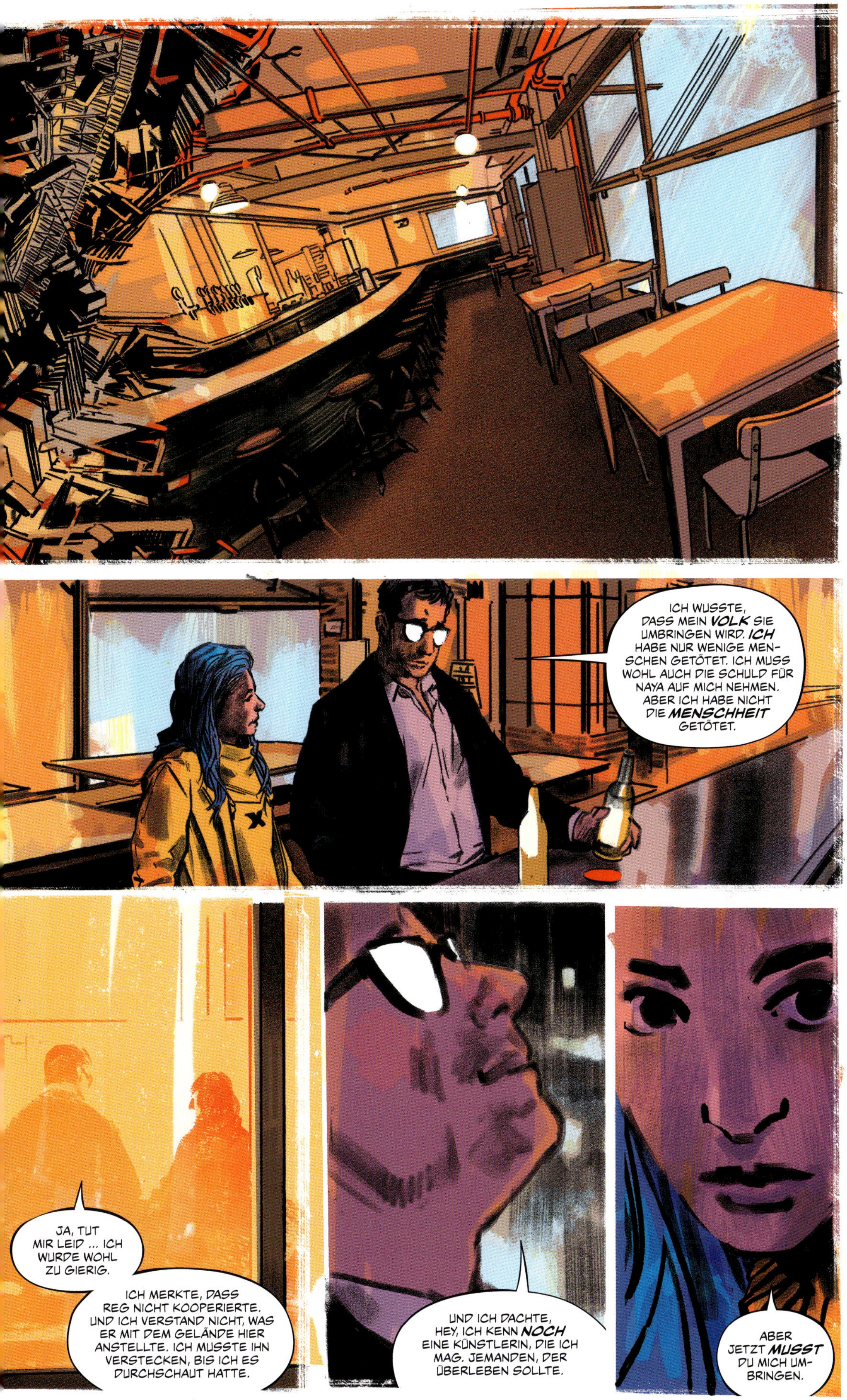

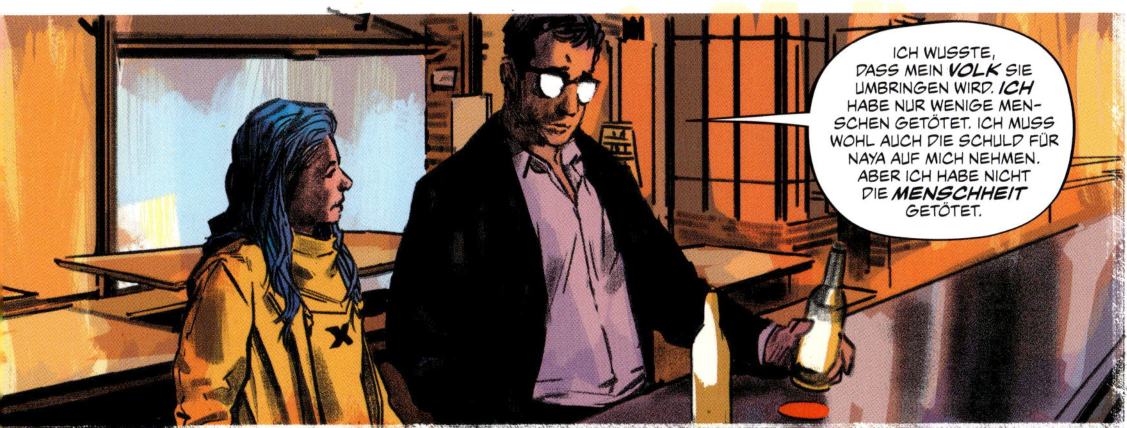
ICH WUSSTE, DASS MEIN VOLK SIE UMBRINGEN WIRD. ICH HABE NUR WENIGE MEN-SCHEN GETÖTET. ICH MUSS WOHL AUCH DIE SCHULD FÜR NAYA AUF MICH NEHMEN. ABER ICH HABE NICHT DIE MENSCHHEIT GETÖTET.

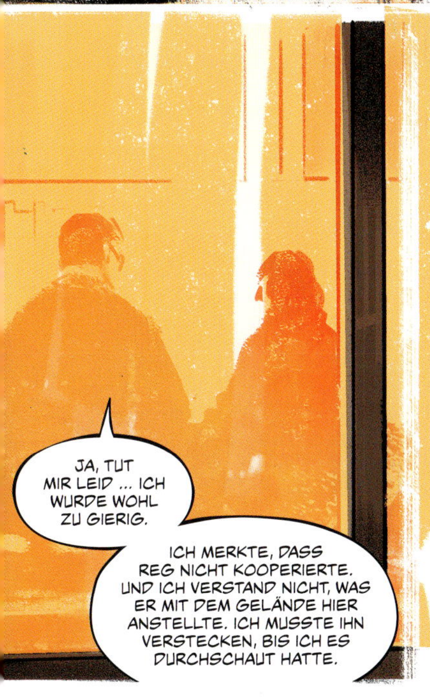
JA, TUT MIR LEID ... ICH WURDE WOHL ZU GIERIG.
ICH MERKTE, DASS REG NICHT KOOPERIERTE. UND ICH VERSTAND NICHT, WAS ER MIT DEM GELÄNDE HIER ANSTELLTE. ICH MUSSTE IHN VERSTECKEN, BIS ICH ES DURCHSCHAUT HATTE.

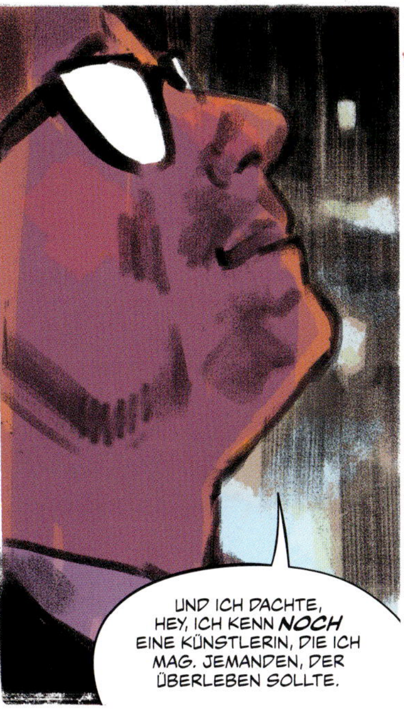
UND ICH DACHTE, HEY, ICH KENN NOCH EINE KÜNSTLERIN, DIE ICH MAG. JEMANDEN, DER ÜBERLEBEN SOLLTE.

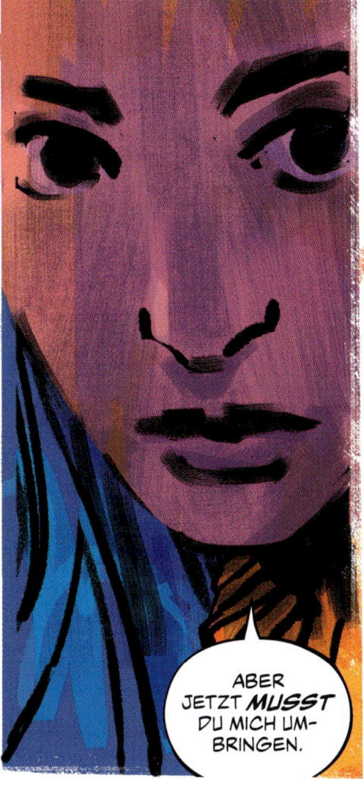
ABER JETZT MUSST DU MICH UM-BRINGEN.

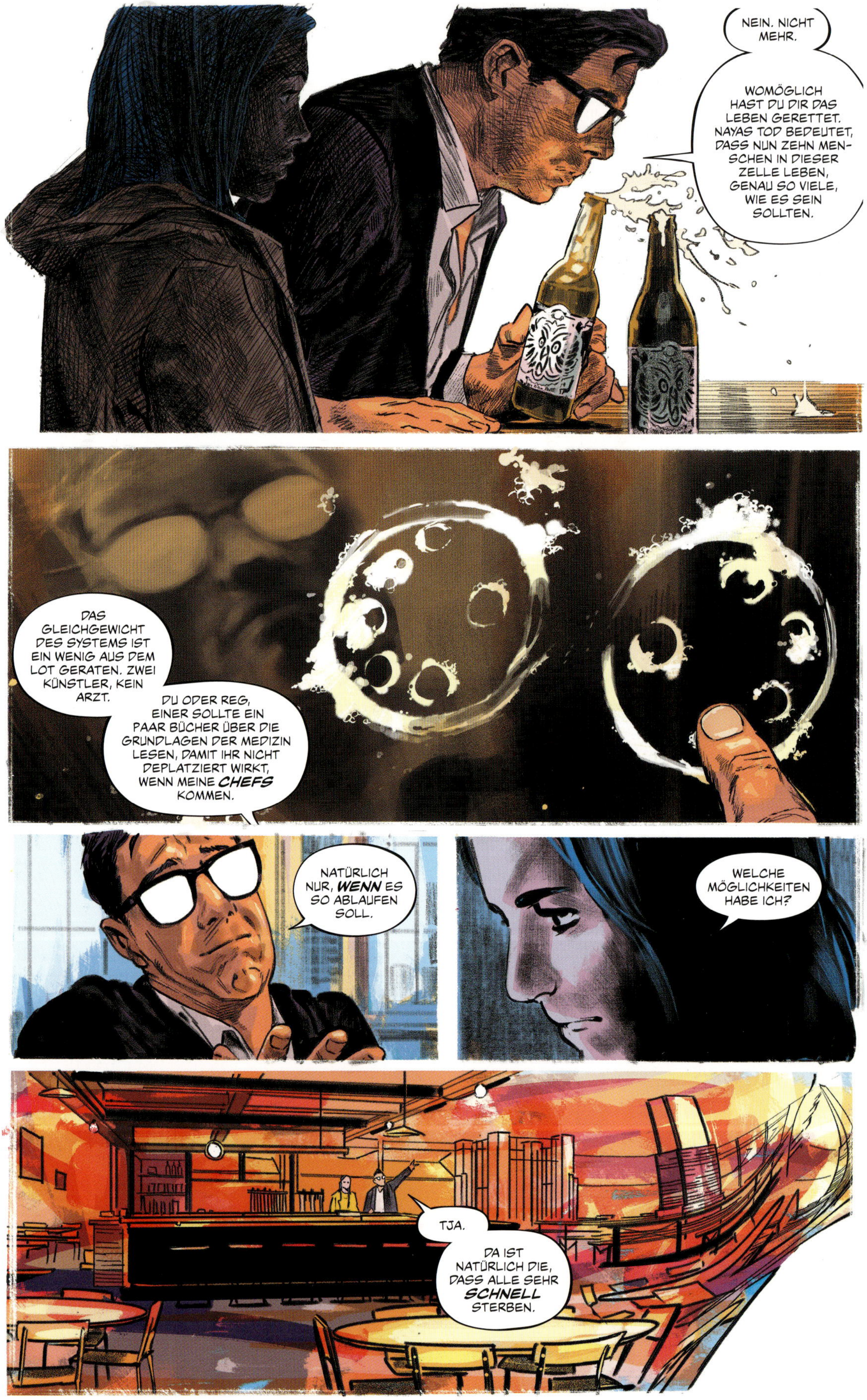

NEIN. NICHT MEHR.

WOMÖGLICH HAST DU DIR DAS LEBEN GERETTET. NAYAS TOD BEDEUTET, DASS NUN ZEHN MENSCHEN IN DIESER ZELLE LEBEN, GENAU SO VIELE, WIE ES SEIN SOLLTEN.

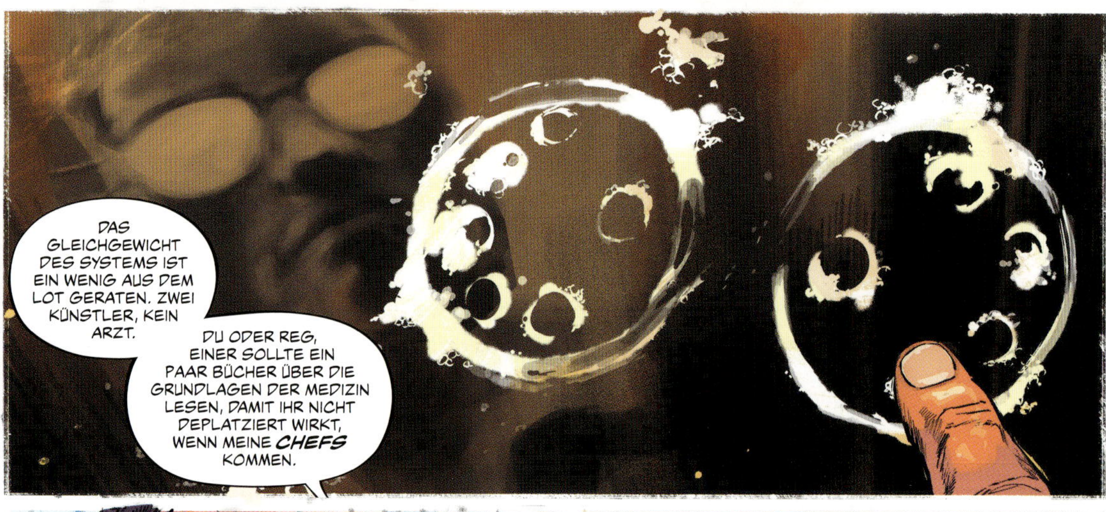

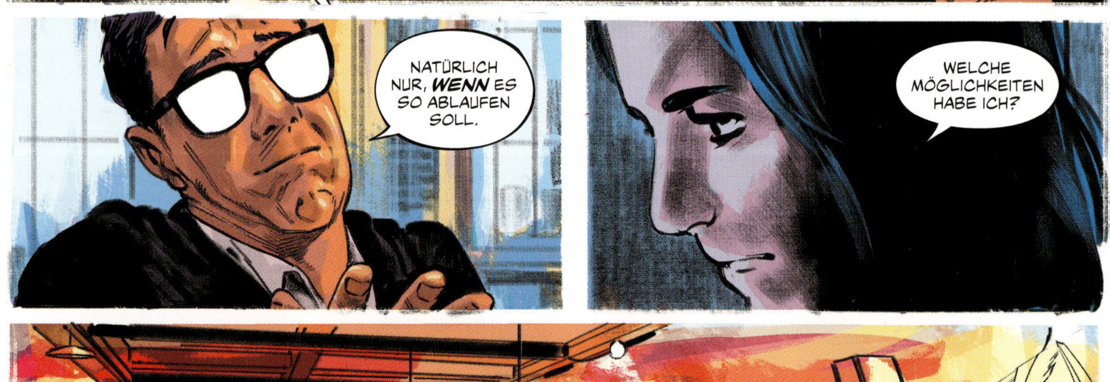

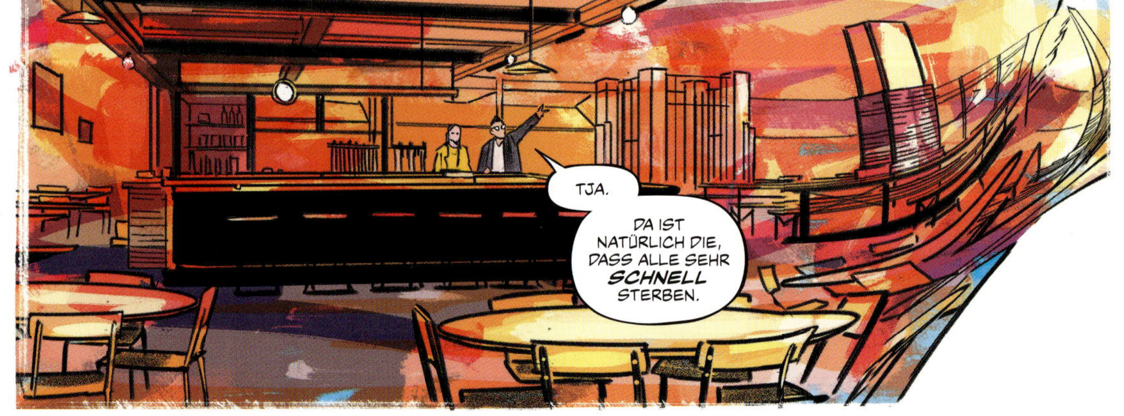

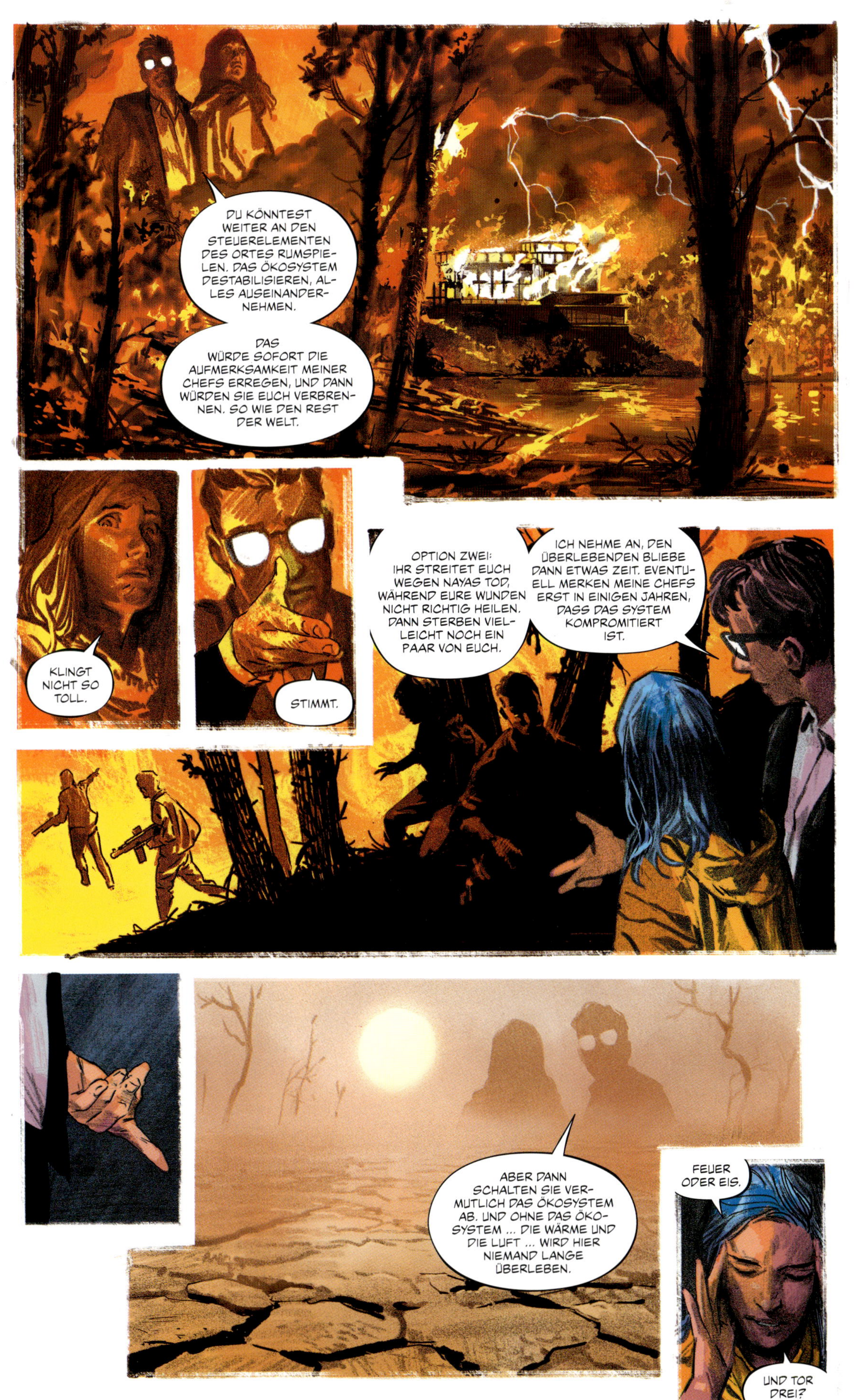
DU KÖNNTEST WEITER AN DEN STEUERELEMENTEN DES ORTES RUMSPIELEN. DAS ÖKOSYSTEM DESTABILISIEREN, ALLES AUSEINANDERNEHMEN.
DAS WÜRDE SOFORT DIE AUFMERKSAMKEIT MEINER CHEFS ERREGEN, UND DANN WÜRDEN SIE EUCH VERBRENNEN. SO WIE DEN REST DER WELT.
KLINGT NICHT SO TOLL.
STIMMT.
OPTION ZWEI: IHR STREITET EUCH WEGEN NAYAS TOD, WÄHREND EURE WUNDEN NICHT RICHTIG HEILEN. DANN STERBEN VIELLEICHT NOCH EIN PAAR VON EUCH.
ICH NEHME AN, DEN ÜBERLEBENDEN BLIEBE DANN ETWAS ZEIT. EVENTUELL MERKEN MEINE CHEFS ERST IN EINIGEN JAHREN, DASS DAS SYSTEM KOMPROMITIERT IST.
ABER DANN SCHALTEN SIE VERMUTLICH DAS ÖKOSYSTEM AB. UND OHNE DAS ÖKOSYSTEM ... DIE WÄRME UND DIE LUFT ... WIRD HIER NIEMAND LANGE ÜBERLEBEN.
FEUER ODER EIS.
UND TOR DREI?

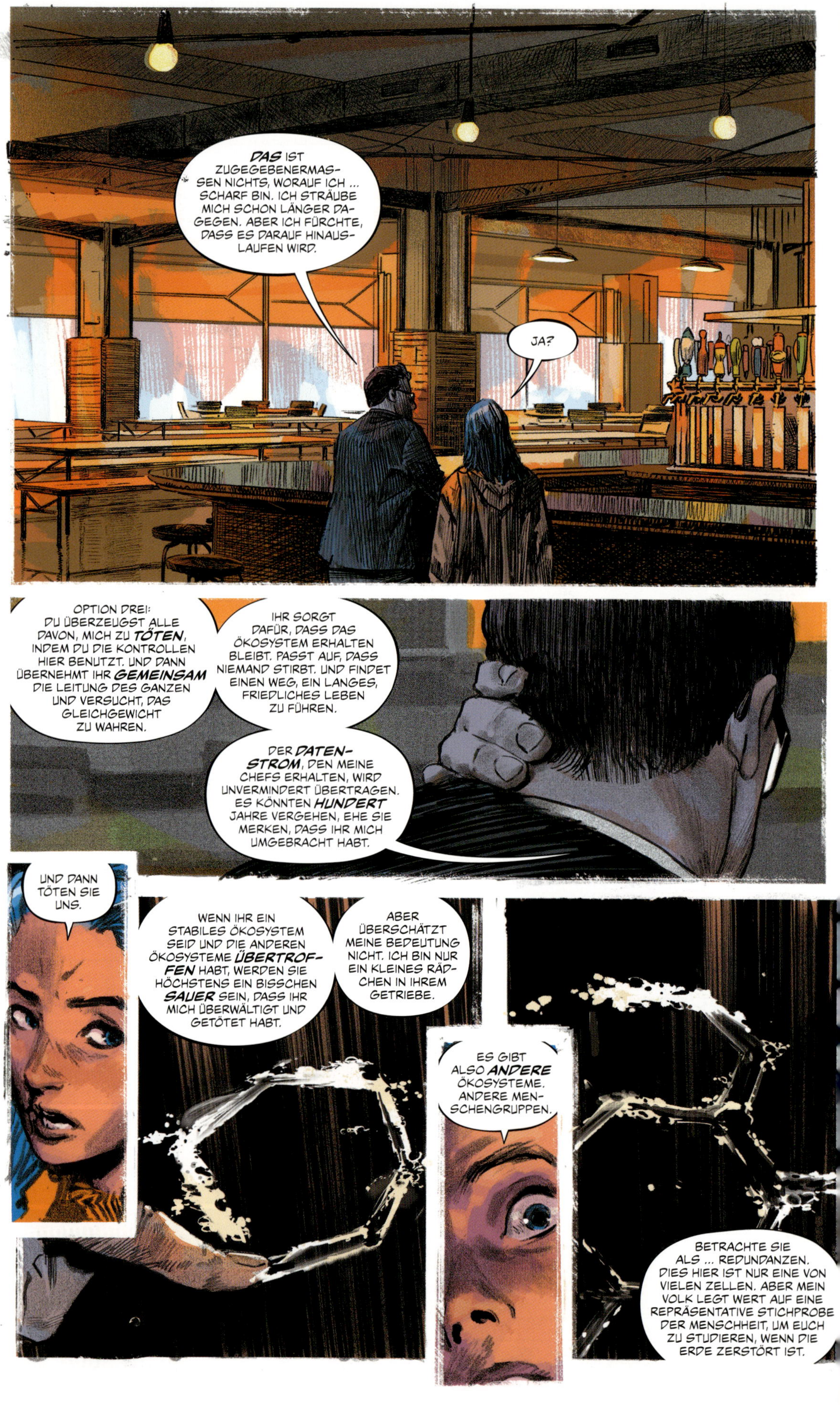

DAS IST ZUGEGEBENERMASSEN NICHTS, WORAUF ICH ... SCHARF BIN. ICH STRÄUBE MICH SCHON LÄNGER DAGEGEN. ABER ICH FÜRCHTE, DASS ES DARAUF HINAUSLAUFEN WIRD.

JA?

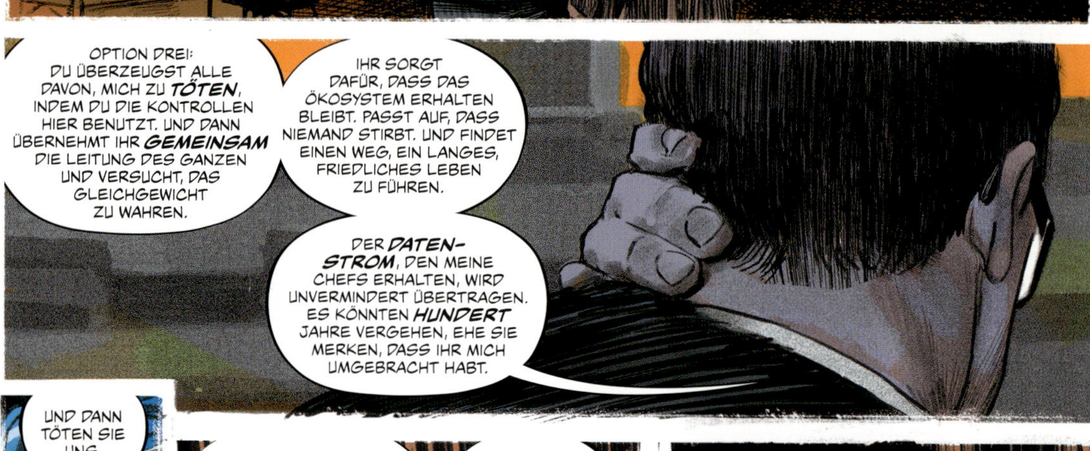

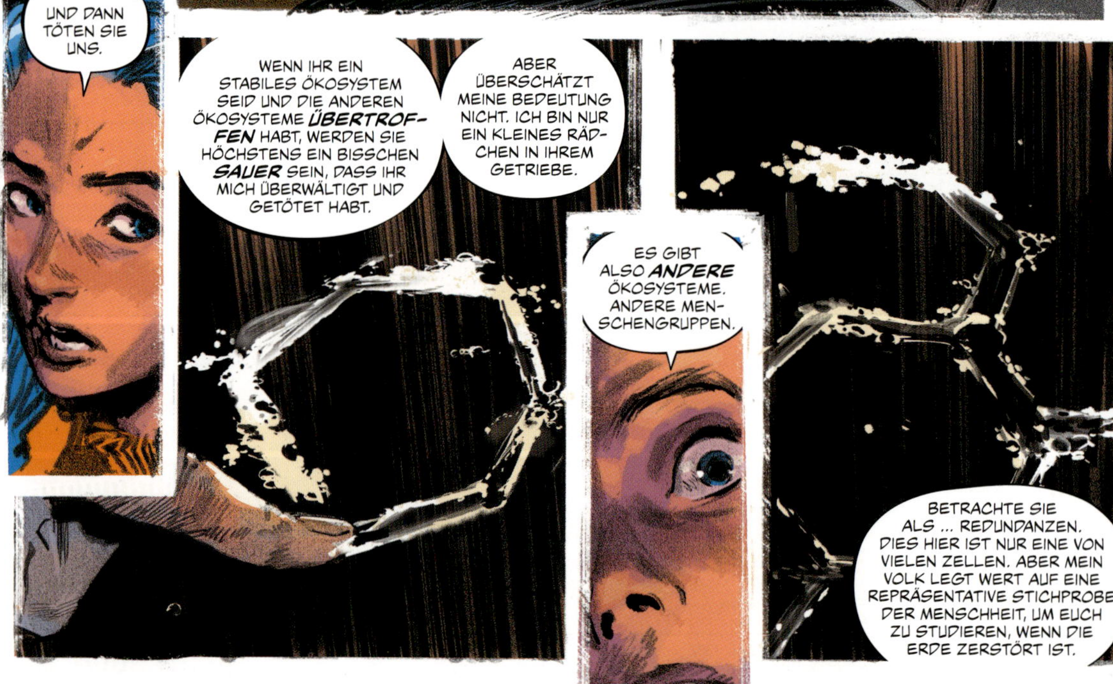

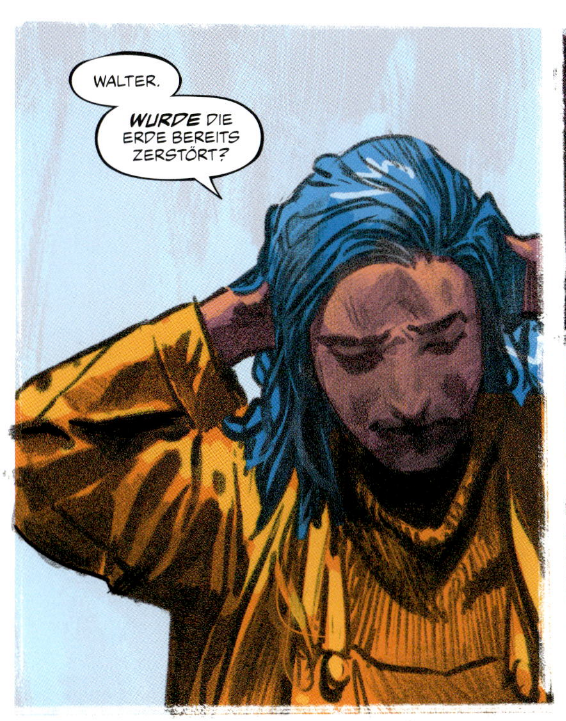
WALTER.
WURDE DIE ERDE BEREITS ZERSTÖRT?

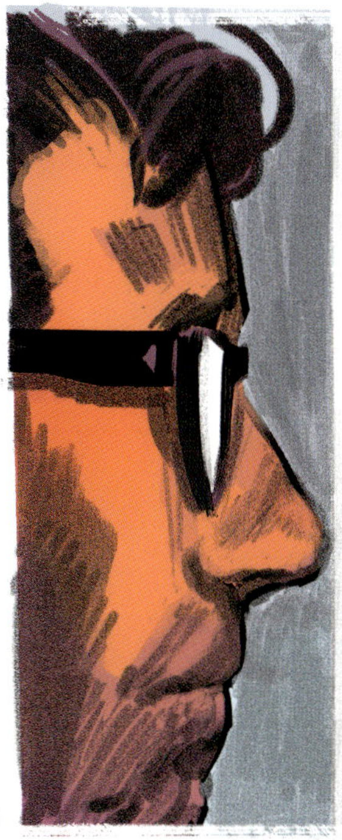

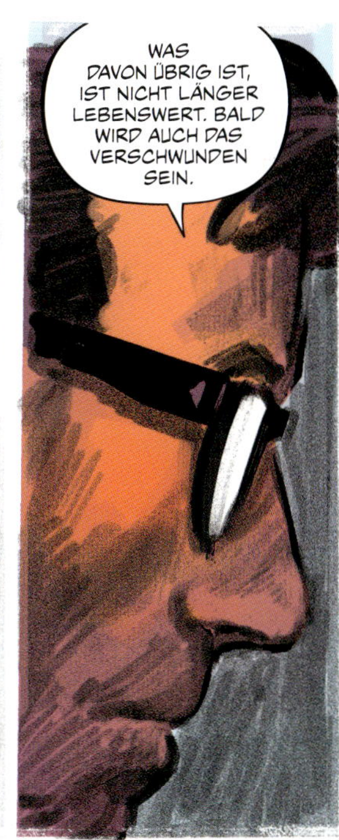
WAS DAVON ÜBRIG IST, IST NICHT LÄNGER LEBENSWERT. BALD WIRD AUCH DAS VERSCHWUNDEN SEIN.

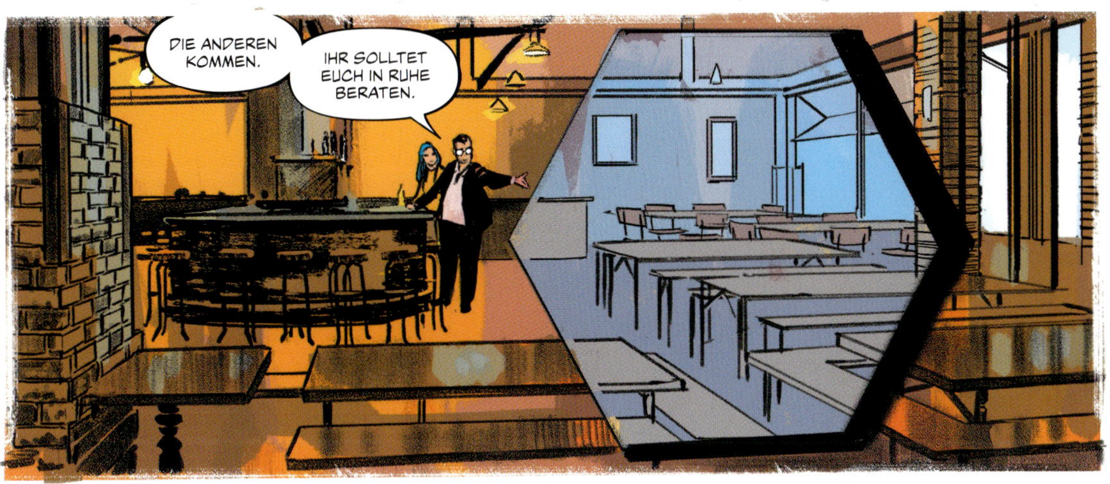
DIE ANDEREN KOMMEN.
IHR SOLLTET EUCH IN RUHE BERATEN.

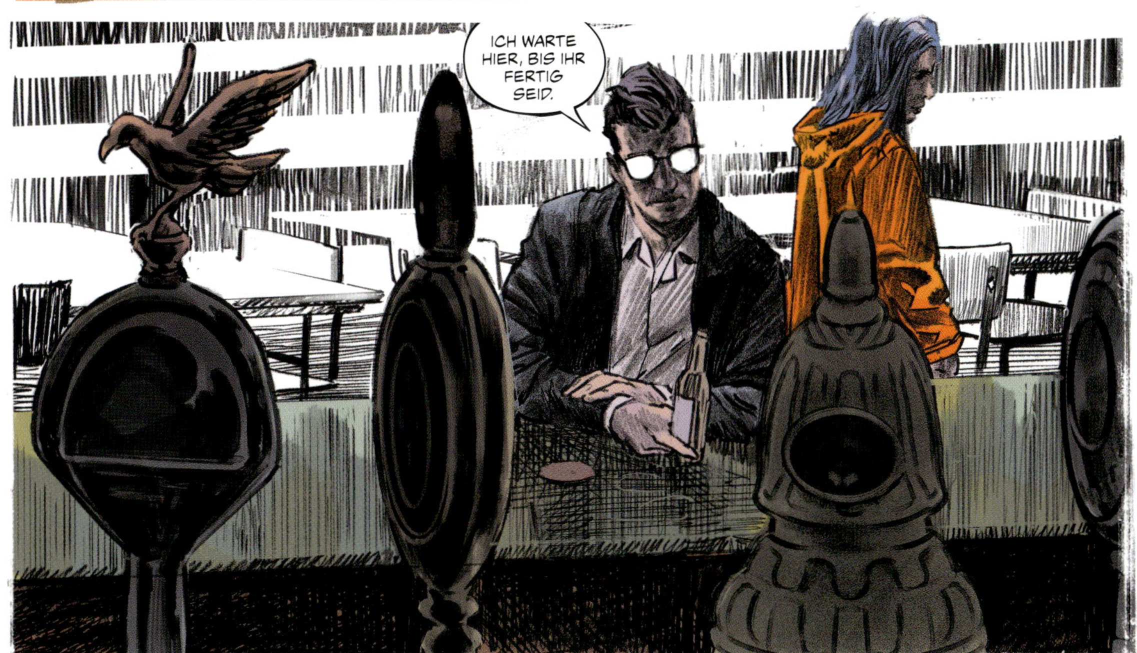
ICH WARTE HIER, BIS IHR FERTIG SEID.

THE

NICE H

ON THE

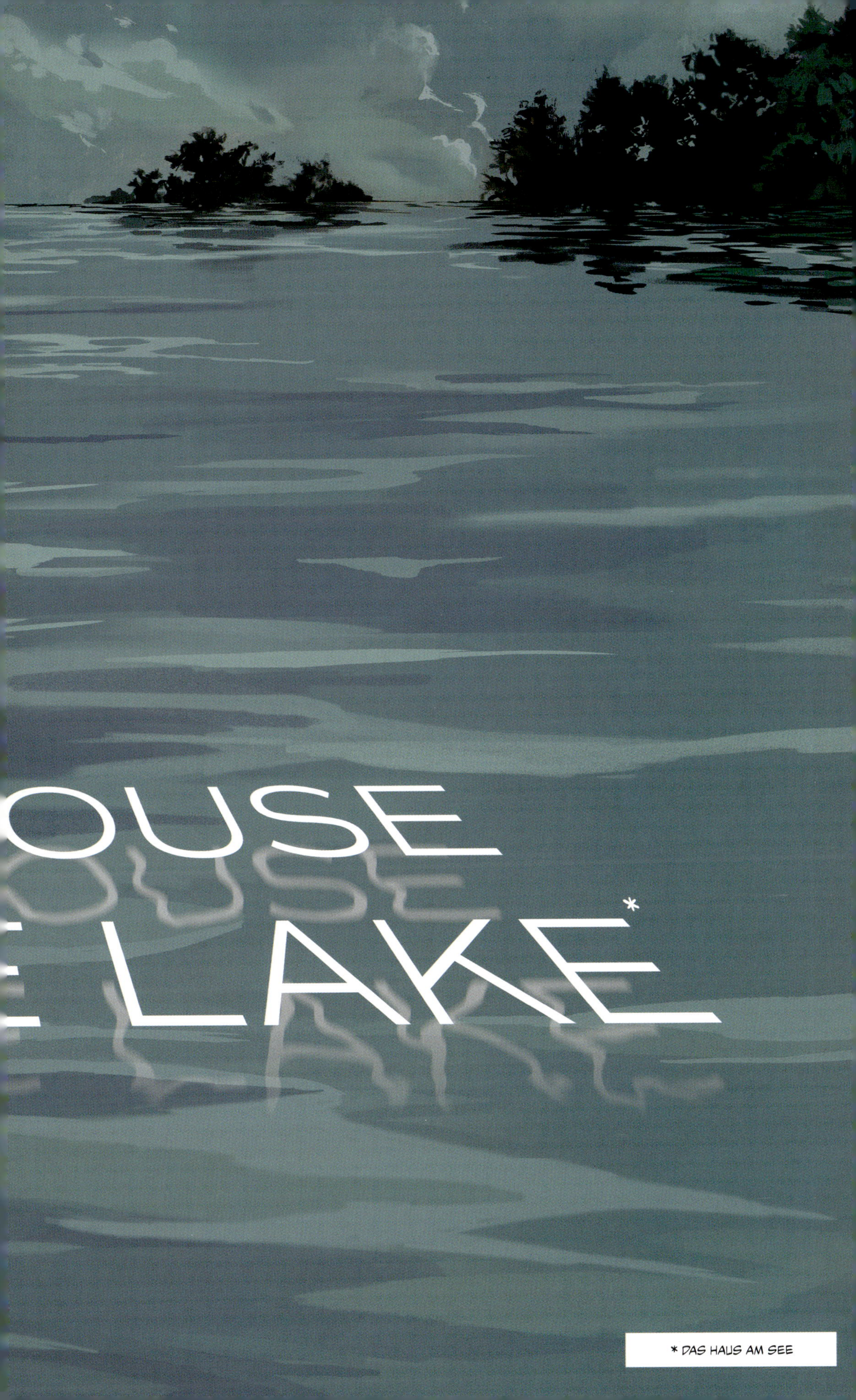

OUSE

E LAKE*

* DAS HAUS AM SEE

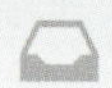

2:18 PM
‹et...

ar from
.

1:56 PM
om...
‹nt me the
‹u believe

Re: Betreff: Kurzer Sommerurlaub

Molly Reynolds An: walter@chariot.org 9.2.2021, 2:18 Uhr

Walter Monster!

Ahh! Es ist schön, mal wieder von dir zu hören!! Ehrlich, es wäre toll, im Sommer etwas rauszukommen. Verheiratet zu sein, ist manchmal echt langweilig ... lol.

Ich weiß, du hast gesagt, ich soll nicht fragen, wer sonst noch kommt. Aber ich habe Ronnie schon geschrieben, weil ich dachte, du wirst mich eh nicht ohne sie einladen, und *voilà*, ich hatte recht. Mal sehen, vielleicht fahren wir zusammen hin.

Ich will alles wissen über dein aufregendes Leben in New York. Unsere nächtlichen Gespräche fehlen mir, also werden wir das nachholen, bevor wir alle in unseren öden Alltag zurückkehren.

Alles Liebe,
Molly

PS – Alter, das Haus ist ein TRAUM!

 Walter Hallo, ihr wunderbare... 8.2.2021, 4:23 Uhr 

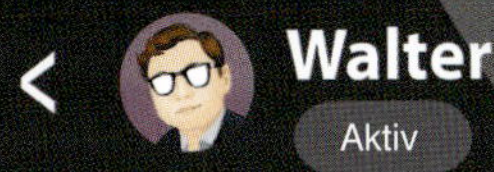

10. FEBRUAR, 14:25 UHR

Ich bat Molly, nichts zu sagen!

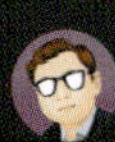

Ist total okay! Ich bin einfach froh, dass ihr beide kommen könnt.

Kannst du mir verraten, ob Norah da sein wird?

Na ja, du kennst Norah. Sie legt sich nicht fest. Aber ich tu mein Möglichstes. Und wenn ich sie in den Kofferraum meines Wagens werfen muss.

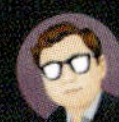

Alles klar?

Hahaha

Ja, na klar. Es wird bestimmt ein bisschen schräg und nett zugleich sein. Einfach, weil ein Teil der Bande mal wieder versammelt ist.

Molly und ich haben grad noch drüber geredet, wie sehr du uns fehlst.

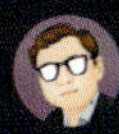

Oooch

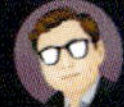

Weil ich ja eigentlich ganz REIZEND bin.

Nicht nur eigentlich. Du BIST reizend.

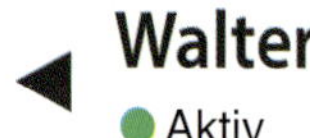

Chat durchsuchen

◀ **Walter**
Aktiv

Verlauf abgeschaltet

Heute

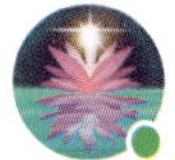

Arturo 10:18 Uhr
Sam weiß noch nicht, ob er mitkommt. Ich bearbeite ihn etwas.

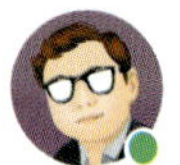

Walter 10:19 Uhr
Ich bin enttäuscht, dass man ihn dafür bearbeiten muss …

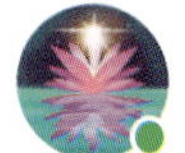

Arturo 10:19 Uhr
Er hatte ein schweres Jahr.

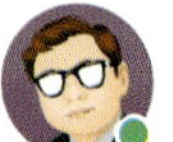

Walter 10:20 Uhr
Soll ich ihm direkt schreiben?

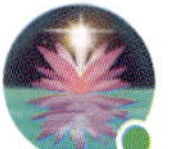

Arturo 10:20 Uhr
Noch nicht. Ich red mit ihm. Ich glaube, es täte ihm gut. Und außerdem hätte ich selbst nichts gegen einen Urlaub am See yiiihaa!

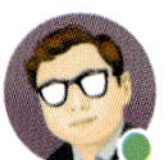

Walter 10:20 Uhr
Sag einfach, wenn ich etwas tun kann. Ich würd euch gern beide sehen. Ist viel zu lange her.

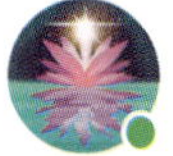

Arturo 10:21 Uhr
Ich arbeite dran.

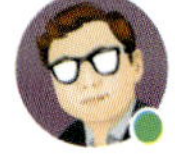

Walter 10:21 Uhr
Lass mich wissen, ob/wenn du Verstärkung brauchst

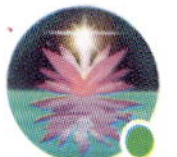

Arturo 10:21 Uhr

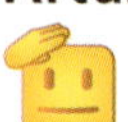

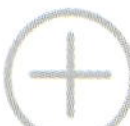

Verlauf abgeschaltet

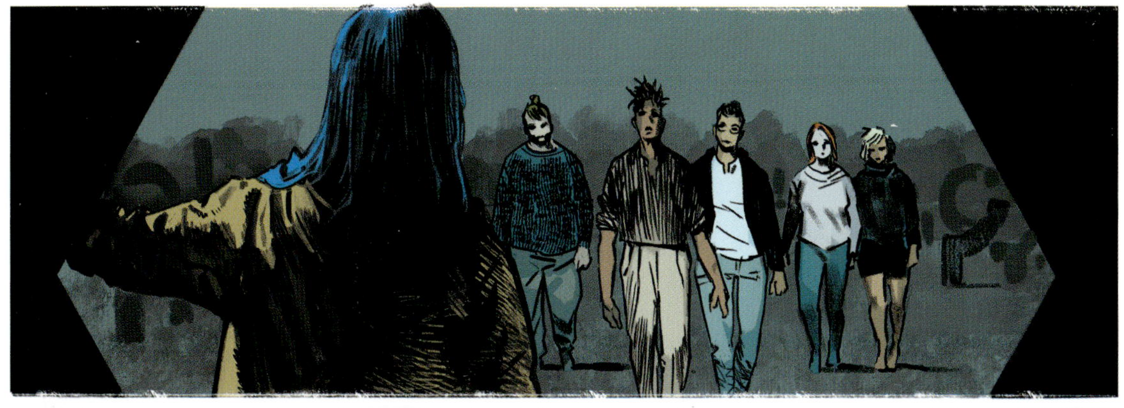
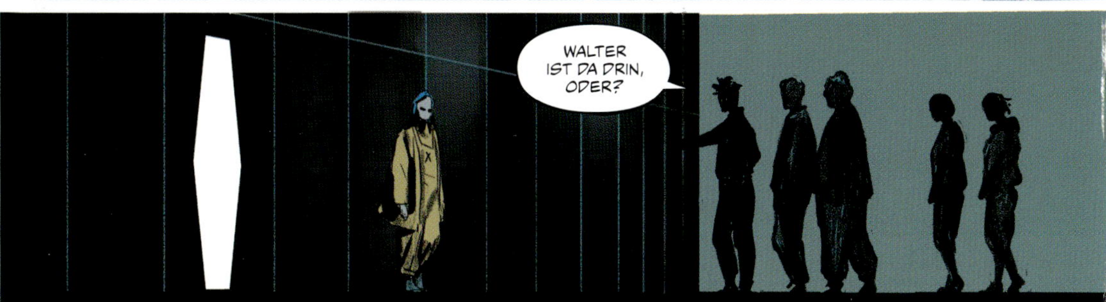
WALTER IST DA DRIN, ODER?
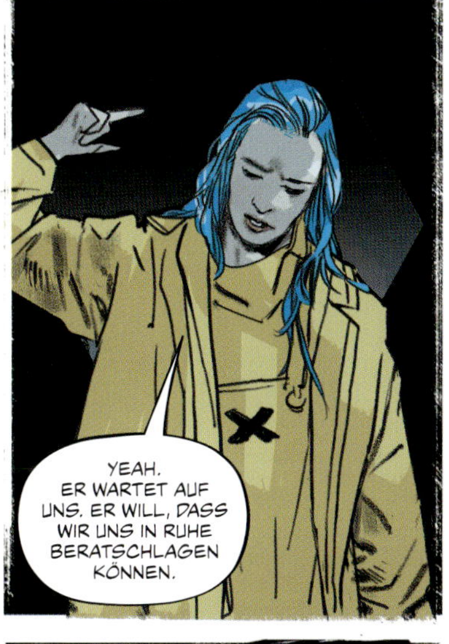
YEAH. ER WARTET AUF UNS. ER WILL, DASS WIR UNS IN RUHE BERATSCHLAGEN KÖNNEN.
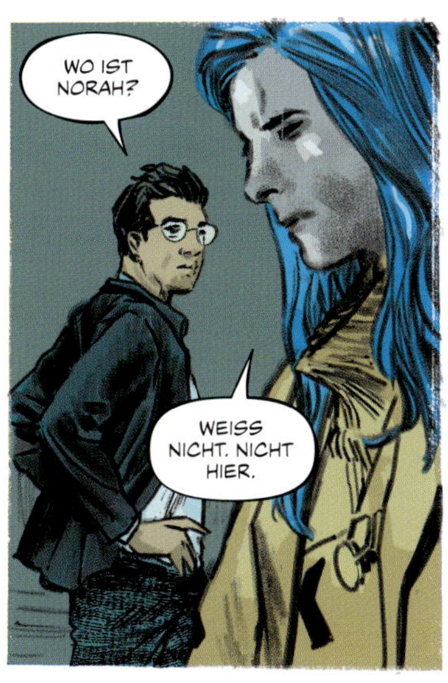
WO IST NORAH?
WEISS NICHT. NICHT HIER.
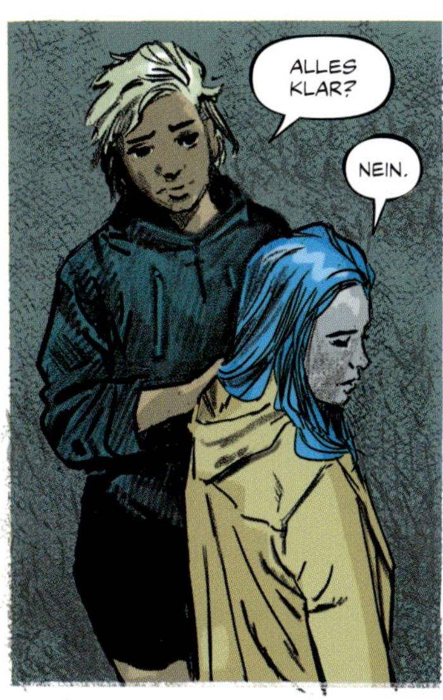
ALLES KLAR?
NEIN.
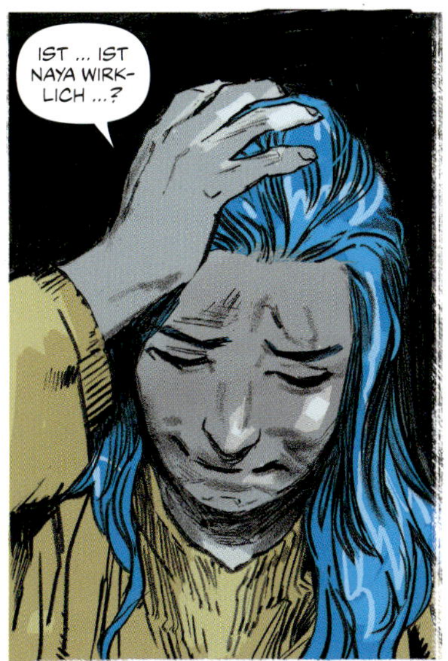
IST ... IST NAYA WIRK-LICH ...?
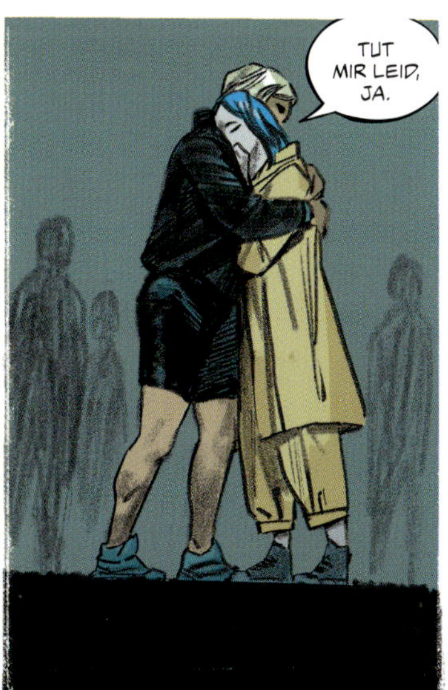
TUT MIR LEID, JA.
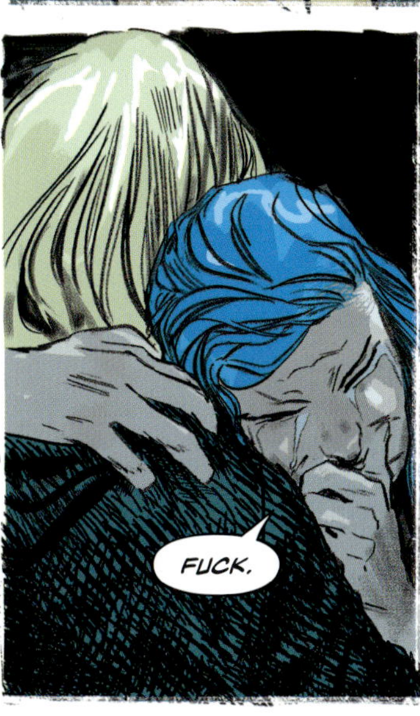
FUCK.

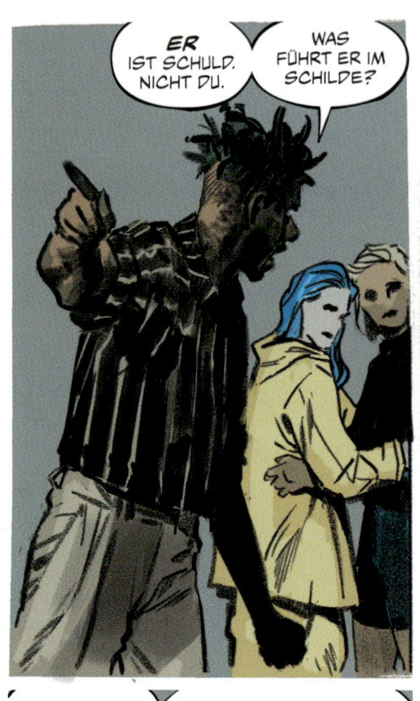
ER IST SCHULD. NICHT DU.
WAS FÜHRT ER IM SCHILDE?

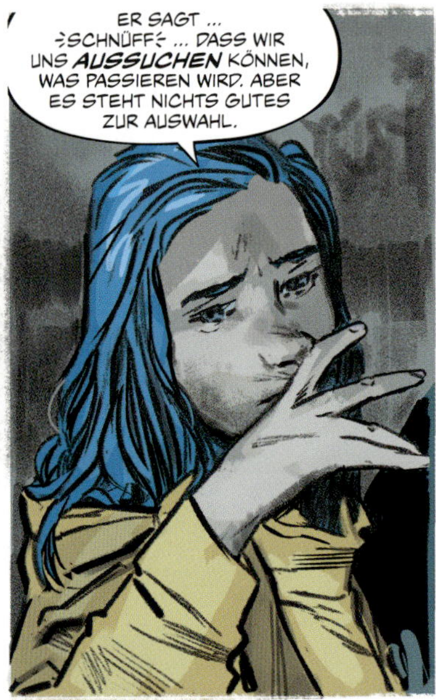
ER SAGT ... ⫶SCHNÜFF⫶ ... DASS WIR UNS AUSSUCHEN KÖNNEN, WAS PASSIEREN WIRD. ABER ES STEHT NICHTS GUTES ZUR AUSWAHL.

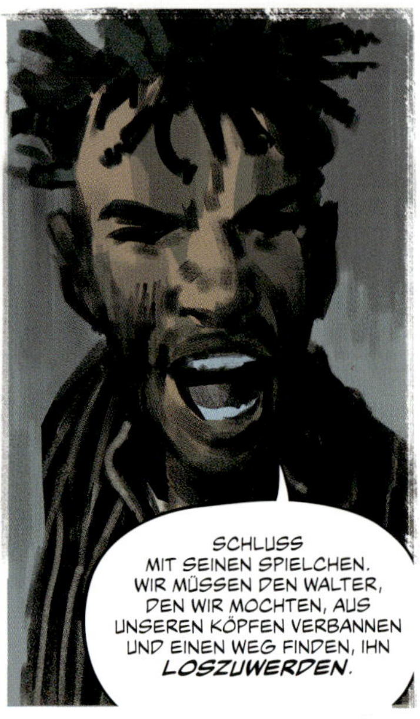
SCHLUSS MIT SEINEN SPIELCHEN. WIR MÜSSEN DEN WALTER, DEN WIR MOCHTEN, AUS UNSEREN KÖPFEN VERBANNEN UND EINEN WEG FINDEN, IHN LOSZUWERDEN.

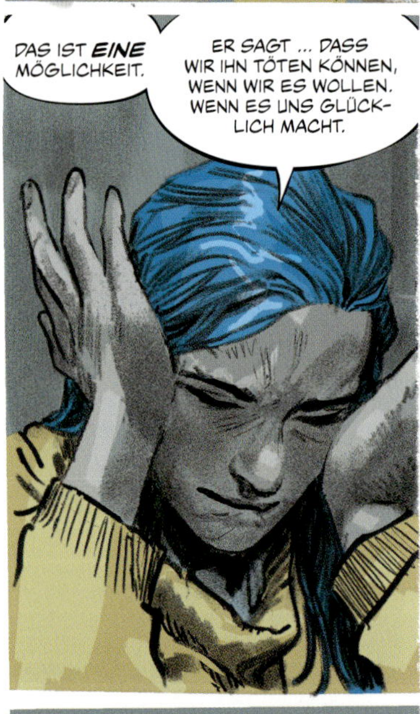
ER SAGT ... DASS WIR IHN TÖTEN KÖNNEN, WENN WIR ES WOLLEN. WENN ES UNS GLÜCKLICH MACHT.
DAS IST EINE MÖGLICHKEIT.

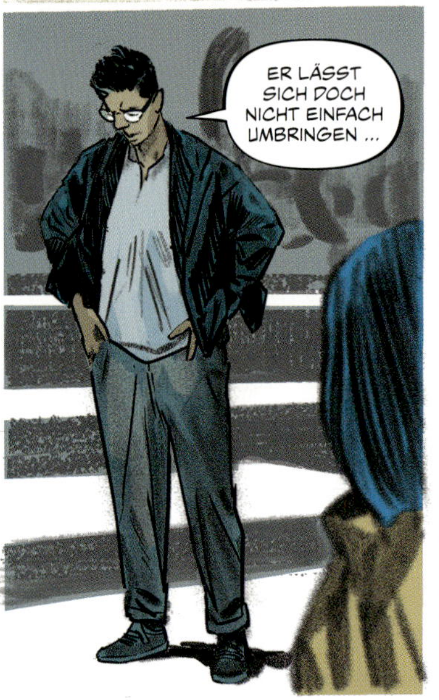
ER LÄSST SICH DOCH NICHT EINFACH UMBRINGEN ...

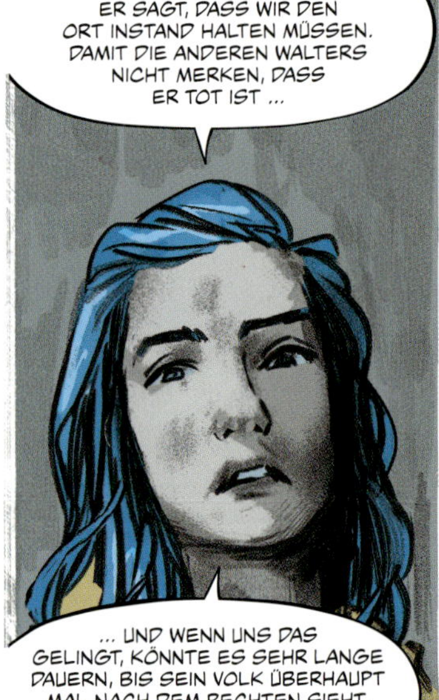
ER SAGT, DASS WIR DEN ORT INSTAND HALTEN MÜSSEN. DAMIT DIE ANDEREN WALTERS NICHT MERKEN, DASS ER TOT IST ...
... UND WENN UNS DAS GELINGT, KÖNNTE ES SEHR LANGE DAUERN, BIS SEIN VOLK ÜBERHAUPT MAL NACH DEM RECHTEN SIEHT.

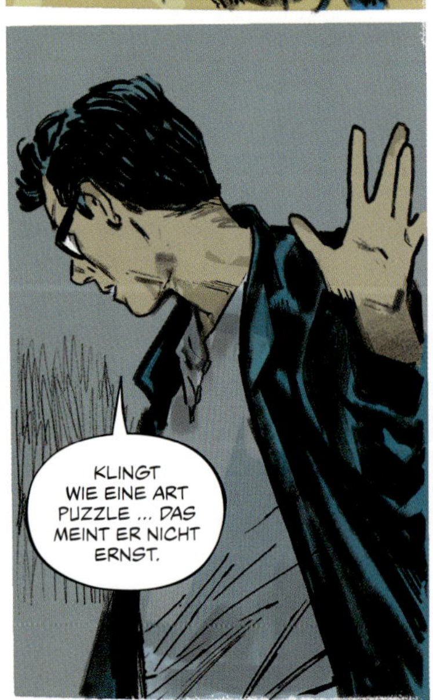
KLINGT WIE EINE ART PUZZLE ... DAS MEINT ER NICHT ERNST.

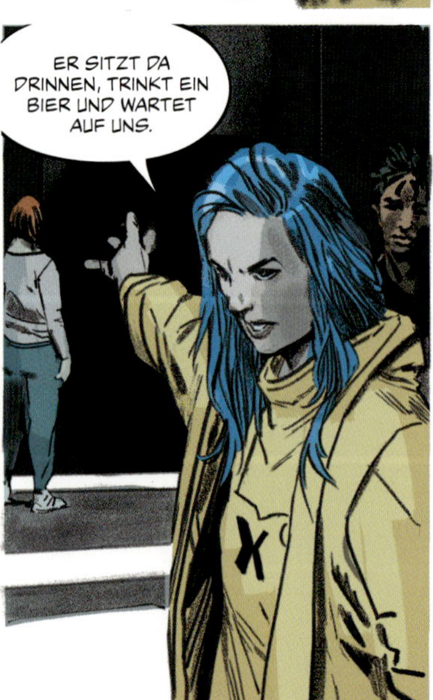
ER SITZT DA DRINNEN, TRINKT EIN BIER UND WARTET AUF UNS.

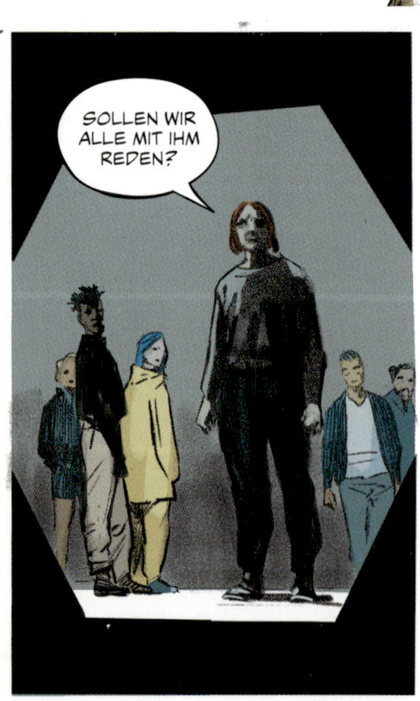
SOLLEN WIR ALLE MIT IHM REDEN?

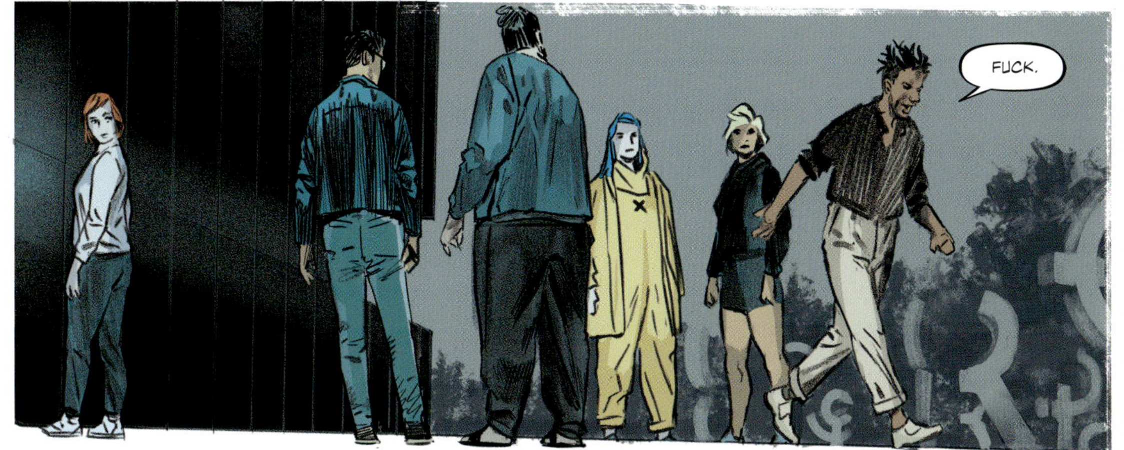
FUCK.

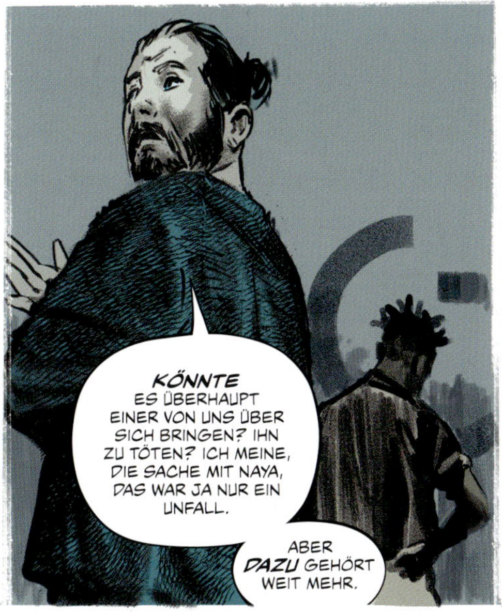
KÖNNTE ES ÜBERHAUPT EINER VON UNS ÜBER SICH BRINGEN? IHN ZU TÖTEN? ICH MEINE, DIE SACHE MIT NAYA, DAS WAR JA NUR EIN UNFALL.
ABER DAZU GEHÖRT WEIT MEHR.

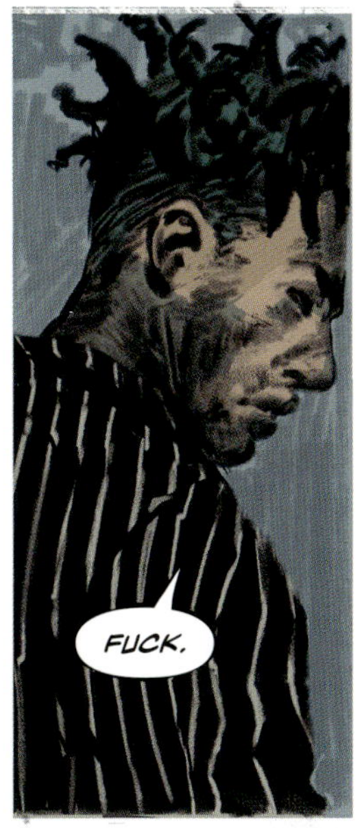
FUCK.

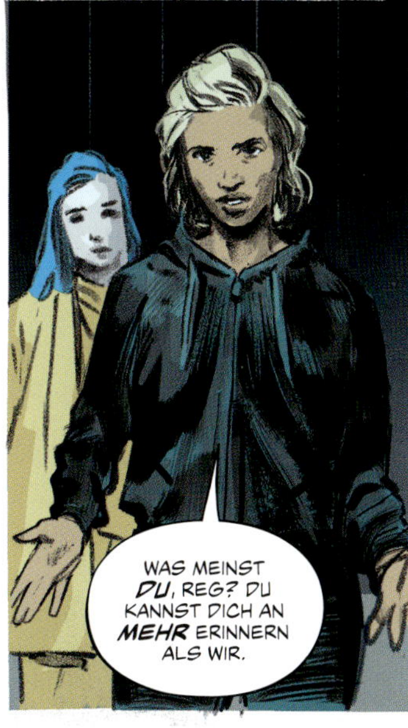
WAS MEINST DU, REG? DU KANNST DICH AN MEHR ERINNERN ALS WIR.

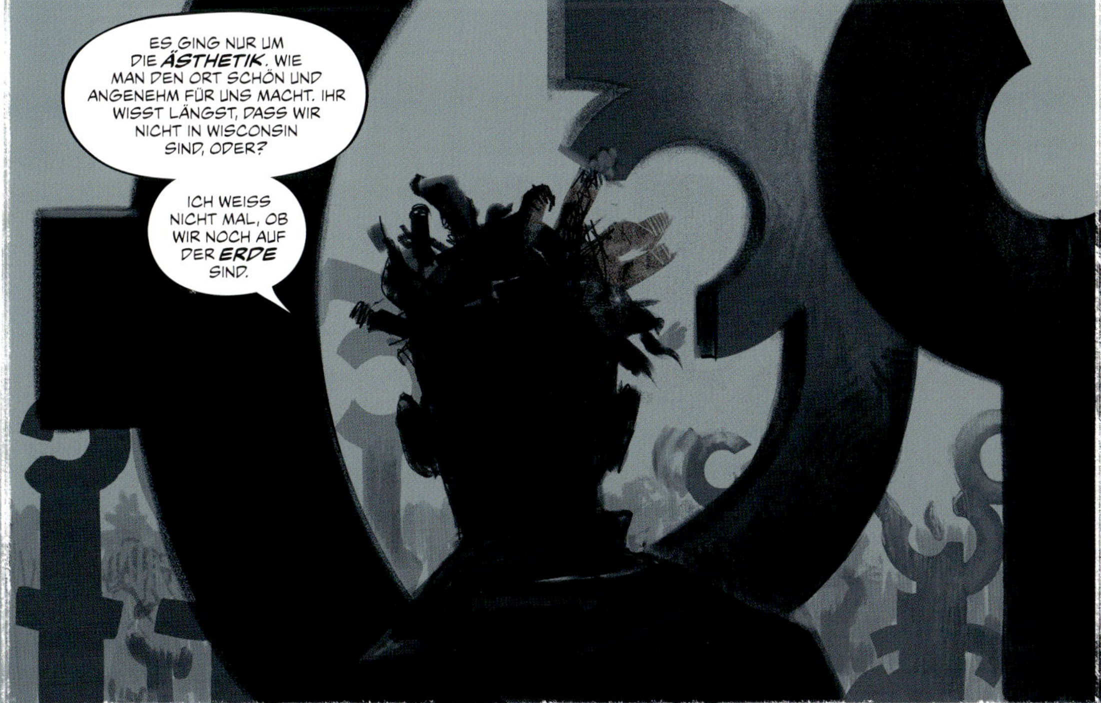
ES GING NUR UM DIE ÄSTHETIK. WIE MAN DEN ORT SCHÖN UND ANGENEHM FÜR UNS MACHT. IHR WISST LÄNGST, DASS WIR NICHT IN WISCONSIN SIND, ODER?
ICH WEISS NICHT MAL, OB WIR NOCH AUF DER ERDE SIND.

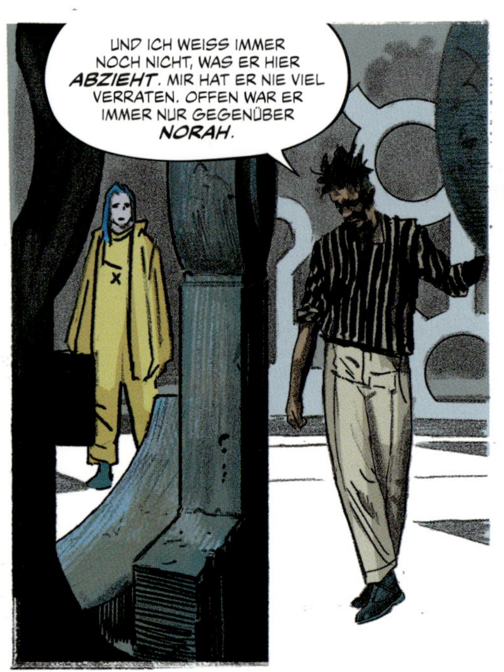
UND ICH WEISS IMMER NOCH NICHT, WAS ER HIER **ABZIEHT**. MIR HAT ER NIE VIEL VERRATEN. OFFEN WAR ER IMMER NUR GEGENÜBER **NORAH**.

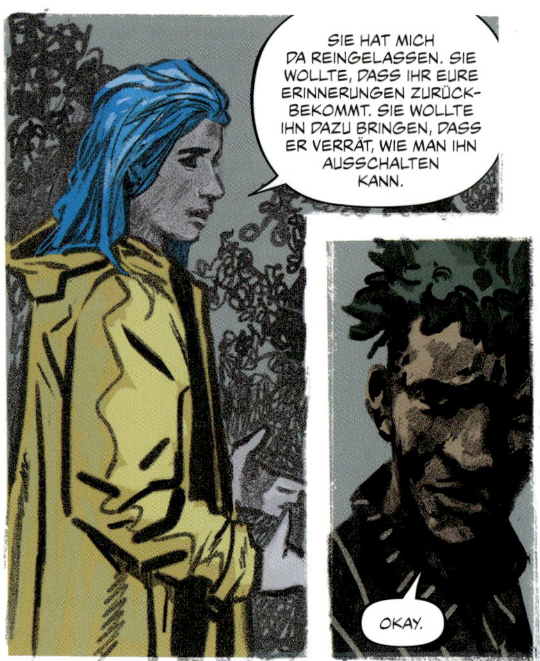
SIE HAT MICH DA REINGELASSEN. SIE WOLLTE, DASS IHR EURE ERINNERUNGEN ZURÜCK-BEKOMMT. SIE WOLLTE IHN DAZU BRINGEN, DASS ER VERRÄT, WIE MAN IHN AUSSCHALTEN KANN.
OKAY.

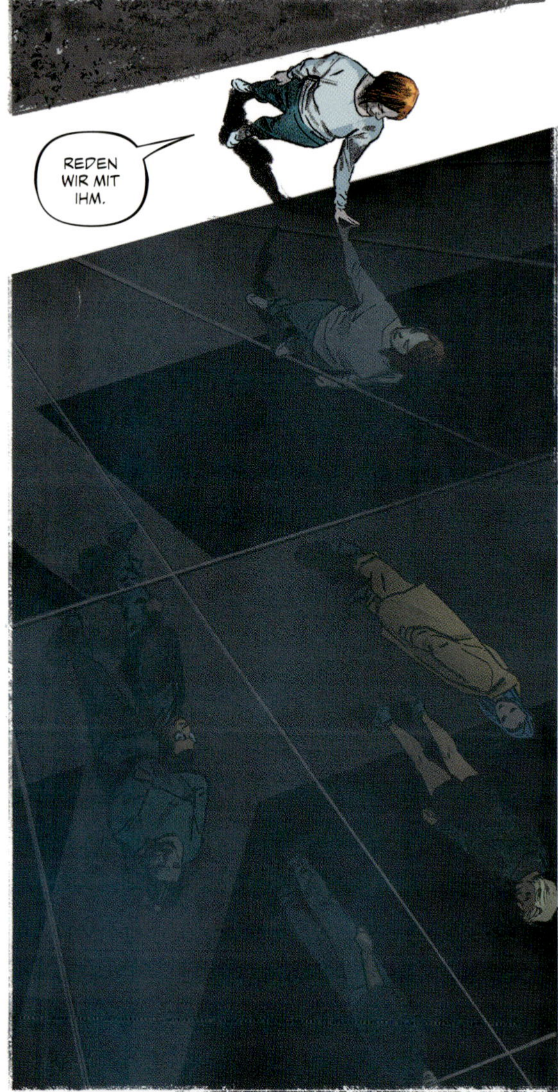
REDEN WIR MIT IHM.

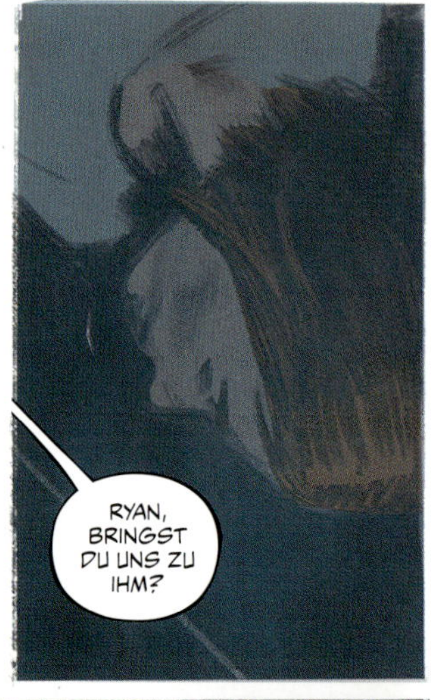
RYAN, BRINGST DU UNS ZU IHM?

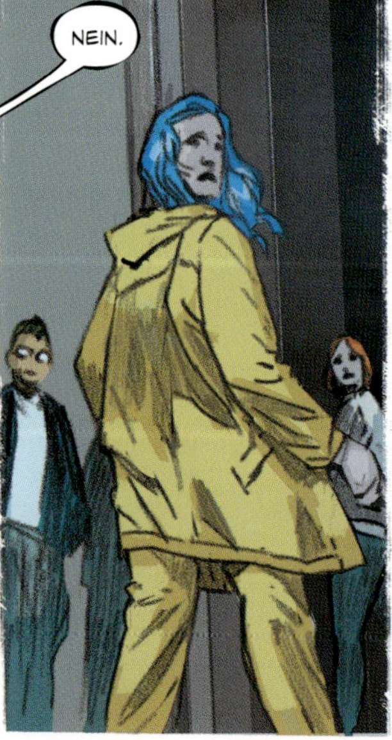
NEIN.

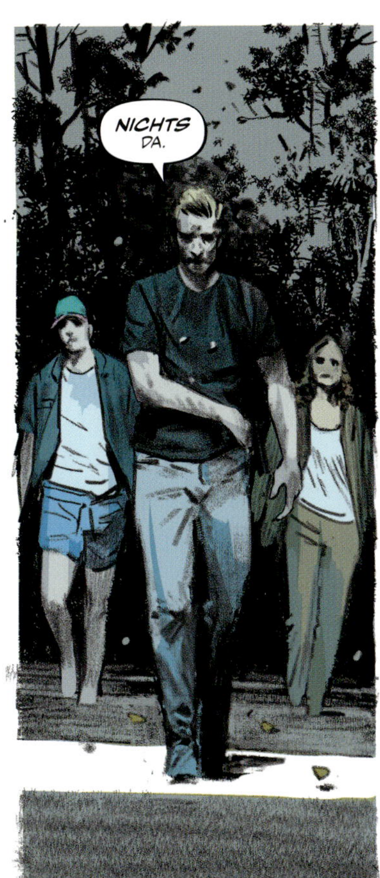
NICHTS DA.

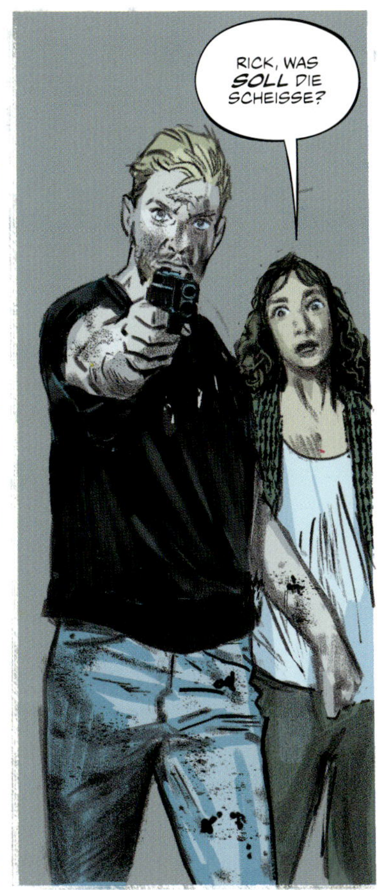
RICK, WAS SOLL DIE SCHEISSE?

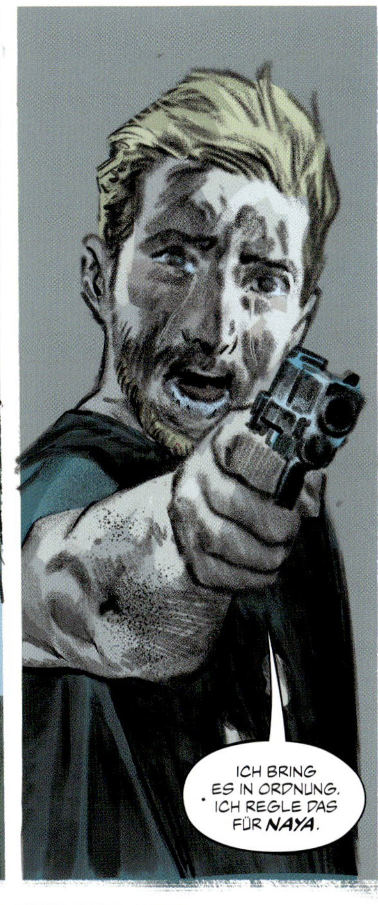
ICH BRING ES IN ORDNUNG. ICH REGLE DAS FÜR NAYA.

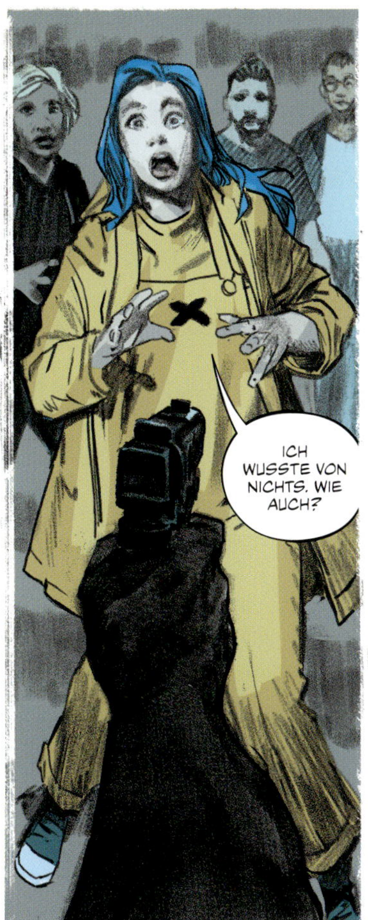
ICH WUSSTE VON NICHTS. WIE AUCH?

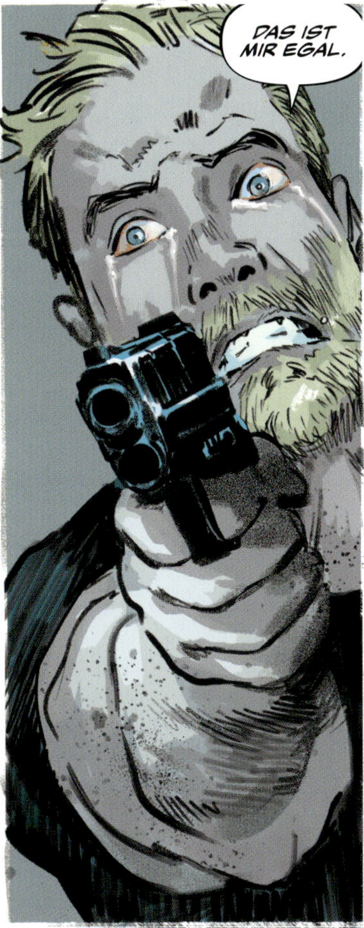
DAS IST MIR EGAL.

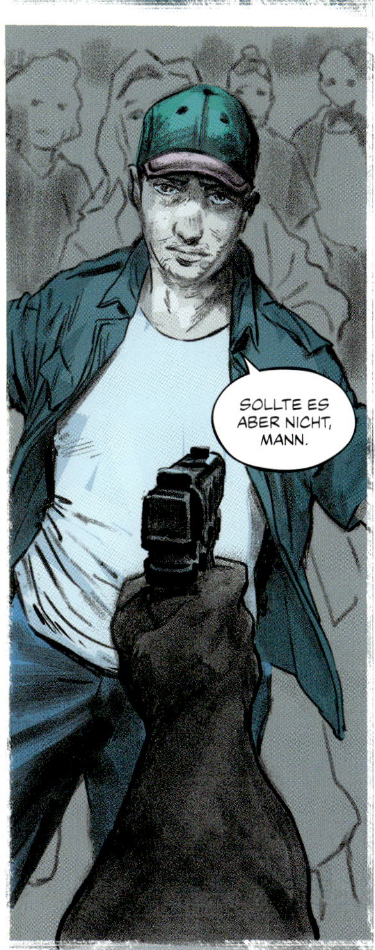
SOLLTE ES ABER NICHT, MANN.

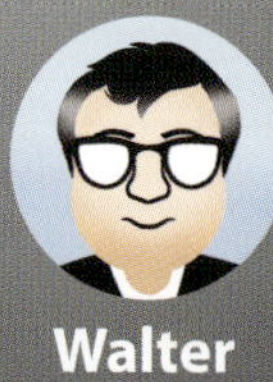

Walter

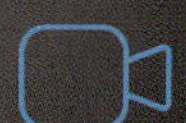

BRO, MEINE FRESSE! DAS HAUS IST TOTAL GENIAL!

Gell?

Du solltest den Typ anmailen, ob wir dauerhaft dort einziehen können

Hahaha

Mal sehen, was ich tun kann.

Das einzige Problem ist der Flug. Ich hab geschaut, was ein Ticket von Kalifornien nach Wisconsin kostet … echt heftig.

Hey, du fehlst mir, Mann. Und ich möchte, dass du kommst. Ich übernehm gern die Kosten für dein Ticket.

Ist das dein Ernst, Alter?

Mach dir keine Gedanken. Ich hab so das Gefühl, dass du nicht der Einzige bist, dem ich unter die Arme greifen muss.

Echt cool von dir

So bin ich halt :)

Nachricht

POSTEINGANG

Ordner | Ansicht | Favoriten | Formatierung | Einstellungen

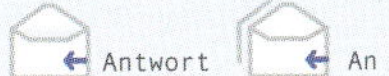
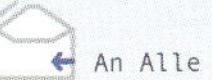
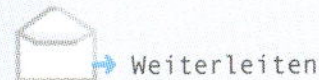

Walter <walter@chariot.org>
Betreff: Kurzer Sommerurlaub

Hey Mann,

meine Bosse werden mich umbringen, aber scheiß drauf. Ich will Bier und Bratwurst am See. Ich nehm an, du hast David eingeladen. Er schreibt mir ständig konfusen Mist und tut so, als ob er ein Geheimnis kennt. Dabei hatten wir vier Jahre keinen Kontakt.

Wollen wir eine Wette abschließen, wer von deinen Schulfreunden als Erstes versucht, ihn zu erwürgen? Vielleicht erwürgen sie ihn sogar gemeinsam. Und wer weiß? Vielleicht mache ich sogar mit.

Wir sollten vor dem ganzen Irrsinn mal was trinken gehen. In ein paar Wochen bin ich in der Stadt. Ich melde mich bei dir.

Liebe Grüße,
Sarah

Der Inhalt dieser E-Mail ist vertraulich und nur für den Empfänger bestimmt. Es ist verboten, Teile dieser Nachricht ohne schriftliche Zustimmung des Absenders weiterzugeben. Die Organisation des Absenders behält sich alle Rechte an den Informationen und dem geistigen Eigentum dieser Nachricht vor und wird Datendiebstahl strafrechtlich verfolgen. Sollten Sie diese Nachricht irrtümlich erhalten haben, wenden Sie sich bitte an den Systemadministrator und löschen sie sie umgehend.

RICK, NAYA, WALTER
+917-555-0178, +917-555-0668, 315-555-0103

WAAH! WALTER! 7:38 Uhr

315-555-0103 -Walter
hahaha

Da hat wohl jemand meine Mail bekommen. 8:17 Uhr

917-555-0668 -Naya
Allerdings, mein Bester! Und wir kommen! Mit Kind und Kegel. 8:18 Uhr

Und Katz und Hund. 8:18 Uhr

315-555-0103 -Walter
So ist es gedacht. 8:18 Uhr

917-555-0668 -Naya
Ich freu mich so. Das Haus sieht unglaublich aus. Was für eine tolle Idee. Danke, dass du das organisiert hast.

Ich suche schon Rezepte für größere Gruppen zusammen. In der Nähe gib es doch einen guten Laden? 8:18 Uhr

315-555-0103 -Walter
Du kriegst alles, was du brauchst. 8:19 Uhr

917-555-0668 -Naya
Wunderbar. 8:19 Uhr

Vielen Dank, Mann. Nett, dass du an uns gedacht hast. 8:20 Uhr

315-555-0103 -Walter
Ich denke immer an euch!!!

Küsschen an alle 8:20 Uhr

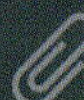

Nachricht schreiben

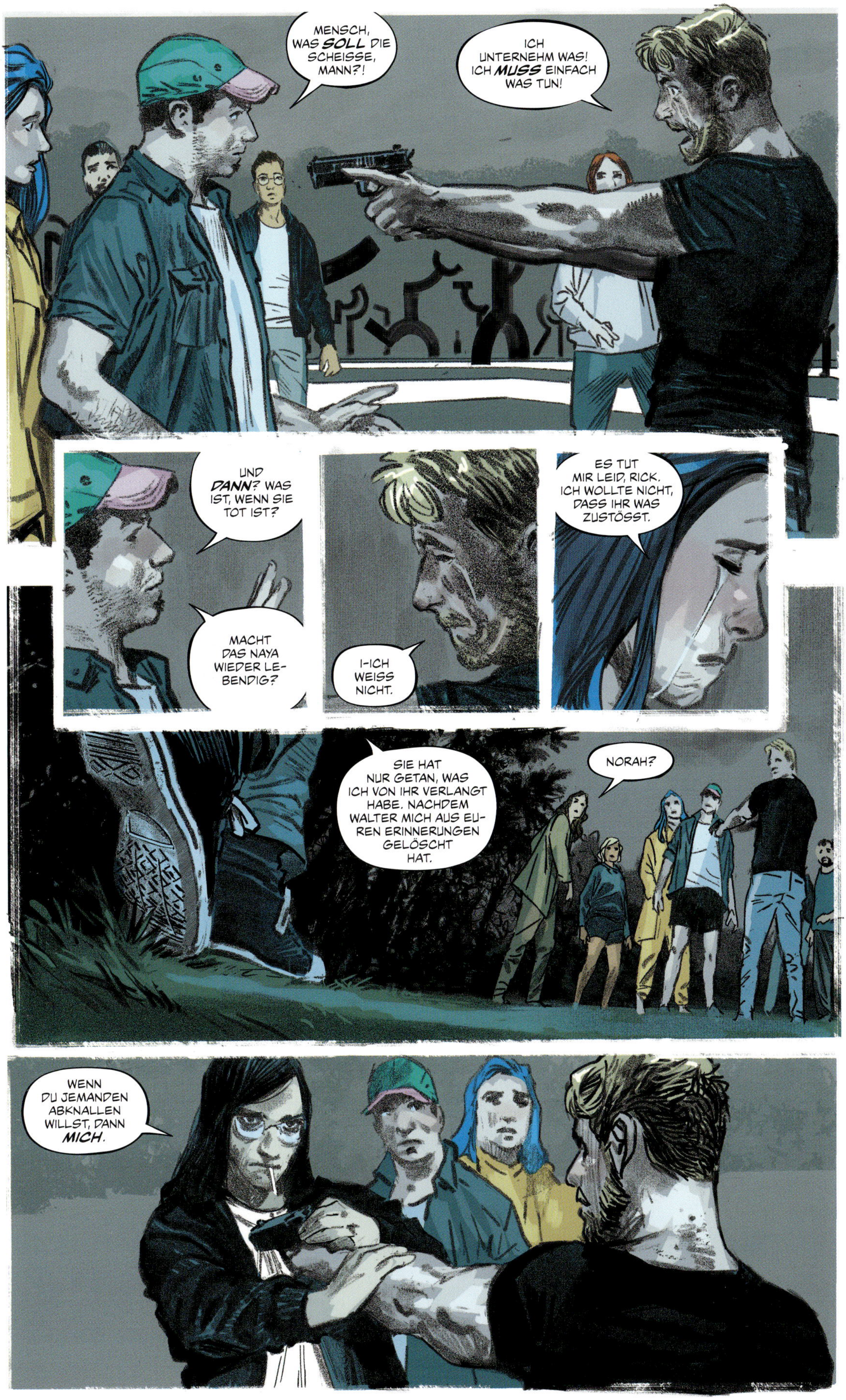

MENSCH, WAS **SOLL** DIE SCHEISSE, MANN?!

ICH UNTERNEHM WAS! ICH **MUSS** EINFACH WAS TUN!

UND **DANN**? WAS IST, WENN SIE TOT IST?

MACHT DAS NAYA WIEDER LEBENDIG?

I-ICH WEISS NICHT.

ES TUT MIR LEID, RICK. ICH WOLLTE NICHT, DASS IHR WAS ZUSTÖSST.

SIE HAT NUR GETAN, WAS ICH VON IHR VERLANGT HABE. NACHDEM WALTER MICH AUS EUREN ERINNERUNGEN GELÖSCHT HAT.

NORAH?

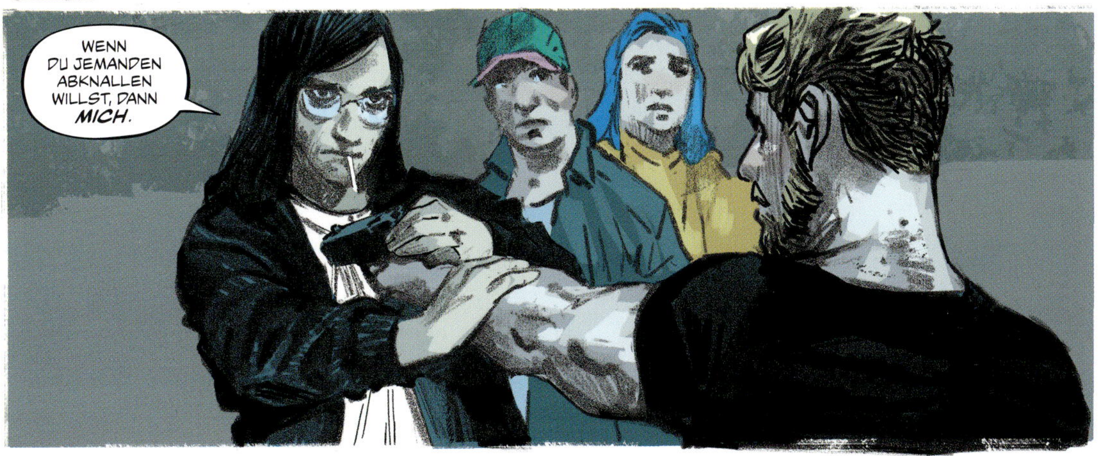

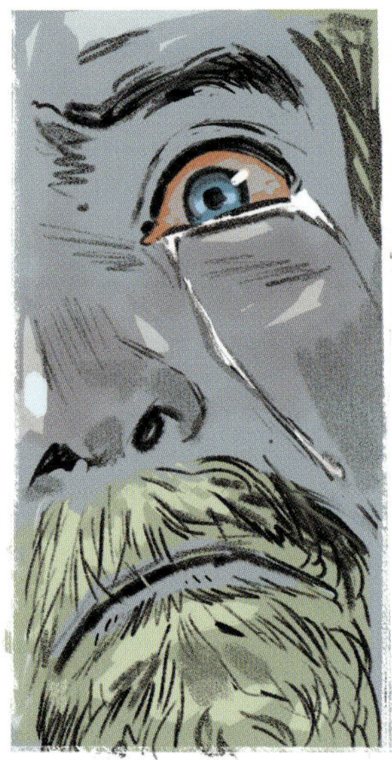

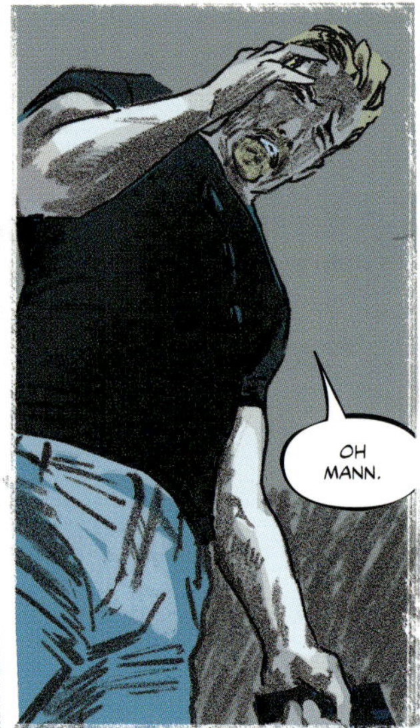
OH
MANN.

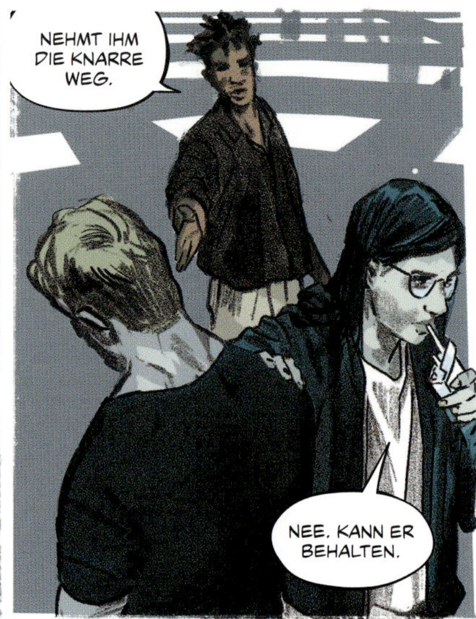
NEHMT IHM DIE KNARRE WEG.
NEE. KANN ER BEHALTEN.

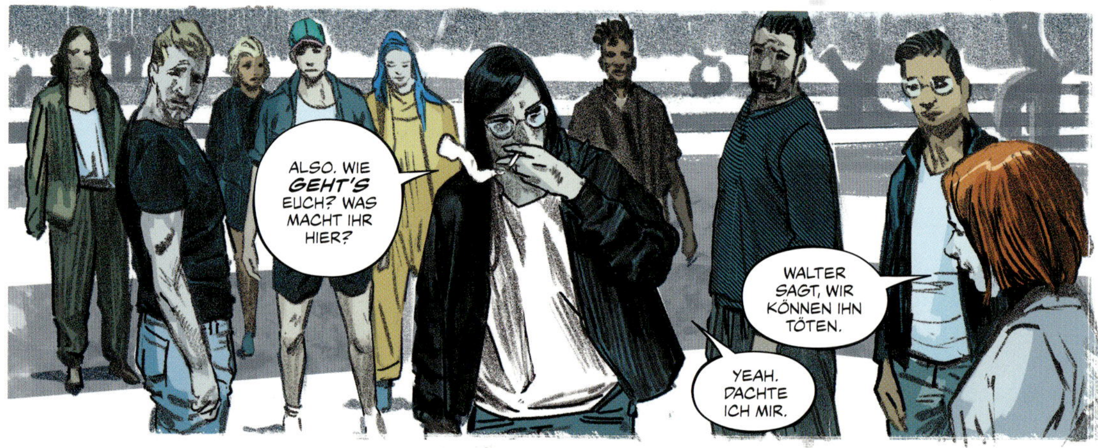
ALSO. WIE **GEHT'S** EUCH? WAS MACHT IHR HIER?
WALTER SAGT, WIR KÖNNEN IHN TÖTEN.
YEAH. DACHTE ICH MIR.

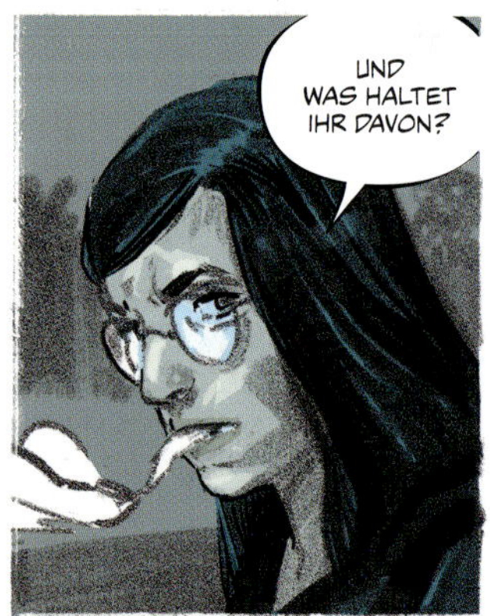
UND WAS HALTET IHR DAVON?

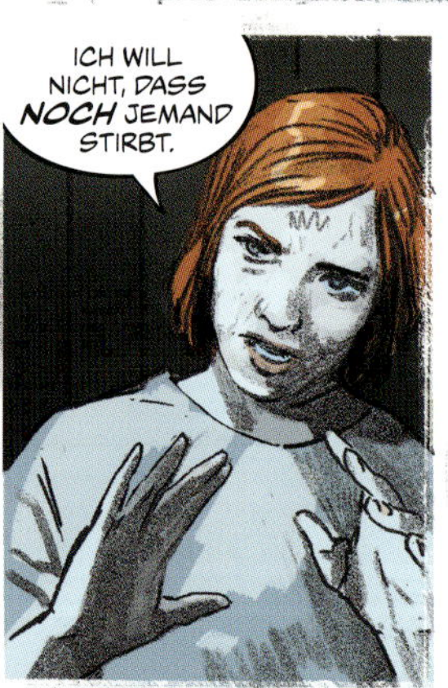
ICH WILL NICHT, DASS **NOCH** JEMAND STIRBT.

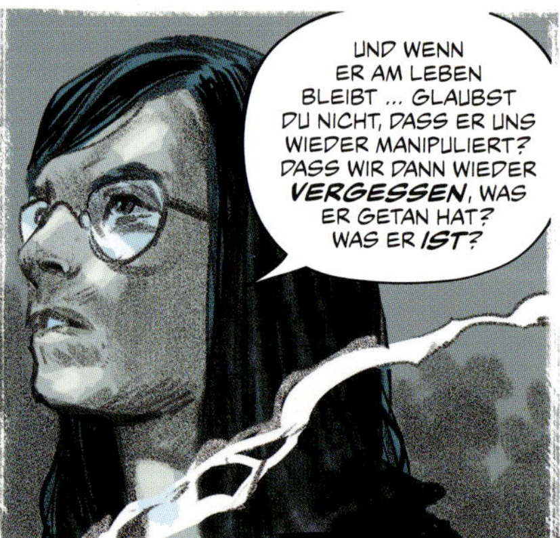
UND WENN ER AM LEBEN BLEIBT ... GLAUBST DU NICHT, DASS ER UNS WIEDER MANIPULIERT? DASS WIR DANN WIEDER **VERGESSEN**, WAS ER GETAN HAT? WAS ER ***IST***?

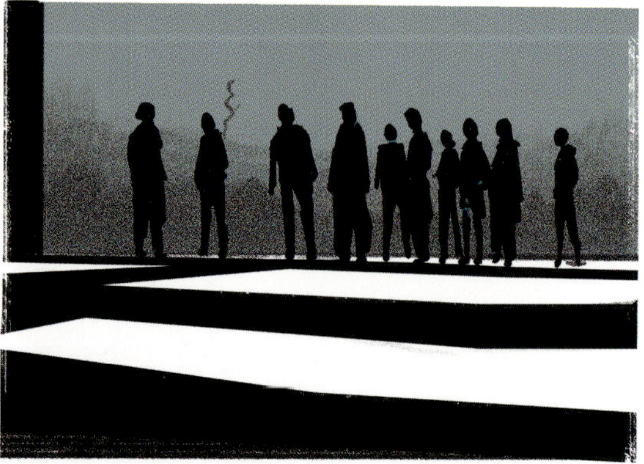

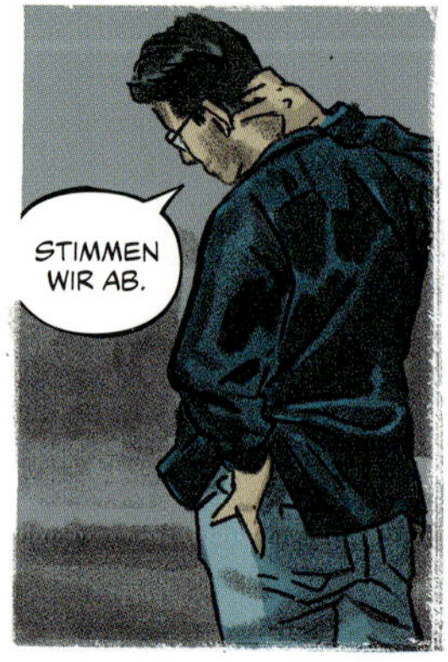
STIMMEN WIR AB.

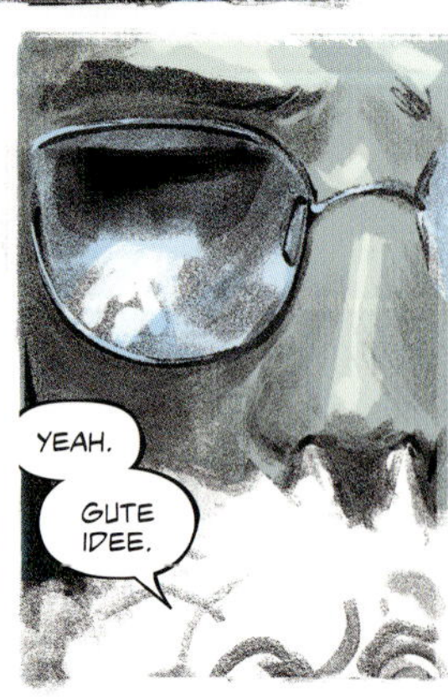
YEAH.
GUTE IDEE.

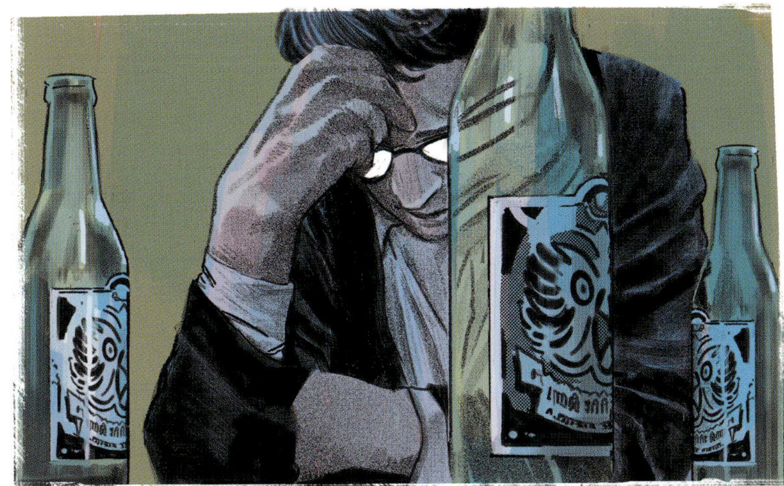

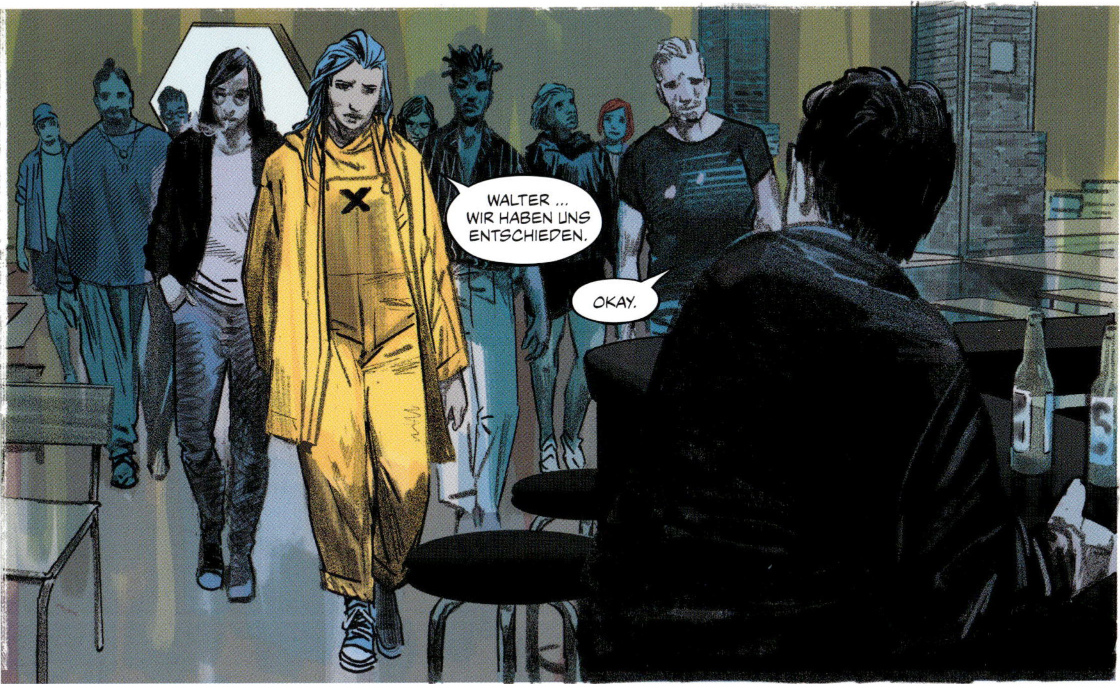
WALTER ... WIR HABEN UNS ENTSCHIEDEN.
OKAY.

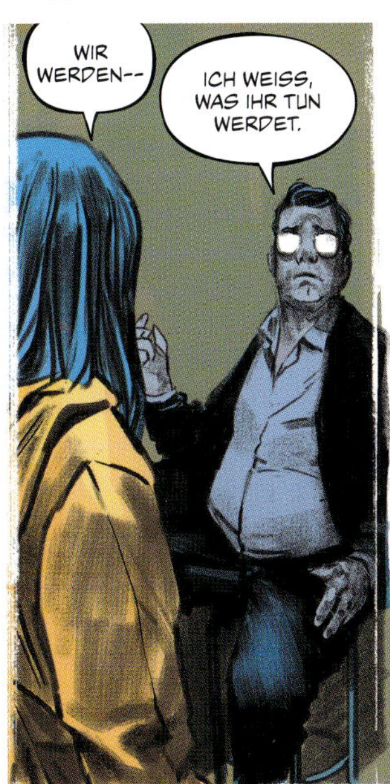
WIR WERDEN--
ICH WEISS, WAS IHR TUN WERDET.

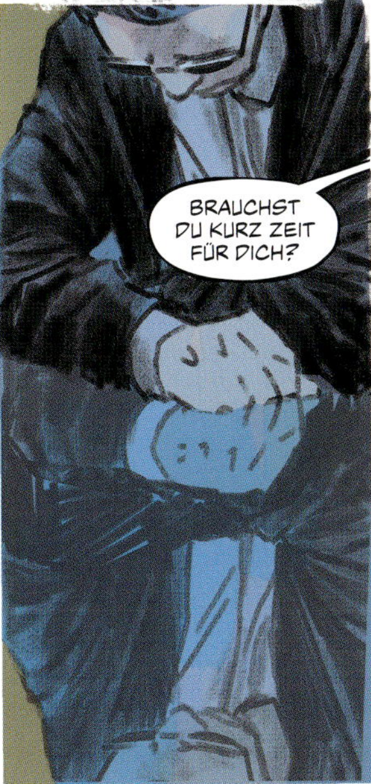
BRAUCHST DU KURZ ZEIT FÜR DICH?

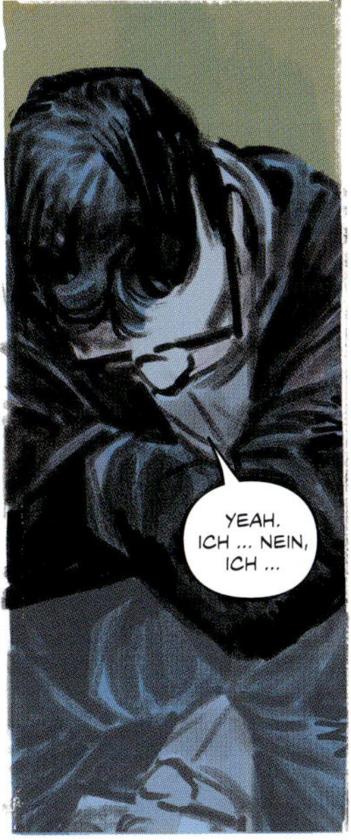
YEAH. ICH ... NEIN, ICH ...

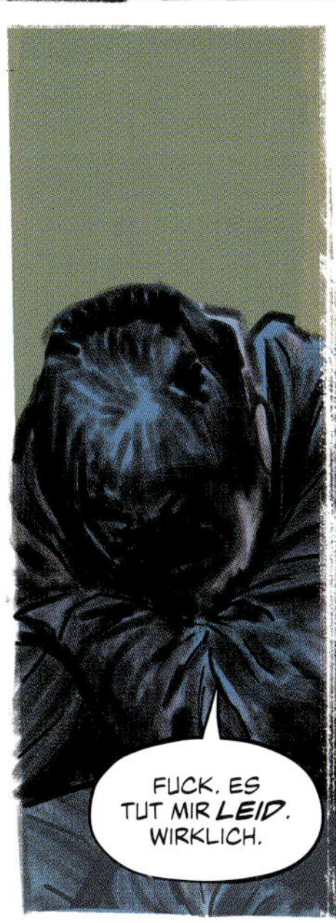
FUCK. ES TUT MIR LEID. WIRKLICH.

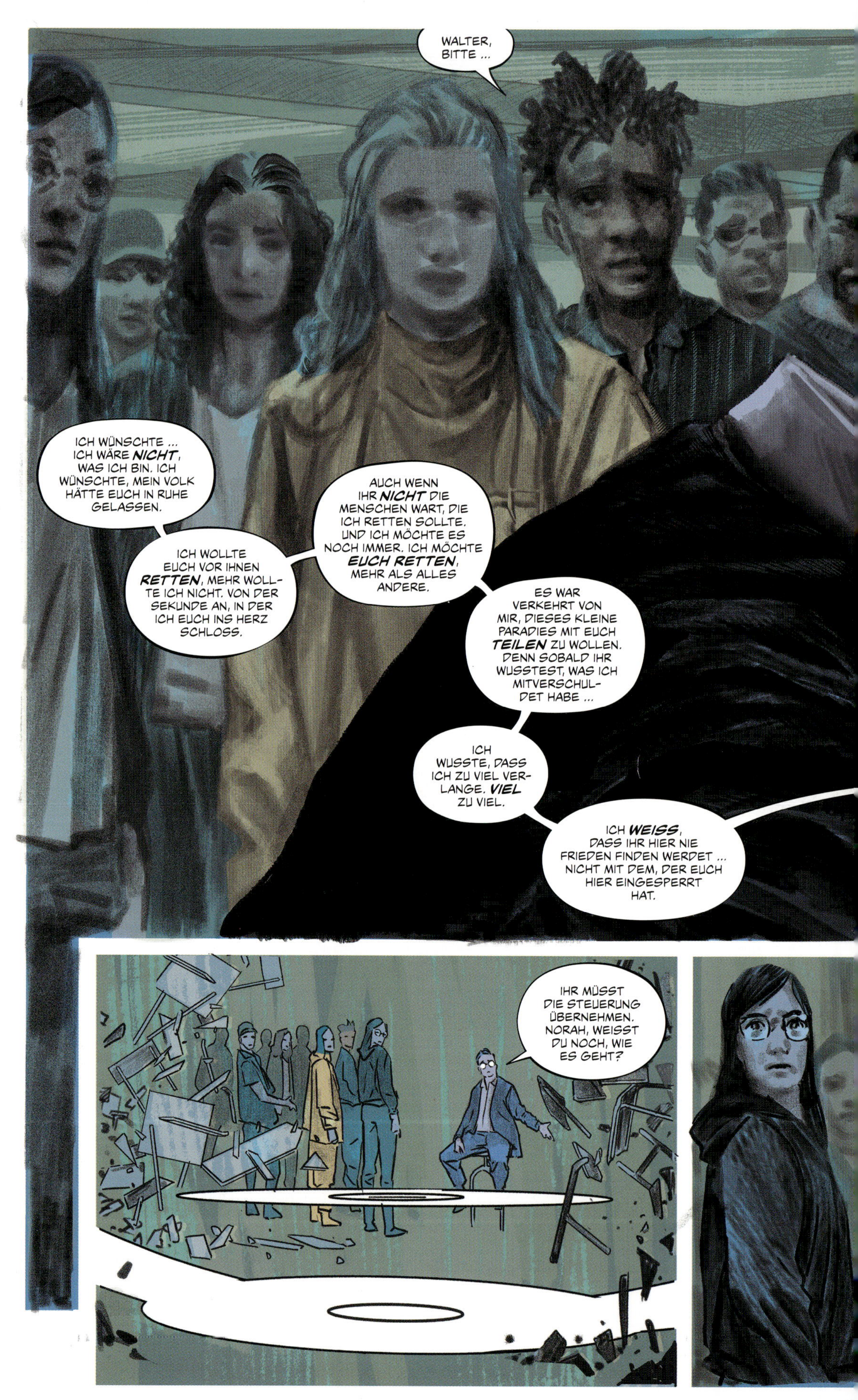
WALTER, BITTE ...
ICH WÜNSCHTE ... ICH WÄRE NICHT, WAS ICH BIN. ICH WÜNSCHTE, MEIN VOLK HÄTTE EUCH IN RUHE GELASSEN.
ICH WOLLTE EUCH VOR IHNEN RETTEN, MEHR WOLLTE ICH NICHT. VON DER SEKUNDE AN, IN DER ICH EUCH INS HERZ SCHLOSS.
AUCH WENN IHR NICHT DIE MENSCHEN WART, DIE ICH RETTEN SOLLTE. UND ICH MÖCHTE ES NOCH IMMER. ICH MÖCHTE EUCH RETTEN, MEHR ALS ALLES ANDERE.
ES WAR VERKEHRT VON MIR, DIESES KLEINE PARADIES MIT EUCH TEILEN ZU WOLLEN. DENN SOBALD IHR WUSSTEST, WAS ICH MITVERSCHULDET HABE ...
ICH WUSSTE, DASS ICH ZU VIEL VERLANGE. VIEL ZU VIEL.
ICH WEISS, DASS IHR HIER NIE FRIEDEN FINDEN WERDET ... NICHT MIT DEM, DER EUCH HIER EINGESPERRT HAT.
IHR MÜSST DIE STEUERUNG ÜBERNEHMEN. NORAH, WEISST DU NOCH, WIE ES GEHT?

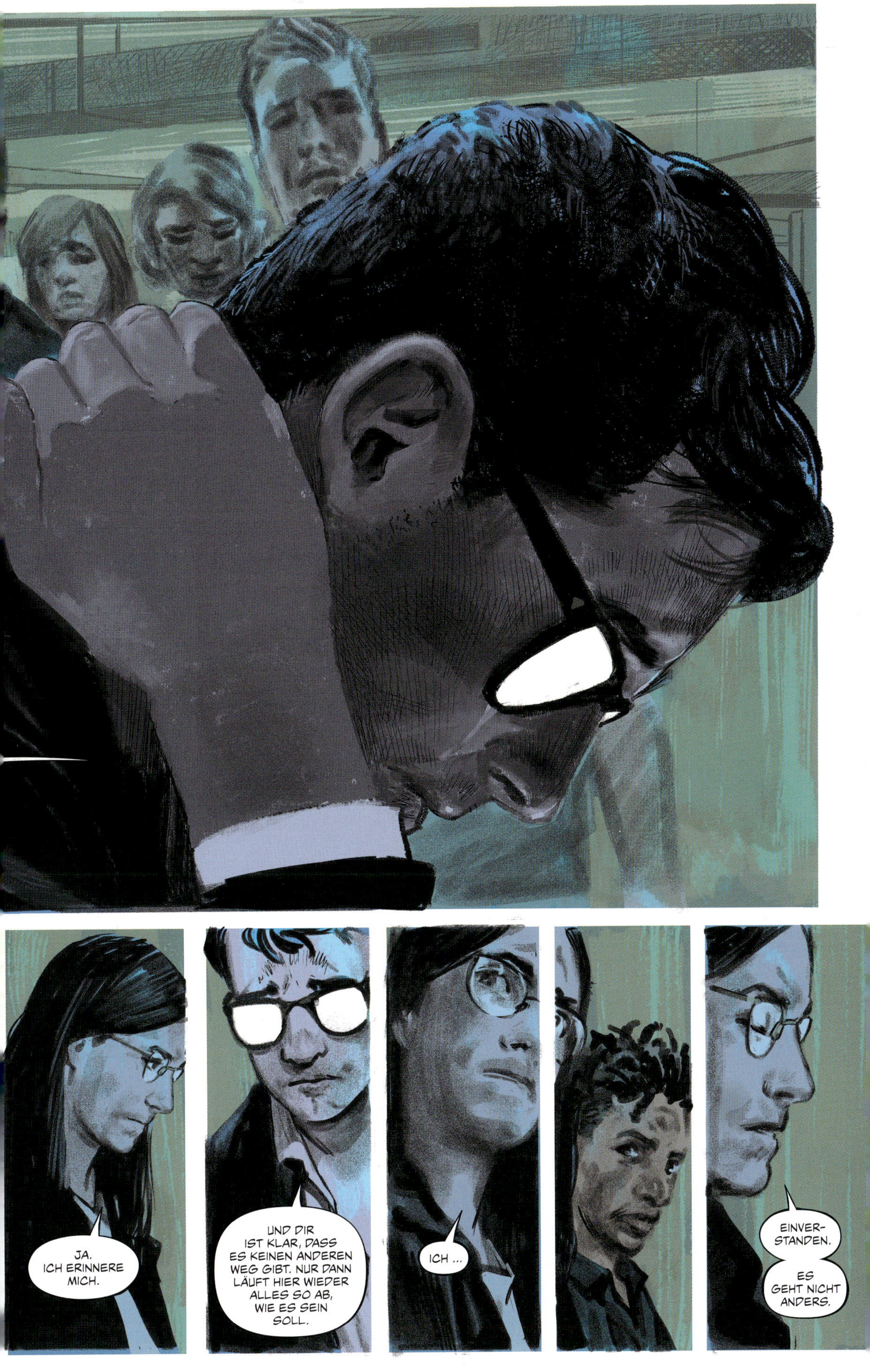

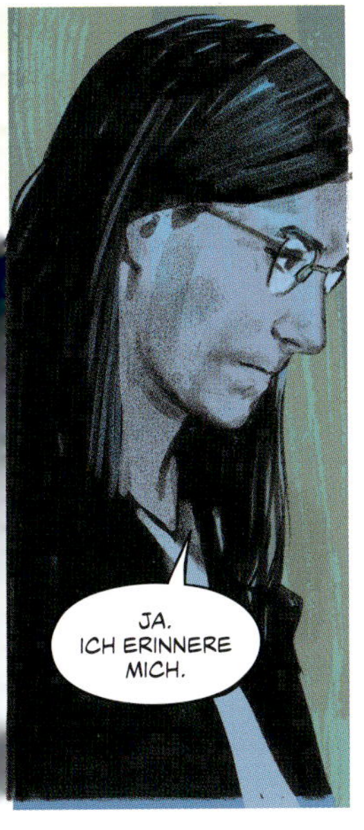
JA. ICH ERINNERE MICH.

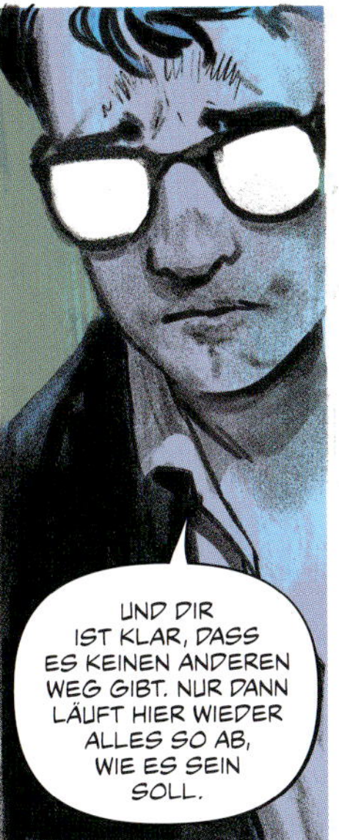
UND DIR IST KLAR, DASS ES KEINEN ANDEREN WEG GIBT. NUR DANN LÄUFT HIER WIEDER ALLES SO AB, WIE ES SEIN SOLL.

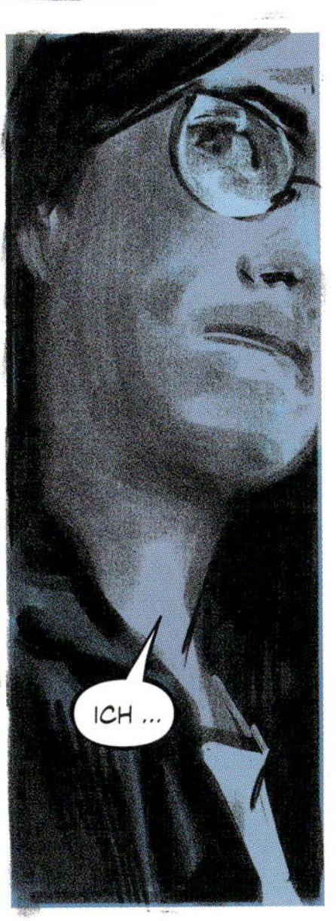
ICH ...

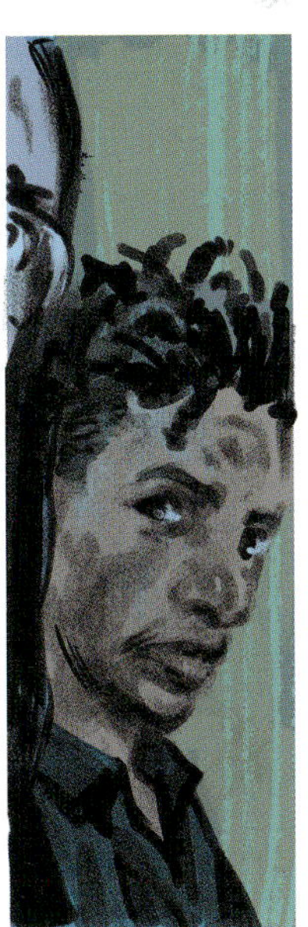

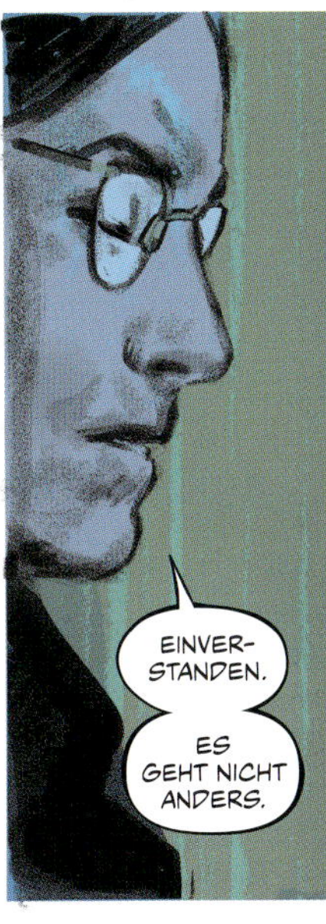
EINVER-STANDEN.
ES GEHT NICHT ANDERS.

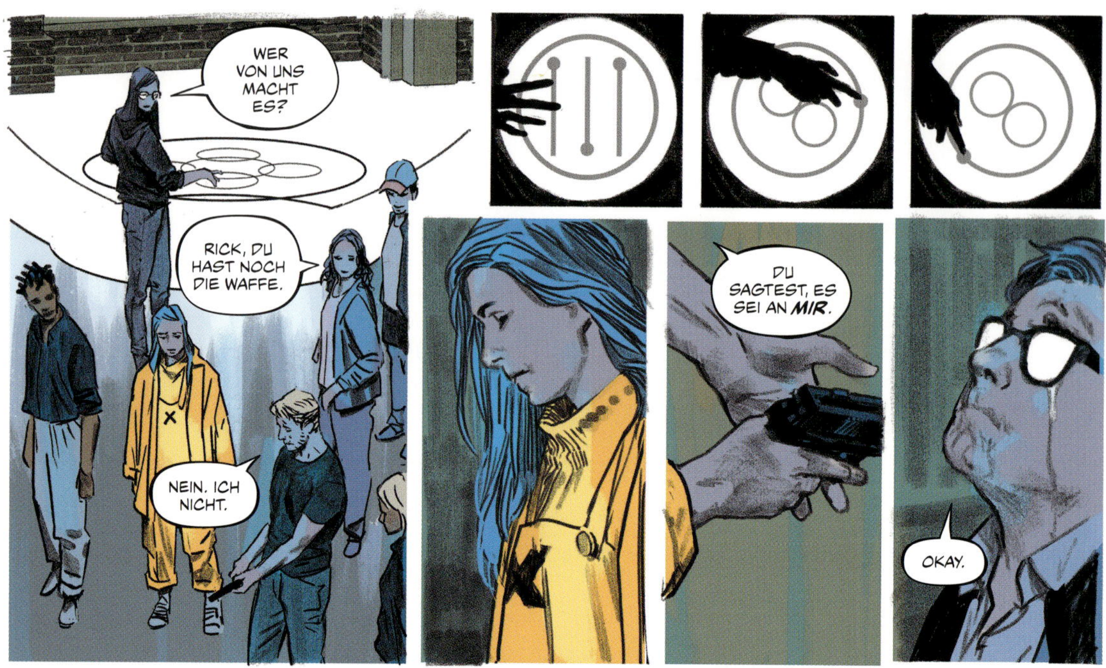
WER VON UNS MACHT ES?
RICK, DU HAST NOCH DIE WAFFE.
NEIN. ICH NICHT.
DU SAGTEST, ES SEI AN **MIR**.
OKAY.

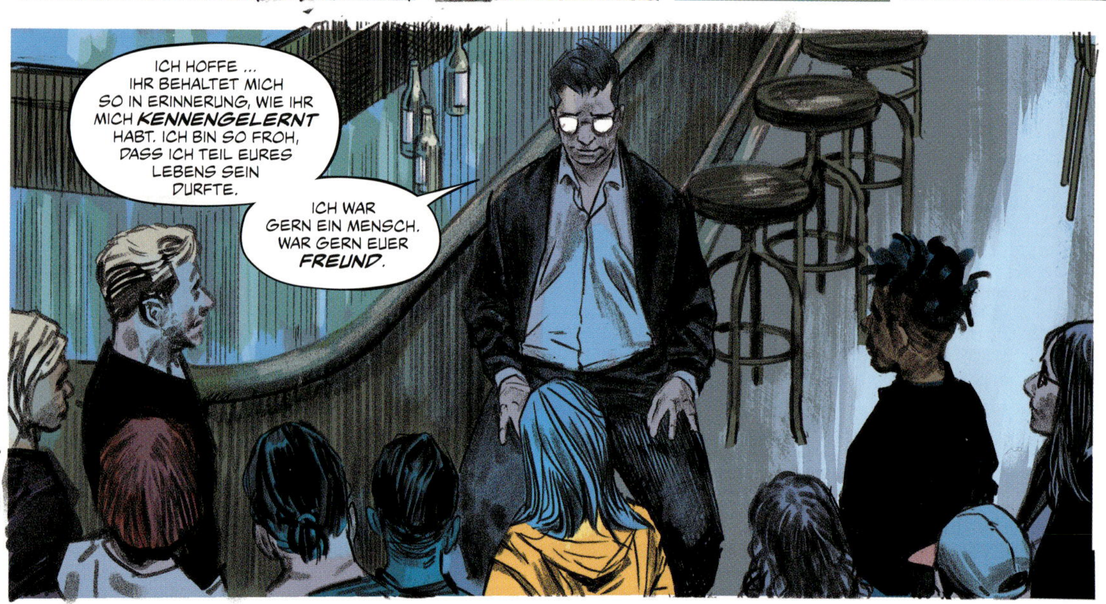
ICH HOFFE ... IHR BEHALTET MICH SO IN ERINNERUNG, WIE IHR MICH **KENNENGELERNT** HABT. ICH BIN SO FROH, DASS ICH TEIL EURES LEBENS SEIN DURFTE.
ICH WAR GERN EIN MENSCH. WAR GERN EUER **FREUND**.

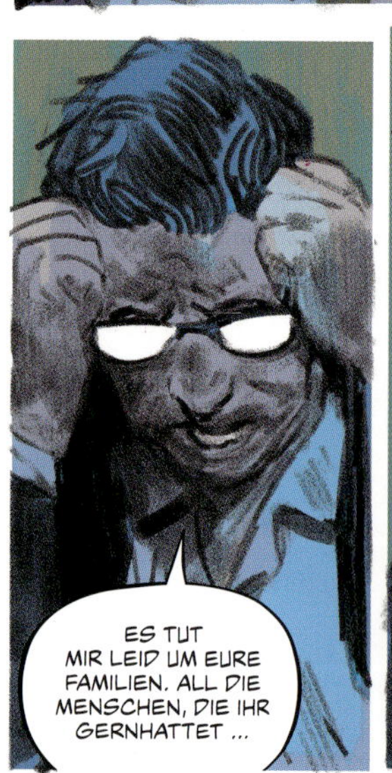
ES TUT MIR LEID UM EURE FAMILIEN. ALL DIE MENSCHEN, DIE IHR GERNHATTET ...

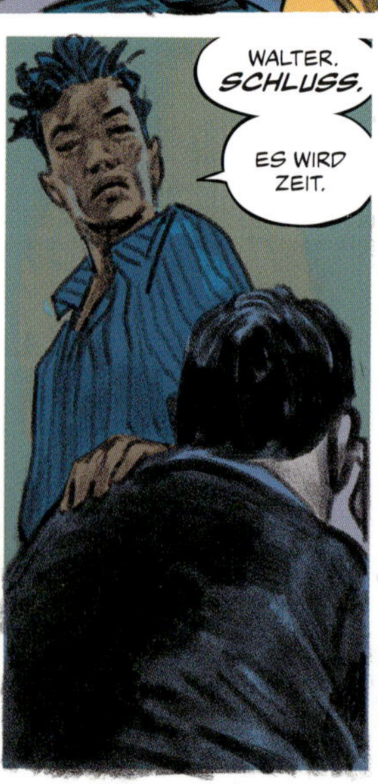
WALTER. **SCHLUSS.**
ES WIRD ZEIT.

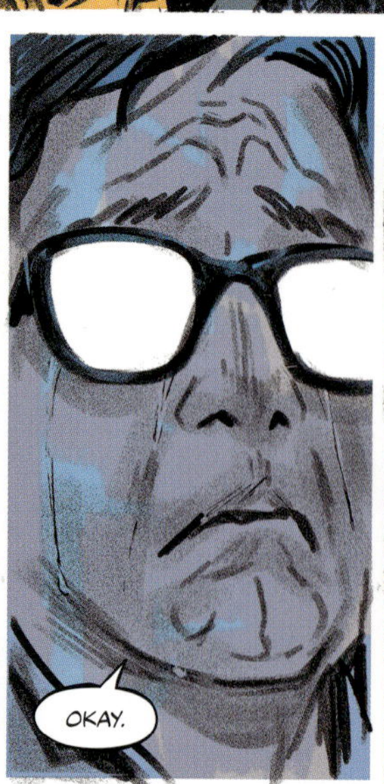
OKAY.

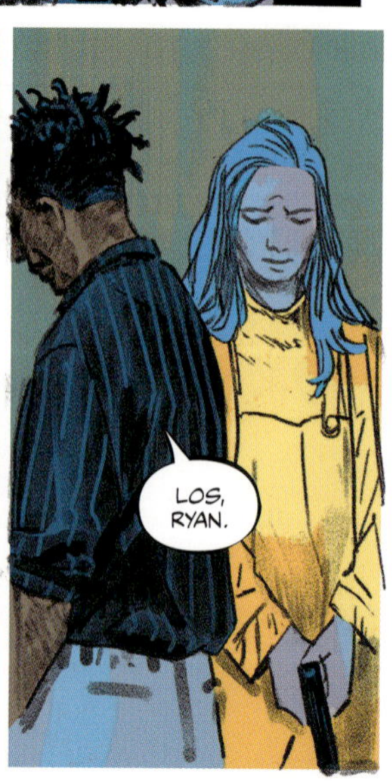
LOS, RYAN.

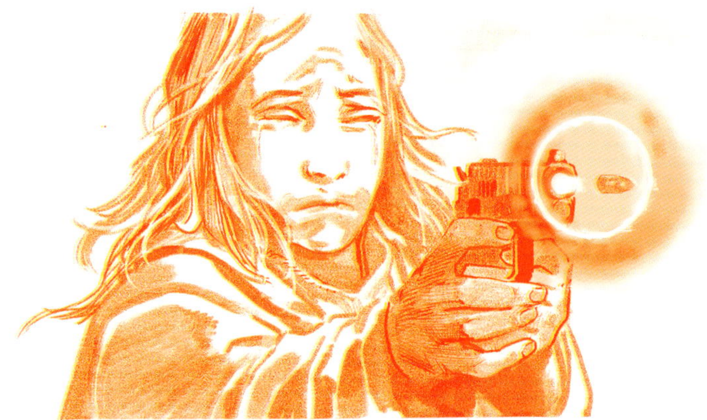

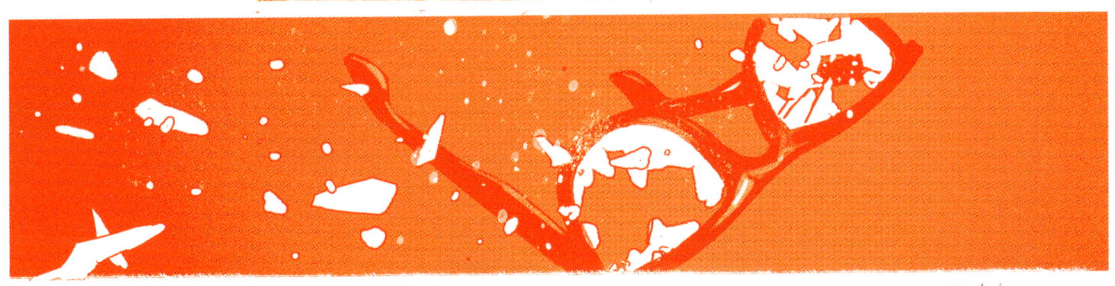

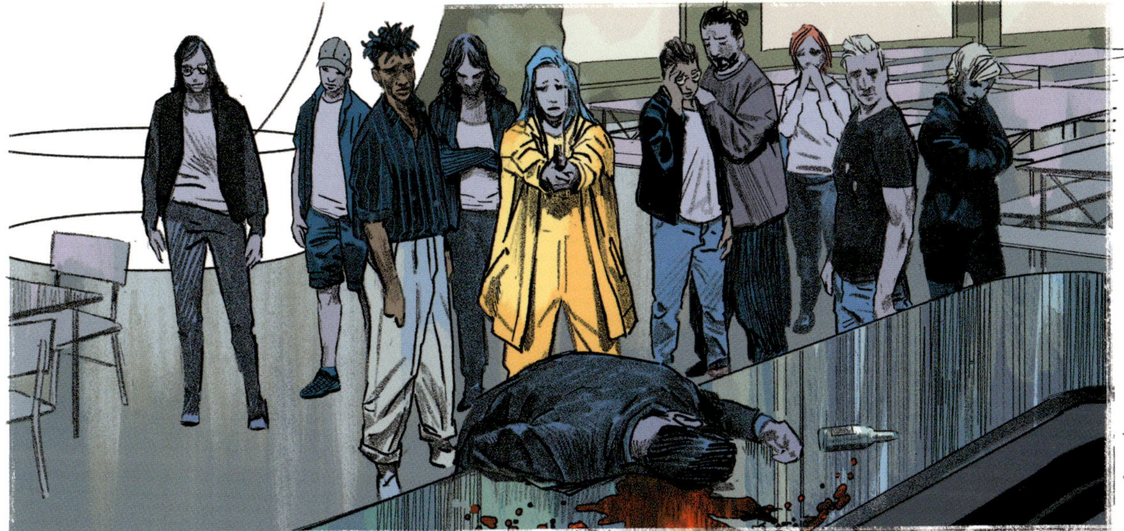

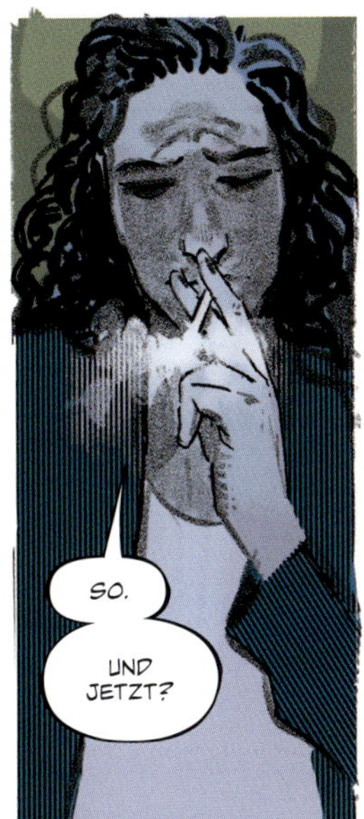
SO.
UND JETZT?

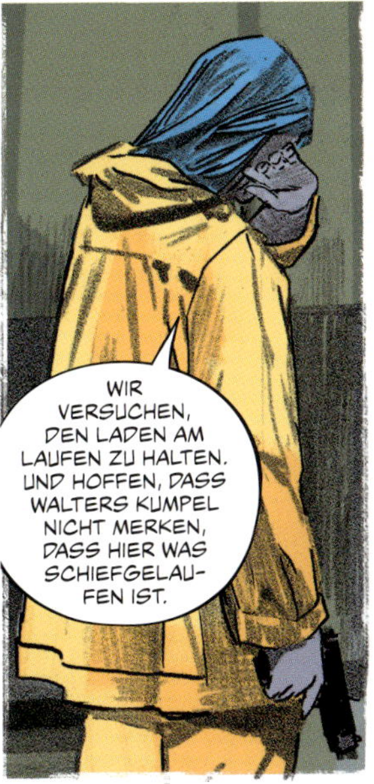
WIR VERSUCHEN, DEN LADEN AM LAUFEN ZU HALTEN. UND HOFFEN, DASS WALTERS KUMPEL NICHT MERKEN, DASS HIER WAS SCHIEFGELAUFEN IST.

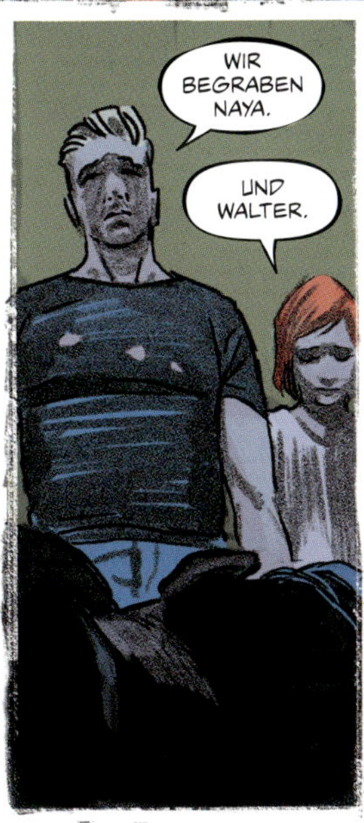
WIR BEGRABEN NAYA.
UND WALTER.

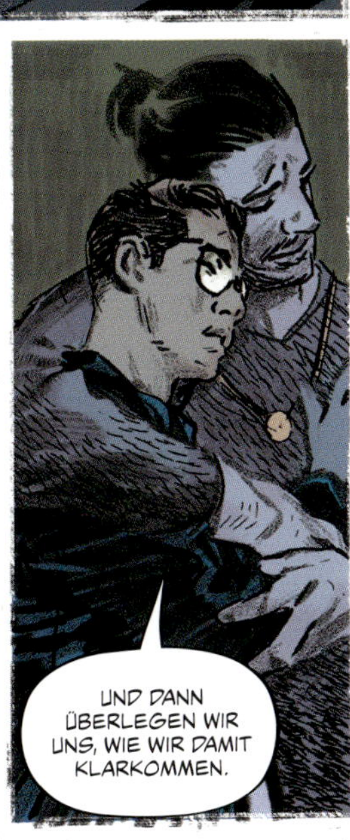
UND DANN ÜBERLEGEN WIR UNS, WIE WIR DAMIT KLARKOMMEN.

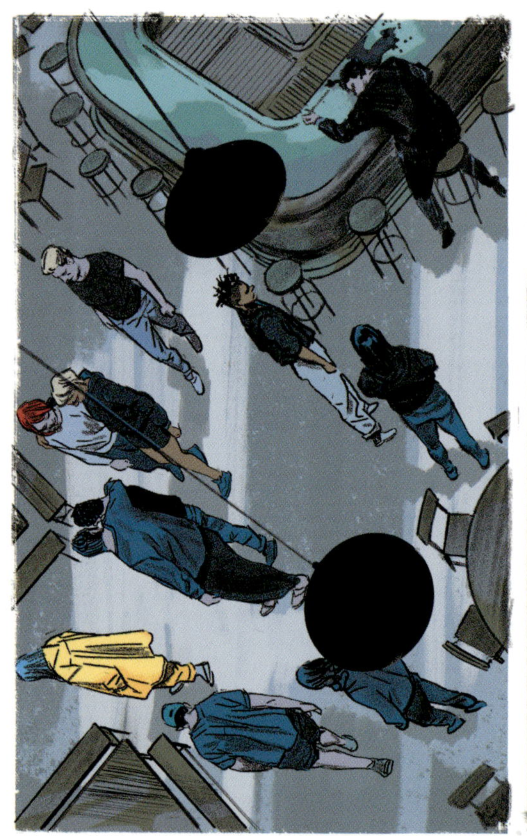
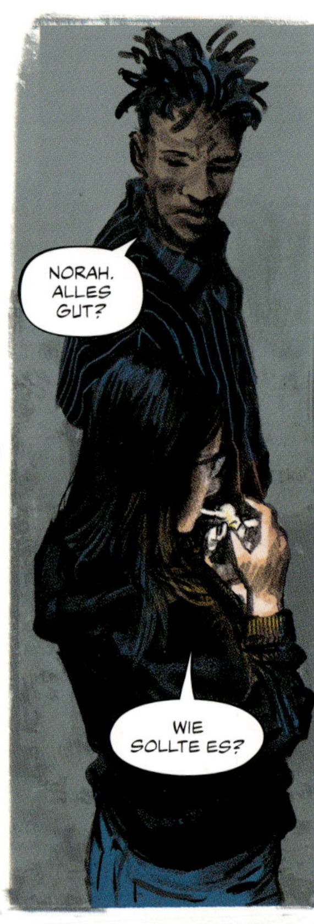
NORAH. ALLES GUT?
WIE SOLLTE ES?
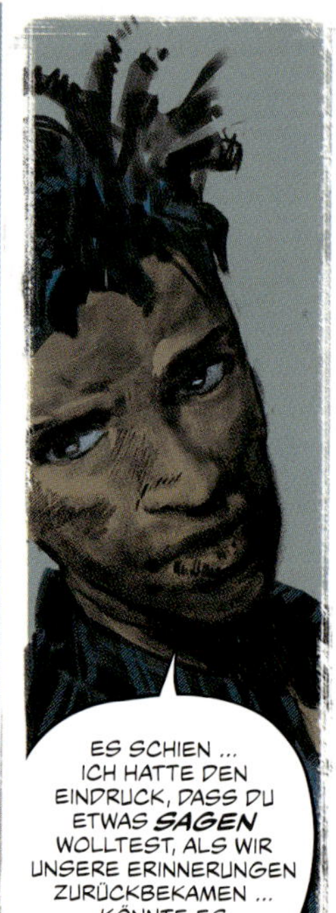
ES SCHIEN ... ICH HATTE DEN EINDRUCK, DASS DU ETWAS **SAGEN** WOLLTEST, ALS WIR UNSERE ERINNERUNGEN ZURÜCKBEKAMEN ... KÖNNTE ES SEIN, DASS ...
... DIR PLÖTZLICH WAS **WICHTIGES** EINFIEL?
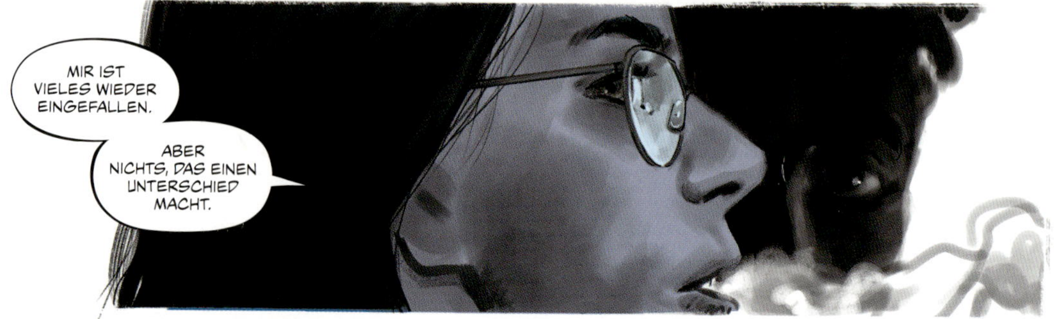
MIR IST VIELES WIEDER EINGEFALLEN.
ABER NICHTS, DAS EINEN UNTERSCHIED MACHT.
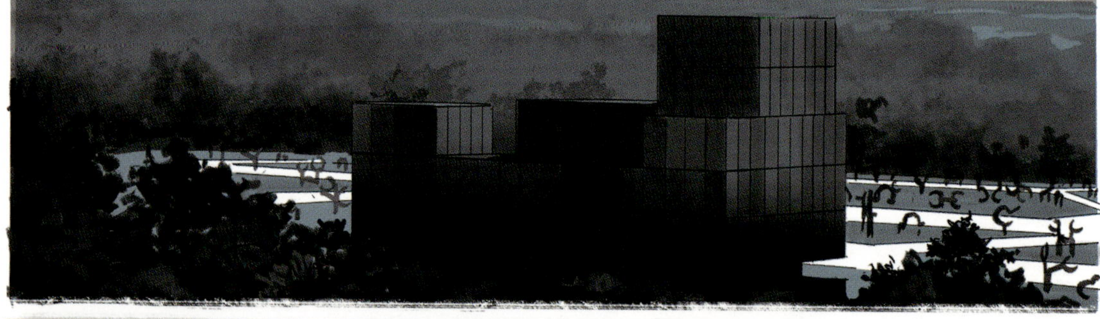
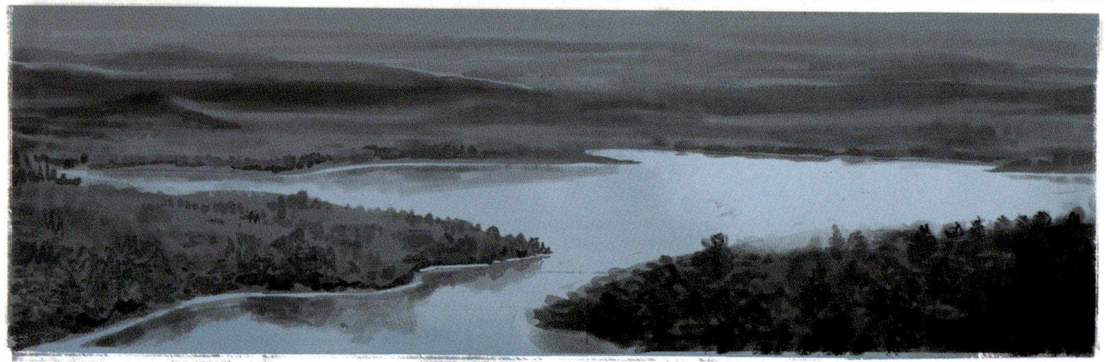

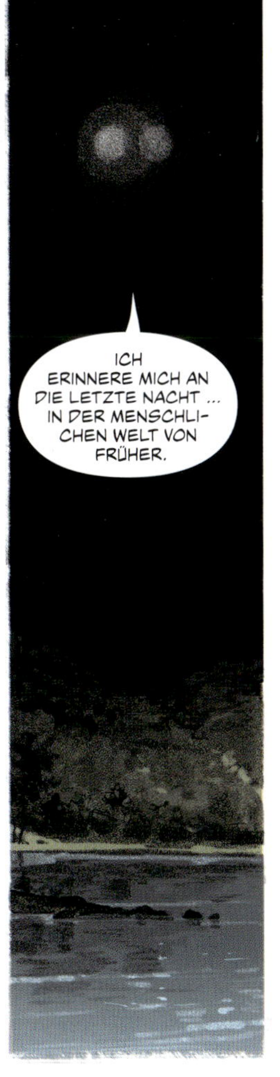
ICH ERINNERE MICH AN DIE LETZTE NACHT ... IN DER MENSCHLICHEN WELT VON FRÜHER.

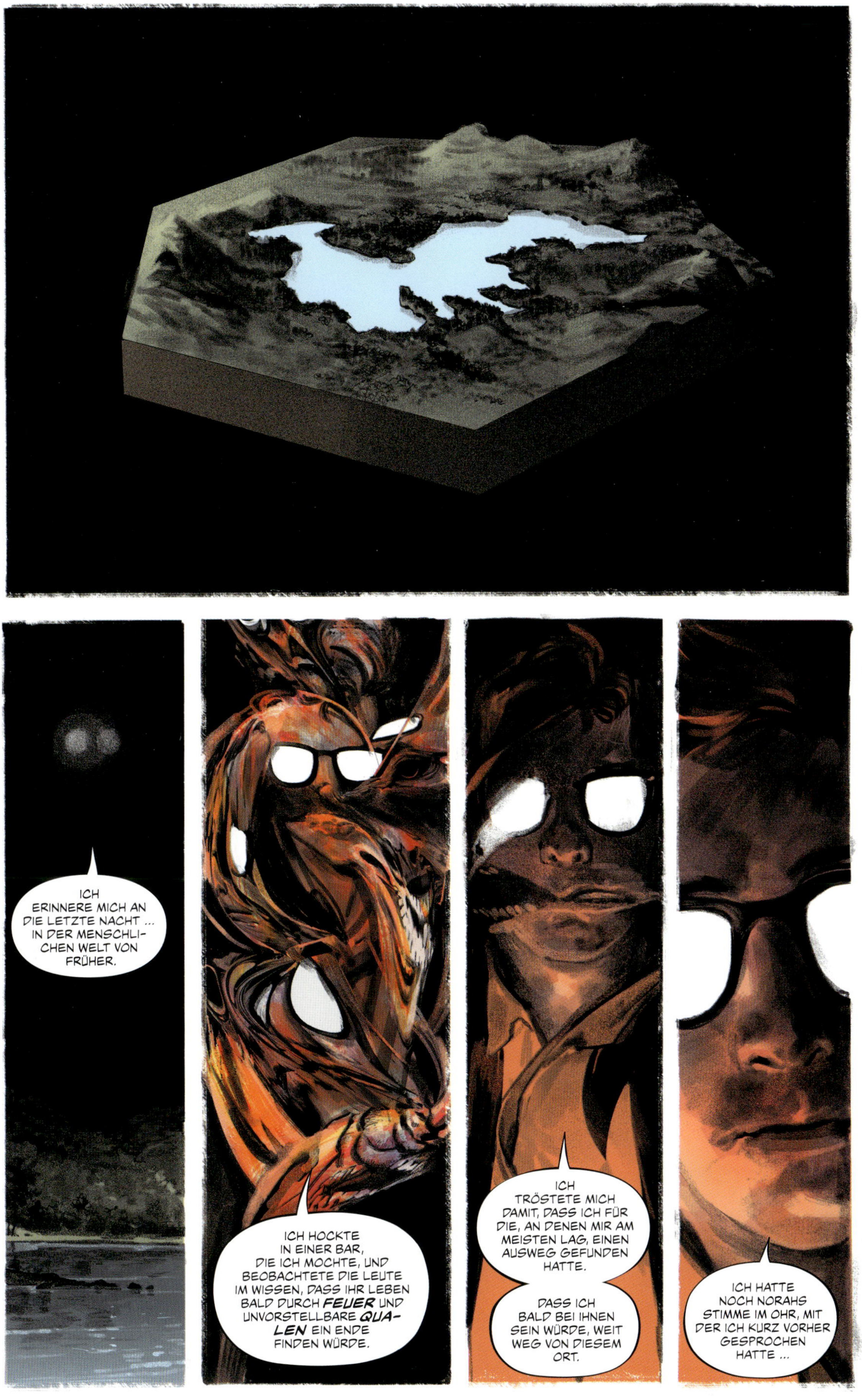

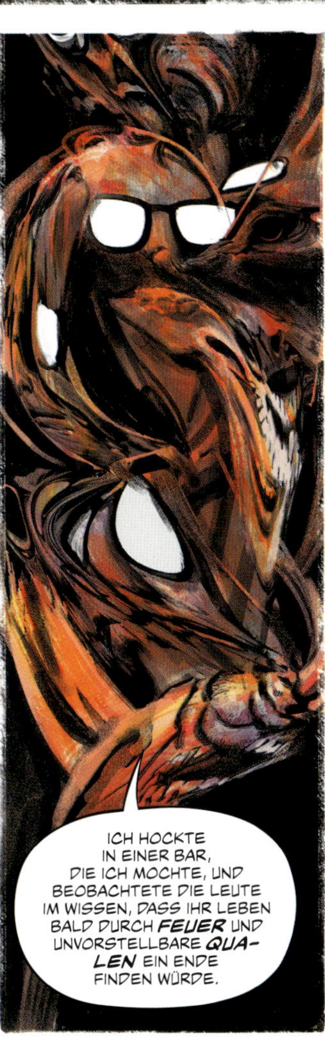
ICH HOCKTE IN EINER BAR, DIE ICH MOCHTE, UND BEOBACHTETE DIE LEUTE IM WISSEN, DASS IHR LEBEN BALD DURCH **FEUER** UND UNVORSTELLBARE **QUALEN** EIN ENDE FINDEN WÜRDE.

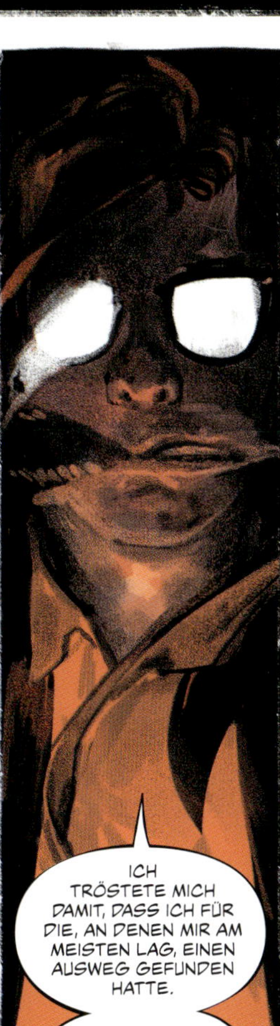
ICH TRÖSTETE MICH DAMIT, DASS ICH FÜR DIE, AN DENEN MIR AM MEISTEN LAG, EINEN AUSWEG GEFUNDEN HATTE.

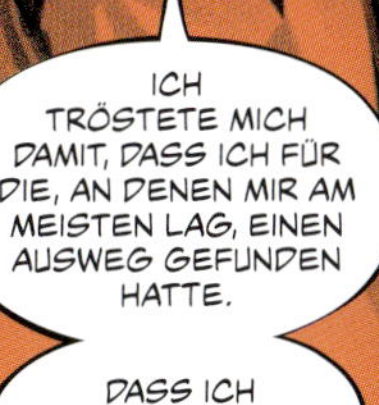
DASS ICH BALD BEI IHNEN SEIN WÜRDE, WEIT WEG VON DIESEM ORT.

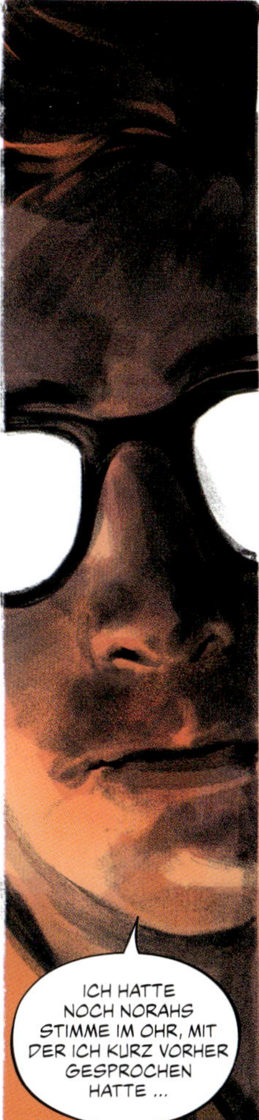
ICH HATTE NOCH NORAHS STIMME IM OHR, MIT DER ICH KURZ VORHER GESPROCHEN HATTE ...

HAUSPROTOKOLL - WALTER HANDY (PRIMÄR) - NACHT -1

NORAH: Wie wird es ablaufen?

WALTER: Ihr werdet heute Abend ganz normal schlafen gehen. Wenn ihr wieder aufwacht, werdet ihr die Auffahrt zum Haus entlanggehen.

WALTER: Ihr werdet euch nicht daran erinnern, wie ihr dort hingekommen seid. Aber es wird ein paar Tage dauern, bevor ihr MERKT, dass ihr euch nicht daran erinnert.

WALTER: Ihr werdet es als ganz normalen Reisestress abtun.

NORAH: Nein. Ich meine den REST der Leute. Wie werden sie STERBEN?

WALTER: Ich … Lass uns nicht darüber reden.

NORAH: Und wenn deine LEUTE merken, dass du die REGELN gebrochen hast? Dass WIR gar nicht überleben sollten? Dann wird es für UNS alle noch SCHLIMMER, oder?

WALTER: Ich hoffe nicht.

NORAH: Ich WEISS, wie wichtig es dir ist, dass alles funktioniert, Walter. Du willst, dass wir dankbar sind und dich dafür lieben, was du für uns getan hast …

NORAH: Aber wir werden NIEMALS dankbar sein für einen Käfig, in dem wir unfreiwillig sitzen. Wir werden unserem Kerkermeister niemals danken. Selbst wenn wir die Alternative kennen.

WALTER: Das hast du alles schon mal gesagt.

NORAH: Ich weiß, aber ich muss es WIEDERHOLEN. Du glaubst noch immer, dass alles nach deinen Bedingungen ablaufen wird.

NORAH: Aber es muss nach UNSEREN Bedingungen ablaufen. Wir müssen uns selbst für diesen Weg entscheiden.

WALTER: Wenn ich dir die Wahl ließe, würdest du kommen oder lieber morgen gemeinsam mit dem Rest der Welt sterben?

NORAH: Du LÄSST es mich nicht selbst entscheiden, also werde ich dir nicht darauf antworten.

WALTER: Okay. Wenn ich es auf meine Art und Weise erledige, wird mich jeder hassen. Keinem wird die sichere Zuflucht gefallen, die ich für euch gebaut habe. Ihr werdet sie niederbrennen.

NORAH: Klar. Und das wird SCHNELL passieren. Schon in den ersten Monaten.

WALTER: Wenn es dazu kommt, kann ich euch suggerieren, dass ihr die Entscheidung, mich umzubringen, selbst getroffen habt. Dass ihr alles kontrolliert. Und dass ich wirklich tot bin.

WALTER: Und dann ziehe ich mich in den Hintergrund zurück und versuche, mich nicht mehr einzumischen. Ich lasse euch einfach in Frieden.

NORAH: Ich glaube, das ist die einzige Lösung, wie wir es akzeptieren könnten.

WALTER: Aber wenn ich dir die Steuerelemente überlasse, von denen du wolltest, dass ich sie einbaue, wirst DU dich erinnern. An DIESES GESPRÄCH hier.

WALTER: Du wirst den anderen VERRATEN können, dass ich noch lebe.

NORAH: Dann musst du darauf vertrauen, dass mir das Leben unserer Freunde genauso am Herzen liegt wie dir, Walter.

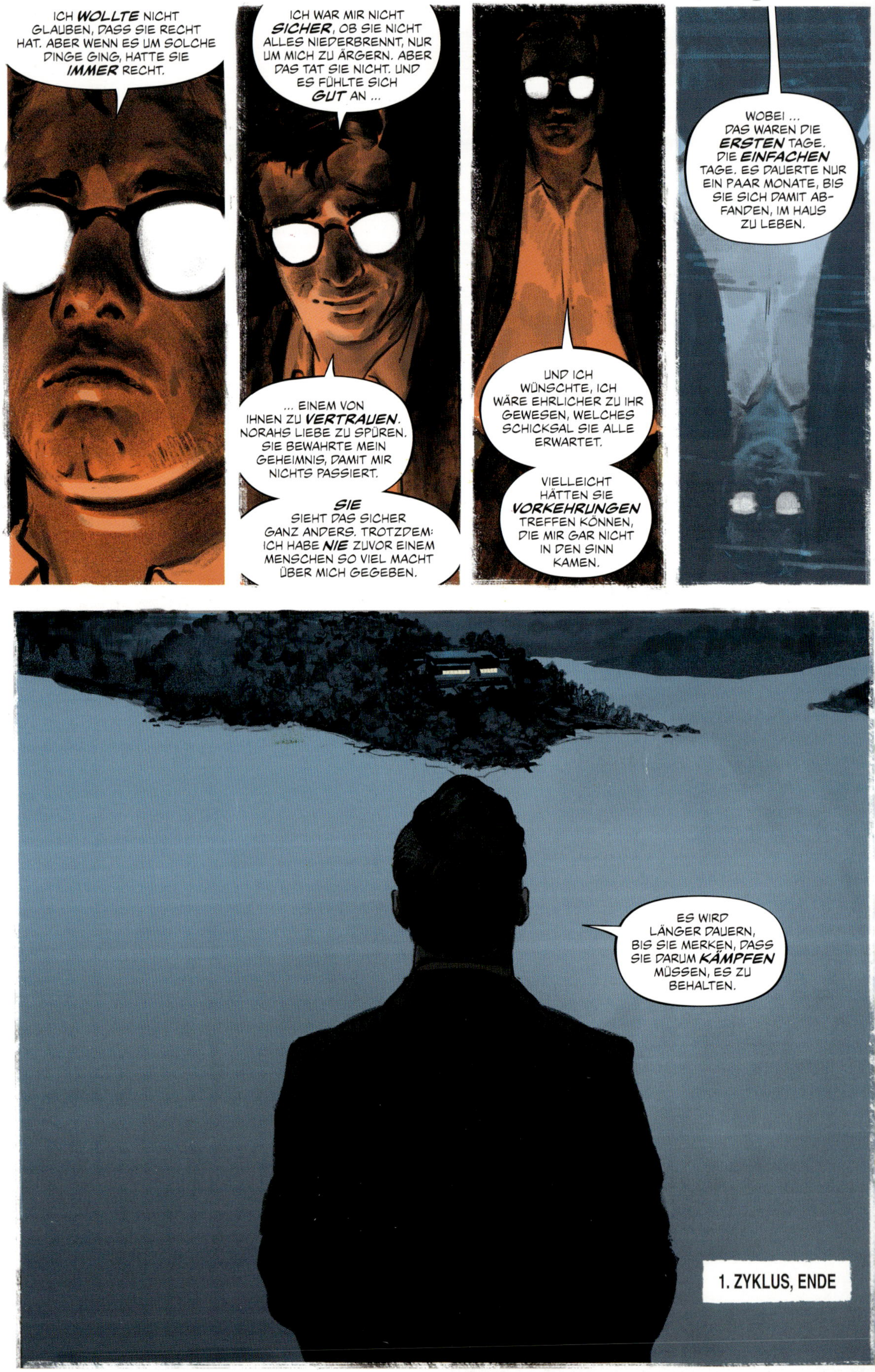

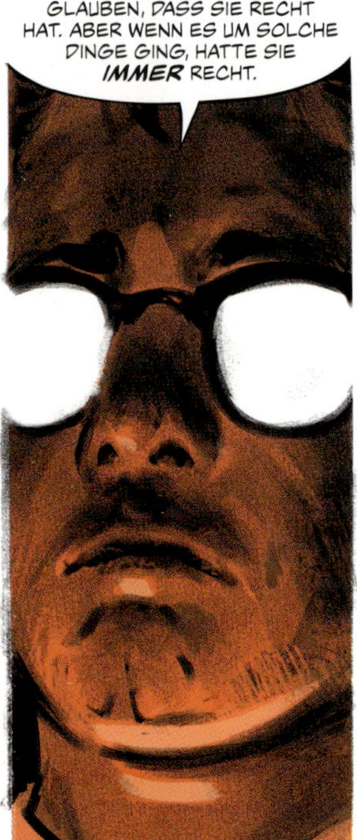

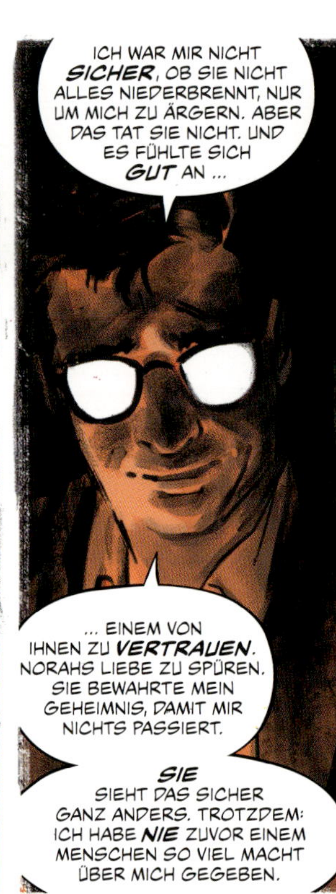

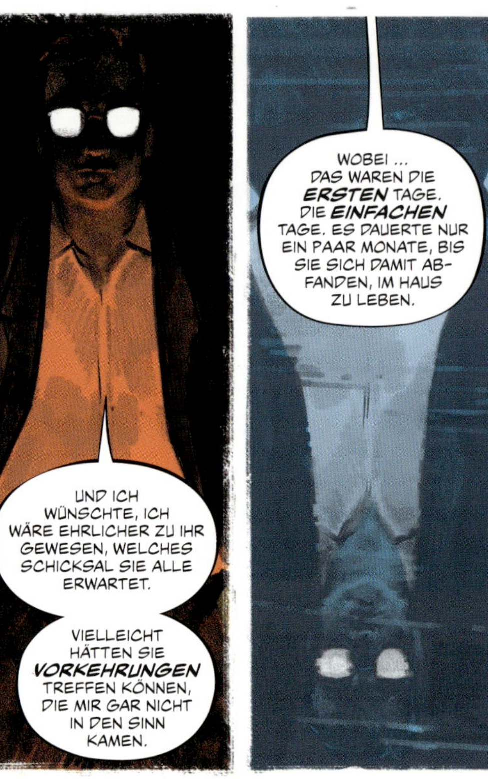

ES WIRD LÄNGER DAUERN, BIS SIE MERKEN, DASS SIE DARUM **KÄMPFEN** MÜSSEN, ES ZU BEHALTEN.

1. ZYKLUS, ENDE

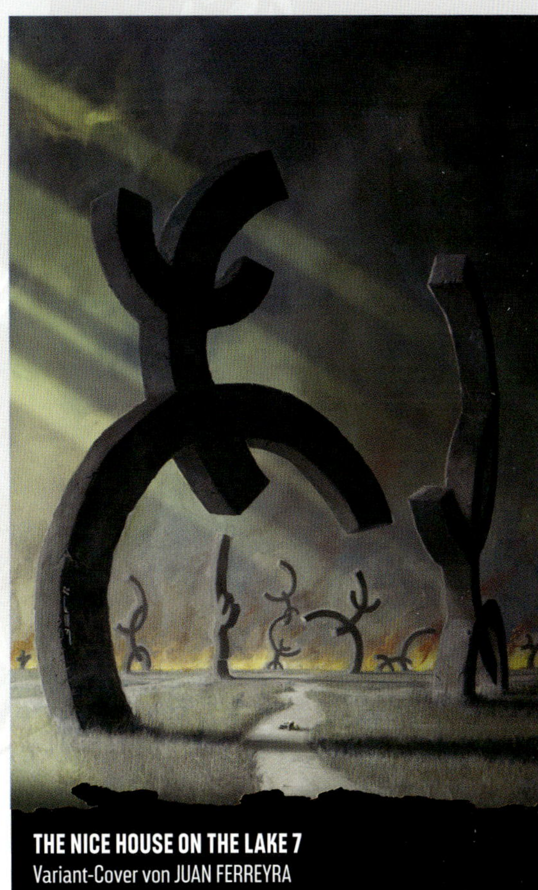

THE NICE HOUSE ON THE LAKE 7
Variant-Cover von JUAN FERREYRA

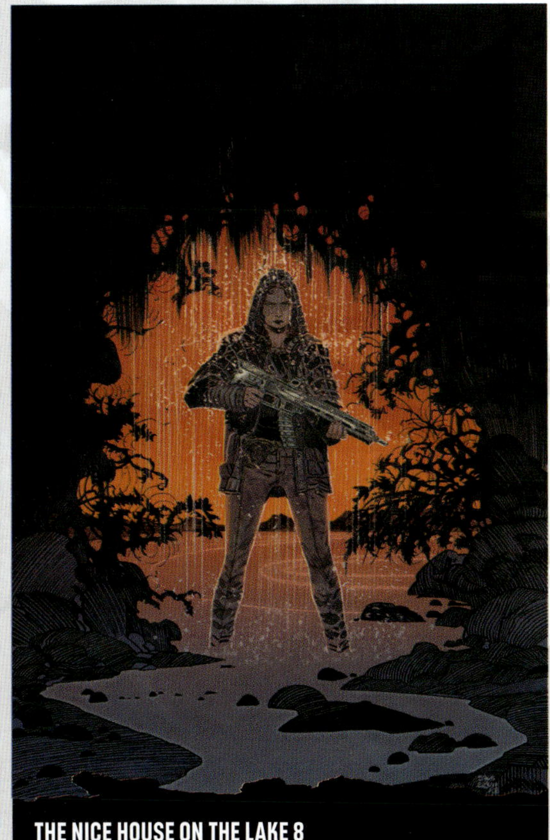

THE NICE HOUSE ON THE LAKE 8
Variant-Cover von BILQUIS EVELY

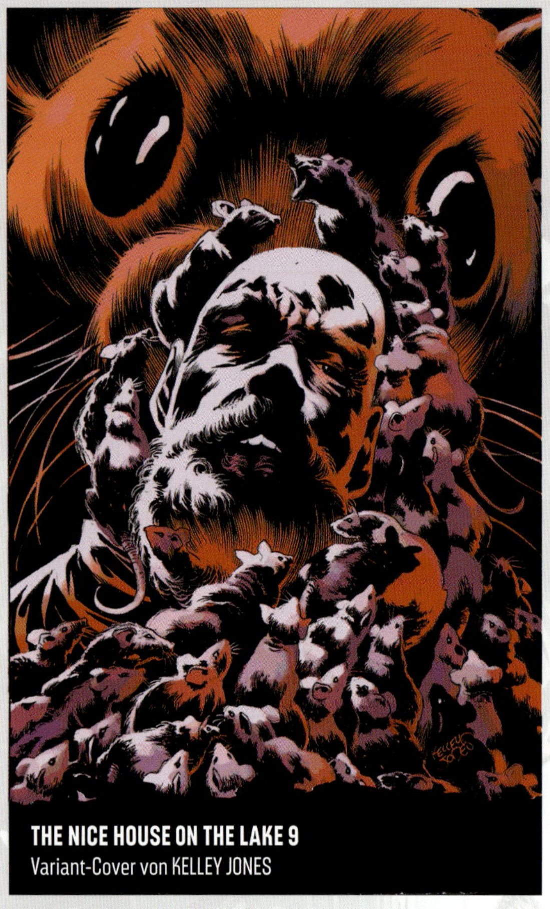

THE NICE HOUSE ON THE LAKE 9
Variant-Cover von KELLEY JONES

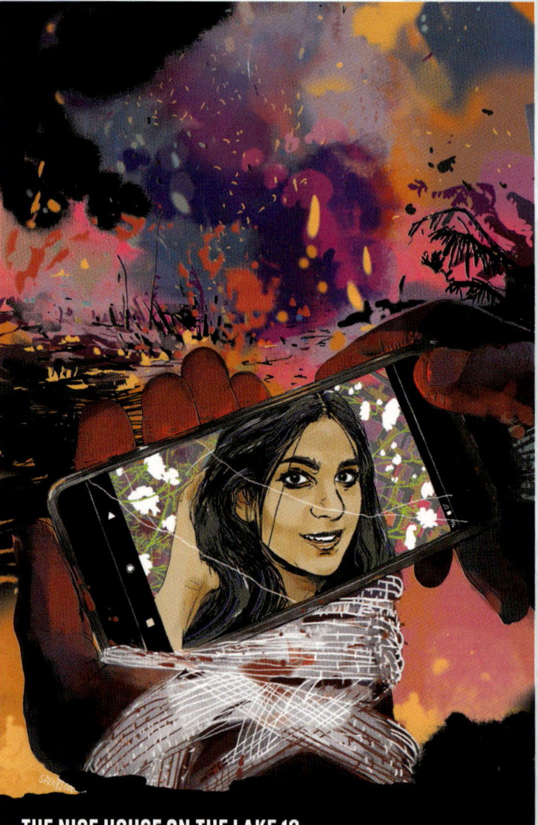

THE NICE HOUSE ON THE LAKE 10
Variant-Cover von ALISON SAMPSON

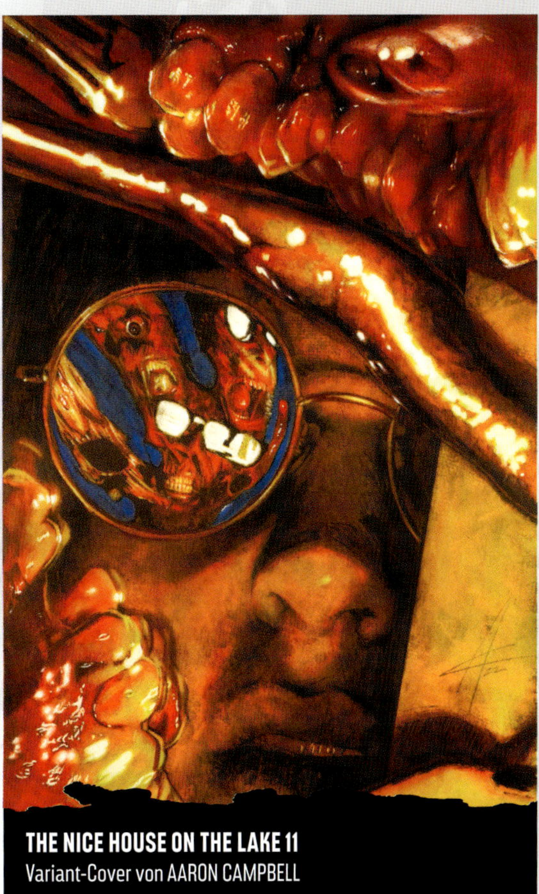

THE NICE HOUSE ON THE LAKE 11
Variant-Cover von AARON CAMPBELL

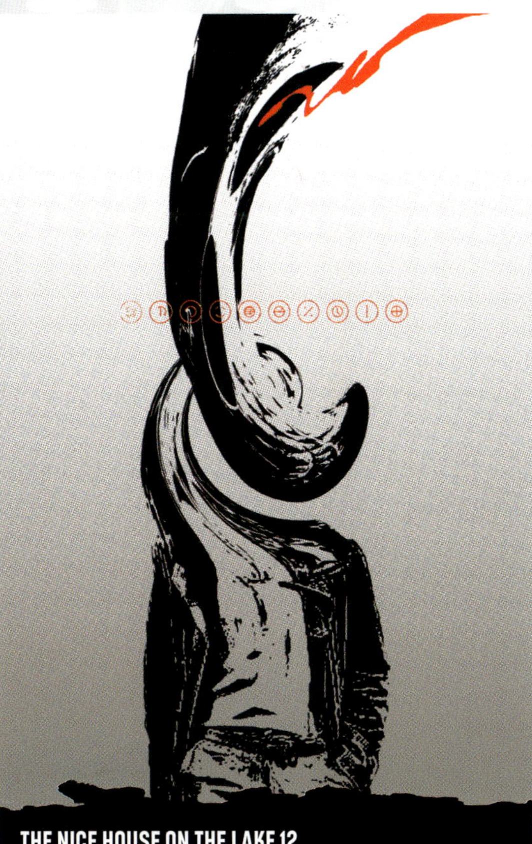

THE NICE HOUSE ON THE LAKE 12
Variant-Cover von ANDREA SORRENTINO

DAS KREATIV-TEAM

JAMES TYNION IV wurde 1987 in New York geboren und wuchs in Milwaukee, Wisconsin auf, wo er die Marquette University High School und das Sarah Lawrence College besuchte. Am College belegte er einen Kurs für kreatives Schreiben bei Scott Snyder, als dieser gerade seine Laufbahn als Comic-Autor begann. Danach war Tynion Redaktionspraktikant bei Vertigo/ DC Comics. Scott Snyder holte ihn schließlich 2012 als Co-Autor für Bonusgeschichten in der Serie BATMAN an Bord. Das war der Beginn einer langjährigen Auseinandersetzung mit dem Dunklen Ritter und seinem Umfeld. So steuerte Tynion Storys zu TALON MEGABAND, BATMAN – DETECTIVE COMICS und DER JOKER bei – und zusammen mit Snyder zu BATMAN ETERNAL sowie BATMAN & ROBIN ETERNAL, bevor er das Flaggschiff BATMAN übernahm. Abseits von DC veröffentlichte er Eigenkreationen aus dem Horror- und Mystery-Genre wie *The Woods*, *Something Is Killing the Children* und *The Department of Truth*.

ÁLVARO MARTÍNEZ BUENO wurde 1982 im nordspanischen Torrelavega geboren. 2004 machte er einen Abschluss in Bildender Kunst an der Universität Salamanca und heuerte in der Werbebranche an, wo er unter anderem Storyboards für TV-Spots anfertigte. Außerdem illustrierte er Bücher, CDs und Poster, bevor er auch im Spielfilmbereich tätig wurde. Seit 2013 arbeitet Bueno in der US-Comic-Branche, wo er zunächst für die Verlage Valiant und Marvel aktiv war. 2014 gesellte sich DC Comics hinzu. Er zeichnete mehrere Storys für die Reihen AQUAMAN, GRAYSON MEGABAND, BATMAN ETERNAL und BATMAN – DETECTIVE COMICS. Aktuell steht er exklusiv bei DC unter Vertrag und illustrierte neben DC-SCHOCKER: DAS HAUS AM SEE auch JUSTICE LEAGUE DARK.

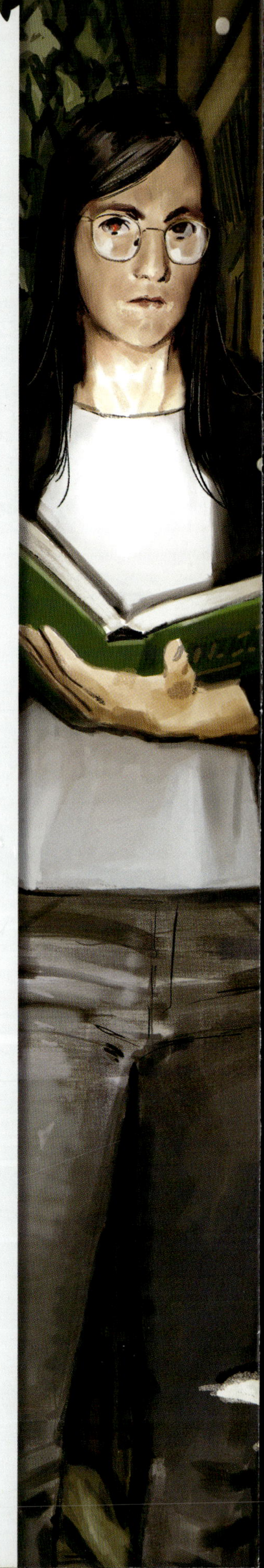